大同市统计局
国家统计局大同调查队
编

大同统计年鉴

2013

DA TONG
STATISTICAL YEARBOOK

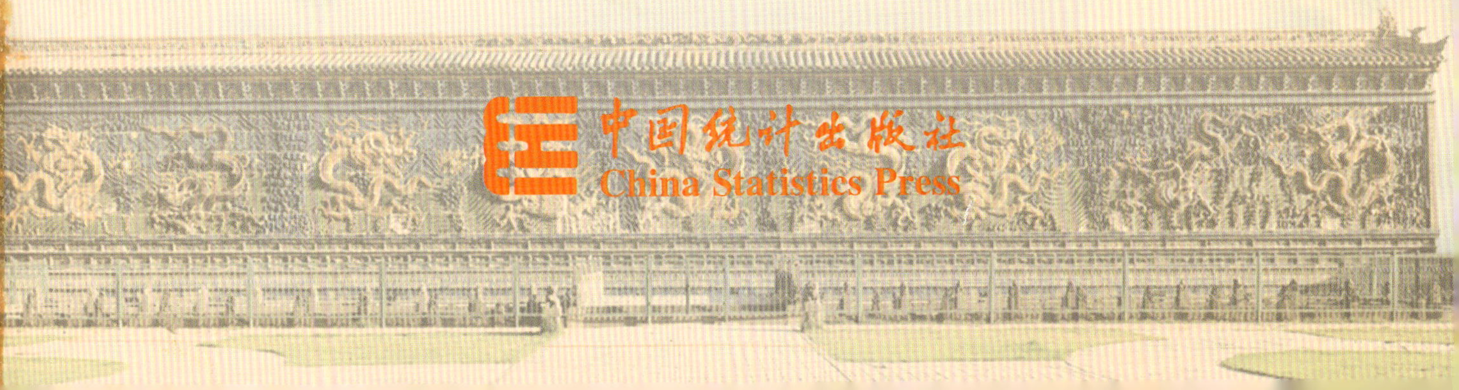

中国统计出版社
China Statistics Press

图书在版编目(CIP)数据

大同统计年鉴. 2013 / 大同市统计局 国家统计局大同调查队 编
- 北京：中国统计出版社，2013.9
ISBN 978-7-5037-6947-4
Ⅰ. ①大…
Ⅱ. ①大… ②国…
Ⅲ. ①统计资料 - 大同市 -2013- 年鉴
Ⅳ. ①C832.253-54
中国版本图书馆 CIP 数据核字(2013)第 212469 号

大同统计年鉴 -2013

作　　者 / 大同市统计局 国家统计局大同调查队
责任编辑 / 陈越月
责任校对 / 王志铭　李　涛
封面设计 / 郭　晶
出版发行 / 中国统计出版社
通信地址 / 北京市西城区月坛南街 57 号
邮　　编 / 100826
办公地址 / 北京市丰台区西三环南路甲 6 号
电　　话 / (010)63376907
网　　址 / http://csp.stats.gov.cn
印　　刷 / 山西力新印刷科技开发有限公司
经　　销 / 新华书店
开　　本 / 880 × 1230 毫米　1/16
字　　数 / 910 千字
印　　张 / 32.25
版　　别 / 2013 年 9 月第 1 版
版　　次 / 2013 年 9 月第 1 次印刷
书　　号 / ISBN 978-7-5037-6947-4
定　　价 / 280.00 元

大同统计年鉴 2013

DA TONG STATISTICAL YEARBOOK

大同统计年鉴 2013

DA TONG STATISTICAL YEARBOOK

大同统计年鉴 2013

编辑说明

一、《大同统计年鉴》是一部全面反映大同市国民经济和社会发展情况的资料性年刊。

《大同统计年鉴一 2013》收录了全市和各县区各部门 2012 年及以前有关重要年份、经济、科技、社会各方面大量的数据。

为适应国际间交流，并与国际接轨，《大同统计年鉴一 2013》全部实行中英文对照，开本为大 16 开。

二、为了满足大同可持续发展战略和社会主义市场经济发展对统计资料的需求，增加了景气调查、企业集团等重要内容。

三、全书内容共分为十三个部分：即：1.综合；2.人口、从业人员和劳动报酬；3.固定资产投资；4.物价、人民生活；5.农村经济；6. 工业；7.建筑业；8.批零贸易和餐饮业；9.财政、金融；10.教育、文化、卫生；11.城市情况；12.县区情况；13.地市情况。各篇末还附有《主要统计指标解释》，对主要统计指标的含义、统计范围和统计方法以及历史的沿革情况作了简要说明。

四、资料中所使用的度量衡单位均采用国际统一标准计量单位。

五、本年鉴的指标口径范围，基本上按国家现行的统计报表制度调查取得的和有关业务部门提供的数据。为了便于读者使用，对某些指标在表下作了简要注释。凡以前发表过的统计数字与本年鉴有不一致的。请以本年鉴为准。

六、年鉴的符号使用说明："…" 表示数据不足本指标最小单位；" 空格 " 表示该项统计指标数据不详或无该项指标数据；"#" 表示其中项。

大同统计年鉴 2013

COMPILER'S NOTES

Ⅰ.Datong Statistical Yearbook is an annual statistics publicarion.which reflects various aspects of social and economic development of Datong.Datong Statistical Yearbook 2013 covers very compre-hensive data series in 2012 and other major years at city level and development of Datong. To meet the need of international/exchange. Datong Statistical Yearbook 2013 was edited with 16-mo.entirely translated to English.

Ⅱ.To meet the data need of making sustainable development stratrgy and developing socialist market economy,main data and aterials about environmental protection socialist narket economy, main data and materials about economic booming investigation,enterprise group.

Ⅲ. The book contains the following fourteen parts.1.General Information;2.Population.Empoly-ment and Wage;3.Investment in Fixed Assets;4 Price,People's Livelihood;5.Agricultural Economy;6. Industry;7.Construction;8.Wholesale and Technology,Culture,Sports,Public;9.Public Finance and Bandking;10.Education,Culture,Public Health;11.Information of City;12.Part of Enterprises.13.Part of prefecture and clty.Explanatory Notes on Main Statistical Indicatorsa brief introduction about the the meaning,data sources,statistical coverage statistical methods and historical changes of main statisti-cal indicators-are provided at the end of each part.

Ⅳ .The units of measurement used in this book used internationally standard measurement units

Ⅴ. On the whole.the concepts.definition and coverage of statistics in dicators in this book are the same as in the current statistics report system of our country.Themajor data sources 0f this book are obtained from annual statistical reports,somefromsample surveys and some from statistics materials provided by relative economical administrative departments.For the convenience 0f the readers,birdf notes concerning some indicators about their changes in meaning of coverage are given at the lower part of relrvant tables In the case of some sattisticcal data issued before being inconsistent with this publication.take the data in this publication as correction

Ⅵ. Notations used in this book."…"indicates that the figure is not large enough to be measured with the smallest unit in the table." (blank)"indicates that the data not available."#"indicates lhe major items of the total.

目 录

一、综 合
GENERAL INFORMATION

二、人口、从业人员和劳动报酬
POPULATION， EMPLOYMENT AND WAGE

三、固定资产投资
INVESTMENT IN FIXED ASSETS

四、物价、人民生活
PRICE AND PEOPLE'S LIVELIHOOD

五、农村经济
AGRICULTURAL ECONOMICS

六、工业
INDUSTRY

七、建筑业 CONSTRUCTION

八、批发零售贸易和餐饮业、对外经济贸易 WHOLESALE AND RETAIL TRADE， CATERING TRADE

九、财政、金融
PUBLIC FINANCE， BANKING

十、教育、文化、卫生
EDUCATION, CULTURE AND PUBLIC HEALTH

十一、城市篇
INFORMATION OF CITY

十二、县区篇
PART OF COUNTY AND REGION

十三、地市篇
PART OF PREFECTURE AND CITY

01

综　合

GENERAL INFORMATION

资料整理人员

王志铭　赵树君　刘仙枝　杜丽萍

杨　雁　李　涛　吕　利　高锦霞　王少卿

综　合
GENERAL INFORMATION

地区生产总值	Gross Domestic Prduct	931.4	亿元	(100 million yuan)
第一产业	Primary Industry	49.8	亿元	(100 million yuan)
第二产业	Secondary Industry	472.2	亿元	(100 million yuan)
第三产业	Tertiany Industry	409.4	亿元	(100 million yuan)

地区生产总值（亿元）
Gross Domestic Prduct（100million yuan）

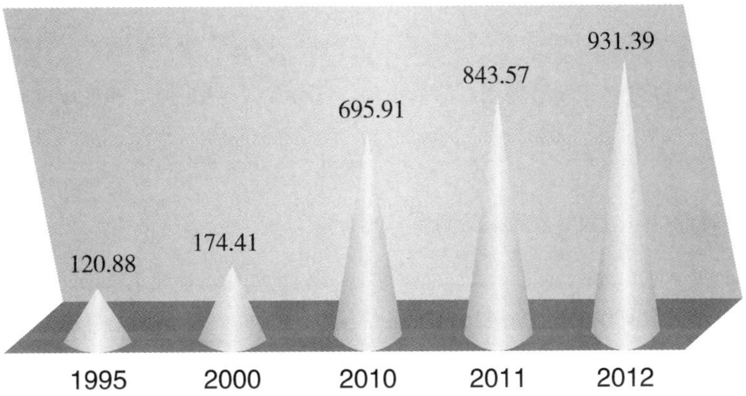

地区生产总值构成（%）
Cosition of Gross Domestic Prduct（%）

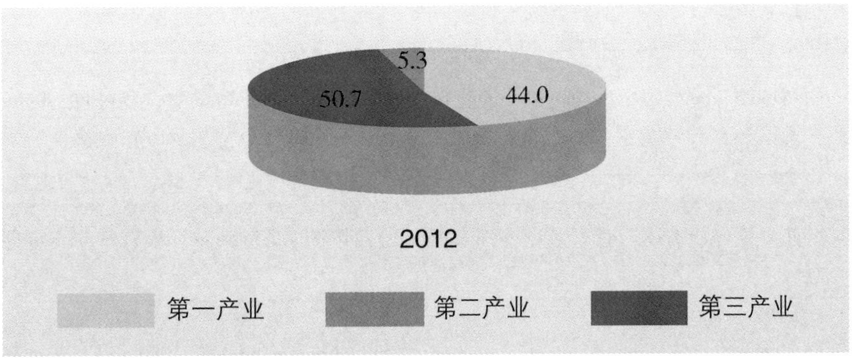

1-1 行政区划(2012年)
ADMINISTRATIVE DIVISION (2012)

县区 Region	县区 合计 Total	县区 县 Count	县区 区 Region	镇 Town	乡 Township	街道办事处 Street	村民委员会 Village Committees
	11	7	4	33	66	40	1964

县区 Region	乡镇、街道办事处
城区 Chengqu	南关街道办事处 北关街道办事处 东街街道办事处 西街街道办事处 南街街道办事处 北街街道办事处 新建南路街道办事处 新建北路街道办事处 大庆路街道办事处 新华街道办事处 西花园街道办事处 老平旺街道办事处 向阳里街道办事处 振华街道办事处
矿区 Kuangqu	新胜街道办事处 新平旺街道办事处 煤峪口街道办事处 永定庄街道办事处 同家梁街道办事处 四老沟街道办事处 忻州窑街道办事处 白洞街道办事处 雁崖街道办事处 挖金湾街道办事处 晋华宫街道办事处 马脊梁街道办事处 大斗沟街道办事处 王村街道办事处 姜家湾街道办事处 新泉路街道办事处 民胜街道办事处 口泉街道办事处 马口街道办事处 燕子山街道办事处 杏儿沟街道办事处 青磁窑街道办事处 平泉路街道办事处 四台沟街道办事处 和顺街道办事处 和瑞街道办事处
南郊区 Nanjiao	古店镇 高山镇 云冈镇 口泉乡 新旺乡 水泊寺乡 马军营乡 西韩岭乡 平旺乡 鸦儿崖乡
新荣区 Xinrong	新荣镇 破鲁堡乡 郭家窑乡 花元屯乡 西村乡 上深涧乡 堡子湾乡
阳高县 Yanggao	龙泉镇 罗文皂镇 大白登镇 王官屯镇 古城镇 东小村镇 友宰镇 长城乡 北徐屯乡 狮子屯乡 下深井乡 马家皂乡 鳌石乡
天镇县 Tianzhen	玉泉镇 谷前堡镇 米薪关镇 逯家湾镇 新平镇 三十里铺乡 南河堡乡 贾家屯乡 赵家沟乡 南高崖乡 张西河乡
广灵县 Guangling	壶泉镇 南村镇 斗泉乡 蕉山乡 加斗乡 宜兴乡 作疃乡 梁庄乡 望狐乡
灵丘县 Lingqiu	武灵镇 东河南镇 上寨镇 落水河乡 史庄乡 赵北乡 石家田乡 柳科乡 白崖台乡 红石楞乡 下关乡 独峪乡
浑源县 Hunyuan	永安镇 西坊城镇 蔡村镇 沙圪坨镇 王庄堡镇 大磁窑镇 东坊城乡 裴村乡 驼峰乡 西留村乡 下韩村乡 南榆林乡 吴城乡 黄花滩乡 大仁庄乡 千佛岭乡 官儿乡 青磁窑乡
左云县 Zhuoyun	云兴镇 鹊儿山镇 店湾镇 管家堡乡 张家场乡 三屯乡 马道头乡 小京庄乡 水窑乡
大同县 Datong	西坪镇 倍加造镇 周士庄镇 吉家庄乡 峰峪乡 杜庄乡 党留庄乡 瓜园乡 巨乐乡 许堡乡

1-2 历届市人民代表大会代表人数
DEPUTIES TO ALL THE PREVIOUS LOCAL PEOPLE'S CONGRESS OF DATONG

单位: 人 (person)

项 目 Item	第一届 First	第二届 Second	第三届 Third	第四届 Fourth	第五届 Fifth	第六届 Sixth	第七届 Seventh
代表总数Total	189	229	229	309	343	248	302

项 目 Item	第八届 Eighth	第九届 Ninth	第十届 Tenth	第十一届 Eleventh	第十二届 Twelfth	第十三届 Thirteen
代表总数Total	302	276	330	346	345	346

1-3 历届市政治协商会议委员人数
COMMITTEE MEMBER TO ALL PREVIOUS PEOPLES POLITICAL CONSULTATIVE CONERENCE OF DATONG

单位: 人 (person)

项 目 Item	第一届 First	第二届 Second	第三届 Third	第四届 Fourth	第五届 Fifth	第六届 Sixth
委员总数(人) Total	59	85	105	105	107	129
#中国共产党代表 CPC Deputies	223	34	42	42	43	63

项 目 Item	第七届 Seventh	第八届 Eighth	第九届 Ninth	第十届 Tenth	第十一届 Eleventh	第十二届 Twelfth
委员总数(人) Total	206	228	315	340	379	400
#中国共产党代表 CPC Deputies	123	136	115	132	152	160

1-4 国民经济和社会发展总量与速度指标

指　标	Item	总　量　指　标		
		1995	2000	2005
一、年末总人口 (万人)	**Year-end Population (10 000 persons)**	**262**	**300**	**312**
二、全社会从业人员 (万人)	**Employmees (10 000 persons)**	**133**	**119**	**138**
#职工人数	Staff and Workers	68.7	51.7	41.1
三、地区生产总值 (亿元)	**Gross Domestic Product (100 million yuan)**	**123.8**	**174.4**	**376.5**
第一产业	Primary Industry	7.7	13.3	21.8
第二产业	Secondary Industry	80.1	83.0	200.9
第三产业	Tertiary Industry	36	78.1	153.8
四、农业生产	**Agriculture**			
农林牧渔业总产值 (亿元)	Gross Output Value of Farming Forestrg, Animal Husbandry and Fishery (100 million yuan)	17.9	23.1	42.1
主要农产品产量	Output of Major Farm Products			
粮　食 (万吨)	Grain (10 000 tons)	33.6	66.3	77.2
油　料 (万吨)	Oil-bearing Crops (10 000 tons)	0.8	3.5	2.0
猪牛羊肉 (万吨)	Output of Pork, Beef and Mutton (10 000 tons)	5.7	5.4	8.7
大牲畜年末数 (万头)	Large Animals (year-end) (10 000 heads)	30.6	30.3	36.9
猪年末数 (万头)	Hogs (year-end) (10 000 heads)	45.9	43.3	60.0
羊年末数 (万只)	Sheep and Goats (year-end) (10 000 heads)	94.2	115.6	157.5
农业机械总动力(万千瓦)	Total Power of Agricultural Machinery (10 000 kw)	106.7	133.7	136.1
化肥施用量 (万吨)	Consumption of Chemical Fertilizer (10 000 tons)	23.2	25.5	26.2
五、工业生产	**Industry**			
工业总产值 (亿元)	Gross Industrial Output Value (100 million yuan)	102.0	126.1	368.1
轻工业	Light Industry	18.2	14.0	28.4
重工业	Heavy Industry	83.8	112.1	339.7
主要工业产品产量	Output of Major Industrial Products			
原　煤 (万吨)	Coal (10 000 tons)	8486	5440	8034
发电量 (亿千瓦小时)	Electricity (100 million kwh)	87.6	90.2	162.7
钢 (万吨)	Steel (10 000 tons)	2.9	24.7	72.0
成品钢材 (万吨)	Steel Products (10 000 tons)	1.8	0.6	19.1
水　泥 (万吨)	Cement (10 000 tons)	154	204	305

PRINCIPAL AGGREGATE INDICATORS ON NATIONAL ECONOMIC AND SOCIAL DEVELOPMENT AND THEIR RELATED INDEXES AND GROWTH RATES

Aggregate Datas			速度指标 Indexes and Growth Rates					
			指数(上年为100) Indexes(last year=100)					
2010	2011	2012	1995	2000	2005	2010	2011	2012
332	**334**	**336**	**104.9**	**108.9**	**100.7**	**103.8**	**100.6**	**100.5**
139	**144**	**146**	**101.6**	**100.4**	**100.1**	**106.5**	**103.6**	**101.0**
42.1	40.6	42.1	101.0	95.0	82.0	101.9	96.5	103.7
695.9	**843.6**	**931.4**	**105.7**	**110.7**	**114.1**	**114.2**	**113.1**	**110.0**
36.3	46.5	49.8	50.6	189.2	113.2	103.3	109.3	105.8
338.8	427.9	472.2	110.8	105.8	116.4	118.6	116.1	110.8
320.8	369.2	409.4	111.4	110.8	112.4	111.2	110.4	109.7
66.6	84.5	92.4	81.4	174.1	248.9	113.9	126.9	109.2
83.6	85.9	94.9	45.5	440.2	98.4	165.2	102.8	110.5
1.1	1.4	1.5	16.1	503.1	92.8	157.1	123.4	111.1
10.7	11.3	12	107.0	110.7	110.6	98.2	105.6	106.3
31.8	28.1	25.2	103.9	100.8	104.4	89.3	88.4	89.6
67.9	55.4	54.7	107.8	104.8	108.9	96.0	81.6	98.7
140.6	120.4	131.6	108.6	111.8	105.1	88.4	85.6	109.3
160.6	167.0	176.1	106.1	102.6	103.3	105.4	104.0	105.4
29.1	29.2	29.6	105.5	102.4	99.6	113.7	100.2	101.6
737.6	974.3	1075.6	104.2	111.4	115.4	137.6	132.1	110.4
39.9	48.5	66.7	104.4	109.4	106.6	93.5	121.7	137.4
697.7	925.8	1008.9	104.1	111.7	116.2	141.4	132.7	109.0
9403	10719	10563	104.2	97.7	95.3	131.9	114.0	98.5
348.3	390.6	370.8	108.7	102.2	123.4	131.8	112.1	94.9
44.4	39.8	52.7	58.0	110.8	130.4	130.7	89.6	132.5
8.5	2.0	1.5	56.3	120.0	111.7	796.8	23.6	74.1
408	648	659	146.2	105.1	66.9	253.4	158.8	101.7

1-4 续表1

指　标	Item	总量指标 1995	2000	2005
机车（台）	Locomotive (unit)	113	139	97
合成橡胶（吨）	Synghetic Rubber (ton)	10090	17044	21432
六、运输邮电	**Transportation and Postal**			
公路货物运输量（万吨）	Highways Freight Traffic (10 000 tons)	5163	6100	6867
公路货物周转量（亿吨公里）	Highways Freight Ton-kilometers (100 million ton-km)	20	23	27
公路旅客发送量（万人）	Highways Passenger Traffic (10 000 persons)	947	1414	1964
公路旅客周转量(亿人公里)	Highways Passenger-Kilometers (million passenger-km)	4	6	8
邮电业务总量（亿元）	Business Volume of Post and Telecommunications Service (100 million yuan)	1.59	7.83	21.95
电　话	Number of Telephone subscribers(100 subscribers)	12.2	28.5	175.6
七、固定资产投资（亿元）	**Investment in Fixed Assets (100 million yuan)**			
全社会固定资产投资	Total Investment in Fixed Assets	33.1	33.6	151.9
1.第一产业	Primary Industry	0.5	0.4	4.2
第二产业	Secondary Industry	21.4	11.6	96.1
第三产业	Tertiary Industry	11.2	21.6	51.6
2.城镇	Urban	25.8	33.3	145.3
3.住宅	Residential Investment	3.6	9.3	14.6
八、国内贸易	**Domestic Trade**			
社会消费品零售总额(亿元)	Total Retail Sales of Consumer Goods (100 million yuan)	45.2	78.5	132.9
九、对外贸易	**Foreign Trade**			
海关进出口总额（万美元）	Total Exports and Imports (USD 10 000)	1525	2931	14716
出口额	Exports	1511	2808	9243
进口额	Imports	14	123	5473

continued

Aggregate Datas			速 度 指 标 Indexes and Growth Rates					
			指数(上年为100) Indexes(last year=100)					
2010	2011	2012	1995	2000	2005	2010	2011	2012
243	356	227	91.8	100.0	111.5	220.9	146.5	63.8
22247	29175	26296	111.8	111.9	122.7	121.1	131.1	90.1
6631	7178	7841	100.0	104.9	100.8	101.0	108.3	109.2
81	81	92	99.5	104.8	104.4	101.3	100.4	113.3
2795	2762	2831	103.5	107.8	118.7	102.0	98.8	103.3
25	25	24	107.9	110.3	110.4	108.7	100.7	103.8
62.3	26.2	28.4	142.1	124.5	128.1	112.7		107.6
288.2	353.7	382.6	127.1	140.4	128.9	109.1	122.7	108.2
542.5	664.9	831.8	108.1	110.2	136.1	123.4	122.6	125.1
22.8	32.0	50.1	93.3	276.5	164.0	106.2	140.2	156.8
149.8	227.3	322.6	117.6	106.4	137.4	105.9	151.8	141.9
369.9	405.6	459	100.1	137.4	126.9	133.8	109.7	113.2
524.3	646.0	786.4	110.3	109.2	134.0	124.3	123.2	121.7
104.0	134.2	169	102.8	845.5	165.9	111.9	129.0	112.7
303.0	356.6	413.7	113.4	107.7	112.0	114.5	117.7	116.0
56767	43123	50395	456.6	110.2	108.4	191.1	76.0	116.9
12493	9791	23400	524.7	177.8	114.8	109.6	78.4	239.0
44274	33332	26995	30.4	11.4	99.1	546.6	75.3	81.0

1-4 续表2

指　标	Item	总量指标 1995	2000	2005
十、财　政	**Public Finance**			
地方财政收入 (亿元)	Local Governments Revenue (100 million)	6.6	9.5	20.4
地方财政支出 (亿元)	Local Governments Expenditures (100 million)	9.0	15.8	46.9
十一、物价指数(以上年为100)	**Price Indices (preceding year=100)**			
商品零售价格总指数	General Retail Price Index	115.3	98.0	100.4
居民消费价格总指数	General Consumer Price Index	117.2	107.3	101.1
十二、工　资	**Wages**			
全部职工工资总额 (亿元)	Total Wages of Staff and Workers (100 million yuan)	36.92	35.05	64.30
全部职工平均工资 (元)	Average Wage of Staff and Workers (yuan)	5403	6658	15629
国有单位职工工资总额(亿元)	Total Wages of State-owned Units (100 million yuan)	30.6	32.0	55.3
国有单位职工平均工资(元)	Average Wage of State-owned Units (yuan)	6137	7643	17001
十三、教育、文化	**Education and Culture**			
高等学校数 (所)	Number of RegularInstitutions of Higher Education (unit)	4	1	1
高等学校在校学生数 (人)	Institutions of Higher Education Student Enrollment of (person)	1885	1038	24657
中等专业学校在校学生数(人)	Specialized Secondary Schools Student Enrollment (person)	9808	13986	14413
普通中学在校学生数 (万人)	Regular Secondary Schools Enrollment of Student (10 000 persons)	13.4	17.9	23.1
小学在校学生数 (万人)	Primary Schools Student Enrollment of Student (10 000 persons)	33.9	35.2	34.2
十四、卫　生	**Health Care**			
医院床位数 (张)	Number of Hospital Beds (unit)	9812	10483	9763
专业卫生技术人员 (人)	Medical Technical Personnel (person)	16017	14588	14685
#医　生	Number of Doctors	9839	5811	6852

continued

Aggregate Datas			速 度 指 标 Indexes and Growth Rates					
			指数(上年为100) Indexes(last year=100)					
2010	2011	2012	1995	2000	2005	2010	2011	2012
55.2	64.6	80.3	128.5	101.9	133.3	115.9	117.1	124.2
132.8	169.2	186.6	116.6	114.5	126.9	119.5	127.4	110.3
102.2	104.1	101.5						
102.9	104.9	102.3						
139.1	178.7	203.3	121.8	111.5	100.7	120.5	128.4	113.8
34433	43873	47646	122.6	116.0	124.1	122.6	127.4	108.6
51.3	59.6	65.5	122.8	113.1	95.2	52.6	116.2	109.9
27993	32265	34386	121.6	117.3	122.5	89.2	115.3	106.6
1	1	1	100.0	100.0	100.0	100.0	100.0	100.0
34186	34707	28676		27.8	105.8	124.7	101.5	82.6
16020	12285	13090		102.6	119.0	97.8	76.7	106.6
22.8	22.1	20.5	105.5	105.9	100.0	100.9	96.7	92.8
27.8	26.4	24.4	102.7	98.9	97.4	95.9	94.9	92.4
10345	15639	11344	102.1	105.4	98.9	100.5	151.2	103.4
19143	18624	19192	102.2	104.8	94.3	101.9	97.3	103.0
8399	8318	8681	105.4	93.8	97.6	96.6	99.0	104.4

1-5 平均每天主要社会经济活动

MAJOR INDICATORS OF AVERAGE DAILY SOCIAL AND ECONOMY ACTIVITIES

指　标	Item	2000	2005	2010	2011	2012
一、全市每天创造的财富	**Daily Production**					
地区生产总值 (万元)	Gross Domestic Product (10 000 yuan)	4778.3	10315.3	19066.0	23111.5	25517.5
农林牧渔总产值(万元)	Gross Output Value of Farming, Forestry, Animal Husbandry and Fishery (10 000 yuan)	633.6	1153.9	1825.7	2316.3	2530.4
原　煤 (万吨)	Coal (10 000 tons)	14.9	22.0	25.8	29.4	28.9
发电量 (万千瓦小时)	Electricity (10 000 kwh)	2470.4	4457.5	9541.2	10702.6	10159.4
钢　(吨)	Steel (ton)	677.5	1973.4	1217.5	1089.2	1443.6
水　泥 (吨)	Cement (ton)	5607	8345	11177	17752	18049
二、其他经济活动	**Other Daily Economic Activities**					
国有单位固定资产投资额 (万元)	State-Owned Units Investment in Fixed Assets (10 000 yuan)	741.4	2112.3	9801.3	10409.9	12411.2
三、人口变动	**Daily Population Changes**					
出　生　(人)	Births (person)	233	111	105	102	102
死　亡　(人)	Deaths (person)	53	50	50	52	55

1-6 人民物质文化生活提高情况

IMPROVEMENT OF PEOPLE'S MATERIAL AND CULTURAL LIFE

指　标	Item	2000	2005	2010	2011	2012
一、城乡居民收入	**Income of Rural and Urban Residents**					
农民人均纯收入 (元)	Annual Per Capita Net Income of Rural Residents (yuan)	1491	2464	4063	4936	5642
城镇居民人均可支配收入(元)	Annual Per Capita Disposable Income of Urban Residents (yuan)	4606	8526	16103	18915	21482
职工平均工资 (元)	Average Wage of Staff and Workers (yuan)	6658	15629	34433	43873	47646
二、平均每人住房面积	**Per Capita Floor Space of Residential Buildings**					
市区居民 (平方米)	Urban Residents (sq.m)	11.92	16.92	22.37	24.32	26.27
农　民 (平方米)	Rural Residents (sq.m)	15.11	17.30	20.31	22.42	23.12
三、城镇居民	**Urban Residents**					
每百户拥有 (抽 样)	Number of Durable Consumer Goods Owned Per 100 Households					
移动电话 (部)	Mobile elephone(set)			150	160	167
电视机 (台)	TV(Color)	104.0	103.5	105.0	105.5	106.5
洗衣机 (台)	Washing Machine(color)	95.0	94.5	98.5	97.0	100.5
四、储　蓄	**Savings Deposit**					
城乡居民储蓄存款年末余额 (亿元)	Balance of Savings Deposit of Urban and Rural Residents(year-end) (100 million yuan)	199.46	477.34	945.44	1077.04	1220.11
平均每人储蓄存款余额 (元)	Per Capita Balance of Saving Deposit (yuan)	6642	15303	28494	32249	36344

1-7 社会经济主要指标人均水平
MAJOR PER CAPITA INDICATIORS OF SOCIETY AND ECONOMY

指 标	Item	2000	2005	2010	2011	2012
一、地区生产总值 (元)	**Gross Domestic Product (yuan)**	**7036**	**11931**	**21360**	**25341**	**27815**
二、农林牧渔业总产值 (元)	**Gross Output Value of Farming, Forestrg,** Animal Husbandry and Fishery (yuan)	**771**	**1350**	**2008**	**2531**	**2751**
三、主要产品产量	**Output of Major Products**					
原 煤 (吨)	Coal (ton)	19.2	25.8	28.3	32.1	31.5
发电量 (千瓦小时)	Electricity (kwh)	3176	5216	10496	11697	11046
钢 (公斤)	Steel (kg)	87.1	230.9	133.9	119	157
水 泥 (公斤)	Cement (kg)	721	978	1230	1940	1962
粮 食 (公斤)	Grain (kg)	233	248	252	257	283
油 料 (公斤)	Oil-bearing Crops (kg)	12	6	3	4	4
猪牛羊肉 (公斤)	Pork, Beef and Mutton (kg)	20.3	29.9	32.3	36.1	36
四、社会消费品零售额 (元)	**Total Retail Sales of Consumer Goods (yuan)**	**2764**	**4261**	**9132**	**10677**	**12322**
五、人民生活	**People Livelihood**					
职工平均工资 (元)	Average Wage of Staff and Workers (yuan)	6658	15629	34433	43873	47646
国 有	State-owned Units	7643	17001	27993	32265	34386
集 体	Urban Colletive Owned Units	2635	7922	16755	22625	26088
城镇居民可支配收入 (元)	Annual Disposable Income of Urban Residents (yuan)	4606	8526	16103	18915	21482
城镇居民消费性支出 (元)	Living Expenditure of Urban Residents (yuan)	3736	6388	10141	12243	13441
农民人均纯收入 (元)	Net Income of Rural Residents (yuan)	1491	2464	4063	4936	5642
农民家庭生活费支出 (元)	Living Expenditure of Rural Residents (yuan)	911	1385	2472	3475	4214
城乡居民储蓄存款年末余额 (元)	Balance of Saving Deposits of Urban and Rural Residents year-end (yuan)	6642	15303	28494	32250	36344

1-8 主要年份地区生产总值
GROSS DOMESTIC PRODUCT IN MAJOR YEARS

按当年价格计算 (at current prices)

年 份 Year	地区生产总值 (万元) Gross Domestic Product (10 000 yuan)	第一产业 Primary Industry	第二产业 Secondary Industry	工 业 Industry	建筑业 Construction	第三产业 Tertiary Industry	人均地区生产总值 (元/人) Per Capita GDP (yuan)
1998	1661061	162022	856658	747945	108713	642381	6129
1999	1587981	62316	820316	716784	103532	705349	5798
2000	1744062	132548	830389	730562	99827	781125	7036
2001	1961768	77502	966320	853878	112442	917946	6689
2002	2266996	136796	1112024	994300	117724	1018176	7460
2003	2649414	155375	1349880	1231220	118660	1144159	8653
2004	3244669	185451	1677989	1527789	150200	1381229	10514
2005	3765060	218232	2008852	1844286	164566	1537976	12114
2006	4219262	242180	2164462	1993620	170842	1812620	13481
2007	5170420	279400	2628003	2434902	193101	2263017	16413
2008	6126739	304000	3113330	2878330	235000	2709409	19333
2009	5962587	311256	2843409	2489409	354000	2807922	18710
2010	6959095	362613	3388168	2988016	400152	3208314	21360
2011	8435722	465044	4279074	3776006	503068	3691604	25341
2012	9313878	497792	4721786	4195610	526176	4094300	27815

1-9 主要年份地区生产总值构成
COMPOSITION OF GROSS DOMESTIC PRODUCT IN MAJOR YEARS

单位: % (%)

年 份 Year	地区生产总值 Gross Domestic Product	第一产业 Primary Industry	第二产业 Secondary Industry	工 业 Industry	建筑业 Construction	第三产业 Tertiary Industry
1998	100.0	9.8	51.5	87.3	12.7	38.7
1999	100.0	4.0	51.6	87.4	12.6	44.4
2000	100.0	7.6	47.6	88.0	12.0	44.8
2001	100.0	4.0	49.2	88.4	11.6	46.8
2002	100.0	6.0	49.1	89.4	10.6	44.9
2003	100.0	5.9	50.9	91.2	8.8	43.2
2004	100.0	5.7	51.7	91.0	9.0	42.6
2005	100.0	5.8	53.4	91.8	8.2	40.8
2006	100.0	5.7	51.3	92.1	7.9	43.0
2007	100.0	5.4	50.8	92.7	7.3	43.8
2008	100.0	5.0	50.8	92.5	7.5	44.2
2009	100.0	5.2	47.7	87.6	12.4	47.1
2010	100.0	5.2	48.7	88.2	11.8	46.1
2011	100.0	5.5	50.7	88.2	11.8	43.8
2012	100.0	5.3	50.7	88.9	11.1	44.0

1-10 主要年份地区生产总值指数
INDICES OF GROSS DOMESTIC PRODUCT IN MAJOR YEARS

1952年为100 (1952=100)

年 份 Year	地区生产总值 Gross Domestic Product	第一产业 Primary Industry	第二产业 Secondary Industry	工 业 Industry	第三产业 Tertiary Industry
1998	3371.7	574.9	5855.9	4841.1	9619.8
1999	3329.5	282.3	5662.5	4635.5	10549.6
2000	3639.5	534.2	6070.3	5015.9	11249.6
2001	5094.8	578.3	8207.6	6728.2	16972.6
2002	5730.1	513.7	3225.9	2119.7	2433.6
2003	6497.7	576.7	3892.9	2592.6	2533.0
2004	7451.7	612.4	4532.1	2998.7	2874.8
2005	9712.9	773.0	5407.2	3808.2	4253.2
2006	11181.2	909.8	6149.0	4335.2	4953.9
2007	13059.4	856.1	7181.2	5098.2	5937.9
2008	14243.2	1187.4	7393.9	5261.4	6717.8
2009	14576.7	1226.6	7274.9	5056.8	7151.2
2010	16647.9	1267.1	8627.7	6068.2	7954.1
2011	18828.5	1385.1	10013.5	7045.2	8781.3
2012	20717.2	1465.3	11080.1	7880.2	9633.0

1-11 主要年份地区生产总值指数
INDICES OF GROSS DOMESTIC PRODUCT IN MAJOR YEARS

上年为100 (Last year=100)

年 份 Year	地区生产总值 Gross Domestic Product	第一产业 Primary Industry	第二产业 Secondary Industry	工 业 Industry	建筑业 Construction	第三产业 Tertiary Industry
1998	107.3	115.6	98.1	95.2	124.9	120.0
1999	99.7	49.1	95.5	95.2	99.5	114.2
2000	110.7	189.2	105.8	107.7	98.7	110.8
2001	109.8	57.7	113.1	113.0	114.0	115.4
2002	115.1	175.5	112.4	113.2	108.9	113.4
2003	115.0	112.3	112.0	121.7	107.9	110.3
2004	115.9	106.2	114.9	115.2	117.1	120.3
2005	114.1	113.2	116.4	116.8	109.6	112.4
2006	110.9	106.1	108.1	107.7	112.1	115.3
2007	116.8	94.1	116.8	117.6	108.1	119.9
2008	109.1	138.7	103.0	103.2	100.2	113.1
2009	102.3	103.3	98.4	94.8	141.2	106.5
2010	114.2	103.3	118.6	120.0	107.3	111.2
2011	113.1	109.3	116.1	116.1	115.8	110.4
2012	110.0	105.8	110.8	111.9	102.6	109.7

1-12 地区总支出
TOTAL DOMESTIC EXPENDITURE

单位: 亿元 (100 million yuan)

指标	Item	按当年价格计算 At Current Prices		2012年为 2011年% 2012as Percentage2011
		2011	2012	
地区总支出	**Total Domestic Expenditure**	**844.21**	**923.01**	**110.0**
一、最终消费	**Final Consumption Expenditure**	**387.04**	**433.83**	**115.0**
居民消费	Household Consumption Expenditure	282.78	317.89	115.4
农村居民	Rural Households	55.76	60.36	111.1
城镇居民	Urban Households	227.02	257.54	116.4
政府消费	Government Consumption Expenditure	104.26	115.94	114.1
二、资本形成总额	**Gross Capital Formation**	**691.06**	**695.44**	**100.5**
固定资本形成总额	Gross Fixed Capital Formation	664.91	665.79	100.1
存货增加	Changes in Inventories	26.15	29.65	110.3
三、货物和服务净出口	**Net Export of Goods and Services**	**-233.89**	**-206.25**	**90.2**

1-13 总产出
TOTAL OUTPUT

单位: 万元 (10 000 yuan)

指标	Item	按当年价格计算 At Current Prices	
		2011	2012
总产出	**Total Output**	**22273779**	**24917200**
第一产业	Primary Industry	845440	923587
第二产业	Secondary Industry	12719355	14183818
工业	Industry	11637900	12931877
建筑业	Construction	1081455	1251941
第三产业	Tertiary Industry	8708984	9809795
#交通运输、仓储及邮电业	Transportation, Post and Telecommunications	2952506	3171883
批发和零售业	Wholesale and Sloetracles Retail	1626279	1942205
住宿和餐饮业	Cldging and Gatering Trade	462392	567169

1-14 地区生产总值构成项目 (2012 年)
COMPOSTTION OF GROSS DOMESTIC PRODUCT (2012)

按当年价格计算 (at current prices)

指 标	Item	增加值 Value Added	劳动者报酬 Compen-sation of Laborers	生产税净额 Net Taxes on Prod-uction	固定资产折旧 Depreciation of Fixed Assets	营业盈余 Operating Surplus
地区生产总值	**Gross Domestic Product**	**9313878**	**4548840**	**1793431**	**1685355**	**1286252**
第一产业	**Primary Industry**	**497792**	**371252**	**-23362**	**44229**	**105673**
农业	Farming	230063	171581	-10836	20476	48842
林业	Forestry	22811	17012	-1074	2030	4843
畜牧业	Animal Husbandy	234278	174725	-11035	20851	49737
渔业	Fishery	463	345	-21	41	98
农林牧渔服务业	Farming , Forestry , Animal Husbandy and Fishery Service	10177	7589	-396	831	2153
第二产业	**Secondary Industry**	**4721786**	**2468091**	**1198720**	**611142**	**443833**
工业	Industry	4195610	2052288	1058254	563432	521636
采掘业	Mining and Quarring	3147138	1574627	845692	309297	417522
制造业	Manufacturing	810977	411237	153887	120539	125314
电力、煤气及水的生产和供应业	Electricity,Gas and Water Production and Supply	237495	66424	58675	133596	-21200
建筑业	Construction	526176	415803	140466	47710	-77803
第三产业	**Tertiary Industry**	**4094300**	**1709497**	**618073**	**1029984**	**736746**
交通运输、仓储和邮政业	Transport,Storage ,Post	1239081	495736	54463	503831	185051
交通运输和仓储业	Transport Storage	1209343	481091	52245	498687	177320
邮政业	Post	29738	14645	2218	5144	7731
信息传输、计算机服务和软件业	Information Transmission,Computer and Software	240815	32058	11848	81966	114943
批发和零售业	Services Wholesale and Retail Trade	656077	95610	398042	29038	133387
住宿和餐饮业	Lodging and Catering Services	282216	155219	71982	37492	17523
金融保险业	Banking and Insurance	450074	169779	43687	50406	186202
金融业	Banking	427570	151776	35986	48419	191389
保险业	Industry	22504	18003	7701	1987	-5187
其他	Others					
房地产业	Real Estate	251295	14740	15710	216948	3897
房地产开发经营业	Real Estate Development	33722	9309	15237	3101	6075
城市居民自有住房服务业	Personal Houing of Urban Resident	171838			171838	
农村居民自有住房服务业	Ersbnal Houing of Rural Resident	35644			35644	
物业管理、中介服务及其他	Leaes and Business Affairs Sevices	10091	5431	473	6365	-2178
租赁和商务服务业	Leaes and Business Affairs Services	79777	31305	6207	39889	2376
科学研究、技术服务和地质勘查业	Scientific Reseach,Polytechnology Services and Geological Prospecting	41506	34416	1283	5228	579
水利、环境和公共设施管理业	Water,Environmental Protection and Public Facility Management	27801	22289	321	5632	-441
居民服务和其他服务业	Resident Services and Other Services	133776	45425	10867	4599	72885
教育	Education	165524	145226	235	13943	6120
卫生、社会保障和社会福利业	Health Care,Social Security and Social Welfare	76772	60565	779	6696	8732
文化、体育和娱乐业	Culture,Sports and Recreation	17316	11603	704	1698	3311
公共管理和社会组织	Public Management and Social Organization	432270	395526	1945	32618	2181

1-15 按三次产业、行业(门类)划分的法人单位数、产业活动单位数及从业人数(2012年)

项目	Item	单位数(个) Number of Units (unit)
总计	**Total**	**20063**
按三次产业划分	**By Industry**	
第一产业	Primary Industry	2763
第二产业	Secondary Industry	2830
第三产业	Tertiary Industry	14470
按行业(门类)划分	**By Sector**	
农、林、牧、渔业	Farming , Forestry , Animal Husbandry and Fishery	2763
采矿业	Ming and Quarrying	566
制造业	Manufacturing	1603
电力、燃气及水的生产和供应业	Production & Supply of Electricity, Gas and Water	112
建筑业	Construction	549
交通运输、仓储和邮政业	Transport, Storage and Post	464
信息传输、计算机服务和软件业	Information Transmission , Computer Services and Software	335
批发和零售业	Wholesale and Retail Trade	4659
住宿和餐饮业	Lodging and Catering Services	347
金融业	Banking and Insurance	179
房地产业	Real Estate Trade	556
租赁和商务服务业	Lease and Business Affairs Services	961
科学研究、技术服务和地质勘查业	Scientific Reseach , Polytechnology Services and Geological Prospecting	437
水利、环境和公共设施管理业	Water , Environmental Protection and Public Facility Management	200
居民服务和其他服务业	Resident Services and Other Services	327
教育	Education	736
卫生、社会保障和社会福利业	Health Care, Social Security and Social Welfare	555
文化、体育和娱乐业	Culture , Sports and Recreation	254
公共管理和社会组织	Public Management and Social Organization	4460

NUMBER OF CORPORATION UNITS & ACTIVE UNITS AND EMPLOYEES BY TYPE OF INDUSTRY AND SECTOR(2012)

法人单位 Corporation Units			产业活动单位 Active Units		
单产业法人 Single Industry	多产业法人 Multi-industry	从业人数(人) Employees (person)	单位数(个) Number of Units (unit)	#多产业法人所属的产业活动单位 Units Belong to Multi-industry Corporation	从业人数(人) Employees (person)
19037	**1026**	**747753**	**26107**	**7070**	**747753**
2757	6	19750	2825	68	19750
2749	81	380041	3178	429	380041
13531	939	347962	20104	6573	347962
2757	6	19750	2825	68	19750
560	6	212454	623	63	212454
1548	55	110175	1762	214	110175
107	5	12872	145	38	12872
534	15	44540	648	114	44540
436	28	21583	690	254	21583
327	8	5325	598	271	5325
4493	166	81147	5487	994	81147
331	16	28134	405	74	28134
147	32	12378	642	495	12378
537	19	10638	625	88	10638
925	36	19269	1290	365	19269
423	14	8449	671	248	8449
193	7	9967	281	88	9967
322	5	6223	378	56	6223
671	65	47393	1910	1239	47393
512	43	17862	1223	711	17862
253	1	7235	342	89	7235
3961	499	72359	5562	1601	72359

1-16 按登记注册类型划分的法人单位数、产业活动单位数及从业人数(2012 年)

项　目	Item	单位数(个) Number of Units (unit)
总　计	**Total**	**20063**
一、内　资	**Civil Funded Enterprises**	**20029**
国　有	State-owned Enterprises	4096
集　体	Collective Owned Enterprises	800
股份合作	Share Cooperative Enterprises	58
国有联营	State-owned Joint Owned Enterprises	4
集体联营	Collective-owned Joint Owned Enterprises	12
国有与集体联营	State-owned and Collective-owned Joint Owned Enterprises	1
其他联营	Other Joint Owned Enterprises	5
国有独资公司	Company Exclusively with Investment from State	16
其他有限责任公司	Other Limited Responsibility Company	1364
股份有限公司	Share Holding Limited Company	227
私营独资	Enterprise Exclusively with Investment from Private	1995
私营合伙	Private Partner Enterprises	303
私营有限责任公司	Privately Owned Limited Responsibility Company	5206
私营股份有限公司	Privately Owned Share Holding Limited Company	250
其他内资	Other Types of Ownership	5692
二、港澳台投资	**Enterprises Funded by HongKong, Macao and Taiwan**	**13**
与港澳台商合资经营	Joint Venture	3
与港澳台商合作经营	Cooperative Enterprise	1
港澳台商独资	Ventures Exclusively with HongKong, Macao and Taiwan Investment	7
港澳台商投资股份有限公司	Share Holding Limited Company	2
三、外商投资	**Foreign Funded Enterprises**	**21**
中外合资经营	Joint Venture	15
中外合作经营	Cooperative Enterprises	1
外资企业	Enterprises Funded By Foreign Investments	5
外商投资股份有限公司	Limited Company Funded by Foreign Investment	

NUMBER OF CORPORATION UNITS & ACTIVE UNITS AND EMPLOYEES BY REGISTERED KIND(2012)

法人单位 Corporation Units			产业活动单位 Active Units		
单产业法人 Single Industry	多产业法人 Multi-industry	从业人数(人) Employees (person)	单位数(个) Number of Units (unit)	#多产业法人所属的产业活动单位 Units Belong toMulti-industry Corporation	从业人数(人) Employees (person)
19037	**1026**	**747753**	**26107**	**7070**	**747753**
19004	**1025**	**740026**	**26037**	**7033**	**740026**
3477	619	226909	7925	4448	226909
724	76	56506	1356	632	56506
58		2613	81	23	2613
4		50	7	3	50
12		546	13	1	546
1		23	2	1	23
5		72	7	2	72
15	1	6281	17	2	6281
1295	69	252231	1600	305	252231
204	23	15600	632	428	15600
1971	24	22986	2066	95	22986
301	2	3913	314	13	3913
5080	126	103574	5578	498	103574
245	5	6288	278	33	6288
5612	80	42434	6161	549	42434
12	**1**	**1351**	**33**	**21**	**1351**
2	1	634	11	9	634
1		34	1		34
7		531	17	10	531
2		152	4	2	152
21		**6376**	**37**	**16**	**6376**
15		5105	19	4	5105
1		70	1		70
5		1201	13	8	1201
			3	3	

1-17 按登记注册类型、从业人数组距划分的法人单位数(2012 年)

项　目	Item	9人以下 9 Persons Below
总　计	**Total**	
一、内　资	**Civil Funded Enterprises**	
国　有	State-owned Enterprises	
集　体	Collective Owned Enterprises	
股份合作	Share Cooperative Enterprises	
国有联营	State-owned Joint Owned Enterprises	
集体联营	Collective-owned Joint Owned Enterprises	
国有与集体联营	State-owned and Collective-owned Joint Owned Enterprises	
其他联营	Other Joint Owned Enterprises	
国有独资公司	Company Exclusively with Investment from State	
其他有限责任公司	Other Limited Responsibility Company	
股份有限公司	Share Holding Limited Company	
私营独资	Enterprise Exclusively with Investment from Private	
私营合伙	Private Partner Enterprises	
私营有限责任公司	Privately Owned Limited Responsibility Company	
私营股份有限公司	Privately Owned Share Holding Limited Company	
其他内资	Other Types of Ownership	
二、港澳台投资	**Enterprises Funded by HongKong， Macao and Taiwan**	
与港澳台商合资经营	Joint Venture	
与港澳台商合作经营	Cooperative Enterprise	
港澳台商独资	Ventures Exclusively with HongKong，Macao and Taiwan Investment	
港澳台商投资股份有限公司	Share Holding Limited Company	
三、外商投资	**Foreign Funded Enterprises**	
中外合资经营	Joint Venture	
中外合作经营	Cooperative Enterprises	
外资企业	Enterprises Funded By Foreign Investments	
外商投资股份有限公司	Limited Company Funded by Foreign Investment	

NUMBER OF CORPORATION UNITS BY REGISTERED KIND AND QUANTITY OF EMPLOYEES(2012)

(unit)

10-49人 10-49 Persons	50-99人 50-99 Persons	100-299人 100-299 Persons	300-499人 300-499 Persons	500-999人 500-999 Persons	1000-4999人 1000-4999 Persons	5000人以上 5000 Persons Above
12355		**5573**	**1076**	**788**	**132**	**82**
12355		**5560**	**1073**	**776**	**129**	**80**
1373		1759	496	361	54	30
279		293	93	107	12	7
23		22	5	7		1
2		2		3		
4		5				
		1				
3		2				
8		4	2	1		
592		509	105	100	24	19
65		124	15	10	3	7
1436		489	50	15	4	1
173		114	16			
3432		1370	219	141	27	14
136		92	13	8		
4829		774	59	23	5	1
		6		**6**	**1**	
				2	1	
		1				
		4		3		
		1		1		
		7	**3**	**6**	**2**	**2**
		5	2	4	2	1
			1			
		2		2		1

主要统计指标解释

地区生产总值 是按市场价格计算的一个地区所有常住单位在一定时期内生产活动的最终成果。地区生产总值有三种表现形态，即价值形态、收入形态和产品形态。从价值形态看，它是所有常住单位在一定时期内所生产的全部货物和服务价值超过同期投入的全部非固定资产货物和服务价值的差额，即所有常住单位的增加值之和；从收入形态看，它是所有常住单位在一定时期内所创造并分配给常住单位和非常住单位的初次分配收入之和；从产品形态看，它是最终使用的货物和服务减去进口货物和服务。在核算中，地区生产总值的三种表现形态表现为三种计算方法，即生产法、收入法和支出法。三种方法分别从不同的方面反映地区生产总值及其构成。

三次产业 三次产业的划分是世界上较为通用的产业结构分类，但各国的划分不尽一致。我国的三次产业划分是：

第一产业：农业(包括种植业、林业、牧业、渔业和农林牧渔服务业)。

第二产业：工业(包括采矿业，制造业，电力、煤气及水的生产和供应业)和建筑业。

第三产业：除第一、二产业以外的其他各业。

总产出 指一定时期内一个地区常住单位生产的所有货物和服务的价值，既包括新增价值，也包括被消耗的货物和服务价值以及固定资产的转移价值。总产出按生产者价格计算，它反映常住单位生产活动的总规模。

中间投入 指常住单位在生产或提供货物与服务过程中，消耗和使用的所有非固定资产货物和服务的价值。中间投入也称为中间消耗，一般按购买者价格计算。

增加值 指常住单位生产过程创造的新增价值和固定资产的转移价值。它可以按生产法计算，也可以按收入法计算，按生产法计算，它等于总产出减去中间投入；按收入法计算，它等于劳动者报酬、生产税净额、固定资产折旧和营业盈余之和。

劳动者报酬 指劳动者因从事生产活动所获得的全部报酬。包括劳动者获得的各种形式的工资、奖金和津贴，既有货币形式的，也有实物形式的，还包括劳动者所享受的公费医疗和医药卫生费、上下班交通补贴、单位支付的社会保险费、住房公积金等。对于个体经济来说，其所有者所获得的劳动报酬和经营利润不易区分，这两部分统一作为劳动者报酬处理。

生产税净额 指生产税减生产补贴后的差额。生产税指政府对生产单位从事生产、销售和经营活动以及因从事生产活动使用某些生产要素（如固定资产、土地、劳动力）所征收的各种税、附加费和规费。生产补贴与生产税相反，指政府对生产单位的单方面转移支付，因此视为负生产税，包括政策性亏损补贴、价格补贴等。

固定资产折旧 指一定时期内为弥补固定资产损耗按照规定的固定资产折旧率提取的固定资产折旧，或按国民经济核算统一规定的折旧率虚拟计算的固定资产折旧。它反映了固定资产在当期生产中的转移价值。各类企业和企业化管理的事业单位的固定资产折旧是指实际计提的折旧费；不计提折旧的政府机关、非企业化管理的事业单位和居民住房的固定资产折旧是按照统一规定的折旧率和固定资产原值计算的虚拟折旧。原则上，固定资产折旧应按固定资产的重置价值计算，但是目前我国尚不具备对全社会固定资产进行重估价的基础，所以暂时还不能采用这种办法。

营业盈余 指常住单位创造的增加值扣除劳动者报酬、生产税净额和固定资产折旧后的余额。它相当于企业的营业利润加上生产补贴，但要扣除从利润中开支的工资和福利等。

支出法地区生产总值 指一个地区所有常住单位在一定时期内用于最终消费、资本形成总额，以及货物和服务净出口的总额，它反映本期生产的地区生产总值的使用情况。

最终消费 指常住单位在一定时期内对于货物和服务的全部最终消费支出，也就是说常住单位为满足物质、文化和精神生活的需要，从本地区经济领土和地区外购买的货物和服务的支出，不包括非常住单位在本地区经济领土内的消费支出。最终消费分为居民消费和政府消费。

居民消费 指常住住户对货物和服务的全部最终消费支出。它除了常住住户直接以货币形式购买货物和服务的消费之外，还包括以其他方式获得的货物和服务的消费，即单位以实物报酬及实物转移的形式提供给劳动者的货物和服务；住户生产并由住户自己消费的货物和服务，其中的服务仅指住户的自有住房服务和付酬的家庭服务；金融机构提供的金融媒介服务；保险公司提供的保险服务。

政府消费 指政府部门为全社会提供公共服务的消费支出和免费或以较低价格向住户提供的货物消费和服务的净支出。前者等于政府服务的产出价值减去政府单位所获得的经营收入后的价值，政府服务的产出价值等于它的经常性业务支出加上固定资产折旧；后者等于政府部门免费或以较低价格向住户提供的货物和服务的市场价值减去向住户收取的价值。

资本形成总额 指常住单位在一定时期内获得的减去处置的固定资产加存货的净变动额，包括固定资本形成总额和存货增加。

固定资本形成总额 指生产者在一定的时期内获得的固定资产减处置的固定资产的价值总额。固定资产是通过生产活动生产出来的，其使用年限在一年以上，单位价值在规定标准以上的资产，不包括自然资产。固定资本形成总额分有形固定资本形成总额和无形固定资本形成总额。有形固定资本形成总额包括一定时期内完成的建筑工程、安装工程、设备工器具购置（减处置）价值以及土地改良、新增役、种、奶、毛、娱乐用牲畜和新增经济林木价值。无形固定资本形成总额包括矿藏的勘探、计算机软件等获得减处置。

存货增加 指常住单位存货实物量变动的市场价值，即期末价值减期初价值的差额，再扣除当期由于价格变动而产生的持有收益。存货增加可以是正值，也可以是负值；正值表示存货增加，负值表示存货减少。它包括生产单位购进的原材料、燃料和储备物资等存货，以及生产单位生产的产成品、在制品存货等。

货物和服务净出口 指货物和服务出口减货物和服务进口的差额。出口包括常住单位向非常住单位出售或无偿转让的各种货物和服务的价值；进口包括常住单位从非常住单位购买或无偿得到的各种货物和服务的价值。由于服务活动的提供与使用同时发生，因此服务的进出口业务并不发生出入境现象，一般把常住单位从国外得到的服务作为进口，常住单位向国外提供的服务作为出口。

Explanatory Notes on Main Statistical Indicators

Gross Domestic Product (GDP) refers to the final products of all resident units calculated at market prices, in a region during a certain period of time. Gross domestic product is expressed in three different forms i.e. value, income and products respectively. The form of value refers to the total value of all products and services produced by all resident units during a certain period of time minus total value of intermediate input of materials and services of the nature of non–fixed assets or the summation of the value–added of all resident units; the form of income includes all the income created by all resident units and distributed primarily to all resident and non–resident units; the form of products refers to the value of all final goods and services for final use by all resident units plus the value of net exports of goods and services during given period of time. In the practice of national accounting, gross domestic product is calculated with three approaches, i.e. production approach, income approach, and expenditure approach, which reflect gross domestic product and its composition from different aspects.

Three Industries The three industries classification is universal although it varies to some extent from country to country. Industry in China comprises:

Primary industry: agriculture (including farming, forestry, animal husbandry, fishery and services support these industries).

Secondary industry: industry (including mining and quarrying, manufacturing, production and supply of electricity, water and gas) and construction.

Tertiary industry all other economic activities not included in the primary and secondary industries.

Total Output refers to value of all goods and services produced by resident units in a certain period of time, including new increasing value, also including value of goods and services consumed and transfer value of fixed assets. It is calculated at producer price, reflecting total production scale of resident units.

Intermediate Input refers to total non–fixed assets goods and services consumed and used by resident units during producing or supplying goods and services. Intermediate input is also called intermediate consumption, calculated at price of buyer.

Value Added refers to new increasing value and transfer value of fixed assets created by resident units during production. It is calculated in production way, also in income way. It equals total output minus intermediate consume when in production way. It equals compensation of laborers plus net tax on production, depreciation of fixed assets and operating surplus when in income way.

Laborers Remuneration refers to the whole payment of various forms earned by the laborers from the productive activities they are engaged in. It includes wages, bonuses and allowances the laborers earned in monetary form and in kind. It also includes the free medical services provided to the laborers and the medicine expenses, traffic subsidies and social insurance fee paid by the laborers working units for them. As the individual economy is concerned, since the laborers remuneration is not easily distinguished from the operating profit, both are treated as laborers remuneration.

Net Taxes on Production refers to the residual of the taxes on production minus the subsidies on production. The taxes on production refers to the various taxes, extra charges and fees levied on the production units on their production, sale and business activities as well as on some factors pf production, such as fixed assets, land and labor force, used in the production activities they are engaged in. In contrast to the taxes on production, the subsidies on production refer to the unilateral transfer of part of the government's revenue to the production units and is therefore regarded as negative taxes on production. They include subsidies on the loss due to implementation of government policies and price subsidies etc.

Depreciation of Fixed Assets refers to the depreciation of fixed assets of a given period, drawn in accordance with the stipulated depreciation rate for the purpose of compensating the wear loss of the fixed assets of the depreciation of fixed assets calculated in a fictitious way in accordance with the stipulated unified depreciation rate in the national economic accounting system. It reflects the value of transfer of the fixed assets in the production of the current period. The depreciation of fixed assets in various enterprises and institutions managed as enterprises which do not drawn and calculated as part of the cost. In government agencies and institution not managed as enterprises which do not draw the depreciation expenses, as well as for the houses of residents, the depreciation of fixed assets is the imputed depreciation, which is calculated in accordance with the stipulated unified depreciation rate. In principle, the depreciation of fixed assets should be calculated on the basis of the repurchased value of the fixed assets. However, there is no actual condition to reevaluate all the fixed assets in China. Therefore, the method can't be adopted temporarily at present.

Operating Surplus refers to the balance of the value added created by the resident units deducting the laborers remuneration, net taxes on production and the depreciation of fixed assets. It is equivalent to the business profit of the enterprises plus subsidies on production, but the wages and welfare expenses paid from the profits should be deducted.

GDP Calculated with Expenditure Approach refers to total expenditure on final consumption, total capital formation and net export of goods and services by resident units of a region in a certain period of time. It reflects the composition of GDP by its use.

Final Consumption refers to the total expenditure of resident units on final consumption of goods and services in a certain period, namely the expenditure of the resident units for purchases of goods and services from domestic economic territory and other regions to meet the requirements of material, cultural and spiritual life. It excludes the expenditure of non–resident units on consumption in the economic territory. The final consumption is classified into household consumption and government consumption.

Households Consumption refers to the total expenditure of resident households on the final consumption of goods and services. In addition to the consumption of goods and services bought by the households directly with money, the expenditure on goods and services obtained by the households in other ways, i.e. the so–called imputed expenditure on consumption, is also include in the households consumption. The imputation expenditure of the households on consumption includes the following types: (a) the goods and services provided to the households themselves, in the form of payment in kind and transfer in kind; (b) the goods and services produced and consumed by the households themselves, in which the services refer only to the services provided by the residential buildings owned by the households; (c) the services of financial intermediary provided by the financial institutions; (d) the insurance services provided by the insurance companies.

Government Consumption refers to the expenditure on the consumption of the public services provided by the government to the whole society and the net expenditure on the goods and services provided by the government to the households at free charge or lower prices. The former equals to the output value of the government services minus the value of operating income obtained by the government departments.(The output value of the government services equals to its current operating expenditure plus depreciation of fixed assets). The latter equals to the market value of the goods and services provided by the government free of charge or at low prices to the households minus the value received by the government from the households.

Total Capital Formation refers to the fixed assets acquired minus those disposed and the change in inventory, including the total fixed assets formation and the increase in inventory.

Total Fixed Capital Formation refers to the value of fixed assets purchased, transferred in by the resident units and those produced and used by themselves deducting the value of fixed assets sold and transferred out. It can be classified into total tangible assets formation and total intangible assets formation. The total tangible assets formation include the value of the construction projects, installation projects completed and the equipment, apparatus and instruments purchased as well as the value of land improved, the value of draught animals, breeding stock, milk, wool and recreational animals and the newly increased economic forest in a certain period. The total intangible assets formation includes the prospecting of minerals, the acquisition of computer software, the originals of recreational works and works of literature and arts minus the disposal of them.

Increase in Inventory refers to the market value of the charge in inventory, i.e. the difference of value between the beginning and the end of the period. The increase in inventory can be positive or negative. A positive value indicates the increase in inventory while negative value indicates the decrease in stock. The inventory includes the raw materials, fuels, reserve materials purchased by the production units as well as the inventory of finished products, semi–finished products, work–in–progress, etc.

Net Export of Goods and Services refers to the difference of the exports of goods and services minus the imports of goods and services. The imports include the value of various goods and services sold or gratuitously transferred by the resident units to the non–resident units. The imports include the value of various goods and services purchased or gratuitously acquisition by the resident units from the non–resident units. Because the provision of services and the use of them happen simultaneously, the import and export of services do not appear to have the phenomena of crossing the border of country. The acquisition of services by the resident units from abroad is usually treated as import while the acquisition of services by non–resident units in this country is usually treated as export.

02

人口、从业人员和劳动报酬

POPULATION， EMPLOYMENT AND WAGE

2013 大同统计年鉴
DA TONG STATISTICAL YEARBOOK

资 料 整 理 人 员

马　有　高瑞秀　符　华　吴建成

人 口
POPULATION

总户数	Number of Households	126.89	万户	(10 000 households)
总人口数	Number of Population	335.71	万人	(10 000 persons)
男性	Male	171.64	万人	(10 000 persons)
女性	Female	164.07	万人	(10 000 persons)
出生人口	Number of Birth	3.73	万人	(10 000 persons)

年末总人口（万人）
Population it the end of year （10 000persons）

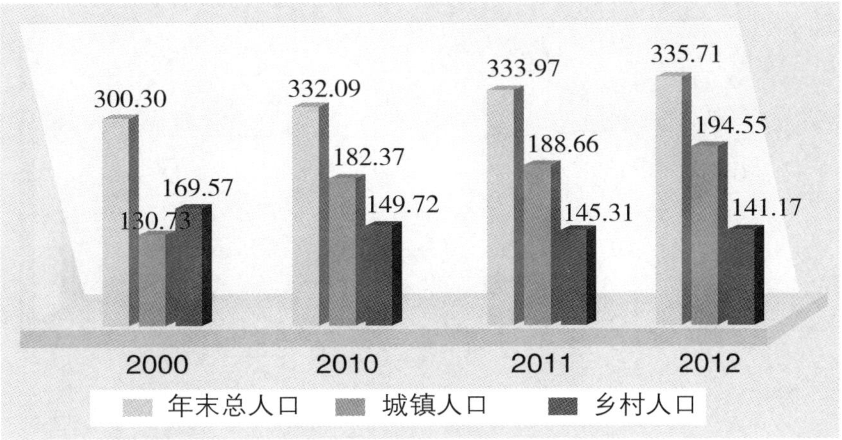

从业人员和劳动报酬
EMPLOYED AND PAYMENT

从业人员	Employess	44.58	万人	(10 000 persons)
职工人数	Staff and Workers	42.13	万人	(10 000 persons)
职工工资总额	Total wages of Staff and Workers	203.30	亿元	(100 million yuan)

从业人员和职工人数（万人）

Number of Employess,staff and Workers （10 000persons）

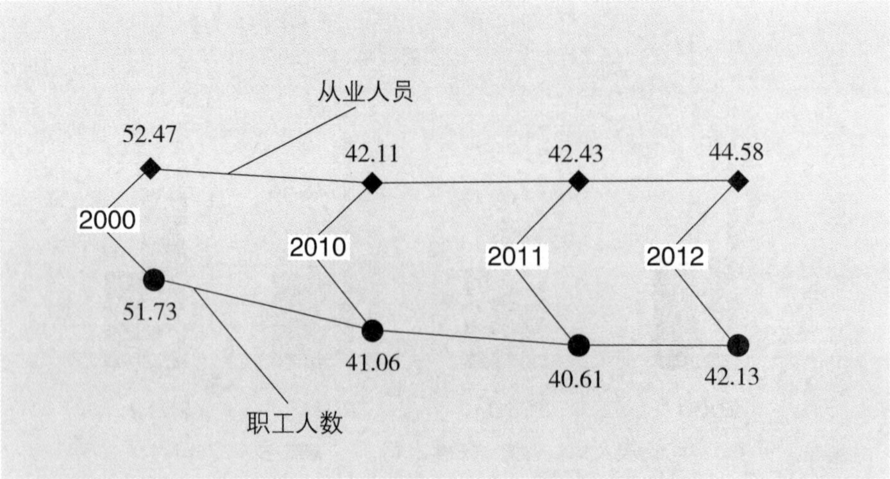

2-1 主要年份总户数、总人口数

TOTAL POPULATION AND HOUSEHOLD IN MAJOR YEARS

单位:人 (person)

年 份 Year	总户数 (万户) Number of Household (10000Household)	总人口 Population	按性别分 By Sex		按城镇、乡村分 By Residence	
			男 性 Male	女 性 Famle	城镇人口 Urban	乡村人口 Rural
1965	37.96	1595282	871682	723600	463879	1131403
1970	42.65	1812945	987369	825576	503603	1309342
1980	51.45	2128901	1149996	978905	670245	1458656
1985	58.12	2311462	1243026	1068436	815285	1496177
1990	69.54	2501095	1336777	1164318	935169	1565926
1995	77.62	2624121	1393696	1230425	1038342	1585779
1996	79.79	2659011	1408673	1250338	1074199	1584812
1997	81.94	2696811	1426411	1270400	1106393	1590418
1998	83.71	2721825	1439017	1282808	1130686	1591139
1999	85.31	2756070	1452056	1304014	1154761	1601309
2000	90.19	3002976	1551790	1451186	1307294	1695682
2001	90.48	3027020	1564182	1462838	1315904	1711116
2002	93.30	3050311	1575513	1474798	1385283	1665028
2003	97.00	3073772	1581185	1492587	1409324	1664448
2004	100.13	3097290	1589961	1507329	1439066	1658224
2005	102.86	3119340	1592320	1527020	1503579	1615761
2006	107.76	3140704	1598302	1542402	1541754	1598950
2007	110.95	3159679	1612814	1546865	1583963	1575716
2008	113.30	3178568	1623365	1555203	1625390	1553178
2009	116.21	3195140	1628073	1567067	1659880	1535260
2010	108.61	3320928	1691305	1629623	1823660	1497268
2011	122.77	3339733	1702807	1636926	1886612	1453121
2012	126.89	3357112	1716425	1640687	1945459	1411653

注:本表2000-2012年为人口抽样调查数,总户数为公安年报数。
The data of urban and rural population are from security department in 2000 and 2012.

2-2 主要年份人口自然变动

NATURAL CHANGE OF POPULATION IN MAJOR YEARS

单位:人 (person)

年份 Year	出生 Birth		死亡 Death		自然增长 Natural Growth	
	人数 Population	出生率(‰) Birth Rate	人数 Population	死亡率(‰) Death Rate	人数 Population	自然增长率(‰) Natural Growth Rate
1965	60123	37.68	16750	10.50	43373	27.18
1970	59988	33.54	15086	8.43	44902	25.11
1980	36153	17.17	13056	6.20	23097	10.97
1985	31307	13.61	12056	5.24	19251	8.37
1990	53099	21.44	13379	5.40	39720	16.04
1995	35349	13.54	12575	4.82	22774	8.72
1996	33218	12.58	12622	4.79	20596	7.78
1997	36085	13.48	11269	4.18	24816	9.30
1998	33087	12.21	11157	4.11	21930	8.10
1999	32267	11.70	10803	3.92	21464	7.79
2000	41943	13.97	15378	5.12	26565	8.85
2001	41305	13.70	17999	5.87	23306	7.73
2002	33570	13.58	11480	5.92	22090	7.66
2003	26901	9.09	10804	3.65	16097	5.44
2004	40919	13.26	17400	5.64	23519	7.62
2005	40395	12.95	18155	5.82	22241	7.13
2006	38342	12.25	16978	5.42	21364	6.83
2007	38074	12.05	19021	6.02	19053	6.02
2008	38136	12.03	19248	6.07	18888	5.96
2009	36043	11.31	19471	6.11	16572	5.20
2010	38399	11.59	18059	5.45	20340	6.14
2011	37351	11.22	19031	5.71	18320	5.50
2012	37286	11.14	19901	5.94	17423	5.19

注:本表2000—2012年为人口抽样调查数,总户数为公安年报数。
The data of urban and rural population are from security department in 2000 and 2012.

2-3 城镇单位分行业从业人员（2012 年）

NUMBER OF EMPLOYEES IN URBAN UNITS（2012）

单位：人 （person）

项目	Item	单位从业人员 Employ-mees	# 女性 Female	# 在岗职工 Fully Employed	# 劳务派遣 Labor Dispatch	# 其他从业人员 Others
总计	**Total**	**445841**	**111973**	**421255**	**9236**	**15350**
一、按企业、事业、机关分组	**Grouped By Enterprises，Institutions and Agencies**					
# 1.企业	Enterprises	305335	51570	288725	7460	9150
2.事业	Institutions	96726	48789	91390	830	4506
3.机关	Government Agencies	43667	11577	41029	946	1692
4.其他	Others	113	37	111		2
二、按国民经济行业分组	**Grouped By Sector**					
1.农、林、牧、渔业	Farming，Forestry，AnimalHusbandry and Fishery	1504	420	1471		33
2.采矿业	Mining and Quarring	143863	929	143082	428	353
3.制造业	Manufacturing	53043	17907	51200	1193	650
4.电力、燃气及水的生产和供应业	Electricity，GasandWaterProduction and Supply	14503	4535	13334	1012	157
5.建筑业	Construction	17211	3008	11667	1006	4538
6.交通运输、仓储和邮政业	Transport，Storage and Post	22102	5242	20128	1206	768
7.信息传输、计算机服务和软件业	Information Transmission，Computer Services and Softare	4678	2471	3581	693	404
8.批发和零售业	Wholesale and Retail Trade	21119	5042	20289	259	571
9.住宿和餐饮业	Lodging and Catering Services	2949	1800	2826	122	1
10.金融业	Banking and Insurance	13689	6556	11809	921	959
11.房地产业	Real Estate Trade	5734	1385	5215	172	347
12.租赁和商务服务业	Lease and Business Affairs Services	8036	3140	7465	473	98
13.科学研究、技术服务	Scientific Reseach，Polytechnology	6170	1899	5814	10	346
和地质勘查业	Services andGeologicalProspecting	7788	2932	6938	552	298
14.水利、环境和公共设施管理业	Water，Environmental Protection and Public Facility Management					
15.居民服务和其他服务业	Resident Services and Other Services	828	412	828		
16.教育	Education	46467	27317	44934	187	1346
17.卫生、社会保障和社会福利业	Health Care，Social Security and Social Welfare	14851	8986	12842	41	1968
18.文化、体育和娱乐业	Culture，Sports and Recreation	5582	2410	5441	9	132
19.公共管理和社会组织	Public Management and Social Organization	55724	15582	52391	952	2381
总计中：国有控股	**Share Controlled by State**	**234396**	**27134**	**222842**	**6347**	**5207**

2-4 城镇单位分行业从业人员劳动报酬（2012年）
REWARD OF EMPLOYEES IN URBAN UNITS（2012）

单位：千元 （1000 yuan）

项目	Item	从业人员劳动报酬 Total Reward of Employees	在岗职工工资总额 Wages of Fully Employed	劳务派遣人员工资总额 Reward of Labor Dispatch	其他从业人员劳动报酬 Reward of Other Employ-ees	从业人员平均工资(元) Average Wages of Fully Em-ployed (yuan)	在岗职工平均工资(元) Average Wages of Fully Em-ployed (yuan)
总计	**Total**	**20843034**	**20330187**	**180583**	**332264**	**46273**	**47646**
一、按企业、事业、机关分组	**Grouped By Enterprises, Institutions and Agencies**						
#1.企业	Enterprises	16165209	15785253	146511	233445	52074	53706
2.事业	Institutions	3176736	3088565	11160	77011	32967	33726
3.机关	Government Agencies	1498944	1454226	22912	21806	34428	35320
4.其他	Others	2145	2143		2	18982	19306
二、按国民经济行业分组	**Grouped By Sector**						
1.农、林、牧、渔业	Farming, Forestry, Animal Husbandry and Fishery	31367	30817		550	20609	20850
2.采矿业	Mining and Quarring	11338901	11314936	18751	5214	79202	79414
3.制造业	Manufacturing	1621881	1572555	35085	14241	30691	30812
4.电力、燃气及水的生产和供应业	Electricity, Gas and Water Production and Supply	802472	789702	11923	847	54335	54861
5.建筑业	Construction	436875	284991	10492	141392	18590	20456
6.交通运输、仓储和邮政业	Transport, Storage and Post	444789	413083	29693	2013	20120	20513
7.信息传输、计算机服务和软件业	Information Transmission, Computer Services and Softare	109056	84436	11447	13173	23258	22376
8.批发和零售业	Wholesale and Retail Trade	434334	408420	5238	20676	20951	20691
9.住宿和餐饮业	Lodging and Catering Services	54805	51970	2830	5	18686	18690
10.金融业	Banking and Insurance	705671	664336	19541	21794	51486	53806
11.房地产业	Real Estate Trade	76266	73538	1842	886	13824	14700
12.租赁和商务服务业	Lease and Business Affairs Services	178721	177279	125	1317	22246	22354
13.科学研究、技术服务和地质勘查业	Scientific Reseach, Polytechnology Services and Geological Prospecting	195947	182960	150	12837	31702	31376
14.水利、环境和公共设施管理业	Water, Environmental Protection and Public Facility Management	169123	156312	7901	4910	21930	22140
15.居民服务和其他服务业	Resident Services and Other Services	12394	12394			14951	14951
16.教育	Education	1809983	1788279	2537	19167	39154	39909
17.卫生、社会保障和社会福利业	Health Care, Social Security and Social Welfare	443814	401826	168	41820	29967	31129
18.文化、体育和娱乐业	Culture, Sports and Recreation	137262	134678	103	2481	24537	24676
19.公共管理和社会组织	Public Management and Social Organization	1839373	1787675	22757	28941	33101	34055
总计中：国有控股	**Share Controlled by State**	**16165209**	**15785253**	**146511**	**233445**	**52074**	**53706**

2-5 国有单位分行业从业人员(2012年)

NUMBER OF EMPLOYEES IN STATE--OWNED UNITS BY SECTORS (2012)

单位:人 (person)

项 目	Item	单位从业人员 Employ-mees	#女 性 Female	#在岗职工 Fully Employed	#劳务派遣 Labor Dispatch	#其他从业人员 Others
总 计	**Total**	**205031**	**76969**	**187549**	**6597**	**10885**
一、按隶属关系分组	**Grouped By Administrative Relationship**					
1.中 央	Central Government	29091	6975	24509	2457	2125
2.省、自治区、直辖市	Province	23418	7137	21009	1120	1289
3.地 区	Prefecture	47347	21145	43056	1520	2771
4.县及县以下	County and Below	102132	40543	96926	1378	3828
5.其他	Others	3043	1169	2049	122	872
二、按企业、事业、机关分组	**Grouped By Enterprises** Institutions and Agencies					
#1.企 业	Enterprises	65893	17132	56370	4821	4702
#地 方	Local	38697	10818	33467	2648	2582
2.事 业	Institutions	95455	48257	90134	830	4491
#地 方	Local	95381	48228	90065	830	4486
3.机 关	Government Agencies	43667	11577	41029	946	1692
#地 方	Local	41846	10945	39492	662	1692
4.其 他	Others	16	3	16		
三、按国民经济行业分组	**Grouped By Sector**					
1.农、林、牧、渔业	Farming,Forestry,Animal Husbandry and Fishery	1504	420	1471		33
2.采矿业	Mining and Quarring	7414	528	7132	2	280
3.制造业	Manufacturing	17561	3300	17412	80	69
4.电力、燃气及水的生产和供应业	Electricity,Gas and Water Production and Supply	10491	3260	9455	993	43
5.建筑业	Construction	6502	921	3348	1006	2148
6.交通运输、仓储和邮政业	Transport,Storage and Post	4833	1819	3603	1206	24
7.信息传输、计算机服务和软件业	Information Transmission , Computer Services and Softare	4678	2471	3581	693	404
8.批发和零售业	Wholesale and Retail Trade	7845	2358	7503	214	128
9.住宿和餐饮业	Lodging and Catering Services	869	528	747	122	
10.金融业	Banking and Insurance	1772	559	843	57	872
11.房地产业	Real Estate Trade	1996	631	1658		338
12.租赁和商务服务业	Lease and Business Affairs Services	3973	1399	3410	473	90
13.科学研究、技术服务和地质勘查业	Scientific Reseach , Polytechnology Services and Geological Prospecting	5484	1703	5128	10	346
14.水利、环境和公共设施管理业	Water , Environmental Protection and Public Facility Management	7755	2913	6905	552	298
15.居民服务和其他服务业	Resident Services and Other Services	679	369	679		
16.教 育	Education	46321	27233	44788	187	1346
17.卫生、社会保障和社会福利业	Health Care,Social Security and Social Welfare	14117	8576	12123	41	1953
18.文化、体育和娱乐业	Culture , Sports and Recreation	5513	2399	5372	9	132
19.公共管理和社会组织	Public Management and Social Organization	55724	15582	52391	952	2381

2-6 国有单位分行业从业人员劳动报酬(2012年)

REWARD OF EMPLOYEES IN STATE--OWNED UNITS BY SECTORS (2012)

单位: 千元 (1 000 yuan)

项目	Item	从业人员劳动报酬 Total Reward of Employees	在岗职工工资总额 Wages of Fully Employed	劳务派遣人员工资总额 Wages of Labor Dispatch	其他从业人员劳动报酬 Reward of Other Employ-ees	从业人员平均工资(元) Average Wages of Fully Employed (yuan)	在岗职工平均工资(元) Average Wages of Fully Employed (yuan)
总计	**Total**	**6826434**	**6547145**	**108453**	**170836**	**33353**	**34386**
一、按隶属关系分组	**Grouped By Administrative Relationship**						
1.中央	Central Government	1143488	1066007	54408	23073	39259	41399
2.省、自治区、直辖市	Province	953218	911322	18443	23453	40967	42251
3.地区	Prefecture	1401096	1336369	12031	52696	29578	30347
4.县及县以下	County and Below	3231881	3153217	20741	57923	31745	32433
5.其他	Others	96751	80230	2830	13691	31210	37910
二、按企业、事业、机关分组	**Grouped By Enterprises,** Institutions and Agencies						
#1.企业	Enterprises	2184844	2038242	74381	72221	33088	34596
#地方	Local	1108901	1025101	34595	49205	28578	29522
2.事业	Institutions	3142140	3054171	11160	76809	33044	33814
#地方	Local	3139768	3051856	11160	76752	33045	33814
3.机关	Government Agencies	1498944	1454226	22912	21806	34428	35320
#地方	Local	1433771	1403675	8290	21806	34372	35303
4.其他	Others	506	506			31625	31625
三、按国民经济行业分组	**Grouped By Sector**						
1.农、林、牧、渔业	Farming, Forestry, Animal Husbandry and Fishery	31367	30817		550	20609	20850
2.采矿业	Mining and Quarring	244676	243132	100	1444	32746	34350
3.制造业	Manufacturing	666438	661744	4067	627	37885	37994
4.电力、燃气及水的生产和供应业	Electricity, Gas and Water Production and Supply	603548	591799	11130	619	57867	58047
5.建筑业	Construction	129050	94851	10492	23707	19726	23641
6.交通运输、仓储和邮政业	Transport, Storage and Post	113172	82908	29693	571	23387	23385
7.信息传输、计算机服务和软件业	Information Transmission, Computer Services and Softare	109056	84436	11447	13173	23258	22376
8.批发和零售业	Wholesale and Retail Trade	176526	167948	4088	4490	22368	22657
9.住宿和餐饮业	Lodging and Catering Services	15263	12433	2830		17706	17706
10.金融业	Banking and Insurance	60142	45586	865	13691	32900	50545
11.房地产业	Real Estate Trade	19393	18615		778	10043	11767
12.租赁和商务服务业	Lease and Business Affairs Services	86667	85310	125	1232	21819	22008
13.科学研究、技术服务和地质勘查业	Scientific Reseach, Polytechnology Services and Geological Prospecting	185411	172424	150	12837	33742	33510
14.水利、环境和公共设施管理业	Water, Environmental Protection and Public Facility Management	168101	155290	7901	4910	21891	22101
15.居民服务和其他服务业	Resident Services and Other Services	10109	10109			14987	14987
16.教育	Education	1807182	1785478	2537	19167	39218	39977
17.卫生、社会保障和社会福利业	Health Care, Social Security and Social Welfare	425573	383787	168	41618	30234	31485
18.文化、体育和娱乐业	Culture, Sports and Recreation	135305	132721	103	2481	24490	24629
19.公共管理和社会组织	Public Management and Social Organization	1839373	1787675	22757	28941	33101	34055

2-7 集体单位分行业从业人员(2012年)

NUMBER OF EMPLOYEES IN COLLECTIVE--OWNED UNITS BY SECTORS (2012)

单位:人 (person)

项目	Item	单位从业人员 Employ-mees	#女性 Female	#在岗职工 Fully Employed	#劳务派遣 Labor Dispatch	#其他从业人员 Others
总计	**Total**	**30424**	**14431**	**28350**	**475**	**1599**
一、按企业、事业、机关分组	**Grouped By Enterprises, Institutions and Agencies**					
#1.企业	Enterprises	29556	13960	27497	475	1584
2.事业	Institutions	849	469	834		15
3.其他	Others	19	2	19		
二、按国民经济行业分组	**Grouped By Sector**					
1.农、林、牧、渔业	Farming, Forestry, Animal Husbandry and Fishery					
2.采矿业	Mining and Quarring	174	41	174		
3.制造业	Manufacturing	14637	8588	14260		377
4.电力、燃气及水的生产和供应业	Electricity, Gas and Water Production and Supply	995	215	995		
5.建筑业	Construction	2356	640	2078		278
6.交通运输、仓储和邮政业	Transport, Storage and Post	2338	1090	1597		741
7.信息传输、计算机服务和软件业	Information Transmission, Computer Services and Softare					
8.批发和零售业	Wholesale and Retail Trade	2382	626	2284	1	97
9.住宿和餐饮业	Lodging and Catering Services	8	5	7		1
10.金融业	Banking and Insurance	3108	1431	2547	474	87
11.房地产业	Real Estate Trade	710	145	710		
12.租赁和商务服务业	Lease and Business Affairs Services	2906	1219	2903		3
13.科学研究、技术服务和地质勘查业	Scientific Reseach, Polytechnology Services and Geological Prospecting	14	6	14		
14.水利、环境和公共设施管理业	Water, Environmental Protection and Public Facility Management	23	14	23		
15.居民服务和其他服务业	Resident Services and Other Services	20	2	20		
16.教育	Education	9	7	9		
17.卫生、社会保障和社会福利业	Health Care, Social Security and Social Welfare	706	398	691		15
18.文化、体育和娱乐业	Culture, Sports and Recreation	38	4	38		
19.公共管理和社会组织	Public Management and Social Organization					

2-8 集体单位分行业从业人员劳动报酬(2012年)

REWARD OF EMPLOYEES IN COLLECTIVE--OWNED UNITS BY SECTORS (2012)

单位: 千元 （1 000 yuan）

项目	Item	从业人员劳动报酬 Total Reward of Employees	在岗职工工资总额 Wages of Fully Employed	劳务派遣人员工资总额 Wages of Labor Dispatch	其他从业人员劳动报酬 Reward of Other Employ-ees	从业人员平均工资(元) Average Wages of Fully Employed (yuan)	在岗职工平均工资(元) Average Wages of Fully Employed (yuan)
总计	**Total**	**794265**	**765103**	**5495**	**23667**	**794265**	**26088**
一、按企业、事业、机关分组	**Grouped By Enterprises, Institutions and Agencies**						
#1.企业	Enterprises	770705	741745	5495	23465	25725	26050
2.事业	Institutions	23305	23103		202	27450	27701
3.其他	Others	255	255			13421	13421
二、按国民经济行业分组	**Grouped By Sector**						
1.农、林、牧、渔业	Farming, Forestry, Animal Husbandry and Fishery						
2.采矿业	Mining and Quarring	697	697			4006	4006
3.制造业	Manufacturing	353378	344168		9210	24260	24193
4.电力、燃气及水的生产和供应业	Electricity, Gas and Water Production and Supply	23042	23042			23158	23158
5.建筑业	Construction	51719	47730		3989	18373	18615
6.交通运输、仓储和邮政业	Transport, Storage and Post	41882	40460		1422	17914	21953
7.信息传输、计算机服务和软件业	Information Transmission , Computer Services and Softare						
8.批发和零售业	Wholesale and Retail Trade	31298	30595	5	698	12848	13083
9.住宿和餐饮业	Lodging and Catering Services	49	44		5	6125	6286
10.金融业	Banking and Insurance	188875	175282	5490	8103	61164	60237
11.房地产业	Real Estate Trade	8730	8730			61164	60237
12.租赁和商务服务业	Lease and Business Affairs Services	73893	73855		38	25436	25450
13.科学研究、技术服务和地质勘查业	Scientific Reseach , Polytechnology Services and Geological Prospecting	100	100			7143	7143
14.水利、环境和公共设施管理业	Water , Environmental Protection and Public Facility Management	830	830			36087	36087
15.居民服务和其他服务业	Resident Services and Other Services	258	258			12900	12900
16.教育	Education	237	237			26333	26333
17.卫生、社会保障和社会福利业	Health Care , Social Security and Social Welfare	17855	17653		202	25290	25547
18.文化、体育和娱乐业	Culture , Sports and Recreation	1422	1422			37421	37421
19.公共管理和社会组织	Public Management and Social Organization						

2-9 其他单位分行业从业人员(2012年)

NUMBER OF EMPLOYEES IN OTHER--OWNED UNITS BY SECTORS (2012)

单位:人 (person)

项　目	Item	单位从业人员 Employ-mees	#女性 Female	#在岗职工 Fully Employed	#劳务派遣 Labor Dispatch	#其他从业人员 Others
总　计	**Total**	**210386**	**20573**	**205356**	**2164**	**2866**
一、按登记注册类型分组	**Grouped by Registered Kind**					
(一)内　资	Civil Funded Enterprises	203209	18475	198416	2141	2652
1.股份合作	Share Cooperative Enterprises	343	91	343		
2.联　营	Joint Owned Enterprises	86	27	86		
国有联营	State-owned Joint Owned Enterprises	25	10	25		
集体联营	Collective-owned Joint Owned Enterprises	43	15	43		
3.有限责任公司	Limited Duty Company	189502	12156	185631	1567	2304
国有独资	Company Exclusively with Investment from State	112	2	66	41	5
4. 股份有限公司	Share Holding Limited Company	12772	5940	11850	574	348
5. 其　他	Others	506	261	506		
(二)港、澳、台商投资	Enterprises Funded by HongKong, Macao and Taiwan	19		19		
(三)外商投资	Foreign Funded Enterprises	7158	2098	6921	23	214
二、按企业、事业、机关分组	**Grouped By Enterprises,** Institutions and Agencies					
#1.企　业	Enterprises	209886	20478	204858	2164	2864
2.事　业	Institutions	422	63	422		
3. 其　他	Others	78	32	76		2
三、按国民经济行业分组	**Grouped By Sector**					
1.农、林、牧、渔业	Farming, Forestry, Animal Husbandry and Fishery					
2.采矿业	Mining and Quarring	136275	360	135776	426	73
3.制造业	Manufacturing	20845	6019	19528	1113	204
4.电力、燃气及水的生产和供应业	Electricity, Gas and Water Production and Supply	3017	1060	2884	19	114
5.建筑业	Construction	8353	1447	6241		2112
6.交通运输、仓储和邮政业	Transport, Storage and Post	14931	2333	14928		3
7.信息传输、计算机服务和软件业	Information Transmission , Computer Services and Softare					
8.批发和零售业	Wholesale and Retail Trade	10892	2058	10502	44	346
9.住宿和餐饮业	Lodging and Catering Services	2072	1267	2072		
10.金融业	Banking and Insurance	8809	4566	8419	390	
11.房地产业	Real Estate Trade	3028	609	2847	172	9
12.租赁和商务服务业	Lease and Business Affairs Services	1157	522	1152		5
13.科学研究、技术服务和地质勘查业	Scientific Reseach , Polytechnology Services and Geological Prospecting	672	190	672		
14.水利、环境和公共设施管理业	Water , Environmental Protection and Public Facility Management	10	5	10		
15.居民服务和其他服务业	Resident Services and Other Services	129	41	129		
16.教　育	Education	137	77	137		
17.卫生、社会保障和社会福利业	Health Care, Social Security and Social Welfare	28	12	28		
18.文化、体育和娱乐业	Culture , Sports and Recreation	31	7	31		
19.公共管理和社会组织	Public Management and Social Organization					

2-10 其他单位分行业从业人员劳动报酬(2012年)

REWARD OF EMPLOYEES IN OTHER--OWNED UNITS BY SECTORS (2012)

单位: 千元 (1 000 yuan)

项目	Item	从业人员劳动报酬 Total Reward of Employees	在岗职工工资总额 Wages of Fully Employed	劳务派遣人员工资总额 Reward of Labor Dispatch	其他从业人员劳动报酬 Reward of Other Employ-ees	从业人员平均工资(元) Average Wages of Fully Employed (yuan)	在岗职工平均工资(元) Average Wages of Fully Employed (yuan)
总计	**Total**	**13222335**	**13017939**	**66635**	**137761**	**61517**	**63090**
一、按登记注册类型分组	**Grouped by Registered Kind**						
(一)内资	Civil Funded Enterprises	12968811	12768855	65489	134467	62292	63879
1.股份合作	Share Cooperative Enterprises	9357	9357			27280	27280
2.联营	Joint Owned Enterprises	1846	1846			21465	21465
国有联营	State-owned Joint Owned Enterprises	467	467			18680	18680
集体联营	Collective-owned Joint Owned Enterprises	976	976			22698	22698
3.有限责任公司	Limited Duty Company	12370976	12202038	49933	119005	63572	65287
国有独资	Company Exclusively with Investment from State	4357	3145	1077	135	38219	39458
4. 股份有限公司	Share Holding Limited Company	577167	546149	15556	15462	45579	45593
5. 其他	Others	9465	9465			18817	18817
(二)港、澳、台商投资	Enterprises Funded by HongKong, Macao and Taiwan	1303	1303			68579	68579
(三)外商投资	Foreign Funded Enterprises	252221	247781	1146	3294	37499	38534
二、按企业、事业、机关分组	**Grouped By Enterprises,** Institutions and Agencies						
#1.企业	Enterprises	13209660	13005266	66635	137759	61601	63181
2.事业	Institutions	11291	11291			26756	26756
3.其他	Others	1384	1382		2	17744	18184
三、按国民经济行业分组	Grouped By Sector						
1.农、林、牧、渔业	Farming, Forestry, Animal Husbandry and Fishery						
2.采矿业	Mining and Quarring	11093528	11071107	18651	3770	81860	81867
3.制造业	Manufacturing	602065	566643	31018	4404	29102	29260
4.电力、燃气及水的生产和供应业	Electricity, Gas and Water Production and Supply	175882	174861	793	228	52596	54382
5.建筑业	Construction	256106	142410		113696	18108	19180
6.交通运输、仓储和邮政业	Transport, Storage and Post	289735	289715		20	19406	19409
7.信息传输、计算机服务和软件业	Information Transmission, Computer Services and Softare						
8.批发和零售业	Wholesale and Retail Trade	226510	209877	1145	15488	21774	20976
9.住宿和餐饮业	Lodging and Catering Services	39493	39493			19143	19143
10.金融业	Banking and Insurance	456654	443468	13186		51952	51952
11.房地产业	Real Estate Trade	48143	46193	1842	108	16635	16831
12.租赁和商务服务业	Lease and Business Affairs Services	18161	18114		47	15697	15724
13.科学研究、技术服务和地质勘查业	Scientific Reseach, Polytechnology Services and Geological Prospecting	10436	10436			15530	15530
14.水利、环境和公共设施管理业	Water, Environmental Protection and Public Facility Management	192	192			19200	19200
15.居民服务和其他服务业	Resident Services and Other Services	1945	1945			15078	15078
16.教育	Education	2564	2564			18715	18715
17.卫生、社会保障和社会福利业	Health Care, Social Security and Social Welfare	386	386			13786	13786
18.文化、体育和娱乐业	Culture, Sports and Recreation	535	535			17258	17258
19.公共管理和社会组织	Public Management and Social Organization						

2-11 主要年份职工平均工资
AVERAGE WAGE OF STAFF AND WORKERS AIN MAJOR YEARS

单位: 元 (yuan)

年份 Year	全部职工平均工资 Total Average Wage	国有单位平均工资 Average Wage of State-owned Units	城镇集体单位平均工资 Urban Collective-ownedUnits	其它所有制单位平均工资 Other-Owned Units
1980	801	866	520	
1985	1168	1263	836	1351
1990	2328	2560	1724	4267
1995	5403	6137	3354	4863
1996	5904	6838	3361	6497
1997	6328	7389	2466	6660
1998	5745	6809	2034	4956
1999	5739	6468	2634	5116
2000	6658	7643	2635	5443
2001	7544	8674	3127	5952
2002	8966	10408	3880	6441
2003	10447	11534	5228	8183
2004	12591	13880	6034	8922
2005	15629	17001	7922	12017
2006	18110	19778	9651	13812
2007	20905	22776	10246	15796
2008	24104	26260	11795	17803
2009	28077	31387	14352	19189
2010	34433	27993	16755	43078
2011	43873	32265	22625	58216
2012	47646	34386	26088	63090

2-12 城乡劳动力资源配置情况

RESOURCE AND DISTRIBUTION OF LABOUR FORCE

单位: 万人 (10 000 persons)

指 标	Item	2011	2012
年末劳动力资源总数	**Year-end Number of Resource of Labour Force**	**243.12**	**247.04**
年末劳动力配置	**Year-end Distribution of Labour Force**		
一、从业人员	**Number of Employees**	**144.26**	**145.74**
按经济类型分	**By Ownership**		
1.国有经济	State Owned Economic	19.64	20.5
2.集体经济	Colletive Owned Economic	75.00	75.36
3.私营经济	Private Economic	10.44	11.74
4.个体经济	Indivduals Economic	19.48	17.1
5.联营经济	Joint Owned Economic		
6.股份制经济	Share Holding Ecnonmic	1.50	1.28
7.外商投资经济	Foreign Funded Economic		0.72
8.港、澳、台投资经济	Economic Funded By Entrepreneurs from Hongkong, Macao and Taiwan		
9.其他经济	Other Types of Ownership	17.95	19.04
按国民经济行业分	**By Sector**		
1.农、林、牧、渔业	Farming,Forestry,Animal Husbandry and Fishery	43.30	43.19
2.采掘业	Mining and Quarring	17.89	17.83
3.制造业	Manufacturing	10.89	11.14
4.电力、煤气及水的生产和供应业	Electricity,Gas and Water Production and Supply	1.45	1.50
5.建筑业	Construction	7.74	8.09
6.交通运输、仓储及邮政业	Transport,Storage and Post	7.60	24.22
7.信息传输、计算机服务和软件业	Information Transmission , Computer Services and Software	1.14	2.28
8.批发和零售业	Wholesale and Retail Trade	23.19	8.30
9.住宿和餐饮业	Hotels and Catering Services	4.47	2.46
10.金融、保险业	Banking and Insurance	2.14	2.68
11.房地产业	Real Estate Trade	1.57	1.78
12.租赁和商业服务业	Lease and Business Affairs Services	2.05	1.69
13.科学研究、技术服务和地质勘查业	Scientific Reseach , Polytechnology Services and Geological Prospecting	1.34	1.44
14.水利、环境和公共设施管理业	Water,Environmental Protection and Public Facility Management	0.79	3.07
15.居民服务和其他服务业	Resident Services and Other Services	4.55	1.65
16.教 育	Education	5.31	5.46
17.卫生、社会保障和社会福利业	Health Care Social Security and Social Welfare	1.87	1.85
18.文化、体育和娱乐业	Culture,Sports and Recreation	0.74	0.88
19.公共管理和社会组织	Public Management and Social Organization	6.23	6.23
20.其他行业	Others		
按三次产业分	**By Type of Industry**		
1.第一产业	Primary Industry	43.3	43.19
2.第二产业	Secondry Industry	37.97	38.56
3.第三产业	Tertiary Industry	62.99	63.99
二、城镇登记失业人员	**Urban Unemployed Registered**	**5.25**	**4.90**
三、16 岁以上在校学生	**Student Enrollment Over Age 16**	**10.99**	**11.02**
四、其他劳动者	**Others**	**82.62**	**85.38**
#家务劳动者	Family Affairs	41.30	41.20

主要统计指标解释

人口数 指一定时点、一定地区范围内有生命的个人总和。

年度统计的年末人口数指每年12月31日24时的常住人口数。

人口变动抽样调查的对象包括：1、在抽中调查小区居住并且户口在本乡(镇、街道)的人口；2、在抽中调查小区居住半年以上，户口在外乡（镇、街道）的人口；3、在抽中调查小区居住不满半年，离开户口登记地半年以上的人口；4、在抽中调查小区居住，户口待定的人口。

城镇人口和乡村人口 城镇人口是指居住在城镇范围内的全部常住人口；乡村人口是除上述人口以外的全部人口。

城镇包括城区和镇区。城区是指在市辖区和不设区的市中，街道办事处所辖的居民委员会地域；城市公共设施、居住设施等连接到的其他居民委员会地域和村民委员会地域。

镇区是指在城区以外的镇和其他区域，其包括镇所辖的居民委员会地域；镇的公共设施、居住设施等连接到的村民委员会地域。

出生率（又称粗出生率） 指在一定时期内（通常为一年）一定地区的出生人数与同期内平均人数（或期中人数）之比，用千分率表示。本资料中的出生率指年出生率，其计算公式为：

出生率=年出出生人数/年平均人数 × 1000‰

式中：出生人数指活产婴儿，即胎儿脱离母体时（不管怀孕月数），有过呼吸或其他生命现象。年平均人数指年初、年底人口数的平均数，也可用年中人口数代替。

死亡率（又称粗死亡率） 指在一定时期内（通常为一年）一定地区的死亡人数与同期内平均人数（或期中人数）之比，用千分率表示。本资料中的死亡率指年死亡率，其计算公式为：

死亡率=年死亡人数/年平均人数 × 1000‰

人口自然增长率 指在一定时期内（通常为一年）人口自然增加数（出生人数减死亡人数）与该时期内平均人数（或期中人数）之比，用千分率表示。计算公式为：

人口自然增长率=（本年出生人数−本年死亡人数）/年平均人数 × 1000‰=人口出生率−人口死亡率

总抚养比 也称总负担系数。指人口总体中非劳动年龄人口数与劳动年龄人口数之比。通常用百分比表示。用以表明每100名劳动年龄人口大致要负担多少名非劳动年龄人口。用于从人口角度反映人口与经济发展的基本关系。计算公式为：

$$GDR=(P_{0-14}+P_{65^+})/P_{15-64}\times 100\%$$

其中：GDR为总抚养比；

P_{0-14} 为0−14岁少年儿童人口数；

P_{15-64} 为15−64岁的劳动年龄人口数；

P_{65^+} 为65岁及65岁以上的老年人口数。

老年人口抚养比 也称老年人口抚养系数。指某一人口中老年人口数与劳动年龄人口数之比。通常用百分比表示。用以表明每100名劳动年龄人口要负担多少名老年人。老年人口抚养比是从经济角度反映人口老化社会后果的指标之一。计算公式为：

$$ODR=P_{65^+}/P_{15-64}\times 100\%$$

其中：ODR为老年人口抚养比；

P_{15-64} 为15−64岁的劳动年龄人口数；

P_{65^+} 为65岁及65岁以上的老年人口数。

少年儿童抚养比 也称少年儿童抚养系数。指某一人口中少年儿童人口数与劳动年龄人口数之比。通常用百分比表示。以反映每100名劳动年龄人口要负担多少名少年儿童。计算公式为：

$$CDR=P_{0-14}/P_{15-64}\times 100\%$$

其中：CDR为少年儿童抚养比；

P_{0-14} 为0–14岁少年儿童人口数；

P_{15-64} 为15–64岁的劳动年龄人口数。

劳动力资源总数 指在劳动年龄内，具有劳动能力，在正常情况下，可能或实际参加社会劳动的人口数。劳动力资源的范围为：劳动年龄内（16周岁以上），有劳动能力，实际参加社会劳动和未参加社会劳动的人员。劳动力资源也可划分为经济活动人口和非经济活动人口。劳动力资源不包括下列人员：

(1)在押犯人；

(2)劳动年龄内丧失劳动能力的人员；

(3)16岁以下实际参加社会劳动的人员。

从业人员 指从事一定社会劳动并取得劳动报酬或经营收入的人员。从业人员按就业身份分组包括：

(1)职工；

(2)再就业的离退休人员；

(3)私营业主；

(4)个体户主；

(5)私营企业和个体从业人员；

(6)乡镇企业从业人员；

(7)农村从业人员；

(8)其他从业人员。

私营企业和个体从业人员 指在私营企业或个体经营者所经营的机构中劳动，并领取劳动报酬的人员，包括在私营或个体经营机构中劳动的帮工、学徒、雇用人员。

在岗职工 指在本单位工作并由单位支付工资的人员，以及有工作单位，但由于学习、病伤产假等原因暂未工作，仍由单位支付工资的人员。

在岗职工工资总额 指各单位在一定时期内直接支付给本单位全部在岗职工的劳动报酬总额。工资总额的计算应以直接支付给职工的全部劳动报酔为根据。各单位支付给职工的劳动报酬以及其他根据有关规定支付的工资，不论是计入成本的还是不计入成本的，不论是以货币形式支付的还是以实物形式支付的，均应列入工资总额的计算范围。工资总额包括计时工资、计件工资、奖金、津贴和补贴、加班加点工资、特殊情况下支付的工资。

职工平均工资 指企业、事业、机关等单位的职工在一定时期内平均每人所得的货币工资额。它表明一定时期在岗职工工资收入的高低程度，是反映在岗职工工资水平的主要指标。计算公式为：

$$\text{在岗职工平均工资}=\frac{\text{报告期实际支付的全部在岗职工工资总额}}{\text{报告期全部职工平均人数}}$$

在岗职工平均实际工资 指扣除物价变动因素后的在岗职工平均工资。计算公式为：

$$\text{在岗职工平均实际工资}=\frac{\text{报告期在岗职工平均工资}}{\text{报告期职工生活费价格指数}}\times 100\%$$

在岗职工平均工资指数 指报告期平均工资与基础平均工资的比率，是反映不同时期职工货币工资水平变动情况的相对数。它表明报告期平均工资比基期平均工资提高或降低的程度。计算公式为：

$$\text{在岗职工平均工资指数}=\frac{\text{报告期在岗职工平均工资}}{\text{基期在岗职工平均工资}}\times 100\%$$

职工平均实际工资指数 是反映职工实际工资的变动方向和变动程度的指数，表明职工实际工资水平提高或降低的程度。计算公式为：

$$\text{在岗职工平均实际工资指数}=\frac{\text{报告期在岗职工平均工资指数}}{\text{报告期在岗职工生活费价格指数}}\times 100\%$$

城镇登记失业人员 指有非农业户口，在劳动年龄内（16周岁至退休年龄），有劳动能力，无业而要求就业，并在当地劳动保障部门进行失业登记的人员。

城镇登记失业率　指城镇期末实有登记失业人数与城镇期末就业人员总数加城镇期末实有登记失业人数之比。计算公式为：

$$城镇登记失业率=\frac{城镇期末实有登记失业人数}{城镇期末就业人员总数+城镇期末实有登记失业人数}\times 100\%$$

Explanatory Notes on Main Statistical Indicators

Total Population refers to the total number of people alive at a certain point of time within a given area. The annual statistics on total population is taken at midnight, the 31st of December.

The object of the national sample surveys on population changes including (a) population with residence registered in the sampled area and actually residing there. (b) population with residence registered in any area, but having actually resided in the sampled area more than half a year. (c) population having actually resided in the sampled area less than half a year, but having left place of residence registration more than half a year. (d) population with no residence registered in any area but having actually resided in the sampled area.

Urban Population and Rural Population Urban population refer to all people residing in cities and towns, while rural population refer to population other than urban population.

City and town include city area and town area. City area refers to the area of residence committees ruled by sub–district office in municipal district or cities with no district, and area of other residence committees which joined by urban public establishment and residence establishment.

Town area refers to the area of township and other areas besides the city zone, including the area of residence committees ruled by town government, and the area of villager's committees which joined by township public establishment and residence establishment.

Birth Rate (or Crude Birth Rate) refers to the ratio of the number of birth to the average population (or mid–period population) during a certain period of time (usually a year), expressed in ‰ .Birth rate in the chapter refers to annual birth rate. The following formula is used:

Birth Rate= (Number of Births/Average Number of Population) *1000‰

Number of births in the formula refers to live births, i.e. when a baby has breathed or shown any vital phenomena regardless of the length of pregnancy. Annual average number of population is the average of the beginning of the year and that at the end of the year. Sometimes it is substituted by the mid–year population.

Death Rate (or Crude Death Rate) refers to the ratio of the number of deaths to the average population (or mid–period population) during a certain period of time (usually a year), expressed in ‰. Death rate in the chapter refers to annual death rate. The following formula is used:

Death Rate= (Number of Deaths/Annual Average Number of Population) *1000‰.

Natural Growth Rate of Population refers to the ratio of natural increase in population (number of births minus number of deaths) in a certain period of time (usually a year) to the average population (or mid–period population) of the same period, expressed in ‰. The following formula is applied:

Natural Growth Rate of Population= [(Number of Birth–Number of Death)/Average Number of Population] *1000‰=Birth Rate–Death Rate

Gross Dependency Ratio also called gross dependency coefficient, refers to the ratio of non–working–age population to the working–age population, express in ‰. Describing in general the number of non–working–age population that every 100 people at working ages will take care of, this indicator reflects the basic relation between population and economic development from the demographic perspective. The gross dependency ratio is calculated with the following formula:

$GDR=P_{0\text{-}14}+P_{65}+/P_{15\text{-}64} \times 100\%$

Where: GDR is the gross dependency ratio;

$P_{0\text{-}14}$ is the population of children aged 0–14;

$P_{15\text{-}64}$ is the working–age population aged 15–64;

$P_{65}{}^{+}$ is the elderly population aged 65 and over.

Old Dependency Ratio also called old dependency coefficient, refers to the ratio of the elderly population to the working–age population, express in ‰. It describes the number of the elderly population that every 100 people at working ages will take care of. Old dependency ratio is one of the indicators reflecting the social implication of population aging from the economic perspective. The old dependency ratio is calculated with the following formula:

$ODR=P_{65}+/P_{15-64}\times 100\%$

Where: ODR is the old dependency ratio;

P_{15-64} is the working–age population aged 15–64;

P_{65}^{+} is the elderly population aged 65 and over.

Children Dependency Ratio also called children dependency co efficient, refers to the ratio of the children population to the working–age population, express in ‰. It describes the number of children population that every 100 people at working ages will take care of. The children dependency ratio is calculated with the following formula:

$CDR=P_{0-14}/P_{15-64}\times 100\%$

Where: CDR is the children dependency ratio;

P_{0-14} is the children population aged 0–14;

P_{15-64} is the working–age population aged 15–64.

Labor Resources refer to the persons, under normal condition, who are capable to labor within age of the total population. The coverage of labor resources includes: laborers within the working age (16 and over 16) and those who are capable to labor, and actually engaged in or not engaged in social labor. Labor resources also may be divided into economically active population and non–economically active population.

The following persons are not included in the labor resources;

1. Prisoners in custody;

2. Persons with the working age but disabled;

3. Persons actually engaged in social labor under aged 16.

Employed Persons refers to the persons who are engaged in social labor and receive remuneration payment or earn business income, including: total staff and workers, re–employed retirees, employers of private enterprises, self–employed workers, employees in private enterprises and individual economy, employees in the township enterprises, employed persons in the rural areas, other employed persons.

Persons Employed in Private Enterprises and Employed Individuals refer to the person employed in the private enterprises which have been registered at the department of industrial and commercial administration and are receive payment from there. Employed individuals refer to persons who have been registered at the departments of industrial and commercial administration and approved to be engaged in individual industrial or commercial business, including self–employed persons as well as helper and hired laborers who work in the individual households engaged in industrial or commercial business.

Fully Employed Staff and Workers refer to persons who work in, and receive wages from their working units, as well as persons who have their work posts, but are temporarily absent from work for reasons of study or on sick, injury or maternal leave and still receive wages from their working units.

Total Wages of Fully Employed Staff and Workers refer to the total remuneration payment to staff and workers in various units during a certain period of time. The calculation of total wages is based on the total remuneration payment to the staff and workers. Therefore, all the wages and salaries and other payments to staff and workers are included in the total wages regardless of sources, reckoning the cost of production or not, and forms, paying in cash or in kind. Total wages include time wage, piece wage, premium, allowance and subsidies, payment for overtime work and payment under special situations.

Average Wages of Fully Employed Staff and Workers refers to the average wage in money terms per person during a certain period of time for fully employed staff and workers in enterprises, institutions, and government agencies, which reflects the general level of wage income during a certain period of time and is calculated as follows:

Average Wages of Fully Employed Staff and Workers

$$=\frac{\text{Total Wages of Staff and Workers in Reference Period}}{\text{Average Number of Staff and Workers in Reference Period}}\times 100\%$$

Average Real Wage of Fully Employed Staff and Workers refers to average wage of staff and workers after removing the effects of price changes, which is calculated as follows:

$$\text{Average Real Wage of Staff and Workers}=\frac{\text{Average Wage of Staff and Workers in Reference Period}}{\text{Consumer Price Indes of Urban Wesidents in Reference Period}}\times 100\%$$

Average Wage Indices of Fully Employed Staff and Workers

$$\text{Average Wage Indices}=\frac{\text{Average Wage of Staff and Workers in Reference Time}}{\text{Average Wage pf Staff and Workers at Base Period}}\times 100\%$$

Average Real Wage Indices of Fully Employed Staff and Workers refers to the average wage of staff and workers after removing the effects of the price changes and average real wage indices of staff and workers refers to the change of real wage, which reflects the relative increasing or decreasing level of real wage of staff and workers, which is calculated as follows:

$$\text{Average Real Wage Indices}=\frac{\text{Average Wage Indices of Staff and Workers at Reference Time}}{\text{Urban Comsumer Price Indices at Reference Time}}\times 100\%$$

Registered Unemployed P ersons in Urban Areas refer to the persons with non–agricultural household registration at certain working ages (16 years old to retirement age), who are capable of working, unemployed and willing to work, and have been registered at the local employment service agencies to apply for a job.

Registered Unemployment Rate in Urban Areas refers to the ratio of the number of the registered unemployed persons to the sum of the number of the registered unemployed persons and the number of registered employed persons in urban areas.

The formula is as follows:

Registered Unemployment Rate in Urban Areas

$$=\frac{\text{Number of registered urban unemployed persons}}{\text{Number of registered urban employed persons+number of registered urban unemployed persons}}\times 100\%$$

03

固定
资产投资

INVESTMENT IN FIXED ASSETS

资料整理人员

吴　钧　李　佳　李　英　郭云霞　董　刚

固定资产投资
INVESTMENT IN FIXED ASSETS

固定资产投资	Investment in Fixde Assets	831.79	亿元	(100 million yuan)
第一产业	Primary Industry	50.13	亿元	(100 million yuan)
第二产业	Secondary Industry	322.65	亿元	(100 million yuan)
第三产业	Tertiany Industry	459.01	亿元	(100 million yuan)
国有单位	State-owned	453.01	亿元	(100 million yuan)
竣工房屋面积	Total Floor Space of Completed Buildings	543.81	万平方米	(10 000 sq.m)

国有单位固定资产投资额（亿元）

TotalInvestment in Fixde Assets of state-Owned Units(100 million yuan)

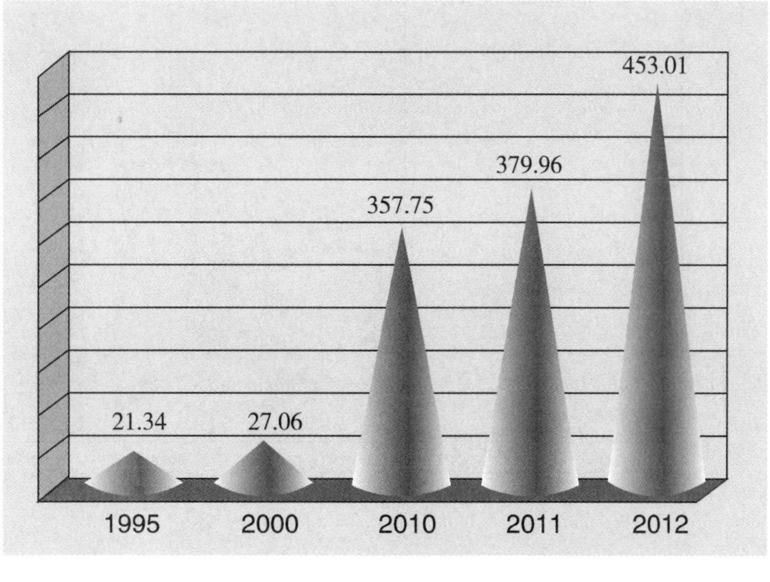

第二产业投资

Investment in Secondary Indrstry（100million yuan）

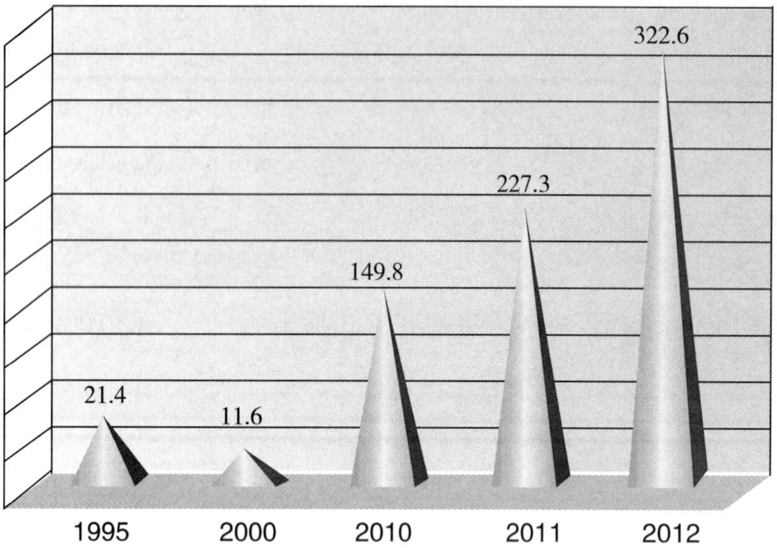

房地产开发投资额（亿元）

Investment in Real Estate（100million yuan）

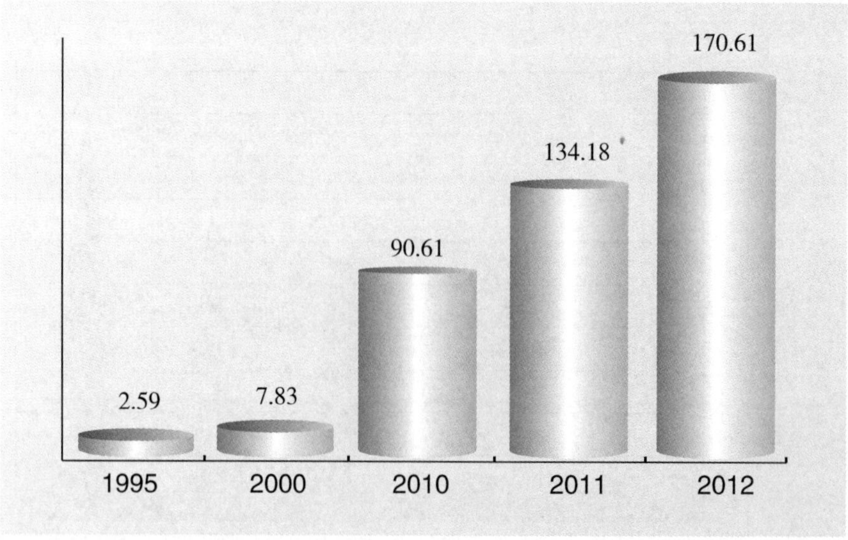

3-1 主要年份按三次产业分全社会固定资产投资

TOTAL INVESTMENT IN FIXED ASSETS BY TYPE OF INDUSTRY IN MAJOR YEARS

单位:万元 (10 000 yuan)

年 份 Year	总 计 Total	#住 宅 Residential Buildings	第一产业 Primary Industry	第二产业 Secondary Industry	第三产业 Tertiary Industry
1993	272637	36993	189	161811	110637
1994	306511	3558	286	130127	176098
1995	331311	36556	267	152509	178539
1996	256144	36230	1304	123766	131074
1997	338499	42195	807	163535	174157
1998	376528	86072	1563	124919	250046
1999	418023	22101	188	138610	279225
2000	426143	92790	2049	117036	307058
2001	443084	82429	12407	147324	278819
2002	639438	69393	15324	311714	312400
2003	864246	52335	18627	443093	402526
2004	1116321	88842	25526	661131	429664
2005	1519607	148119	42465	961051	516091
2006	1600593	381841	46812	858192	695589
2007	2147943	450767	44724	1088579	1014640
2008	2765327	563273	44634	1434203	1286490
2009	4394570	928736	214908	1415003	2764659
2010	5424890	1040033	228176	1498429	3698285
2011	6649105	1499929	319613	2273418	4056074
2012	8317875	1689930	501303	3226471	4590101

3-2 主要年份按城乡和登记注册类型分全社会固定资产投资
INVESTMENT IN FIXED ASSETS BY RURAL AND URBAN AREA AND BY REGISTRATION STATUS IN MAJOR YEARS

单位:万元 (10 000 yuan)

年 份 Year	总 计 Total	城 镇 Urban	# 房地产开发 Real Estate Development	农村非农户 Non-agricultural Households	国 有 State-owned	非国有 Non-state-owned
1993	272637	272637	23397		232523	40114
1994	306511	234105	26357	72406	197357	109154
1995	331311	257942	25851	73369	221666	109645
1996	256144	244511	28843	11633	202972	53172
1997	338499	284165	27601	54334	248759	89740
1998	376528	322638	60135	53890	250520	126008
1999	418023	304773	103316	113250	194395	223628
2000	426143	333197	78252	92946	270603	155540
2001	443084	400729	102026	42355	253889	189195
2002	639438	591258	88167	48180	316313	323125
2003	864246	830689	91461	33557	372531	491719
2004	1116321	1083106	95036	33215	400462	715859
2005	1519607	1453437	146177	66170	764960	754647
2006	1600593	1509421	214233	91172	866390	734203
2007	2147943	2014846	280258	133097	1131184	1016759
2008	2765327	2648633	270175	116694	1531191	1234136
2009	4394570	4218949	836614	175621	2588811	1805759
2010	5424890	5242553	906148	182337	3577473	1847417
2011	6649105	6459588	1341815	189517	3799620	2849485
2012	8317875	7863777	1706096	454098	4530086	3787789

3-3 全社会固定资产投资

TOTAL INVESTMENT IN FIXED ASSETS

单位: 万元　　　　(10 000 yuan)

指　标	Item	2011	2012
一、投资总额	**Total**	**6649105**	**8317875**
#住　宅	Residential Buildings	1499929	1689930
按登记注册类型分	Grouped by Type of Registration Status		
国　有	State-owned	3799620	4530086
非国有	Non-State-owned	2849485	3787789
按隶属关系分	Grouped by Administrative Relationship		
中　央	Central Government Projects	478594	523378
地　方	Local Projects	6170511	7794497
按城乡分	Grouped by Urban and Rural Area		
城　镇	Urban	6459588	7863777
农　村	Rural	189517	454098
按构成分	Grouped by Use of Funds		
建筑工程	Construction	4442957	5229274
安装工程	Installation	659251	1060079
设备工器具购置	Purchase of Equipment and Instruments	890920	1417551
其他费用	Other Expenses	655977	610971
按三次产业分	Grouped by Type of Industry		
第一产业	Primary Industry	319613	501303
第二产业	Secondary Industry	2273418	3226471
第三产业	Tertiary Industry	4056074	4590101
二、新增固定资产	**Newly Increased Fixed Assets**	**4785256**	**4462340**
三、房屋建筑面积(平方米)	**Floor Space of Buildings (sq.m)**		
本年施工房屋面积	Floor Space of houses Under Construction	24573660	22032049
#住　宅	Residential Buildings	19272544	15753323
本年竣工房屋面积	Floor Space of houses Completed This Year	12472771	5438139
#住　宅	Residential Buildings	11300308	3321673
本年竣工房屋价值(万元)	Value of Houses Completed This Year(10 000 yuan)	2207919	1273562
#住　宅	Residential Buildings	1993633	862061
四、本年资金来源小计	**Total Sources of Funds This Year**	**6123148**	**7817569**
国家预算内资金	State Budgetary Appropriation	719501	572855
国内贷款	Domestic Loans	725215	1027776
利用外资	Foreign Investment	25340	41000
自筹资金	Self-Raising Fund	3816049	5593674
#企事业单位自有资金	Own Funds of Enterprises and Institutions	472684	1117904
其　他	Other	837043	582264

3-4 按登记注册类型分全社会固定资产投资
TOTAL INVESTMENT IN FIXED ASSETS BY REGISTRATION OF STATUS

单位: 万元 (10 000 yuan)

指　标	Item	2011	#城 镇 Urban	2012	#城 镇 Urban
总　计	**Total**	**6649105**	**6459588**	**8317875**	**7863777**
内　资	Domestic-Funded Enterprises	6317042	6127525	7853682	7431820
国　有	State-owned Enterprises	3102065	3024043	3895803	3782303
集　体	Collective-owned Enterprises	82566	61827	101333	92333
股份合作	Share Cooperative Enterprises	146050	142679	157024	154024
国有联营	State Joint Ownership Enterprises	8000	8000	137350	137350
集体联营	Collective Joint Ownership Enterprises	3000	3000		
国有与集体联营	Joint State-collective Enterprises	9556	9556	3202	3202
其他联营	Other Joint Ownership Enterprises				
国有独资公司	State-funded Corporations	98963	98963	132358	132358
其他有限责任公司	Other Limited Liability Corporations	1834961	1814782	1506792	1445752
股份有限公司	Share-holding Corporations Ltd.	289378	256608	466429	448306
私　营	Private Partnership	691633	657197	1292663	1150055
个体户	Individual Enterprises				
个人合伙	Individual Partnership Enterprises				
其　他	Others	50870	50870	160728	86137
港澳台投资	Enterprises with Investment from Hong Kong, Macao and Taiwan	108890	108890	341467	314081
港澳台合资经营	Joint-venture Enterprises	15166	15166	15104	15104
港澳台合作经营	Cooperative Enterprises				
港澳台独资	Enterprises with Sole Investment	93724	93724	72115	72115
港澳台股份有限	Share-holding Corporations Ltd.			1875	1875
外商投资	Enterprises with Foreign Investment	222763	222763	109336	109336
外商合资经营	Joint-Venture Enterprises	85200	85200	17200	17200
外商合作经营	Cooperative Enterprises	61000	61000	4000	4000
外商独资	Enterprises with Sole Foreign Investment	43163	43163	53036	53036
外商股份有限	Share Corporations Ltd.	33400	33400	35100	35100

3-5 按国民经济行业分全社会固定资产投资

TOTAL INVESTMENT IN FIXED ASSETS BY ECNOMIC SECTOR

单位: 万元 (10 000 yuan)

行　业	Sector	2011	2012
总　计	**Total**	**6649105**	**8317875**
农、林、牧、渔业	Farming,Forestry,Animal Husbandry and Fishery	319613	501303
采矿业	Mining and Quarrying	972194	1269727
制造业	Manufacturing	569903	1022253
电力、燃气及水的生产和供应业	Production & Supply of Electric Power,Gas and Water	731321	931691
建筑业	Construction		2800
交通运输、仓储和邮政业	Transport,Storage and Post	581829	631613
信息传输、计算机服务和软件业	Information Transmission,Computer Services and Software	8926	
批发和零售业	Wholesale and Retail Trade	158923	247884
住宿和餐饮业	Lodging and Catering Services	76921	21396
金融业	Banking	3100	
房地产业	Real Estate Trade	2367732	2363817
租赁和商务服务业	Lease and Business Affairs Services		2800
科学研究、技术服务和地质勘查业	Scientific Reseach,Polytechnology Services and Geological Prospecting	11064	41768
水利、环境和公共设施管理业	Water,Environmental Protection and Public Facility Management	483382	704607
居民服务和其他服务业	Resident Services and Other Services		37894
教　育	Education	110739	130729
卫生、社会保障和社会福利业	Health Care,Social Security and Social Welfare	78477	42640
文化、体育和娱乐业	Culture,Sports and Recreation	166946	281811
公共管理和社会组织	Public Management and Social Organization	8035	83142

3-6 固定资产投资新增生产能力(2012年)

NEWLY INCREASED PRODUCTION CAPACITY THROUGH INVESTMENT IN FIXED ASSETS (2012)

生产能力(或效益)名称		Item	总 计 Total	城镇固定资产投资 Investment In Fixed Assets In Urban Area
原煤开采	(万吨/年)	Coal Mining (10 000 tons/year)	535	535
洗 煤	(万吨/年)	Coal Washing (10 000 tons/year)		
焦 炭	(万吨/年)	Coke (10 000 tons/year)		
油罐容量	(万立方米)	Capicaty of Petroleum Tank (10 000 cu.m/year)		
铁矿石原矿开采	(万吨/年)	Iron Ore Mining (10 000 tons/year)		
铁矿选矿处理量	(万吨/年)	Iron Ore Mining (10 000 tons/year)	20	20
铁矿石成品矿	(万吨/年)	End Product of Iron Ore (10 000 tons/year)		
人造富铁矿	(万吨/年)	Artificial Iron-rich Ore (10 000 tons/year)		
#烧结铁矿	(万吨/年)	Sintering of Iron-ore (10 000 /year)		
铅锌选矿	(万吨/年)		10	10
炼 铁	(万吨/年)	Iron Smelting (10 000 tons/year)		
铁合金	(万吨/年)	Iron Alloy ,Electric Furance (10 000 tons /year)		
钢 材	(万吨/年)	Steel Products (10 000 tons/year)	500	500
热轧钢材	(万吨/年)	Hot-rolling Steel Product (10 000 tons/year)		
冷加工钢材	(万吨/年)	Cold-rolling Steel product (10 000 tons/year)		
硅钢片	(万吨/年)	Silicon Steel (10 000 tons/year)		
铜冶炼	(吨/年)	Copper Smelting (ton/year)		
锌冶炼	(吨/年)	Zinc Smelting (tons/year)		
#电解锌	(吨/年)	Electrolyzing Zinc (ton/year)		
电解铝	(吨/年)	Electrolyzing Aluminium (ton/year)		
工业锅炉	(蒸吨)	Industrial Boiler (evaporate ton)		
发电机组容量	(万千瓦)	Capacity of Power Generating Sets (10 000 kw/year)		
水力发电		Hydro Power	2.75	2.75
火力发电		Thermal Power	20	20
输电线路长度 (11万伏及以上)	(公里)	Length of Power Transmission Line (≥110 kv) (km)	793	793
变电设备能力 (11万伏及以上)	(万千伏安)	Capacity of Transfomer (≥110 kv) (10 000 kva)		
水 泥	(万吨/年)	Cement (10 000 tons/year)	13	13
墙地砖	(万平方米)	Wall Brick and Floorbrick (10 000 sq.m)		
耐火材料制品	(吨/年)	Fireproof Material (ton/year)		
石墨及炭素制品	(吨/年)	Graphite and Carbon Products (ton/year)	12600	12600
人造板装饰加工板	(万立方米/年)	Man-made Board and Processed Decorative Board (10 000 cu.m/year)		
家 具	(万件/年)	Furniture (10 000 units/year)		
硫 酸	(吨/年)	Sulphuric Acid (ton/year)		
纯 碱	(吨/年)	Soda Ash (ton/year)		
电 石	(吨/年)	Calcium Carbide (ton/year)		
合成氨	(吨/年)	Synthetic Ammonia (ton/year)		
农用氮、磷、钾化学肥	(吨/年)	Chemical Fertilizers (ton/year)		
氮 肥		Nitrogen Fertilizers	3500	3500
磷 肥		Phosphate Fertilizers		
钾 肥		Potash Fertilizers		
丙 烯	(吨/年)	Acrylic Acid (ton/year)		
冰醋酸	(吨/年)	Glacial Acetic Acid (ton/year)		
染 料	(吨/年)	Dyestuff (ton/year)		

3-6 续表 1 continued

生产能力(或效益)名称		Item	总 计 Total	城镇以上固定资产投资 Investment In Fixed Assets In Urban Area
炭 黑	(吨 / 年)	Carbon Black (ton/year)		
塑料树脂及共聚物	(吨 / 年)	Plastics (10 000 tons/year)	2000	2000
化学原料药	(吨 / 年)	Medicines with Chemical Materials (ton/year)		
中成药	(吨 / 年)	Chinese Medicines(ton/year)		
柴油机制造	(台 / 年)	Diesel Engines (unit/year)		
	(万千瓦 / 年)	Diesel Engines (10 000 kw/year)		
金属切削机床制造	(台 / 年)	Metal-cutting Machine Tools (unit/year)		
化学纤维		Chemical Fibre(ton/year)		
粘胶纤维		Adhesion Fibre (ton/year)		
润滑油	(万吨 / 年)			
粗铅	(吨 / 年)			
毛纺锭	(锭)	Wool Spinning Spindel (unit/year)		
桑蚕缫丝机	(绪)	Mulberry Silk Machine (set)		
肉加工品	(吨 / 年)	Processed Meat (ton/year)		
乳制品	(吨 / 年)	Milk Product (ton/year)		
其他乳制品	(吨 / 年)	Other Milk Product (ton/year)		
酒	(万吨 / 年)	Alcoholic Drink (10 000 tons/year)		
啤 酒	(万吨 / 年)	Beer (10 000 tons)	4	4
白 酒	(万吨 / 年)	White Spirit (10 000 tons/year)	4	4
冷冻饮品	(吨 / 年)	Frozen Drink (ton/year)		
软饮料	(吨 / 年)	Soft Drink (ton/year)		
# 瓶装(或罐装)饮用水	(吨 / 年)	Bottled Drink (ton/year)		
机制纸浆	(万吨 / 年)	Machine-processed Paper Pulp (10 000 tons/year)		
机制纸	(万吨 / 年)	Machine-made Paper (10 000 tons/year)		
机制纸板	(万吨 / 年)	Machine-made Paperboard (10 000 tons/year)		
合成洗涤剂原料	(吨 / 年)	Synthetic Detergents Ammonia (ton/year)		
鞣制皮革(折合牛皮)	(万吨 / 年)	Leather (10 000 pieces/year)		
塑料制品	(万吨 / 年)	Plastic Products(10 000 tons/year)		
日用玻璃制品	(万吨 / 年)	Daily-use Glassware (10 000 tons/year)		
移动电话机(手持机)	(部 / 年)	Mobile Phone (unit/year)		
移动通信基站设备	(个 / 年)	Baseline Equipments of Mobile Communication (line/year)		
无线寻呼机	(部 / 年)	Bleerer (unit/year)		
程控交换机	(万线 / 年)	Program-controlled Telephone Switching Machines (10 000 lines/year)		
电话单机	(万部 / 年)	Telephonesets (10 000 sets/year)		
增建铁路第二线交付运营里程	(公里)	Length of Newly Built Double-Tracking Railways Put into Operation (km)		
新建公路	(公里)	Length of Newly Built Highways (km)	528.84	528.84
# 高速公路	(公里)	Express-ways	28.00	28.00
一级公路	(公里)	First Class		
二级公路	(公里)	Second Class	1.84	1.84
改建公路	(公里)	Reconstructed Highways (km)	75.66	75.66
一级公路	(公里)	First Class		
二级公路	(公里)	Second Class	20.70	20.70

3-6 续表 2 continued

生产能力(或效益)名称		Item	总 计 Total	城镇以上固定资产投资 Investment In Fixed Assets In Urban Area
新建独立公路桥梁	(延长米)	Length of Newly Built Highway Bridges (m)		
	(座)	Number of Newly Built Highway Bridges (unit)		
新(扩)建客、货运站	(个)	Number of Newly Built or Expanded Passenger and Freight Transport Stations (unit)		
		Area of Newly Built or Expanded Passenger and Freight Transport Stations (sq.m)		
长途电缆	(延长公里)	Long-distance Cable (km)		
商品蛋鸡场	(万公斤蛋 / 年)	Commercial Eggs from Chicken Farms (10 000 kg/year)		
耕地面积	(万亩)	Area of Cultivated Land (10 000 mu)		
造林面积	(万亩)	Afforested Area (10 000mu)		
有效灌溉面积	(万亩)	Area Under Effective Irrigation (10 000 mu)		
除涝面积	(万亩)	Area of Drained Waterlogged Land (10 000 mu)		
商业冷藏库	(万吨)	Cold Storage (10 000 tons/year)		
粮食仓库	(万公斤)	Grain Storehouse (10 000 kg)		
	(平方米)	Grain Storehouse (sq.m)		
高等院校:学生席位	(个)	Students Capacity of Colleges and Universities(unit)		
建筑面积	(平方米)	Construction Area of Colleges and Universities (sq.m)		
中等学校:学生席位	(个)	Students Capacity of Secondary Schools (unit)		
建筑面积	(平方米)	Construction Area of Secondary Schools (sq.m)		
小学校:学生席位	(个)	Students Capacity of Primary Schools (unit)		
建筑面积	(平方米)	Construction Area of Primary Schools (sq.m)		
其他学校:学生席位	(个)	Students Capacity of Other Schools (unit)		
建筑面积	(平方米)	Construction Area of Other Schools (sq.m)		
文化馆	(平方米)	Area of Cultural Centres (sq.m)		
医院病床	(张)	Number of Hospital Beds (unit)		
宾馆、旅馆、招待所客房数	(间)	Number of Guest Rooms of Hotels (room)		
宾馆、旅馆、招待所客房数	(平方米)	Total Area of Guest Rooms of Hotels (sq.m)		
城市自来水供水能力	(万吨 / 日)	City Tap Water Supply Capacity (10 000 tons/day)		
城市自来水管道长度	(公里)	Length of City Tap Water Pipeline (km)		
城市煤气生产能力	(万立方米 / 日)	City Gas Production Capacity (10 000 cu.m/day)		
城市天然气储气能力	(万立方米 / 日)	City Natural Gas Storage Capacity (10 000 cu.m/day)		
城市供热能力:	(吨 / 小时)	City Heating Supply Capacity (ton/h)		
蒸 汽	(兆瓦 / 小时)	Steam Heating		
热 水		Hot Water (1 000 000 w/h)		
城市公共交通车辆购置	(辆)	Purchasing Number of City Public Buses (unit)		
城市道路扩建长度	(公里)	Length of Extended City Roads (km)		
城市道路扩建面积	(万平方米)	Area of Extended City Roads (10 000 sq.m)		
城市排水管道铺设长度	(公里)	Length of Newly Built City Drainage Pipeline (km)		
城市污水处理能力	(万吨 / 日)	City Sewage Treatment Capacity (10 000 tonsday)	0.8	0.8
城市永久性桥梁	(座)	Number of City Permanent Bridges (unit)		
城市防洪堤长度	(公里)	Length of City Flood Controlling Embankment (km)		
水 泥	(吨 / 年)	Cement (ton/year)		

3-7 国有单位固定资产投资

TOTAL INVESTMENT IN FIXED ASSETS OF STATE-OWNED UNITS

指　标	Item	2005	2008	2010	2011	2012
一、投资额(万元)	**Total Investment (10 000 yuan)**	**764960**	**1527321**	**3866970**	**3799620**	**4530086**
#住宅	Residential Buildings	16077	1312876	305692	462855	637926
按隶属关系分	Grouped by Administrative Relationship					
中　央	Central Government Projects	61166	71666	159849	388428	490974
地　方	Local Projects	703794	1455655	3707121	3411192	4039112
按资金来源分	Grouped by Source of Funds					
国家预算内投资	State Budgetary Appropriation	64946	27639	602657	713906	558535
国内贷款	Domestic Loans	164140	438565	712560	595555	748748
利用外资	Foreign Investment				1200	
自筹及其他投资	Fundraising and Other Investment	476733	968004	2039229	2619552	2844185
按构成分	Grouped by Use of Funds					
建筑安装工程	Construction and Installation	403216	1085451	3086040	3045669	3551934
设备工器具购置	Purchase of Equipment and Instruments	236325	308936	432739	440487	797785
其他费用	Others	125419	132934	348191	313464	180367
按建设性质分	Grouped by Type of Construction					
新　建	New Construction	289022	508390	1943069	1595570	2317445
扩　建	Expansion	65494	67172	148362	649751	864022
改　建	Reconstruction	396225	618182	1667593	828579	687420
按三次产业分	Grouped by Type of Industry					
第一产业	Primary Industry	41161	11688	175520	185694	198519
第二产业	Secondary Industry	513921	746480	1187656	1354607	1985364
第三产业	Tertiary Industry	209878	769153	2503794	2259319	2346203
按国民经济行业分	Grouped by Main Sector					
农　业	Agriculture		11688	175520	107382	104508
工　业	Industry	513921	746480	1166621	1354607	1982564
运输邮电业	Transportation, Postal and Telecommunication Services	73226	89311	530456	563159	515767
二、新增固定资产(万元)	**Newly Increased Fixed Assets (10 000 yuan)**	**413749**	**918187**	**1308996**	**2796861**	**2827275**
三、房屋建筑面积	**Floor Space of Buildings**					
施工面积（万平方米）	Floor Space Under Construction (10 000 sq.m)	85.4	179.4	682.8	1923.1	815
#住宅	Residential Buildings	29.4	131.3	480.5	1581.4	612
竣工面积（万平方米）	Floor Space Completed (10 000 sq.m)	32.8	57.4	91.2	945.5	309
#住宅	Residential Buildings	12.6	32.8	49.7	855.9	174

3-8 城镇以上固定资产投资额
TOTAL INVESTMENT IN FIXED ASSETS OF UNBAN

单位: 万元 (10 000 yuan)

指 标	Item	2011	# 地方 Local	2012	# 地方 Local
一、投资总额	**Total**	**6459588**	**5980994**	**7863777**	**7340399**
按资金来源分	Grouped by Source of Funds				
国家预算内投资	State Budgetary Appropriation	686356	652065	495147	448063
国内贷款	Domestic Loans	676530	628987	982195	908110
利用外资	Foreign Investment	25340	25340	41000	41000
自筹投资	Fundraising	3709297	3454686	5282973	4999482
其他投资	Others	829843	804543	550648	550648
按隶属关系分	Grouped by Administrative Relationship				
中 央	Central Government Projects	478594		523378	
地 方	Local Projects	5980994	5980994	7340399	7340399
按构成分	Grouped by Use of Funds				
建筑安装工程	Construction and Installation	4958416	4814721	4902191	5684330
设备工器具购置	Purchase of Equipment and Instruments	866746	565763	1345488	1086213
其 他	Others	634426	600510	599391	569856
按建设性质分	Grouped by Type of Construction				
新 建	New Construction	2770051	2610259	3238375	3040308
扩 建	Expansion	1035042	874374	1361108	1209862
改 建	Reconstruction	991462	841628	1117264	945899
单纯建造生活设施	Construction of Living Facilities			281022	278322
其 他	Others				
按三次产业分	Grouped by Type of Industry				
第一产业	Primary Industry	170685	170685	183334	183334
第二产业	Secondary Industry	2259437	1798069	3173400	2727752
# 工 业	Industry	2259437	1798069	3170600	2724952
轻工业	Light Industry				
重工业	Heavy Industry				
# 能源工业	EnergyIndustry				
冶金工业	Metallurgical Industry				
第三产业	Tertiary Industry	4029466	4012240	4507043	4429313
# 运输邮电业	Transportation, Postal and Telecommunication	577335	577335	628380	628380
教育科研事业	Education and Scientific Research	121803	121803	129519	129519
水利管理业	Water Conservancy	478654	478654	689758	615771

3-8 续表 continued

单位: 万元 (10 000 yuan)

指 标	Item	2011	# 地方 Local	2012	# 地方 Local
二、新增固定资产	**Newly Increased Fixed Assets**	**4654251**	**4287497**	**4078900**	**3641569**
按隶属关系分	Grouped by Administrative Relationship				
中 央	Central Government Projects	366754		437331	
地 方	Local Projects	4287497	4287497	3641569	3641569
按三次产业分	Grouped by Type of Industry				
第一产业	Primary Industry	133008			
第二产业	Secondary Industry	874378			
# 工 业	Industry	874378			
轻工业	Light Industry				
重工业	Heavy Industry				
# 能源工业	Energy Industry				
冶金工业	Metallurgical Industry				
第三产业	Tertiary Industry	1912470			
# 运输邮电业	Transportation, Postal and Telecommunication				
教育科研事业	Education and Scientific Research				
水利管理业	Water Conservancy				
三、建设项目(个)	**Number of Construction Projects(unit)**				
施工项目	Projects Under Construction	504	479	576	532
中央项目	Central Projects	25		44	
地方项目	Local Projects	479	479	532	532
施工项目中本年新开工	Projects Newly Started This Year	323	308	366	337
全部建成投产项目	Projects Completed and Put into Use	293	282	368	340
四、房屋建筑面积(万平方米)	**Floor Space of Buildings(10 000 sq.m)**				
施工面积 (万平方米)	Floor Space Under Construction (10 000 sq.m)	2420	2412	2148	2148
# 住 宅	Residential Buildings	1913	1904	1541	1541
竣工面积 (万平方米)	Floor Space Completed (10 000 sq.m)	1243	1243	501	501
# 住 宅	Residential Buildings	1130	1130	309	309

3-9 城镇以上固定资产投资规模 (2012 年)

SCALE OF INVESTMENT IN URBAN AREA(2012)

单位: 万元 (10 000 yuan)

指标	Item	计划总投资 Total Planned Investment	累计完成投资 Grand Total Investment Completed	本年完成投资 Invest-ment Completed This Year	本年新增固定资产 Newly Increased Fixed Assets This Year
总计	**Total**	**21353288**	**15855949**	**7863777**	**4078900**
本年新开工项目	Projects Newly Started This Year	4078834	3270101	3270101	1847776
本年投产项目	Projects Put into Use This Year	5840730	5905192	2885770	3661624
按隶属关系分	By Administrative Relationship				
中央	Central Government Projects	1295785	1292039	523378	437331
地方	Local Projects	20057503	14563910	7340399	3641569
按建设性质分	By Type of Construction				
新建	New Construction	8550756	7359484	3238375	1908712
扩建	Expansion	2795666	2100648	1361108	717824
改建	Reconstruction	2450187	1799691	1117264	816641
按投资总规模分	By Scale of Investment				
100 万元以下	Under1 million yuan				
100-500 万元	1 million-5 million yuan				
500-1000 万元	5 million-10 million yuan	28768	30096	28261	27674
1000-3000 万元	10 million-30 million yuan	197176	193775	171770	162606
3000-5000 万元	30 million-50 million yuan	242057	238877	186296	179486
5000 万元 -1 亿元	50 million-100 million yuan	1274566	1156913	917561	745812
1 亿元 -5 亿元	100 million-500 million yuan	5964343	4801542	3216090	1816312
5 亿元 -10 亿元	500 million-1 billion yuan	2667207	1896452	823329	432829
10 亿元以上	1 billion yuan and Above	10979171	7538294	2520470	714181

指标	Item	施工项目个数 (个) Number of Projects Unde Construc-tion (unit)	# 本年新开工 Newly Started This Year	本年投产项目个数 (个) Number of Projects Put into Use This Year (unit)
总计	**Total**	**576**	**366**	**368**
本年新开工项目	Projects Newly Started This Year	366	366	229
本年投产项目	Projects Put into Use This Year	368	229	368
按隶属关系分	By Administrative Relationship			
中央	Central Government Projects	44	29	28
地方	Local Projects	532	337	340
按建设性质分	By Type of Construction			
新建	New Construction	257	142	168
扩建	Expansion	142	94	88
改建	Reconstruction	149	119	95
按投资总规模分	By Scale of Investment			
100 万元以下	Under1 million yuan			
100-500 万元	1 million-5 million yuan			
500-1000 万元	5 million-10 million yuan	40	33	37
1000-3000 万元	10 million-30 million yuan	100	81	86
3000-5000 万元	30 million-50 million yuan	65	44	50
5000 万元 -1 亿元	50 million-100 million yuan	153	105	99
1 亿元 -5 亿元	100 million-500 million yuan	173	98	79
5 亿元 -10 亿元	500 million-1 billion yuan	20	4	8
10 亿元及以上	1 billion yuan and Above	25	1	9

3-10 农村非农户投资主要指标

MAIN INDICATORS OF INVESTMENT IN FIXED ASSETS OF NON-AGTICULTURAL HOUSEHOLDS

单位: 万元 (10 000 yuan)

指 标	Item	2011	# 地方 Local	2012	# 地方 Local
一、投资总额	**Total Investment in Innovation**	**189517**	**189517**	**454098**	**454098**
按隶属关系分	Grouped by Administrative Relationship				
中 央	Central Government Projects				
地 方	Local Projects	189517	189517	454098	454098
按构成分	**Grouped by Use of Funds**				
建筑安装工程	Construction and Installation	143792	143792	370455	370455
设备工器具购置	Purchase of Equipment and Instruments	24174	24174	72063	72063
其 他	Others	21551	21551	11580	11580
资金来源情况	**Grouped by Source of Funds**				
国家预算内投资	State-budgetary Appropriation	33145	33145	77708	77708
国内贷款	Domestic Loans	48685	48685	45581	45581
股 票	Stocks				
债 券	Bonds				
利用外资	Foreign Investment				
自筹投资	Fundraising	106752	106752	310701	310701
其他投资	Others	7200	7200	31616	31616
按建设性质分	**Grouped by Type of Construction**				
新 建	New Construction	96473	96473	284268	284268
扩 建	Expansion	28348	28348	74505	74505
改 建	Reconstruction	42646	42646	73209	73209
按三次产业分	**Grouped by Type of Industry**				
第一产业	Primary Industry	148928	148928	317969	317969
第二产业	Secondary Industry	13981	13981	53071	53071
# 工 业	Industry				
轻工业	Light Industry				
重工业	Heavy Industry				
# 能源工业	Energy Industry				
第三产业	Tertiary Industry	26608	26608	83058	83058
# 运输邮电业	Transportation, Postal and Telecommunications Services				
教育科研事业	Education and Scientific Research				
二、新增固定资产	**Newly Increased Fixed Assets**	**131005**	**131005**	**383440**	**383440**
三、房屋建筑面积(平方米)	**Floor Space of Buildings (sq.m)**				
施工面积	Floor Space Under Construction	370543	370543	553447	553447
# 住 宅	Residential Buildings	144625	144625	342511	342511
竣工面积	Floor Space Completed	44844	44844	428389	428389
# 住 宅	Residential Buildings			230391	230391

3-11 城镇以上固定资产投资财务拨款
FINANCIAL ALLOCATION OF INVESTMENT IN FIXED ASSEFTS

单位: 万元 (10 000 yuan)

指标	Item	2011 总计 Total	# 地方 Local	# 房地产 Real estate clevelopment	# 地方 Local
一、本年资金来源合计	**Total Sources of Funds This Year**	**6710203**	**6348458**	**1481715**	**1481715**
1.上年结余资金	Balance of Last Year	782837	782837	670106	670106
2.本年财务拨款贷款	Financial Allocations and Loans	5927366	5565621	811609	811609
(1) 国家预算内资金	State Budgetary Appropriation	686356	652065		
(2) 国内贷款	Domestic Loans	676530	628987	60702	60702
(3) 债 券	Fonds Issue				
(4) 利用外资	Foreign Investment	25340	25340		
(5) 自筹资金	Fundraising	3709297	3454686	394214	394214
中央各部门自筹	Central Departments				
省自筹	Province				
地(市)自筹	Prefectures and Municipalities				
县自筹	Counties				
企事业单位自筹	Enterprises and Institutions	451127	448257		
# 发行股票	Stocks				
(6) 其他资金	Other Funds	829843	804543	356693	356693

指标	Item	2012 总计 Total	# 地方 Local	# 房地产 Real estate clevelopment	# 地方 Local
一、本年资金来源合计	**Total Sources of Funds This Year**	**8194105**	**7706546**	**1908428**	**1908428**
1.上年结余资金	Balance of Last Year	842142	759243	460993	460993
2.本年资金来源小计	Financial Allocations and Loans	7351963	6947303	1447435	1447435
(1) 国家预算内资金	State Budgetary Appropriation	495147	448063		
(2) 国内贷款	Domestic Loans	982195	908110	65675	65675
(3) 债 券	Fonds Issue				
(4) 利用外资	Foreign Investment	41000	41000		
(5) 自筹资金	Fundraising	5282973	4999482	1115681	1115681
中央各部门自筹	Central Departments				
省自筹	Province				
地(市)自筹	Prefectures and Municipalities				
县自筹	Counties				
企事业单位自筹	Enterprises and Institutions	1081154	1074015		
# 发行股票	Stocks				
(6) 其他资金	Other Funds	550648	550648	266079	266079

3-12 房地产开发施工竣工面积及竣工价值 (2012 年)

FLOOR SPACE OF BUILDINGS UNDER CONSTRUCTION AND COMPLETED AND VALUE OF BUILDINGS COMPLETED IN REAL ESTATE DEVELOPMENT (2012)

项　目	Item	施工面积 (平方米) Floor Space of Buildings Under Construction (sq.m)	# 新开工 Started This Year	竣工房屋 (平方米) Floor Space of Buildings Completed (sq.m)	竣工房屋价值 (万元) Value of Buildings Completed (10 000 yuan)
房屋建筑面积合计	**Total Floor Space of Buildings**	**15898554**	**7770447**	**1970137**	**425012**
1.住　宅	Residential Buildings	13291685	6453851	1671672	370301
# 别墅、高档公寓	Villas and High-grade Apartment Buildings	31000	29000	29000	50000
经济适用住房	Economic House				
2.办公楼	Office Buildings	164677	52856	27551	4132
3.商业营业用房	Buildings for Business Operation	1514758	907030	135354	33032
4.其　他	Other Buildings	927434	356710	135560	17547

3-13 商品房屋销售与出租情况 (2012 年)

SELLING AND LEASING OF COMMERCIAL HOUSES (2012)

单位: 平方米　　(sq.m)

项　目	Item	实际销售 Actually Sold	预 售 Sold in Advance	待售 For Sale	出 租 Leased	实际销售额 (万元) Actual Sales (10 000 yuan)
房屋建筑面积合计	**Total Floor Space of Buildings**	**1101692**	**781612**	**583049**		**472174**
1.住　宅	Residential Buildings	992809	690767	339368		385353
# 别墅、高档公寓	Villas and High-grade Apartment Buildings	7650	5350	32180		8698
经济适用房	Peace-living Buildings					
2.办公楼	Office Buildings	15159	15159	10232		7093
3.商业营业用房	Buildings for Business Operation	91523	75686	127129		79084
4.其　他	Other Buildings	2201		106320		644

3-14 房地产开发施工、销售和空置情况(2012 年)

指 标		Item	合 计 Total	住 宅 Residential Buildings
房屋施工面积	(平方米)	Floor Space of Houses under Construction (sq.m)	15898554	13291685
#本年新开工		Floor Space of Houses Newly Started Construction This Year	7770447	6453851
房屋竣工面积	(平方米)	Floor Space of Houses Completed (sq.m)	1970137	1671672
#不可销售		Floor Space of Houses unable to be Sold	1032118	986406
商品住宅竣工套数	(套)	Sets of Commercial Residential Houses Completed(set)		21839
竣工房屋价值	(万元)	Value of Houses Completed (10 000 yuan)	425012	370301
出租房屋面积	(平方米)	Floor Space of Houses Leased (sq.m)		
商品房销售面积	(平方米)	Floor Space of Commercial Residential Houses Sold (sq.m)	1101692	992809
现 房		Floor Space of Completed Houses Sold	320080	302042
期 房		Floor Space of Forward Delivery Houses Sold	781612	690767
商品房销售额	(万元)	Sales of Commercial Houses (10 000 yuan)	472174	385353
现 房		Sales of Completed Houses	108742	96423
期 房		Sales of Forward Delivery Houses	363432	288930
商品住宅销售套数	(套)	Sets of Commercial Residential Houses Sold (set)	9813	9813
现 房		Sets of Completed Houses Sold	2614	2614
期 房		Sets of Forward Delivery Houses Sold	7199	7199
待售面积	(平方米)	Area of Land For Sale (sq.m)	583049	339368
待售 1-3 年面积		Area of Land Sale for 1-3 Years	140866	113626
待售 3 年以上面积		Area of Land Sale for More Than 3 Years	20797	19406

BUILDINGS'CONSTRUCTION,SELLING AND UNTAPPTING IN REAL ESTATE DEVELOPMENT(2012)

#90 平方米以下住房 Below 90 sq.m	#144 平方米以上住房 Above 144 sq.m	# 别墅、高档公寓 Villas and High-grade Apartment Buildings	办公楼 Office Buildings	商业营业用房 Buildings for Business Operation	其 他 Others
6504098	1215311	31000	164677	1514758	927434
4684398	303871	29000	52856	907030	356710
1113040	109941	29000	27551	135354	135560
851850	12955				45712
17599	475	50			
215080	67456	50000	4132	33032	17547
413959	90197	7650	15159	91523	2201
6928	27632	2300		15837	2201
407031	62565	5350	15159	75686	
168646	45232	8698	7093	79084	644
1872	14372	3850		11675	644
166774	30860	4848	7093	67409	
4951	517	24			
87	161	3			
4864	356	21			
141253	49553	32180	10232	127129	106320
49204	26700	32180	4072	18159	5009
				1391	

3-15 房地产开发投资 (2012 年)

单位: 万元

指 标	Item	企业个数 (个) Number of Enterprises (unit)
总 计	**Total**	**155**
按登记注册类型	**Grouped by Type of Registration Status**	
内 资	Domestic-Funded Enterprises	155
国 有	State-owned Enterprises	13
集 体	Collective-owned Enterprises	5
股份合作	Share Holding Cooperative Enterprises	
国有联营	State Joint Ownership Enterprises	
集体联营	Collective Joint Ownership Enterprises	
国有与集体联营	Joint State-collective Enterprises	
其他联营	Other Joint Ownership Enterprises	
国有独资公司	State-funded Corporations	
其他有限责任公司	Other Limited Liability Corporations	51
股份有限公司	Share-holding Corporations Ltd.	5
私营独资	Private-funded Enterprises	1
私营合伙	Private Partnership Enterprises	1
私营有限责任公司	Private Limited Liability Corporations	69
私营股份有限公司	Private Share-holding Corporations Ltd.	6
其他内资企业	Other Domestic-funded Enterprises	4
港澳台投资	Enterprises with Investment from Hong Kong, Macau and Taiwan	
合资经营	Joint-venture Enterprises	
合作经营	Cooperative Enterprises	
独 资	Enterprises with Sole Investment	
股份有限	Share-holding Corporations Ltd.	
外商投资	Enterprises with Foreign Investment	
合资经营	Joint-Venture Enterprises	
合作经营	Cooperative Enterprises	
独 资	Enterprises with Sole Foreign Investment	
股份有限	Share-holding Corporations Ltd.	
按隶属关系	**Grouped by Administrative Relationship**	
中 央	Enterprises Directly Under Central Government	
省	Enterprises Directly Under Province	1
地 区	Enterprises Directly Under Prefectures	20
县	Enterprises Directly Under Counties	11
乡 镇	Enterprises Directly Under Townships	1
其 他	Others	122

INVESTMENT IN REAL ESTATE DEVELOPMENT (2012)

(10 000 yuan)

累计完成投资 Accumulative Investment Completed	本年完成投资 Investmen Completed This Year	# 土地开发投资额 Land Development
3639893	**1706096**	
3639893	1706096	
611803	258072	
79660	47424	
1331842	526054	
238173	218380	
40800	19500	
3306	3306	
1232280	598266	
65833	21107	
36196	13987	
788534	343505	
36719	31542	
2814640	1331049	

3-15 续表 1

单位: 万元

指标	Item	建筑工程 Construction
总 计	**Total**	**1145889**
按登记注册类型	**Grouped by Type of Registration Status**	
内 资	Domestic-Funded Enterprises	1145889
国 有	State-owned Enterprises	199213
集 体	Collective-owned Enterprises	37940
股份合作	Share Holding Cooperative Enterprises	
国有联营	State Joint Ownership Enterprises	
集体联营	Collective Joint Ownership Enterprises	
国有与集体联营	Joint State-collective Enterprises	
其他联营	Other Joint Ownership Enterprises	
国有独资公司	State-funded Corporations	
其他有限责任公司	Other Limited Liability Corporations	280080
股份有限公司	Share-holding Corporations Ltd.	203769
私营独资	Private-funded Enterprises	
私营合伙	Private Partnership Enterprises	1893
私营有限责任公司	Private Limited Liability Corporations	394657
私营股份有限公司	Private Share-holding Corporations Ltd.	16567
其他内资企业	Other Domestic-funded Enterprises	11770
港澳台投资	Enterprises with Investment from Hong Kong, Macau and Taiwan	
合资经营	Joint-venture Enterprises	
合作经营	Cooperative Enterprises	
独 资	Enterprises with Sole Investment	
股份有限	Share-holding Corporations Ltd.	
外商投资	Enterprises with Foreign Investment	
合资经营	Joint-Venture Enterprises	
合作经营	Cooperative Enterprises	
独 资	Enterprises with Sole Foreign Investment	
股份有限	Share-holding Corporations Ltd.	
按隶属关系	**Grouped by Administrative Relationship**	
中 央	Enterprises Directly Under Central Government	
省	Enterprises Directly Under Province	
地 区	Enterprises Directly Under Prefectures	254831
县	Enterprises Directly Under Counties	19130
乡 镇	Enterprises Directly Under Townships	
其 他	Others	871928

continued

(10 000 yuan)

安装工程 Installation	设备工器具购置 Purchase of Equipment and Instruments	其他费用 Other Expenses	本年新增固定资产 Newly Increased Fixed Assets This Year
201184	**23348**	**335675**	**451020**
201184	23348	335675	451020
36064	2000	20795	129159
		9484	
49364	7400	189210	106567
14611			46305
3800	3350	12350	
176	71	1166	
96269	9245	98095	168989
	1282	3258	
900		1317	
36814		51860	129159
5577	4000	2835	2500
158793	19348	280980	319361

3-15 续表 2

单位: 万元

指 标	Item	住 宅 Residential Buildings	#别 墅、高档公寓 Villas and Highgrade Apartment Buildings
总 计	**Total**	**1150657**	**20770**
按登记注册类型	**Grouped by Type of Registration Status**		
内 资	Domestic-Funded Enterprises	1150657	20770
国 有	State-owned Enterprises	245627	
集 体	Collective-owned Enterprises	45424	
股份合作	Share Holding Cooperative Enterprises		
国有联营	State Joint Ownership Enterprises		
集体联营	Collective Joint Ownership Enterprises		
国有与集体联营	Joint State-collective Enterprises		
其他联营	Other Joint Ownership Enterprises		
国有独资公司	State-funded Corporations		
其他有限责任公司	Other Limited Liability Corporations	168774	
股份有限公司	Share-holding Corporations Ltd.	217428	
私营独资	Private-funded Enterprises		
私营合伙	Private Partnership Enterprises	3306	
私营有限责任公司	Private Limited Liability Corporations	442738	20770
私营股份有限公司	Private Share-holding Corporations Ltd.	17832	
其他内资企业	Other Domestic-funded Enterprises	9528	
港澳台投资	Enterprises with Investment from Hong Kong, Macau and Taiwan		
合资经营	Joint-venture Enterprises		
合作经营	Cooperative Enterprises		
独 资	Enterprises with Sole Investment		
股份有限	Share-holding Corporations Ltd.		
外商投资	Enterprises with Foreign Investment		
合资经营	Joint-Venture Enterprises		
合作经营	Cooperative Enterprises		
独 资	Enterprises with Sole Foreign Investment		
股份有限	Share-holding Corporations Ltd.		
按隶属关系	**Grouped by Administrative Relationship**		
中 央	Enterprises Directly Under Central Government		
省	Enterprises Directly Under Province		
地 区	Enterprises Directly Under Prefectures	306649	
县	Enterprises Directly Under Counties	28024	
乡 镇	Enterprises Directly Under Townships		
其 他	Others	815984	20770

(10 000 yuan)

办公楼 Office Buildings	商业营业用房 Buildings for Business Operation	其他 Other Buildings	竣工房屋住宅套数合计(套) Number of Suites of Residential Buildings Completed
21395	**367056**	**166988**	**21839**
21395	367056	166988	21839
	190	12255	11067
		2000	
7370	267625	82285	3494
350	352	250	2528
6550	400	12550	
6943	94417	54168	4750
182	3093		
	979	3480	
	100	36756	11076
	3092	426	103
21395	363864	129806	10669

3-16 房地产开发资金来源情况(2012年)

单位: 万元

指　标	Item	本年资金来源合计 Total Funds This Year	上年末结余资金 Remaining Funds End of Last Year
总　计	**Total**	**1908428**	**460993**
按登记注册类型	**Grouped by Type of Registration Status**		
内　资	Domestic-Funded Enterprises	1908428	460993
国　有	State-owned Enterprises	372204	239521
集　体	Collective-owned Enterprises	25582	
股份合作	Share Cooperative Enterprises		
国有联营	State Joint Ownership Enterprises		
集体联营	Collective Joint Ownership Enterprises		
国有与集体联营	Joint State-collective Enterprises		
其他联营	Other Joint Ownership Enterprises		
国有独资公司	State-funded Corporations		
其他有限责任公司	Other Limited Liability Corporations	615445	106685
股份有限公司	Share-holding Corporations Ltd.	128947	125
私营独资	Private-funded Enterprises	19900	400
私营合伙	Private Partnership Enterprises	1060	1060
私营有限责任公司	Private Limited Liability Corporations	687934	101978
私营股份有限公司	Private Share Corporations Ltd.	42126	9991
其 他	Others	15230	1233
港澳台投资	Enterprises with Investment from Hong Kong, Macau and Taiwan		
合资经营	Joint-venture Enterprises		
合作经营	Cooperative Enterprises		
独　资	Enterprises with Sole Investment		
股份有限	Share Corporations Ltd.		
外商投资	Enterprises with Foreign Investment		
合资经营	Joint-Venture Enterprises		
合作经营	Cooperative Enterprises		
独　资	Enterprises with Sole Foreign Investment		
股份有限	Share Corporations Ltd.		
个体经营	Individual Management		
个体户	Individual Enterprises		
个人合伙	Individual Partnership Enterprises		
按隶属关系	**Grouped by Administrative Relationship**		
中　央	Enterprises Directly Under Central Government		
省	Enterprises Directly Under Province		
地　区	Enterprises Directly Under Prefectures	461609	246681
县	Enterprises Directly Under Counties	44928	1739
乡　镇	Enterprises Directly Under Townships		
其　他	Others	1401891	212573

SOURCE OF FUNDS FOR REAL ESTATE DEVELOPMENT(2012)

(10 000 yuan)

本年资金来源小计 Subtotal Funds This Year	国内贷款 Domestic Loans	利用外资 Foreign Investment	自筹资金 Self-raising Funds	其他资金来源 Others	# 定金及预付款 Deposit and Advanced Payment
1447435	**65675**		**1115681**	**266079**	**162285**
1447435	65675		1115681	266079	162285
132683			109586	23097	522
25582			20382	5200	5200
508760	9648		384788	114324	52403
128822	10717		107559	10546	10546
19500	1800		17700		
585956	26710		461777	97469	78175
32135	16800		812	14523	14519
13997			13077	920	920
214928			177114	37814	19947
43189			37070	6119	619
1189318	65675		901497	222146	141719

3-17 房地产开发企业财务状况(2012年)

单位: 万元

指 标	Item	固定资产原价 Original Value of Fixed Assets	固定资产累计折旧 Accumulative Depreciation of Fixed Assets
总 计	**Total**	**24554**	**11107.9**
按登记注册类型	**Grouped by Type of Registration Status**		
内 资	Domestic-Funded Enterprises	24554	11107.9
国 有	State-owned Enterprises	4402.2	1538.8
集 体	Collective-owned Enterprises	943.5	571.7
股份合作	Share Cooperative Enterprises		
国有联营	State Joint Ownership Enterprises		
集体联营	Collective Joint Ownership Enterprises		
国有与集体联营	Joint State-collective Enterprises		
其他联营	Other Joint Ownership Enterprises		
国有独资公司	State-funded Corporations		
其他有限责任公司	Other Limited Liability Corporations	5822.3	2504.9
股份有限公司	Share Corporations Ltd.	330.5	162.8
私营独资	Private-funded Enterprises	328.2	250
私营合伙	Private Partnership Enterprises	181.3	56.5
私营有限责任公司	Private Limited Liability Corporations	10021.4	4643.6
私营股份有限公司	Private Share-holding Corporations Ltd.	1326.7	1090.7
其 他	Others	1197.9	288.9
港澳台投资	Enterprises with Investment from Hong Kong, Macao and Taiwan		
合资经营	Joint-venture Enterprises		
合作经营	Cooperative Enterprises		
独 资	Enterprises with Sole Investment		
股份有限	Share Corporations Ltd.		
外商投资	Enterprises with Foreign Investment		
合资经营	Joint-Venture Enterprises		
合作经营	Cooperative Enterprises		
独 资	Enterprises with Sole Foreign Investment		
股份有限	Share Corporations Ltd.		
个体经营	IndividualManagement		
个体户	Individual Enterprises		
个人合伙	IndividualPartnership Enterprises		
按隶属关系	**Grouped by Administrative Relationship**		
中 央	Enterprises Directly Under Central Government	12.3	10.7
省	Enterprises Directly Under Province	523.4	223.2
地 区	Enterprises Directly Under Prefectures	3770.4	1263.2
县	Enterprises Directly Under Counties	907.7	251.8
乡 镇	Enterprises Directly Under Townships	460.2	411.2
其 他	Others	18880	8947.8

FINANCIAL AFFAIRS OF REAL ESTATE DEVELOPMENT ENTERPRISES(2012)

(10 000 yuan)

# 本年折旧 Depreciation of This Year	资产总计 Total Assets	负债总计 Total Liabilities	所有者权益合计 Total Creditors' Equity	主营业务收入 Revenue of Major Business	土地转让收入 Land Transferred Revenue
1869	**3518122.1**	**3312842.7**	**205279.4**	**386026.7**	**10000**
1869	3518122.1	3312842.7	205279.4	386026.7	10000
153.4	675454	651063.9	24390.1	18918.2	
23.9	38297.7	34645.8	3651.9	23775.3	
502.6	1147322.6	1072243.9	75078.7	147606.2	
36.6	120504.7	115048.1	5456.6	2000	
82.8	26533.8	27453.8	-920		
17.2	5147.3	4063.2	1084.1	337.8	
728.4	1290909.9	1206969.3	83940.6	193292.5	10000
173.9	156568.7	145505	11063.7	20.5	
150.2	57383.4	55849.7	1533.7	76.2	
0.7	13836.5	10317.9	3518.6	18247.9	
15.7	432.1	323.1	109	15	
174.8	888959.3	863060.4	25898.9	24224.7	
29.5	5968.9	3325.4	2643.5	3506.5	
	1783.6	620.5	1163.1		
1648.3	2607141.7	2435195.4	171946.3	340032.6	10000

3-17 续表

单位: 万元

指　标	Item	商品房屋销售收入 Sales Revenue of Commercial Houses	房屋出租收入 Revenue from Houses Leasing
总　计	**Total**	**373841.3**	**1157.9**
按登记注册类型	**Grouped by Type of Registration Status**		
内　资	Domestic-Funded Enterprises	373841.3	1157.9
国　有	State-owned Enterprises	18766.3	151.9
集　体	Collective-owned Enterprises	23670	80.4
股份合作	Share Cooperative Enterprises		
国有联营	State Joint Ownership Enterprises		
集体联营	Collective Joint Ownership Enterprises		
国有与集体联营	Joint State-collective Enterprises		
其他联营	Other Joint Ownership Enterprises		
国有独资公司	State-funded Corporations		
其他有限责任公司	Other Limited Liability Corporations	147416.4	188
股份有限公司	Share Corporations Ltd.	2000	
私营独资	Private-funded Enterprises		
私营合伙	Private Partnership Enterprises	337.8	
私营有限责任公司	Private Limited Liability Corporations	181630.3	737.6
私营股份有限公司	Private Share-holding Corporations Ltd.	20.5	
其　他	Others		
港澳台投资	Enterprises with Investment from Hong Kong, Macao and Taiwan		
合资经营	Joint-venture Enterprises		
合作经营	Cooperative Enterprises		
独　资	Enterprises with Sole Investment		
股份有限	Share Corporations Ltd.		
外商投资	Enterprises with Foreign Investment		
合资经营	Joint-Venture Enterprises		
合作经营	Cooperative Enterprises		
独　资	Enterprises with Sole Foreign Investment		
股份有限	Share Corporations Ltd.		
个体经营	IndividualManagement		
个体户	Individual Enterprises		
个人合伙	IndividualPartnership Enterprises		
按隶属关系	**Grouped by Administrative Relationship**		
中　央	Enterprises Directly Under Central Government	18244.3	3.6
省	Enterprises Directly Under Province		15
地　区	Enterprises Directly Under Prefectures	23985	213.7
县	Enterprises Directly Under Counties	3506.5	
乡　镇	Enterprises Directly Under Townships		
其　他	Others	328105.5	925.6

continued

(10 000 yuan)

其他收入 Other Revenue	主营业务成本 Costs of Major Business	主营业务税金及附加 Tax and Extra Charges of Major Business	利润总额 Total Profits	应缴所得税 Income Tax Payable
1027.5	**329920.8**	**29364.1**	**-13376.4**	**5402.6**
1027.5	329920.8	29364.1	-13376.4	5402.6
	17661.6	1071.1	-614.5	13.7
24.9	18660.2	1902.1	6.7	2.6
1.8	117519.3	12763	1866.5	3621.9
	1573.8	115	56.7	
		166.1	-388.5	419.4
	27.5	89.7	16.1	4
924.6	174465.7	13251.4	-13885	1341
	12.3	1.1	-122.7	
76.2	0.4	4.6	-311.7	
	17221.3	1035.3	22.6	5.7
	15.5	0.8	-44.2	
26	18912.4	1927.5	2.3	8.5
	2899.7	257.3	-132.4	42.5
			-8.9	
1001.5	290871.9	26143.2	-13215.8	5345.9

3-18 房地产开发企业土地购置、开发和空置情况(2012 年)

单位: 平方米

指　　标	Item	本年完成开发土地面积 Area of Land Developed This Year	待开发土地面积 Area of Land for Undevelopment
总　　计	**Total**		**1033046**
按登记注册类型	**Grouped by Type of Registration Status**		
内　资	Domestic-Funded Enterprises		1033046
国　有	State-owned Enterprises		556174
集　体	Collective-owned Enterprises		
股份合作	Share Cooperative Enterprises		
国有联营	State Joint Ownership Enterprises		
集体联营	Collective Joint Ownership Enterprises		
国有与集体联营	Joint State-collective Enterprises		
其他联营	Other Joint Ownership Enterprises		
国有独资公司	State-funded Corporations		
其他有限责任公司	Other Limited Liability Corporations		35950
股份有限公司	Share-holding Corporations Ltd.		
私营独资	Private-funded Enterprises		
私营合伙	Private Partnership Enterprises		
私营有限责任公司	Private Limited Liability Corporations		440922
私营股份有限公司	Private Share Corporations Ltd.		
其他内资企业	Other Domestic-funded Enterprises		
港澳台投资	Enterprises with Investment from Hong Kong, Macao and Taiwan		
合资经营	Joint-venture Enterprises		
合作经营	Cooperative Enterprises		
独　资	Enterprises with Sole Investment		
股份有限	Share Corporations Ltd.		
外商投资	Enterprises with Foreign Investment		
合资经营	Joint-Venture Enterprises		
合作经营	Cooperative Enterprises		
独　资	Enterprises with Sole Foreign Investment		
股份有限	Share Corporations Ltd.		
个体经营	Individual Management		
个体户	Individual Enterprises		
个人合伙	Individual Partnership Enterprises		
按隶属关系	**Grouped by Administrative Relationship**		
中　央	Enterprises Directly Under Central Government		
省	Enterprises Directly Under Province		
地　区	Enterprises Directly Under Prefectures		556174
县	Enterprises Directly Under Counties		
乡　镇	Enterprises Directly Under Townships		
其　他	Others		476872

LAND'S PURCHASING, DEVELOPPING AND UNTAPPTING OF REAL ESTATE DEVELOPMENT ENTERPRISES(2012)

(sq.m)

本年购置土地面积 Area of Land Purchased This Year	本年土地成交价款(万元) Deal Value of land This Year (10 000 yuan)	待售面积 Area of Land For Sale	#待售面积(一年至三年) Area of Land Sale for 1-3 Years	#待售面积(三年以上) Area of Land Sale for More Than 3 Years
1898008	**202446**	**583049**	**140866**	**20797**
1898008	202446	583049	140866	20797
37933	4350			
		29208	29208	
790076	120156	163195	23565	1391
10000	501			
1059999	77439	377238	88093	5998
		13408		13408
458250	71137	71677	44309	1391
64082	7169	12000		
1375676	124140	499372	96557	19406

3-19 房地产投资完成情况
COMPLETED INVESTMENT IN REAL ESTATE

项　　目	Item	2005	2010	2011	2012
本年计划投资（万元）	**Planned Investment This Year (10 000 yuan)**	**164779**		**3942218**	**6274607**
本年完成投资（万元）	**Investment Completed This Year (10 000 yuan)**	**146177**	**906148**	**1341815**	**1706096**
#商品住宅	Commercial Residential Houses	127314	696990	1033524	1150657
本年新增固定资产　(万元)	Newly Increased Fixed Assets This Year (10 000 yuan)	35345	181765	1648581	451020
本年商品房屋销售额 (万元)	Sales of Commercial Houses This Year (10 000 yuan)	125518	239713	293493	472174
#商品住宅	Commercial Residential Houses	113942	201586	275651	385353
本年销售面积 (平方米)	Floor Space of Houses Sold This year (sq.m)	664145	804920	901649	1101692
#商品住宅	Commercial Residential Houses	631122	731479	859722	992809
本年施工房屋面积 (平方米)	Floor Space of Houses Under Construction (sq.m)	1576110	11087069	17078953	15898554
#商品住宅	Commercial Residential Houses	1439262	9606423	15204255	13291685
本年新开工施工房屋面积 (平方米)	Floor Space of Houses Newly Started Construction This Year (sq.m)	1189231	5078171	3999448	7770447
#商品住宅	Commercial Residential Houses	1097865	4163119	3871066	6453851
本年竣工房屋面积 (平方米)	Floor Space of Houses Completed This Year (sq.m)	290476	1014829	8725048	1970137
#商品住宅	Commercial Residential Houses	261494	785233	8121756	1671672
本年竣工房屋价值 (万元)	Value of Houses Completed This Year (10 000 yuan)	28414	181765	1633231	425012
#商品住宅	Commercial Residential Houses	25144	143925	1521890	370301

主要统计指标解释

全社会固定资产投资 是以货币形式表现的在一定时期内全社会建造和购置固定资产的工作量以及与此有关的费用的总称。该指标是反映固定资产投资规模、结构和发展速度的综合性指标，又是观察工程进度和考核投资效果的重要依据。全社会固定资产投资按登记注册类型可分为国有、集体、个体、联营、股份制、外商、港澳台商、其他等。

城镇固定资产投资 指城镇各种登记注册类型的企业、事业、行政单位及个体户进行的计划总投资(或实际需要总投资)50万元及50万元以上的建设项目投资、房地产开发投资。县城及以上区域内发生的投资，县及县以上各级政府及主管部门直接领导、管理的建设项目和企业事业单位的投资均为城镇固定资产投资。

房地产开发投资 指各种登记注册类型的房地产开发公司、商品房建设公司及其他房地产开发法人单位和附属于其他法人单位实际从事房地产开发或经营活动的单位统一开发的包括统代建、拆迁还建的住宅、厂房、仓库、饭店、宾馆、度假村、写字楼、办公楼等房屋建筑物和配套的服务设施，土地开发工程（如道路、给水、排水、供电、供热、通讯、平整场地等基础设施工程）的投资；不包括单纯的土地交易活动。

农村投资 包括在农村区域范围内进行固定资产投资活动的企业、事业、行政单位及农村个人投资。

固定资产投资的资金来源 根据固定资产投资的资金来源不同，分为国家预算内资金、国内贷款、利用外资、自筹资金和其他资金。

（1）国家预算内资金：分为财政拨款和财政安排的贷款两部分。包括中央财政的基本建设基金（分经营性基金和非经营性基金两部分）、专项支出（如煤代油专项等）、收回再贷、贴息资金，财政安排的挖潜改造和新产品试制支出、城建支出、商业部门简易建筑支出、不发达地区发展基金等资金中用于固定资产投资的资金；地方财政中由国家统筹安排的资金等。

（2）国内贷款：指报告期固定资产投资单位向银行及非银行金融机构借入的用于固定资产投资的各种国内借款，包括银行利用自有资金及吸收的存款发放的贷款、上级主管部门拨入的国内贷款、国家专项贷款（包括煤代油贷款、劳改煤矿专项贷款等）、地方财政专项资金安排的贷款、国内储备贷款、周转贷款等。

（3）利用外资：指报告期收到的用于固定资产建造和购置的国外资金（包括设备、材料、技术在内）。包括对外借款(外国政府、国际金融组织贷款、出口信贷、外国银行商业贷款、对外发行债券和股票)、外商直接投资及外商其他投资。不包括我国自有外汇资金（国家外汇、地方外汇、留成外汇、调剂外汇和中国银行自有资金发行的外汇贷款等）。计算利用外资时，需要折算成人民币，折算中所使用的外汇汇率按现汇计算，即按使用外汇时的汇率计算。

（4）自筹资金：指固定资产投资单位报告期收到的，由各地区、各部门及企、事业单位筹集用于固定资产投资的预算外资金，包括中央各部门、各级地方和企、事业单位的自筹资金。

（5）其他资金：指在报告期收到的除以上各种资金之外其他用于固定资产投资的资金，包括企业或金融机构通过发行各种债券筹集到的资金、群众集资、个人资金、无偿捐赠的资金及其他单位拨入的资金等。

固定资产投资按国民经济行业分 根据建设项目建成投产后的主要产品或主要用途及社会经济活动性质来确定国民经济行业。一般情况下，一个建设项目或一个企业、事业单位只能属于一种国民经济行业。

固定资产投资按隶属关系分 是按建设单位或企业、事业、行政单位的主管上级机关确定的。

（1）中央：是指中共中央、人大常委会和国务院各部、委、局、总公司以及直属机构直接领导的建设项目和企业、事业、行政单位。这些单位的固定资产投资计划由国务院各部门直接编制和下达，建设中所需物资、主要设备以及建设中的问题都由中央有关部门安排和解决。

（2）地方：是由省（自治区、直辖市）、地区（州、盟、省辖市）、县（旗、县级市）三级政府及业务主管部门直接领导和管理的建设项目、企业、事业、行政单位。地方项目还包括不隶属以上各级政府及主管部门的建设项目和企业、事业单位，如外商投资企业和无主管部门的企业等。

固定资产投资按建设性质分 根据整个建设项目情况来确定。建设项目的性质一般分为新建、扩建、改建和技术改造、迁建、恢复。

（1）新建：一般指从无到有（平地起家）开始建设的企业、事业和行政单位或建设项目。现有企业、事业、行政单位一般不属于新建。但如有的单位原有基础很小，经过建设后新增的固定资产价值超过该企、事业、行政单位原有固定资产价值（原值）三倍以上的也应作为新建。

（2）扩建：指在厂内或其他地点，为扩大原有产品的生产能力（或效益）或增加新的产品生产能力，而增建主要的生产车间（或主要工程）、分厂、独立的生产线。行政、事业单位在原单位增建业务用房(如学校增建教学用房、医院增建门诊部、病房等)也作为扩建。现有企、事业单位为扩大原有主要产品生产能力或增加新的产品生产能力，增建一个或几个主要生产车间（或主要工程）、分厂，同时进行一些更新改造工程的，也应作为扩建。

（3）改建和技术改造：指现有企业、事业单位，对原有设施进行技术改造或更新（包括相应配套的辅助性生产、生活福利设施）的建设项目。现有企业、事业单位为适应市场变化的需要，而改变企业的主要产品种类（如军工企业转产民用品等）的建设项目，应作为改建。原有产品生产作业线由于各工序（车间）之间能力不平衡，为填平补齐充分发挥原有生产能力而增建不增加本企业主要产品设计能力的车间，也应作为改建。技术改造是指企业、事业单位在现有基础上，用先进的技术代替落后的技术，用先进的工艺和装备代替落后的工艺和装备，以改变企业落后的技术经济面貌，实现以内涵为主的扩大再生产，达到提高产品质量、促进产品更新换代、节约能源、降低消耗、扩大生产规模、全面提高社会经济效益的目的。技术改造具体包括以下内容：机器设备和工具的更新改造；生产工艺改革、节约能源和原材料的改造；厂房建筑和公共设施的改造；劳动条件和生产环境的改造等。

固定资产投资按构成分 固定资产投资活动按其工作内容和实现方式分为建筑安装工程，设备、工具、器具购置，其他费用三个部分。

（1）建筑安装工程（建筑安装工作量）：指各种房屋、建筑物的建造工程和各种设备、装置的安装工程。包括各种房屋建造工程；各种用途设备基础和各种工业窑炉的砌筑工程及金属结构工程；为施工而进行的各种准备工作和临时工程以及完工后的清理工作等；铁路、道路的铺设，矿井的开凿及石油管道的架设等；水利工程；防空地下建筑等特殊工程；列入房屋工程预算内的暖气、卫生、通风、照明、煤气等设备的价值及装设油饰工程；列入建筑工程预算内的各种管道（蒸汽、压缩空气、石油、给排水等管道）、电力、电讯电缆导线等的敷设工程；以及各种机械设备的安装工程；为测定安装工程质量，对设备进行的试运工作；房地产开发单位进行的商品房屋开发建设工程、土地开发工程。

在安装工程中，不包括被安装设备本身的价值。

（2）设备、工具、器具购置：指建设单位或企、事业单位购置或自制的，达到固定资产标准的设备、工具、器具的价值。新建单位及扩建单位的新建车间，按照设计或计划要求购置或自制的全部设备、工具、器具，不论是否达到固定资产标准均计入"设备、工具、器具购置"中。

（3）其他费用：指在固定资产建造和购置过程中发生的，除上述几项内容以外的各种应分摊计入固定资产的费用。

施工项目 指报告期内进行过建筑或安装施工活动的项目。凡是报告期内施过工的建设项目，不论施工时间长短，均作为施工项目统计。施工项目个数可以反映一定时期固定资产投资的实际规模，与同期全部建成投产项目个数相比，可以从建设速度的角度反映固定资产投资的效果。根据建设项目施工活动的不同性质，施工项目又分为：本年正式施工项目、本年收尾项目和以前年度全部停缓建项目。

全部建成投产项目 工业项目指设计文件规定形成生产能力的主体工程及其相应配套的辅助设施全部建成，经负荷试运转，证明具备生产设计规定合格产品的条件，并经过验收鉴定合格或达到竣工验收标准，与生产性工程配套的生活福利设施可以满足近期正常生产的需要，正式移交生产的建设项目。非工业项目指设计文件规定的主体工程和相应的配套工程全部建成，能够发挥设计规定的全部效益，经验收鉴定合格或达到竣工验收标准，正式移交使用的建设项目。

新增生产能力（或工程效益） 指通过固定资产投资活动而增加的设计能力（或工程效益），该指标是以实物形态表现的反映固定资产投资成果的指标，也是考核投资经济效果的重要依据之一。

新增生产能力（或工程效益）一般有以下几种表现形式：

（1）用产品数量表示，以工程在单位时间内（一般是一年）所能生产的产品数量(即年产量)表示。如原煤开采用万吨／年表示，化学农药用吨／年表示，拖拉机制造用台／年表示等。某些化工产品由于含量差别较大，按其设计含量计算折合量表示，如硫酸、纯碱、烧碱等。

（2）用单位时间内所能处理的原料数量表示，以工程每天(或小时)所能处理原料的数量表示。如机制糖工程日处理原料吨，食用植物油日处理原料吨，城市污水处理能力用万吨／日表示等。

（3）用新增加的主要设备的数量或容量表示，如新增棉布织机、丝织机等台数，毛纺锭等锭数，发电厂新增发电机组容量用千瓦表示等。

（4）用建筑物容积、容量、面积、长度表示，是非工业项目或工程新增效益的一种表现形式。如铁路投产里程、新建公路、水库容量、粮食仓库、学校学生席位、医院病床、有效灌溉面积等。

根据工程的特点，有时需要用两种或两种以上的复合计量单位表示新增生产能力（或工程效益），如新增内燃机生产能力同时用年产台数、千瓦数表示等。

房屋建筑面积　指房屋建筑物勒脚以上外墙外围的水平截面面积，包括房屋建筑物的有效面积和结构面积。该指标是从实物形态上反映建设规模和建设成果的重要指标之一，也是检查工程形象进度、计算工程造价、分析投资效果、研究施工任务和建筑材料之间平衡情况的重要依据。

住宅建筑面积　指施工和竣工房屋建筑面积中供居住用的房屋建筑面积。

施工面积　指报告期内施工的全部房屋建筑面积。包括本期新开工的面积和上期开工跨入本期继续施工的房屋面积，以及上期已停建在本期恢复施工的房屋面积。本期竣工和本期施工后又停缓建的房屋，其建筑面积仍计入本期房屋施工面积中。

竣工面积　指在报告期内房屋建筑按照设计要求已经全部完工，达到住人和使用条件，经验收鉴定合格（或达到竣工验收标准），可正式移交使用的各栋房屋建筑面积的总和。

房屋建筑面积竣工率　指一定时期内房屋竣工面积占同期房屋施工面积的比率。是从房屋建筑施工速度的角度反映投资效果的指标。

新增固定资产　指报告期内已经完成建造和购置过程，并已交付生产或使用单位的固定资产价值。该指标是表示固定资产投资成果的价值指标，也是反映建设进度，计算固定资产投资效果的重要指标。

项目建设投产率　指一定时期内全部建成投产项目个数与同期施工项目个数的比率。该指标是从建设单位建设速度的角度反映投资效果的指标。

固定资产交付使用率　指一定时期新增固定资产与同期完成投资额的比率。该指标是反映固定资产动用速度，衡量建设过程中宏观投资效果的综合指标。由于新增固定资产是较长时期内形成的结果，而投资额则是当年完成的，因此，该指标一般适宜于反映较长时期内固定资产的动用情况。

商品房销售面积　指报告期内出售商品房屋的合同总面积（即双方签署的正式买卖合同中所确定的建筑面积）。由现房销售建筑面积和期房销售建筑面积两部分组成。

商品房销售额　指报告期内出售商品房屋的合同总价款（即双方签署的正式买卖合同中所确定的合同总价）。该指标与商品房销售面积同口径，由现房销售额和期房销售额两部分组成。

经济适用房　指根据地方经济适用房计划安排建设的政策性住宅。经济是指房屋建筑造价和销售价格低于一般商品住宅；适用是指适合中低收入家庭购买使用。经济适用房主要是由地方政府统一下达投资计划，房地产公司开发，对外销售；用地一般采用行政划拨或招标投标方式，免收土地出让金；对各种经批准的收费减半征收，开发利润不超过3%；销售价格实行政府指导价。该指标可以分析房地产投资结构，反映中低收入家庭商品住宅的供求平衡情况。

Explanatory Notes on Main Statistical Indicators

Total Investment in Fixed Assets refers to the volume of activities in construction and purchases of fixed assets and related fees, expressed in monetary terms during the reference period. It is a comprehensive indicator which shows the size, structure and growth of the investment in fixed assets, providing a basis for observing the progress of construction projects and evaluating results of investment. Total investment in fixed assets in the whole country includes, by type of ownership, the investment by State-owned units, collective-owned units, individuals, joint ownership units, share-holding units, as well as investments by entrepreneurs from foreign countries and from Hong Kong, Macao and Taiwan, and by other units.

Urban Investment in Fixed Assets refers to construction projects involving a total planned (or required) investment of 500,000 yuan and over by enterprises of various types of ownership, institutions, administrative units and individuals in urban areas, investment in real estate development, and private investment in housing construction in urban areas and industrial and mining areas. In other words, all investments that take place in county towns and urban areas, investment in construction projects under the direct leadership and management of government agencies at and above county levels and investments by enterprises and institutions at and above county levels are covered in urban investment in fixed assets.

Investment in Real Estate Development refers to investment by real estate development companies, commercialized buildings construction companies and other real estate development units of various types of ownership in the construction of buildings, such as residential buildings, factory buildings, warehouses, hotels, guesthouses, holiday villages, office buildings, and the complementary service facilities and land development projects, such as roads, water supply, water drainage, power supply, heating supply, telecommunications, land leveling and other infrastructural projects. It does not include activities in pure land transactions.

Investment in Rural Areas refers to investment in fixed assets by enterprises, institutions, administrative units and individuals in rural areas.

Sources of Funds for Investment in Fixed Assets are categorized as funds from the State budget, domestic loans, foreign investment, self-raised funds, and others, depending on the sources of investment.

(1) Fund from the State budget consists of budgetary appropriation and loans from the State budget. More specifically, it includes, from the budget of the central government, capital construction fund (operation fund and non-operational fund), special expenses (e.g. expenses on substituting petroleum with coal), loans from repayment, discount fund, expenses on innovation and trial production of new products, expenses on urban construction, expenses on temporary construction from business departments, development fund for less developed areas, as well as local budgetary fund transferred from the central budget.

(2) Domestic loans refer to loans of various forms borrowed by investing units from banks and non-bank financial institutions during the reference period for the purpose of investment in fixed assets, including loans issued by banks from their self-owned funds and deposit, loans appropriated by higher authorities, special loans by government, loans arranged by local government from special funds, domestic reserve loan, and working loan.

(3) Foreign investment refers to foreign funds received during the reference period for the construction and purchase of investment in fixed assets (covering equipment, materials and technology), including foreign borrowings (loans from foreign governments and international financial institutions, export credit, commercial loans from foreign banks, issue of bonds and stocks overseas), foreign direct investment and other foreign investments. Excluded from this category is capital in foreign exchanges owned by China (foreign exchanges owned by the central and local governments, foreign exchanges retained by enterprises, foreign exchanges by enterprises through the regulating

mechanism, loans in foreign exchanges issued by the Bank of China with its own fund, etc.). In calculating the utilization of foreign capital, foreign currencies are converted into Chinese Renminbi applying the current exchange rate when the foreign capitals are actually used.

(4) Self-raised funds refer to extra-budgetary funds for investment in fixed assets received during the reference period by investing units from central government ministries, local governments, enterprises and institutions, including their self-raised funds.

(5) Others refer to funds for investment in fixed assets received from sources other than those listed above, including capital raised through issuing bonds by enterprises or financial institutions, funds raised from individuals and through donations, and funds transferred from other units.

Investment in Fixed Assets by Sector The classification of construction projects by sector is determined by the major products or the purpose of the projects when they are put into production or use, and by the nature of their social economic activities. In general, one project or one enterprise or institution can only be classified into one sector. Investment in Fixed Assets by Jurisdiction of Management refers to the classification of investment by the competent authorities under which investment is made by construction units, enterprises, institutions or administrative units.

(1) Central investment refers to the investment in projects or by enterprises, institutions or administrative units which are under the direct leadership and management of the State Council and of the national commissions, ministries, agencies and State-owned large corporations. Various ministries and departments of the State Council prepare and implement plans for investment in fixed assets by those departments, and arrange and ensure the supply of materials and key equipment required for the projects.

(2) Local investment refers to the investment in projects or by enterprises, institutions or administrative units which are under the direct leadership and management of departments under the provincial, prefecture and county governments. Also included are projects by foreign-invested enterprises and enterprises without competent managing authorities.

Investment in Fixed Assets by Type of Construction Construction projects in general can be classified, by the type of construction, into new construction, expansion, reconstruction and technical transformation, moving and restoration. However, investment by type of construction is not applied to investment by real-estate development units, investment in rural areas and private investment in housing construction in urban areas and in industrial and mining areas.

(1) New construction in general refers to construction projects, which start from scratch, of enterprises, institutions, administrative agencies. Construction in existing enterprises, institutions or agencies is generally not considered as new construction. In case the size of the existing unit is quite small, and the value of newly added fixed assets is more than three times of the the original value, the expansion will be considered as new construction.

(2) Expansion refers to construction of new major production workshop, branch factory or independent production line within a factory or in other locations, for the purpose of increasing the production capacity (or improving efficiency) or adding new production capacity. Newly constructed accommodation for the operation of institutions and administrative organizations (such as newly constructed buildings for teaching in schools, buildings for clinics or wards in hospitals, etc.) are also classified as expansion.

Also included in expansion are investments by existing enterprises or institutions in building major production line(s) or branch factory(ies) along with some work on innovation, for the purpose of expanding the production capacity of original products or producing new products.

(3) Reconstruction and technical transformation refers to construction projects by existing enterprises or institutions in innovation or technical transformation of the old facilities (including auxiliary production equipment and welfare facilities). Also considered as reconstruction is the construction of new workshops by the existing enterprises or institutions to change the variety of products to meet the market demand (such as the production of civil products by defence industries), or to bring the designed production capacity into full play through a more balanced production

process on production lines. Technical transformation refers to replacement of old technology or equipment by new technology or equipment, in order to expand the reproduction through improvement of technology contents in production, to improve product quality, to promote new products, to save energy, to reduce consumption, to expand the production scale and to improve overall social–economic efficiency. Contents of technical transformation include: updating of machinery, equipment and tools; reforming production process by using energy or materials saving technology; construction of factory workshops and transformation of public facilities; improvement of working conditions and environment, etc.

Investment in Fixed Assets by Structure By their contents and the mode of implementation, investment activities are classified into 3 categories, i.e. construction and installation, purchase of equipment and instrument, and other expenses.

(1) Construction and installation (work volume of construction and installation) refers to the construction of houses and buildings and the installation of various kinds of equipment and instruments. They include construction of houses; equipment foundations, industrial kilns and stoves, and metal structure work; preparation works and temporary works for project construction, and clearing up works post project construction; pavement of railways and roads, drilling of mines and putting up of oil pipes; construction of water conservancy; construction of underground air–raid shelters and construction of other special projects; value of equipment for heating, sanitation, ventilation, lighting, gas, painting, etc. that are covered by the budget of housing projects; laying out of various pipelines (for steam, compressed air, petroleum, tap water and sewage) and wiring and cabling for electric power and for communications; installation of various machinery and equipment; testing operation for pre–testing the quality of installation projects, and land and other development work conducted by real estate developers for commercialized housing. The value of equipment installed is itself not included in the value of installation projects.

(2) Purchase of equipment and instruments refers to the total value of equipment, tools, and instruments purchased or self–produced which come up to the cut–off point for fixed assets by the construction units or investing enterprises or institutions.

Equipment, tools and instruments purchased or self–produced for new workshops by newly established or expanded units are categorized as "purchase of equipment and instruments" no matter whether they come up to the cut–off point for fixed assets.

(3) Other expenses refer to expenses arising during the construction or purchase of fixed assets other than those mentioned above.

Projects Completed and Put into Use Industrial projects refer to the major projects and anxilliary facilities having been completed in accordance with the design documents, resulting in forming production capacity and having checked and accepted after relevant tests, while the living and welfare facilities having been completed and being capable of ensuring normal production. Non–industrial projects refer to the major projects and anxilliary facilities which have been completed in accordance with the design documents ; have been checked, accepted after relevant examination; and have been formally delivered for use..

Newly Increased Production Capacity (or Project Efficiency) refers to the increase in design capacity (or project efficiency) through investment in fixed assets, which reflects the accomplishment of investment in fixed assets in physical form and serves as an important basis for evaluating the economic efficiency of investment.

The newly increased production capacity (project efficiency) are usually expressed in one of the following forms:

(1) Volume of output of products, i.e. the volume of output that the project can produce during a given period (usually a year). For instance, the capacity in coal mining is expressed in 10,000 tons/year, the capacity in producing chemical pesticides expressed in ton/year, the capacity in producing tractors in tractor/year, etc. For some chemical products where the effective contents differ significantly, the production capacity is expressed as the designed effective content equivalent, such as in the case of sulphuric acid, soda ash, caustic soda, etc;

(2) Volume of raw materials processed per unit of time, i.e. the volume of raw materials that could be processed

by the project per day (or per hour), such as tons of materials processed per day by a sugar refining project or edible vegetable oil project, or tons of urban sewage processed per day;

(3) Number or capacity of major equipment increased, such as number of cotton or silk looms increased, wool spindles increased, or capacity (in kilowatts) of power generators increased; and

(4) Physical measures (volume, capacity, area, and length) of construction, which is typical for non–industrial projects, for instance, the length of railways put into operation, the length of highways, the capacity of reservoirs, the capacity of warehouses, the floor space of housing projects, capacity for new students in schools or beds in hospitals, areas under new irrigation project, etc.

The special features of projects may sometimes call for the combined use of two or more measurements to reflect the increase in production capacity (or project efficiency); for instance, the new capacity for the production of internal combustion engines is expressed in sets per year and kilowatts per year simultaneously.

Floor Space of Buildings under Construction refers to the total floor space of the horizontal section of outer walls above the plinth of the building, including the effective area and the area occupied by the structure. This indicator is one of the important indicators in physical terms to reflect the scale and accomplishment of the construction industry and also an important basis for monitoring the progress, calculating the cost, analyzing the efficiency and studying the supply of building materials in relation to the construction projects.

Floor Space of Residential Buildings refers to the floor space of the residential buildings among the total space of buildings under construction or completed.

Floor Space under Construction refers to total floor space of all buildings under construction during the reference period, including floor space of newly started buildings during the reference period, floor space of construction extended from the previous period to the current period, and floor space of construction suspended during the previous period and resumed in the current period. Floor space of construction completed in the current period, and floor space of construction started and then suspended in the current period are also included in the floor space under construction of the current year.

Floor Space Completed refers to the floor space of all buildings completed in the reference period, which have been appraised and accepted (or come up to the designed standards) and have been transferred to owner units.

Completion Rate of Floor Space of Buildings refers to the ratio of the floor space of buildings completed in a certain period of time to the floor space of buildings under construction in the same period.

Newly Increased Fixed Assets refer to the newly increased value of fixed assets, constructed or purchased, that have been transferred to the investors. This is an indicator that demonstrates the results of investment in fixed assets in monetary terms, and an important indicator to reflect the speed of construction and to calculate the efficiency of investment.

Rate of Construction Projects Completed and Put into Use refers to the ratio of the number of construction projects completed and put into use in a certain period of time to the number of projects under construction in the same period. This reflects the investment efficiency from the perspective of the speed of projects construction.

Rate of Projects of Fixed Assets Completed and Put into Operation refers to the ratio of the newly increased fixed assets to the total investment made in the same period. This is a comprehensive indicator reflecting the speed of the employment of fixed assets and the investment efficiency at the macro–level. As the newly increase fixed assets is the result of a long period while the investment is completed in the current year, this indicator is expected to be used to reflect the employment of fixed assets over a long period of time.

Area of Commercialized Housing Sold refers to total contracted area of commercialized housing (i.e. area of floor space as designated in the formal contracts signed by both sides) during the reference time. It constitutes floor space of completed housing and floor space of future housing.

Value of Commercialized Housing Sold refers to the total contracted value (i.e. value of sales/purchase for selling/purchase of commercialized housing as designated in the contract signed by both sides) during the reference time. This indicator has the same coverage as the area of commercialized housing sold, which constitutes floor space of completed housing and floor space of housing yet to be completed

Economically Affordable Housing refers to housing constructed according to the State Plan for economically affordable housing. The features of houses of this category are low cost of construction and low prices, and therefore are affordable to mid–income and low income households. Economically affordable housing projects are developed by real estate companies under the State Investment Plan, with the land provided through government allocation or tendering procedures. Developers are exempted from land utilization fees and enjoy another 50% exemption of all other legitimate fees, while their profits are limited to less than 3% , and the completed houses are sold under government–guided prices. This indicator helps to analyze the investment structure of the real estate industry and the demand and supply of housing for mid–income and low income households.

04

物价、人民生活

PRICE AND PEOPLE’S LIVELIHOOD

资料整理人员

李志宏　石　全　唐丽萍　张秀兰　樊翠兰

刘　琛　李　鹏　薛鹏翔　程锦利　郝晓芳

物价、人民生活
PRICE、PEOPLELIVELIHOOD

城镇居民消费价格总指数	General Urban Resident Consumer Price Index			102.3
商品零售价格总指数	General reatail pricd index			101.5
城镇居民家庭可支配收入	Per Capita Disposable Income of Urban Households	21482	元	（yuan）
城镇居民家庭人均消费性支出	Per Capita Liveing Expenditure of Urban Households	13441	元	（yuan）
农民人均纯收入	Per Capita Net income of Rural Households	5642	元	（yuan）
农村住户人均生活消费支出	Per Capita Liveing Expenditure of Rural Households	4214	元	（yuan）

物价总指数（上年=100）

General Price Index（Last year=100）

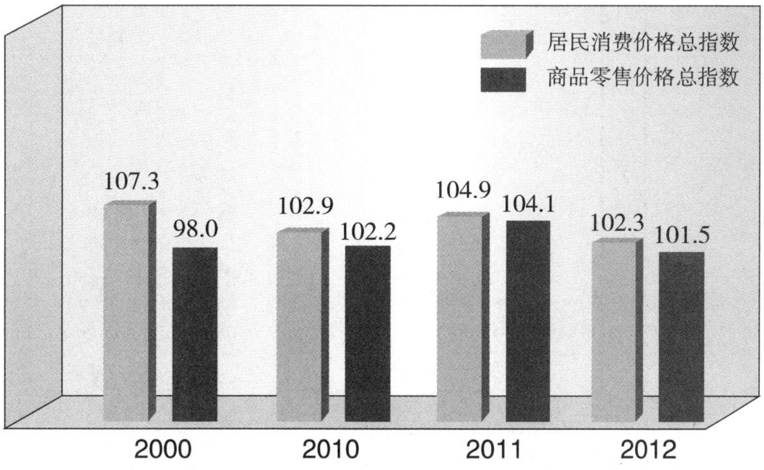

城镇居民家庭可支配收入

Per Capita Disposaboe In come of Urban Households（yuan）

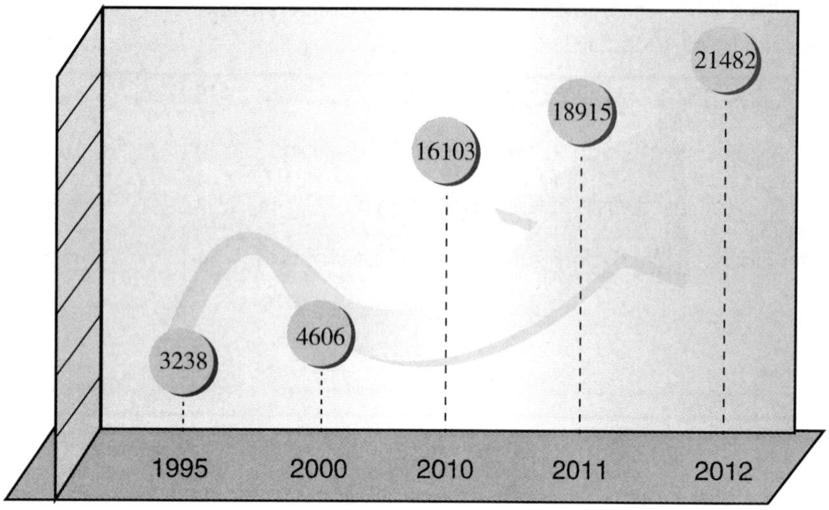

农民人均纯收入（元）

Per Capita Net Income of Rural Households（yuan）

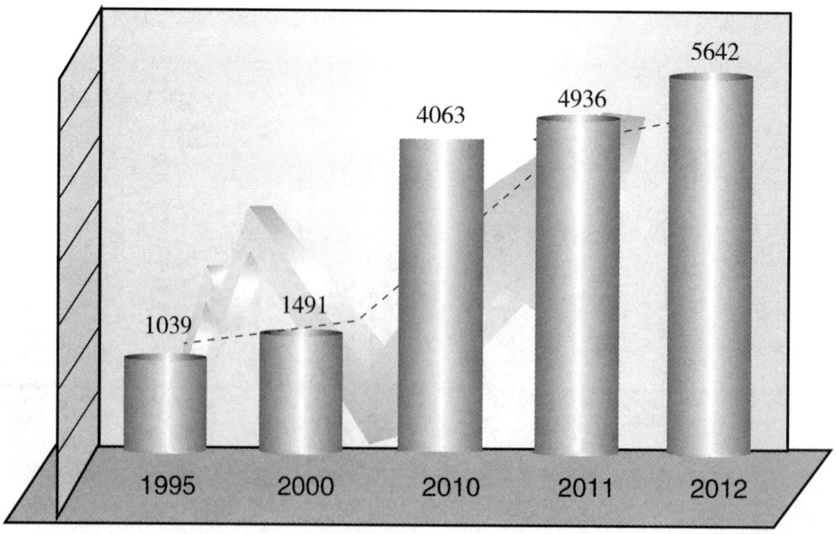

4-1 主要年份商品零售价格总指数

GENERAL RETALL PRICE INDEXES IN MAJOR YEARS

年 份 Year	1950 年 价格 =100 1950=100	1957 年 价格 =100 1957=100	1965 年 价格 =100 1965=100	1970 年 价格 =100 1970=100	1978 年 价格 =100 1978=100	1980 年 价格 =100 1980=100	1985 年 价格 =100 1985=100	1990 年 价格 =100 1990=100	上年 价格 =100 LastYear=100
1957	166.0	100.0							101.2
1965	135.9	81.9	100.0						88.4
1970	121.2	73.0	89.2	100.0					101.4
1975	119.8	72.2	88.2	100.2					99.3
1980	124.9	75.3	92.0	105.1	103.0	100.0			101.5
1985	151.5	91.3	111.6	127.4	124.9	121.3	100.0		112.7
1990	250.3	150.8	184.3	165.2	205.4	165.2	165.8	100.0	100.4
1995	456.0	274.7	337.2	276.4	376.1	302.2	303.3	182.9	115.3
2000	454.5	273.8	334.7	228.8	371.8	299.9	301.1	180.8	98.0
2001	452.7	267.2	333.4	223.3	362.9	292.7	293.8	176.5	97.6
2002	449.1	265.1	330.7	221.5	360.0	290.4	291.4	175.1	99.2
2003	454.9	268.6	335.0	224.4	364.7	294.2	295.2	177.4	101.3
2004	468.6	276.6	345.1	231.1	375.6	303.0	304.1	182.7	103.0
2005	470.5	277.7	346.4	232.0	377.1	304.2	305.3	183.4	100.4
2006	469.5	277.2	345.7	231.6	376.4	303.6	304.7	183.1	99.8
2007	485.9	286.9	357.8	239.7	389.6	314.2	315.4	189.5	103.5
2008	520.9	307.6	383.6	257.0	417.7	336.8	338.1	203.1	107.2
2009	513.1	303.0	377.8	253.1	411.4	331.7	333.0	200.1	98.5
2010	524.4	309.7	386.1	258.7	420.5	339.0	340.3	204.5	102.2
2011	545.9	322.4	401.9	269.3	437.7	352.9	354.3	212.9	104.1
2012	554.1	327.2	407.9	273.3	444.3	358.2	359.6	216.1	101.5

4-2 主要年份城镇居民消费价格总指数

GENERAL RESIDENTS CONSUMER PRICE INDEXES IN MAJOR YEARS

年 份 Year	1950 年 价格 =100 1950=100	1957 年 价格 =100 1957=100	1965 年 价格 =100 1965=100	1970 年 价格 =100 1970=100	1978 年 价格 =100 1978=100	1980 年 价格 =100 1980=100	1985 年 价格 =100 1985=100	1990 年 价格 =100 990=100	上年 价格 =100 Last Year=100
1957	167.3	100.0							101.3
1965	141.0	84.2	100.0						89.3
1970	126.7	75.7	89.9	100.0					101.0
1975	125.3	74.9	88.9	101.5					99.4
1980	129.7	77.5	92.0	105.1	102.4	100.0			101.5
1985	153.0	91.4	108.5	123.9	120.8	117.9	100.0		112.9
1990	252.8	151.1	179.4	204.7	199.6	194.8	165.2	100.0	101.1
1995	492.0	294.0	353.4	98.4	388.4	379.2	321.5	194.5	117.2
2000	497.6	359.8	427.3	481.5	469.4	458.3	388.6	235.5	107.3
2001	457.7	331.0	421.7	442.9	460.0	452.4	383.5	232.1	98.7
2002	456.7	330.3	420.9	442.0	459.1	451.5	382.7	231.6	99.8
2003	457.2	330.6	421.3	442.4	459.6	452.0	383.1	231.8	100.1
2004	469.1	339.2	432.3	453.9	471.5	463.2	393.0	237.9	102.6
2005	474.2	343.0	437.0	458.9	476.7	468.3	397.4	240.5	101.1
2006	481.3	348.1	443.6	465.8	483.9	475.3	403.3	244.1	101.5
2007	501.5	362.7	462.2	485.4	504.2	495.3	420.2	254.4	104.2
2008	537.1	388.5	495.0	519.9	540.0	530.5	450.0	272.5	107.1
2009	533.9	386.2	492.0	516.8	536.8	527.3	447.3	270.9	99.4
2010	549.4	397.4	506.3	531.8	552.4	542.6	460.3	278.8	102.9
2011	576.3	416.9	531.1	557.9	579.5	569.2	482.9	292.5	104.9
2012	589.6	426.5	543.3	570.7	592.8	582.3	494.0	299.2	102.3

4-3 商品零售价格分类指数(2012年)

GENERAL RETAIL PRICE INDEXES BY CATEGORY OF COMMODITIES (2012)

上年价格 =100 (last year=100)

指 标	Item	城 市 Urban Indeces
商品零售价格总指数	**General Retall Price Indexes**	**101.5**
一、食品类	Food	105.0
1. 粮 食	Grain	103.2
2.淀粉及薯类	Starches and Tubers	
3.干豆类及豆制品	Bean and Its Prodrcts	96.8
4.油 脂	Oil or Fat	106.5
5.肉禽及其制品	Meat&Poultry and their Products	102.1
6.蛋	Eggs	98.2
7.水产品	Aquatic Products	106.0
8.菜	Vegetables	112.9
9.调味品	Condiments	106.3
10.糖	Sugar	100.4
11.干鲜瓜果	Fresh and Dried Fruits	99.6
12.糕点饼干面包	Cake,Biscuit and Bread	110.8
13.奶及奶制品	Milk and Its Products	102.6
14.在外用膳食品	Food Eating out	110.9
15.其他食品	Other Foods	112.8
二、饮料、烟酒类	Drinking, Tobacco and Liquor	104.9
1.茶及饮料	Tea and Drinking	106.1
2.烟 草	Tobacco	104.0
3.酒	Liquor	106.3
三、服装、鞋帽类	Garments,Shoes and Hats	100.4
1.服 装	Garments	100.7
2.鞋袜帽	Shoes,Socks and Stockings,Hats	99.6
3.其 他	Others	98.5
四、纺织品类	Textiles	106.3
1.衣着材料	Clothing Material	106.8
2.床上用品	Bed Articles	106.2
五、家用电器及音像器材	Household Electrical Facilities &Audiovisual Articles	94.9
1.家庭设备	Household Facilities	97.7
2.文娱用耐用消费品	Durable Consrmer Goods for Recreation	89.8
3.音像器材类	Audiovisual Articles	100.0

4-3 续表 continued

上年价格 =100 (last year=100)

指 标	Item	城 市 Urban Indeces
六、文化办公用品	Culture and Office Articles	**100.4**
七、日用品	Daily Use Articles and Others	103.4
1.日用百货	Daily Use Articles	101.4
2.日用杂品	Daily Use Sundry Goods	101.5
3.洗涤用品	Washing Goods	110.0
4.其他日用品	Other Daily Use Articles	98.2
八、体育娱乐用品	Sports and Recreational Articles	101.7
1.体育用品	Sports Articles	103.8
2.娱乐用品	Recreational Articles	99.9
九、交通、通信用品	Means of Transportation and Communication	95.1
1.交通运输机械	Means of Transportation Communication	96.8
2.通讯器材类	Means of Communication	91.4
十、家具	Furniture	98.9
十一、化妆品类	Cosmetics	102.0
十二、金银珠宝类	Golden & Silver and Jewelry	100.3
十三、中西药品及医疗保健用品类	Medicine and Medical Articles	102.6
1.医疗器具及用品	Medical Appliances and Articles	101.3
2.中药材及中成药	Traditional Chinese Medicine	107.8
3.西药	Western Medicine	100.4
4.保健器具及用品	Health Care Equipment and Articles	105.6
十四、书报杂志及电子出版物类	Newspapers & Magazines and Electronic Publication	104.4
1.教材及参考书	Tecahing Materials and Reference Books	105.2
2.书报杂志	Newspapers and Magazines	100.6
3.电子音像制品	Electronic Audiovisual Products	102.3
十五、燃料类	Fuels	99.3
1.煤炭及制品类	Coal and Coal Products	93.2
2.石油及制品类	Petroleum and its Products	102.1
十六、建筑材料及五金电料类	Building Materials & Hardware and Electrical Materials	98.2
1.建筑装璜材料	Decoration Materials	94.3
2.五金电料类	Hardware and Electrical Materials	104.2

4-4 居民消费价格分类指数 (2012 年)
GENERAL RESIDENTS CONSUMER PRICE INDEXES BY CATEGORY OF COMMODITIES (2012)

上年价格 =100 (last yeay=100)

指　标	Item	城　市 Urban Indeces
居民消费价格总指数	**General Residents Consrmer Price Index**	**102.3**
一、食　品	Food	105.0
1.粮　食	Grain	103.2
2.淀粉	Starches and Tubers	
3.干豆类及豆制品	Bean and Its Prodrcts	96.8
4.油 脂	Oil or Fat	106.5
5.肉禽及其制品	Meat and Poultry	102.1
(1)食用畜肉及副产品	Poultry Meat and by-product	100.8
(2)禽	Poultry	103.3
(3)肉禽加工制品	Poultry Product	108.8
6.蛋	Eggs	98.2
7.水 产 品	Aqratic Products	106.0
(1)鱼	Fish	105.9
(2)其他水产品	Other Aquratic Products	106.3
8.菜	Vegetables	112.9
(1)鲜　菜	Fresh Vegetables	115.8
(2)干菜及菜制品	Dried Vegetables and Its Products	104.8
9.调 味 品	Condiments	106.3
10.糖	Sugar	105.1
11.茶及饮料	Tea and Beverages	106.1
(1)茶叶	Tea	102.6
(2)饮料	Beverages	106.8
12.干鲜瓜果	Fresh and Dried Fruits	99.6
(1)鲜　果	Fresh Fruits	98.0
(2)干(坚)果及瓜果制品	Dried Fruits and Fruits Produets	103.6
13.糕点饼干面包	Cake , Biscuit and bread	110.8
14.奶及奶制品	Milk and Its Products	102.6
15.在外用膳食品	Food Eating out	110.9
(1)主　食	Staple Food	107.8
(2)炒　菜	Fried Dishes	109.6
(3)地方小吃	Local Snack	114.5
16.其他食品及食品加工服务	Other Food and Food Processing	107.1
二、烟酒及用品	Tobacco,Liquor and Appliance	104.7
1.烟草	Tobacco	104.0
2.酒	Liquor	106.3
3.吸烟饮酒用品	Appliance	
三、衣 着	Clothing	100.5
1.服　装	Garments	100.7
(1)男式服装	Man's Garments	100.4
(2)女式服装	Woman's Garments	100.0
(3)儿童服装	Children's Garments	105.8
2.衣着材料	Clothing Material	106.8
3.鞋袜帽	Shoes,Socks and Stockings ,Hats	99.6
(1)鞋	Shoes	99.2
(2)袜　子	Socks and Stockings	107.2
(3)帽　子	Hats	105.9
4.衣着加工服务	Colthing Processing	113.3

4-4 续 表 continued

上年价格 =100 (last year=100)

指 标	Item	城 市 Urban Indeces
四、家庭设备及用品	Household Facilities and Articles	100.2
1.耐用消费品	Durable Consrmer Goods	98.3
(1)家 具	Furniture	98.9
(2)家庭设备	Household Facilities	97.7
2.室内装饰品	Interior Decorations	100.1
3.床上用品	Bed Articles	105.1
4.家庭日用杂品	Daily Use Household Articles	102.6
5.家庭服务及加工维修服务	Household Service, Processing and Repairment	105.6
五、医疗保健和个人用品	Medicine and Medical Articles	101.5
1.医疗保健	Medical and Healtlh	101.3
(1) 医疗器具及用品	Medical Appliances and Articles	101.3
(2)中药材及中成药	Traditional Chinese Medicine	107.8
(3)西 药	Western Medicine	100.4
(4) 保健器具及用品	Health Care Equipment	105.6
(5)医疗保健服务	Personal Articles and Service	100.0
2.个人用品及服务	Personal Articles and Service	101.9
(1)化妆美容用品	Cosmetics	102.2
(2)卫生用品	Hygiene Articles	
(3)个人饰品	Personal Decorations	98.2
(4)个人服务	Personal Service	104.2
六、交通和通讯	Means of Transportation and Communication	99.9
1.交通	Transportation	101.9
(1)交通工具	Means of Transportation	98.7
(2)车用燃料及零配件	Fuel and Parts of Transportation	103.0
(3)车辆使用及维修	Use and Repairment of Traffic Means	112.6
(4)市区公共交通	Urban Public Transportation	100.0
(5)城市间交通	Transportation Between of Cities	100.1
2.通讯	Communication	98.2
(1)通讯工具	Means of Communication	83.8
(2)通信服务	Services of Communication	100.0
七、娱乐教育文化用品及服务	Recreation, Education and Culture Articles	101.1
1.文娱用耐用消费品及服务	Durable Consumer Goods for Recreational Use	92.3
2.教育	Education	103.7
(1)教材及参考书	Teaching Materials and Reference Books	105.2
(2)学杂托幼费	Tuition and Child -care Fees	105.6
3.文化娱乐用品	Cultural and Recreational Articles	103.6
(1)文化娱乐	Cultrral and Recreational	101.2
(2)书报杂志	Newspapers and magazines	100.6
(3)文娱费	Recreational Fees	100.3
4.旅游及外出	Tourism	100.2
八、居 住	Recidence	101.1
1.建房及装修材料	Housing Building and Decorations	93.9
2. 租房	Rent House	103.1
3. 自有住房	House Belong to Theirself	103.3
4.水、电、燃料	Water, Electricity and Fuels	100.1

4-5 居民基本生活主要商品及费用平均价格
AVERAGE PRICE OF MAJOR COMMODITIES AND COST OF LIVING OF URBAN RESIDENTS

单位: 元 (yuan)

商品名称	Item	2005	2010	2011	2112
普通面粉 (标准粉,千克)	Flour (standard, kg)	2.405	2.900	3.150	3.170
粳 米 (标二,千克)	Rice (standard Ⅱ, kg)	3.642	5.350	6.680	7.460
挂 面 (精粉,千克)	Fine Dried Noodles (refined flour, kg)	2.817	3.570	9.520	7.000
食 油 (普通,千克)	Cooking Oil (ordinary, kg)	11.000	11.486	11.560	12.110
豆 腐 (水豆腐,千克)	Bean Curd (water bean curd, kg)	2.000	4.000	4.000	4.000
猪 肉 (去骨肉,千克)	Pork (peel bones, kg)	12.709	16.190	24.250	21.840
牛 肉 (去骨肉,千克)	Beef (peel bones, kg)	14.861	28.830	32.090	41.480
白条鸡 (开膛,千克)	Chicken (cut open the chest, kg)	9.939	15.230	18.480	19.430
鲜 蛋 (一等,千克)	Fresh Eggs (first class, kg)	5.589	7.570	8.870	8.710
带 鱼 (中等,千克)	Hairtail (middle class, kg)	11.369	18.450	21.890	23.370
食 盐 (袋装,千克)	Salt(in bags, kg)	2.000	1.500	3.000	3.190
酱 油 (散装,千克)	Soy Sauce (unapckaged, km)	1.000			
醋 (散装,千克)	Vinegar (unapckaged, km)	1.000			
味 精 (千克)	Gourmet Powder (first class, kg)	10.472	21.800	23.170	20.570
白 糖 (一级,千克)	Sugar (first class, kg)	6.867	11.366	17.020	17.070
乙级卷烟 (盒)	Cigarette (second class, box)				
白 酒 (普通,千克)	White Sprit (ordinary, kg)		14.356		44.610
花 茶 (茉莉花茶,千克)	Scented Tea (jasmine tea, kg)				
苹 果 (一级,千克)	Apple (first, kg)	4.388	9.210	10.540	11.330
鲜 奶 (袋装,千克)	Fresh Milk (in bags, kg)	2.800	8.140		8.330
衬 衫 (普通,件)	Shirt (ordinary, pcs)	101.667	158.000	250.420	295.380
皮 鞋 (男式牛皮,双)	Leather Shoes (male type, double)	270.500	294.000	261.500	424.320
洗衣粉 (500克,袋)	Washing Powder (500g, bag)	2.250	4.375	4.530	5.040
自行车 (普通,辆)	Bicycle (ordinary, unit)	468.333	473.330	510.000	528.470
电风扇 (落地扇,台)	Electric Fan (fall to the ground, unit)	269.000	268.000	244.650	253.340
银翘解毒丸(10丸,盒)	Chinese Medicine (Pack)				
山西日报 (份)	Shanxi Daily (copy)	0.600	1.000		
混纺毛线 (千克)	Blended Wool (kg)	40.000	75.000	172.000	118.000
花卉布 (幅宽90cm,米)	Cotton Print (m)				
牙 膏 (中号,支)	Tooth Paste (medium size, tube)	2.500	4.200		
卫生纸 (短卷,卷)	Toiot Paper (short rool, rool)	1.500	3.110	3.150	3.270
管道煤气 (立方米)	Pipe Coal Gas (cu.m)	0.542			
房 租 (平方米)	Rent for House (sq.m)	1.310	1.500	1.590	1.590
自来水 (民用,吨)	Tap Water(civil, ton)	1.650	2.300	2.300	2.300
居民用电 (度)	Electric (kwh)	0.475	0.480	0.476	0.484
理 发 (男式,次)	Haircut (time)	10.000	11.670	12.360	13.330
洗 澡 (普通,次)	Bath (ordinary, time)	4.500	7.310	7.440	7.810
注射费 (静脉,次)	Inject Fee (vein, time)	8.000	3.000	3.000	3.000
学杂费 (高中一年级,学期)	Titution and Sundry Fees (Middle School, shool term)	666.667	672.500	666.670	666.670

4-6 原材料、燃料动力购进价格指数
INDEX OF RAW MATERIALS AND FUELS PURCHASING PRICE

上年价格 =100 (last year=100)

名　称	Item	2005	2010	2011	2012
总 指 数	**Total Price Index**	**111.97**	**111.39**	**110.00**	**99.20**
一、燃料动力类	Fuels	111.05	105.63	105.80	101.30
二、黑色金属材料类	Ferrous Metal Materials	150.13	121.26	113.20	95.70
钢　材	Steel	108.12	103.34	111.80	95.50
其　他	Others	189.18	134.85	114.40	95.80
三、有色金属材料和电线类	Non-ferrous Metals	102.09	115.66	117.50	94.10
四、化工原料类	Chemical Raw Materials	102.88	109.71	115.60	107.20
五、木材及纸浆类	Timber and Paper Pulp	100.43	102.25	100.90	100.00
六、建筑材料及非金属矿类	Building Materials and Non-metal Mineral	106.84	95.27	100.30	91.90
七、其他工业原材料及半成品类	Other Industrial Raw Materials and Half-products	114.52	107.77	101.50	91.00
八、农副产品类	Farm Products	108.91	99.33	107.90	108.00
九、纺织原料类	Textile Raw Materials				

4-7 工业品出厂价格指数
EX-FACTORY PRICE INDEX OF INDUSTRIAL PRODUCTS

上年价格 =100 (last year=100)

指　标	Item	2005	2010	2011	2012
全部工业品	**Total Industrial Products**	**116.4**	**105.12**	**105.50**	**94.50**
1.轻工业	Light Industry	102.6	101.90	99.50	107.40
以农产品为原料	Using Farm Products as Raw Materials	100.9	99.16	97.80	110.10
以非农产品为原料	Using Non-farm Products as Raw Materials	103.0	102.63	103.90	100.00
重工业	Heavy Industry	118.4	105.31	105.60	94.20
采掘工业	Ming and Quarrying	125.7	106.46	111.60	93.10
原料工业	Raw Material Industry	108.4	105.43	106.40	93.30
加工工业	Manufacturing Industry	107.1	101.98	101.40	98.00
2.生产资料	Productive Materials	117.4	105.09	106.00	94.40
采掘工业	Ming and Quarrying	125.7	106.36	111.60	93.10
原料工业	Raw Material Inductry	107.5	105.04	106.90	93.50
加工工业	Manufacturing Inductry	106.4	101.38	101.10	97.90
生活资料	Living Materials	102.2	105.09	98.80	95.30
食　品	Food	102.6	99.13	97.60	105.40
衣　着	Clothing	100.0	105.50	101.10	100.00
一般日用品	Daily Articles	98.8	116.55	99.10	92.50
耐用消费品	Duriable Consumer	97.8	100.00	100.00	100.00
按工业部门分:	By Department of Industry				
1.冶金工业	Metallurgical Industry	104.8	112.04	113.20	90.20
2.电力工业	Power Industry	108.6	104.42	105.70	109.50
3.煤炭及炼焦工业	Coal and Coking Industry	126.5	106.61	106.40	88.40
4.石油工业	Petroleum Industry		99.99	100.10	104.20
5.化学工业	Chemical Industry	107.0	103.58	104.30	95.20
6.机械工业	Machine Industry	107.0	97.28	97.20	99.50
7.建筑材料工业	Building Materials Industry	102.6	101.39	101.30	98.00
8.森林工业	Forestry Industry	97.8	100.00	100.00	100.00
9.食品工业	Food Industry	100.8	96.38	97.80	110.30
10.纺织工业	Textile Industry				
11.缝纫工业	Tailoring Industry		106.82	101.10	100.00
12.皮革工业	Leather Industry	108.2	104.20		
13.造纸工业	Paper Making Industry	100.6			
14.文教艺术用品工业	Cultural,Education & Handicrafts Article	93.2	100.00	134.20	99.90
15.其他工业	Other Industry	108.4	95.79	103.90	94.20

4-8 工业品分行业出厂价格指数

EX-FACTORY PRICE INDEX OF INDUSTRIAL PRODUCTS BY SECTORS

上年价格 =100 (last year=100)

指　　标	Item	2005	2010	2011	2012
煤炭开采和洗选业	Coal Mining and Dressing	126.82	106.57	106.40	88.20
石油和天然气开采业	Petroleum and Natural Gas Extraction				
黑色金属矿采选业	Ferrous Metals Mining and Dressing	122.09	93.34	111.00	88.80
有色金属矿采选业	Non-ferrous Metals Mining and Dressing	118.81		157.70	94.70
非金属矿采选业	Non-metal Minerals Mining and Dressing	100.01	104.28	99.50	100.00
其他采矿业	Other Minings				
农副食品加工业	Farm Products Processing	100.97	123.50	113.10	101.90
食品制造业	Food Manufacturing	100.10	100.39	83.60	125.90
饮料制造业	Beverage Manufacturing	100.89	82.23	99.50	99.90
烟草制品业	Tobacco Products				
纺织业	Textile Industrial				
纺织服装、鞋、帽制造业	Garments , Shoes and Hats Manufacturing		106.82	101.10	
皮革、毛皮、羽毛(绒)及其制品业	Leather,Furs,Down and Related Products	108.19	104.20		
木材加工及木、竹、藤、棕、草制品业	Timber Processing,Bamboo,Cane,Plam,Fiber and Straw Products				
家具制造业	Furniture Manufacturing	97.76	100.00	100.00	100.00
造纸及纸制品业	Papermaking and Paper Products	100.59			
印刷业和记录媒介的复制	Printing and Record Medium Reproduction	93.18	100.00	134.20	
文教体育用品制造业	Cultural, Educational and Sports Goods				
石油加工、炼焦及核燃料加工业	Petroleum Processing , Coking and Nuclear Fuel Processing	117.36	107.49	100.10	104.20
化学原料及化学制品制造业	Raw Chemical Materials and Chemical Products	111.82	99.98	119.20	101.60
医药制造业	Medical and Pharmaceutical Products	102.62	112.32	98.80	91.80
化学纤维制造业	Chemical Fiber	84.73			
橡胶制品业	Rubber Products	100.00	107.86	100.70	96.10
塑料制品业	Plastic Products	122.11	99.50	100.00	100.00
非金属矿物制品业	Non-metal Mineral Products	104.19	98.21	102.90	95.80
黑色金属冶炼及压延加工业	Smelting and Pressing of Ferrous Metals	102.17	112.71	111.90	89.30
有色金属冶炼及压延加工业	Smelting and Pressing of Non-ferrous Metals	101.70	117.76	109.90	96.70
金属制品业	Metal Prodcuts	100.61	111.59	101.50	98.40
通用设备制造业	Ordinary Machinery Manufacturing	102.30	97.40	96.80	99.20
专用设备制造业	Special Purpose Equipment Manufacturing	100.39	103.79	100.90	99.90
交通运输设备制造业	Transport Equipment Manufacturing	107.46	97.19	96.70	
电气机械及器材制造业	Electric Equipment and Machinery	96.00	96.23	100.10	96.10
通信设备、计算机及其他电子设备制造业	Telecommunications Equipments , Computer and Other Electronic Equipments Manufacturing				
仪器仪表及文化、办公用机械制造业	Instrument,Meters,Cultural and Office Machinery Manufacturing				
工艺品及其他制造业	Handicraft Articles and Others Manfacturing	119.05			
废弃资源和废旧材料回收加工业	Resources Discarded & Waste Materials Recovering and Processing				
电力、热力的生产和供应业	Production & Supply of Electric Power and Heating Power	108.64	104.42	105.70	109.50
燃气生产和供应业	Gas Production and Supply	108.33		100.00	100.00
水的生产和供应业	Tap Water Production and Supply	114.92	100.00	100.00	100.00

4-9 城镇居民家庭生活基本情况
BASIC CONDITIONS OF URBAN HOUSEHOLDS

指　　标	Item	2010	2011	2012
一、调查户数(户)	Number of Households Surveyed (Household)	200	200	200
二、平均每户家庭人口数(人)	Average Household Size (person)	2.67	2.64	2.6
三、平均每户就业人口数(人)	Average Number of Employees Per Household (Person)	1.37	1.23	1.24
四、平均每一就业者负担人数(人)	Number of Persons Supported by Each Employee (Person)	1.95	2.15	2.1
五、平均每人全年可支配收入(元)	Per Capita Disposable Income (yuan)	16102.6	18914.90	21482.21
高收入户	High Income Households	29869.63	29692.15	34918.36
中等收入户	Middle Income Households	15659.95	17736.47	18802.53
低收入户	Low Income Households	7173.69	10896.05	11532.58
六、平均每人全年消费性支出(元)	Per Capita Annual Living Expenditure (yuan)	10140.46	12242.62	13440.61
高收入户	High Income Households	16468.4	17342.68	20253.50
中等收入户	Middle Income Households	10082.34	12978.83	11702.20
低收入户	Low Income Households	5606.38	7866.89	8559.45
七、人均住房总建筑面积(平方米)	Per Capita Floor Space of Residential Building	22.37	24.32	26.27

指　　标	Item	总计组 Total	最低收入户 Lowest Income Households	更低收入户 Difficult Households	低收入户 Low Income Household	中下收入户 Lower Middle Income Households
调查户数(户)	Number of households Surveyed (household)	200	20	10	20	40
比　重(%)	Proportion (%)	100.00	10.00	5.00	10.00	20.00
每户家庭人口数(人)	Average Household Size (person)	2.60	3.06	3.25	3.15	2.64
每户就业人口数(人)	Average Number of Employees Per Household (person)	1.24	1.21	1.17	1.08	1.00
每一就业者负担人数(人)	Number of Persons Supported By Each Employee (person)	2.10	2.53	2.78	2.92	2.64
每人可支配收入(元)	Per Capita Disposable Income (yuan)	21482.21	7275.21	6021.51	11074.26	14278.68
每人消费性支出(元)	Per Capita Annual Living Expenditure (yuan)	13440.61	6465.44	5263.03	7856.46	10195.40

指　　标	Item	中间收入户 Middle Income Households	较高收入户 Upper Middle Income Households	高收入户 High Income Houseolds	最高收入户 Highest Income Households	更高收入户 Highest Income Households
调查户数(户)	Number of households Surveyed (household)	40	40	20	20	10
比　重(%)	Proportion (%)	20.00	20.00	10.00	10.00	5.00
每户家庭人口数(人)	Average Household Size (person)	2.49	2.43	2.40	2.25	2.40
每户就业人口数(人)	Average Number of Employees Per Household (person)	1.29	1.25	1.38	1.71	1.83
每一就业者负担人数(人)	Number of Persons Supported By Each Employee (person)	1.93	1.94	1.74	1.32	1.31
每人可支配收入(元)	Per Capita Disposable Income (yuan)	18802.53	24933.94	33368.72	58185.63	72966.36
每人消费性支出(元)	Per Capita Annual Living Expenditure (yuan)	11702.20	16352.93	19090.67	29937.88	32522.02

4-10 城镇居民家庭人均全部收入及构成

TOTAL INCOME PER CAPITA AND COMPOSITION OF URBAN HOUSEHOLDS

项　　目	Item	2011	2012
家庭总收入(元)	**Total Income (yuan)**	**20691.55**	**23471.82**
#可支配收入	Disposable Income	18914.90	21482.21
一、工薪收入	Income of Pay	15108.81	17031.89
1.工资及补贴收入	Wage and Subsidy	14394.91	16336.13
2.其他劳动收入	Other Income	713.90	695.76
二、经营净收入	Net Income of Business	1227.55	1337.29
三、财产性收入	Property Income	92.41	216.06
#1.利息收入	Interest	6.09	1.61
2.股息与红利收入	Dividend and Bonus	3.79	
3.其他投资收入	Other Investment Income	28.40	96.20
4.保险收益	Insurance proceeds	16.85	13.85
5.出租房屋收入	House Rent Income	37.29	104.28
四、转移性收入	Transfer Income	4262.77	4886.57
#1.养老金或离退休金	Pensions For Old People and Retired Veterans	3855.75	4472.07
2.社会救济收入	Social Relief Income	105.77	126.35
3.辞退金	Dismiss Pensions	56.79	
4.赡养收入	Old Alimony	26.31	33.29
5.捐赠收入	Contribution Income	80.27	74.27
6.提取住房公积金	Drawing House Accumulation Fund		
家庭总收入构成(%)	**Composition of Total Income (%)**	**100.00**	**100.00**
#可支配收入	Disposable Income	91.41	91.52
一、工薪收入	Incom of Pay	73.02	72.56
1.工资及补贴收入	Wage and Subsidy	69.57	69.60
2.其他劳动收入	Other Incom	3.45	3.0
二、经营净收入	Net Incom of Business	5.9	5.70
三、财产性收入	Property Income	0.45	0.92
#1.利息收入	Interest	0.03	
2.股息与红利收入	Dividend and Bonus	0.02	
3.其他投资收入	Other Investment Income	0.1	0.41
4.保险收益	Insurance proceeds	0.1	0.06
5.出租房屋收入	House Rent Income	0.20	0.44
四、转移性收入	Transfer Income	20.60	20.82
#1.养老金或离退休金	Pensions For Old People and Retired Veterans	18.63	19.05
2.社会救济收入	Social Relief Income	0.51	0.54
3.辞退金	Dismiss Pensions	0.27	
4.赡养收入	Old Alimony	0.13	0.14
5.捐赠收入	Contribution Income	0.39	0.31
6.提取住房公积金	Drawing House Accumulation Fund		

4-11 城镇居民家庭平均每人全年消费性支出及构成
LIVING EXPENDITURE PER CAPITA AND COMPOSITION OF URBAN HOUSEHOLDS

项　目	Item	2011	2012
消费性支出(元)	**Total living Expenditures (yuan)**	**12242.6**	**13440.6**
一、食　品	Food	4197.7	4746.4
1.粮油类	Grain , Oil and Fats	720.3	742.1
2.肉禽蛋水产品类	Meats , Poultry , Eggs and Aquatic Products	966.4	1035.9
3. 蔬菜类	Vegetables	373.5	441.0
4.调味品	Seasoning	59.7	71.2
5.糖烟酒饮料类	Sugar , Tobacco , Liquor and Drinking	451.1	549.8
6.干鲜瓜果类	Dry and Fresh Fruits	503.0	584.1
7. 糕点、奶及奶制品	Cakes , Milk and Milk Products	289.0	372.6
8. 其他食品	Other Foods	28.2	38.6
9. 饮食服务	Catering Service	806.5	911.0
二、衣　着	Clothing	1709.9	1758.8
三、家庭设备用品及服务	Household Facilities,Articles and Services	823.0	718.6
四、医疗保健	Medicine and Medical Services	693.5	720.4
五、交通和通信	Transportation and Communications	1631.5	1866.0
六、教育、文化、娱乐服务	Education,Culture and Recreation Services	1567.7	1721.7
七、居　住	Residence	1165.0	1373.8
八、杂项商品及服务	Miscellaneous Commodities and Services	454.5	534.9
消费性支出构成（%）	**Composition of Living Expenditure(%)**	**100.0**	**100.0**
一、食　品	Food	34.3	35.3
1.粮油类	Grain , Oil and Fats	5.9	5.5
2.肉禽蛋水产品类	Meats , Poultry , Eggs and Aquatic Products	7.9	7.7
3. 蔬菜类	Vegetables	3.1	3.3
4.调味品	Seasoning	0.5	0.5
5.糖烟酒饮料类	Sugar , Tobacco , Liquor and Drinking	3.7	4.1
6.干鲜瓜果类	Dry and Fresh Fruits	4.1	4.3
7. 糕点、奶及奶制品	Cakes , Milk and Milk Products	2.4	2.8
8. 其他食品	Other Foods	0.2	0.3
9. 饮食服务	Catering Service	6.6	6.8
二、衣　着	Clothing	14.0	13.1
三、家庭设备用品及服务	Household Facilities,Articles and Services	6.7	5.3
四、医疗保健	Medicine and Medical Services	5.7	5.4
五、交通和通信	Transportation and Communications	13.3	13.9
六、教育、文化、娱乐服务	Education,Culture and Recreation Services	12.8	12.8
七、居　住	Residence	9.5	10.2
八、杂项商品及服务	Miscellaneous Commodities and Services	3.7	4.0

4-12 主要年份城镇居民人均可支配收入增长情况

INCREASE OF URBAN HOUSEHOLDS PRE CAPITA BUDGETARY IN MAJOR YEARS

单位: 元 (yuan)

年 份 Year	可支配收入 Disposable Income	比上年增加额 Increase Value Over Last year	比上年增长(%) Increase Rate Over Last year	扣除物价上涨因素后 Deducting Price Rising	
				实际收入 Disposable Income	比上年增长% Increase Rate Over Last year
1957	147.9	18.6	14.4	167.0	12.9
1978	287.0				
1980	345.5	24.5	7.6	366.4	6.1
1985	623.7	69.1	7.6	621.3	-0.4
1990	1395.9	162.5	13.2	1562.5	11.9
1995	3238.0	719.4	28.6	3552.7	9.7
2000	4605.6	299.4	7.0	4590.4	-0.3
2001	5053.7	448.1	9.7	5618.7	11.2
2002	6150.6	1097.0	21.7	6603.6	
2003	6770.4	619.8	10.1		
2004	7306.2	535.8	7.9	8029.2	5.5
2005	8525.9	1219.7	16.7	9622.1	17.0
2006	9765.1	1239.2	14.5	10984.8	9.1
2007	11508.4	1743.3	17.8	13147.0	13.1
2008	13758.2	2249.8	19.6	14696.3	4.4
2009	14585.1	826.8	6.0	14673.1	-0.2
2010	16102.6	1517.5	10.4	17167.8	17.0
2011	18914.9	2812.4	17.5	19725.0	14.9
2012	21482.2	2567.3	13.6	22944.1	16.3

4-13 城镇居民人均消费性支出增长情况

INCREASE OF URBAN HOUSEHOLDS PER CAPITA LIVNG EXPENDITURE

单位: 元 (yuan)

年 份 Year	消费性支出 Living Expenditures	比上年增加额 Increase Value Over Last year	比上年增长(%) Increase Rate Over Last year	扣除物价上涨因素后 Deducting Price Rising	
				实际支出 Expenditure	比上年增长% Increase Rate Over Last year
1957	149.42	18.32	13.97	168.11	12.51
1978	275.00				
1980	323.24	23.24	7.75	343.15	6.16
1985	566.76	105.28	36.08	683.12	20.53
1990	1101.32	93.51	9.28	1190.42	8.09
1995	2874.41	744.99	34.99	3310.75	15.18
2000	3736.14	264.63	7.62	3747.35	0.30
2001	4006.36		7.23	4352.51	8.64
2002	4694.52	688.16	17.18	5986.56	
2003	5059.38	364.86	7.77		
2004	5476.08	416.70	8.24	7507.92	7.71
2005	6388.53	912.45	16.66	9466.60	23.13
2006	6962.28	573.75	8.90	9688.80	8.36
2007	7749.89	885.09	12.71	11919.70	8.06
2008	9037.97	1288.08	16.62	11262.65	-11.78
2009	9381.29	343.32	3.80	9437.92	-16.20
2010	10140.50	759.21	8.09	12777.62	35.39
2011	12242.62	2102.12	20.73	15240.92	19.28
2012	13440.61	1197.99	9.79	17073.10	12.02

4-14 城镇居民家庭平均每人全年购买的主要商品数量
PER CAPITA ANNUAL PURCHASES OF MAJOR COMMODITIES IN URBAN HOUSEHOLDS

指　标	Item	2000	2005	2010	2011	2012
粮　食（公斤）	Grain (kg)	121.93	85.98	92.18	84.65	83.39
鲜　菜（公斤）	Fresh Vegetables (kg)	111.42	126.05	105.58	108.65	110.15
食用植物油（公斤）	Edible Vegetable Oil (kg)	7.20	5.55	6.99	6.76	7.06
猪　肉（公斤）	Pork (kg)	20.19	15.75	16.66	15.33	16.89
牛羊肉（公斤）	Beef and Mutton (kg)	5.36	20.49	5.59	5.53	5.10
家　禽（公斤）	Poultry (kg)	3.50	4.06	5.21	5.53	5.36
鲜　蛋（公斤）	Fresh Eggs (kg)	14.77	11.97	10.51	10.80	11.34
鱼　虾（公斤）	Fish and Shrimp (kg)	5.12	3.25	4.08	4.01	4.94
酒　类（公斤）	Liquor (kg)	8.56	6.28	6.94	6.15	7.57
服　装（件）	Clothing (piece)	5.37	7.87	10.1	9.87	9.83
鞋　类（双）	Shoes (pairs)	1.21	2.82	3.1	3.15	3.08
煤　炭（公斤）	Coal (kg)	188.82	102.23	46.43	38.31	32.11

4-15 城镇居民家庭平均每百户年末耐用消费品拥有量
NUMBER OF MAJOR DURABLE CONSUMER GOODS OWNED PER 100 URBAN HOUSEHOLDS AT YEAR-END

品　名	Item	2000	2005	2010	2011	2012
自行车（辆）	Bicycle (unit)	135.0				
洗衣机（台）	Washing Maching (unit)	94.5	93.5	98.5	97.0	100.5
电风扇（台）	Electric Fan (unit)	59.5				
电冰箱（台）	Refrigerator (unit)	91.5	92.0	97.5	97.0	97.5
微波炉（台）	Microwave Oven (unit)		19.5	24.0	23.5	31.0
彩色电视机（台）	Color Television Sets (unit)	103.5	100.5	105.0	105.5	106.5
组合音响（套）	Hi-fi Systems (unit)	7.0	5.0	8.5	8.0	6.0
空调器（台）	Air Conditioners (unit)	1.0	2.0	1.0	7.0	14.0
照相机（架）	Cameras (unit)	24.0	6.0	12.0	18.0	20.0
摩托车（辆）	Motorcycles (unit)	11.0	11.5	16.5	15.5	7.5
家用电脑（台）	Household Computers (unit)		32.0	38.0	51.0	63.5
移动电话（部）	Mobile Telephone (set)		108.0	150.0	160.0	167.0
家用汽车（辆）	Household Car (unit)		3.0	6.0	8.0	12.0

4-16　城镇居民家庭平均每人全年消费性支出 (2012 年)

URBAN HOUSEHOLDS PER ANNUAL CAPTTA LIVING EXPENDTTURE (2012)

按收入等级分组　　(by level of income)

指　标	Item	总 计 Total	最低收入户 Lowest Income Households
消费性支出	**Total Living Expenditures**	**13440.61**	**6465.44**
一、食　品	Food	4746.43	3028.40
#1.粮　食	Grain	422.22	421.62
2.油脂类	Oil and Fats	130.58	95.21
3.肉禽及制品	Meat, Poultry and Related Products	813.97	554.70
4.蛋　类	Eggs	104.37	101.16
5.水产品类	Aquatic Products	117.59	78.39
6.菜　类	Vegetables	440.96	351.12
7.烟草类	Tobacco	290.84	107.38
8.酒和饮料	Liquor and Beverages	219.32	88.79
9.干鲜瓜果类	Dried and Fresh Melons and Fruits	584.13	364.13
10.奶及奶制品	Milk and Dairy Products	215.99	178.29
11.在外饮食	Dining Out	910.98	297.84
二、衣　着	Clothing	1758.75	728.72
#服　装	Garments	1287.75	544.64
衣着材料	Clothing Materials	8.99	4.70
三、设备用品及服务	Household Facilities, Articles and Services	718.59	233.44
#耐用消费品	Durable Consumer Goods	326.10	48.83
四、医疗保健	Medicine and Medical Services	720.37	385.86
五、交通和通讯	Transportation and Communications	1866.04	436.01
六、娱乐文教服务	Recreation, Education and Cultural Services	1721.69	561.78
1.文化娱乐用品	Recreational Durable Consumer Goods	468.30	108.76
2.教　育	Education	715.64	363.85
3.文化娱乐服务	Recreation	537.75	89.17
七、居　住	Residence	1373.82	922.50
1.住　房	Housing	300.48	61.21
2.水、电、燃料其它	Water, Electricity, Fuels and Others	975.61	771.07
八、杂项商品和服务	Miscellaneous Commodities and Services	534.93	168.72

4-16 续表

按收入等级分组

指　标	Item	更低收入户 Difficult Households	低收入户 Low Income Households
消费性支出	**Total Living Expenditures**	**5263.03**	**7856.46**
一、食　品	Food	2663.37	3597.78
#1.粮　食	Grain	433.60	372.46
2.油脂类	Oil and Fats	111.30	105.37
3.肉禽及制品	Meat, Poultry and Related Products	537.29	686.81
4.蛋　类	Eggs	102.87	88.95
5.水产品类	Aquatic Products	82.48	110.53
6.菜　类	Vegetables	329.62	455.80
7.烟草类	Tobacco	66.03	167.30
8.酒和饮料	Liquor and Beverages	58.49	122.20
9.干鲜瓜果类	Dried and Fresh Melons and Fruits	284.12	415.95
10.奶及奶制品	Milk and Dairy Products	157.75	128.62
11.在外饮食	Dining Out	136.02	545.58
二、衣　着	Clothing	494.89	898.41
#服　装	Garments	372.40	661.53
衣着材料	Clothing Materials	2.18	4.95
三、设备用品及服务	Household Facilities, Articles and Services	176.93	273.99
#耐用消费品	Durable Consumer Goods		65.59
四、医疗保健	Medicine and Medical Services	157.35	474.98
五、交通和通讯	Transportation and Communications	249.60	504.54
六、娱乐文教服务	Recreation, Education and Cultural Services	444.23	1008.17
1.文化娱乐用品	Recreational Durable Consumer Goods	75.18	127.15
2.教　育	Education	304.25	742.28
3.文化娱乐服务	Recreation	64.80	138.75
七、居　住	Residence	937.62	886.80
1.住　房	Housing	66.15	4.63
2.水、电、燃料其它	Water, Electricity, Fuels and Others	820.71	791.62
八、杂项商品和服务	Miscellaneous Commodities and Services	139.05	211.77

continued

(by level of income)

较低收入户 Lower Middle Income Households	中间收入户 Middle Income Households	较高收入户 Upper Middle Income Households	高收入户 High Income Households	最高收入户 Highest Income Households	更高收入户 Highest Income Households
10195.40	**11702.20**	**16352.93**	**19090.67**	**29937.88**	**32522.02**
4304.76	4333.72	5879.01	5589.97	7300.89	6726.25
463.00	382.27	496.86	399.90	347.59	304.08
152.98	112.33	151.46	152.35	133.58	83.80
793.60	750.82	925.79	967.98	1127.32	955.13
93.12	98.93	125.34	112.98	114.27	103.42
97.85	99.35	150.01	141.78	171.75	152.65
406.64	440.84	505.81	462.93	459.67	336.50
273.28	279.09	449.77	175.99	559.81	627.13
210.36	142.28	301.18	275.57	488.17	423.50
509.41	531.73	752.23	801.34	816.02	654.81
219.71	225.63	292.14	184.72	228.13	204.79
606.86	820.30	1084.23	1380.53	2299.86	2416.20
1211.28	1378.48	2057.78	2521.04	5040.56	5247.74
879.26	974.12	1442.54	1784.31	3971.18	4226.00
2.92	16.05	14.46	2.82	13.89	19.08
353.53	711.94	855.58	973.31	2308.65	2693.99
44.26	349.12	364.09	435.67	1482.28	2039.63
369.85	686.81	835.89	625.30	2270.80	3377.56
1505.33	1118.12	3093.85	3968.15	3330.68	2928.87
1015.48	1807.50	1754.01	2273.29	5116.60	6032.37
153.82	639.72	504.19	661.53	1512.57	1213.46
365.50	761.88	986.17	812.86	1189.17	1466.17
496.16	405.91	263.66	798.89	2414.86	3352.75
1143.47	1203.33	1295.96	2177.92	2903.50	3623.20
106.71	186.46	156.05	930.68	1391.22	2290.38
960.68	920.01	1034.79	1120.71	1388.04	1254.15
291.69	462.30	580.85	961.69	1666.21	1892.04

4-17 城镇居民家庭年末居住情况
LIVING CONDITIONS OF URBAN HOUSEHOLDS

单位:% (%)

指 标	Item	2011	2012
一、按房屋产权	By Household Property Right	100.0	100.0
租赁公房	Rent Public Houses	6.0	5.0
租赁私房	Rent Private Houses	5.0	3.0
原有私房	Reform Private Houses	3.5	2.5
房改私房	Private Houses	60.0	45.5
商品房	Commercial Houses	25.5	43.5
其 他	Others		0.5
二、住宅建筑式样	By Style of Resident Building	100.0	100.0
单栋住宅	Dependent Resident		
四居室	Four Bedrooms	1.0	1.0
三居室	Three Bedrooms	7.0	9.0
二居室	Two Beedrooms	79.0	79.5
一居室	One Beedrooms	5.5	5.5
普通楼房	Ordinery Building	1.0	
平房及其他	Single Storey Houses and Others	6.5	5.0
三、饮水情况	Water Drinking	100.0	100.0
自来水	Tap Water	100.0	100.0
矿泉水	Mineral Water		
纯净水	Pure Water		
井、河水	Well or River Water		
其 他	Others		
四、用水情况	Water Usage	100.0	100.0
独用自来水	Tap Water Owned Per Household	100.0	100.0
公用自来水	Public Tap Water		
井、河水	Well or River Water		
其 他	Others		
五、卫生设备	Health Facilities	100.0	100.0
无卫生设备	Without Toilet Room	5.5	4.0
有厕所浴室	Bathroom and Toilet Room Owned Per Household	33.5	49.0
有厕所无浴室	Toilet Room Owned Per Household and Without Bath Room	60.0	46.5
公 用	Public Toilet Room	1.0	0.5
六、取暖设备	Heating Facilities	100.0	100.0
无取暖设备	Without Heating Equipment		
空调设备	Air Coditioner Owned		
暖 气	Warm Gas	93.0	95.0
其 他	Others	7.0	5.0
七、炊用燃料使用情况	Cooking Fuel	100.0	100.0
管道煤气	Pipeline Gas	29.0	33.0
液化石油气	Natural Gas	10.0	1.5
管道天然气	Natural gas pipeline	52.0	57.5
煤	Coal	7.0	4.0
其 他	Others	2.0	4.0
八、通信设备使用情况	Communication Equipments	100.0	100.0
(1)固定电话(每百户)	Without Telephone	64.5	67.5
(2)移动电话(每百户)	Having Telephone	160.0	167.0
# 使用互联网	Usage Internet	52.0	59.5

4-18 主要年份农民家庭基本情况

BASIC CONDITIONS OF RURAL HOUSEHOLDS IN MAJOR YEARS

单位：人 (person)

年 份 Year	调查户数 (户) Number of Households Surveyed	调查户常住人口 Number of Permanent Residents in the Household Surveyed	户均常住人口 Average Number of Permanent Residents Per Household
1995	340	1439	4.23
1996	400	1687	4.22
1997	400	1677	4.19
1998	400	1626	4.07
1999	400	1628	4.07
2000	400	1619	4.05
2001	400	1635	4.09
2002	400	1618	4.05
2003	400	1578	3.95
2004	400	1575	3.94
2005	400	1532	3.83
2006	400	1531	3.83
2007	400	1503	3.76
2008	400	1478	3.7
2009	400	1447	3.62
2010	400	1420	3.55
2011	400	1284	3.21
2012	400	1255	3.14

年 份 Year	平均每户整半劳动力 Average Number ofAblebodied and Semiablebodied Laborers Per Household	每个劳力负担人口 Average Number of Persons Supported by a Laborer	平均每人居住面积 (平方米) Per Capita Floor Space (sq.m)
1995	2.65	0.63	14.54
1996	2.62	0.62	14.08
1997	2.60	0.62	14.12
1998	2.66	0.65	14.66
1999	2.70	0.66	16.93
2000	2.55	0.63	15.11
2001	2.58	0.63	15.41
2002	2.58	0.64	15.54
2003	2.63	0.67	15.91
2004	2.67	0.68	16.76
2005	2.72	0.71	17.30
2006	2.75	0.72	17.46
2007	2.75	0.73	17.87
2008	2.74	0.74	19.19
2009	2.72	0.75	19.75
2010	2.68	0.76	19.94
2011	2.34	0.73	22.42
2012	2.34	0.74	23.12

4-19 农民家庭平均每户房屋情况
HOUSING CONDITIONS OF RURAL HOUSEHOLDS

指　标	Item	2005	2010	2011	2012
一、年内新建房屋面积 (平方米)	Number of Rooms Newly Built Within the Year (room)			0.25	
#砖木结构面积	Brick and Wood Structure			0.25	
钢筋混凝土结构面积	Reinforced Concrets Structure				
年内新建房屋价值 (元)	Value of Newly Built Room Within the year (yuan)			250.00	
平均每平方米新建房屋价值 (元)	Value Per Square Meter Newly Built Room (yuan)			1000.00	
新建房屋中生活用房面积 (平方米)	Living Floor Space (sq.m)			0.25	
新建房屋中楼房面积 (平方米)	Floor Space of Multi-Floor Buildings (sq.m)				
二、年末住房面积 (平方米)	Per Capita Floor Space (sq.m)	66.27	72.09	71.92	72.50
#砖木结构面积	Brick and Wood Structure	40.86	43.95	42.67	45.87
钢筋混凝土结构面积	Reinforced Concrete Structures	2.68	4.15	1.19	3.91
人均生活用房面积 (平方米)	Per Capita Living Floor Space (sq.m)	17.30	20.31	22.42	23.12
三、年末住房价值(元)	Value Per Room (yuan)	16861	18003	38685	47910

4-20 农民家庭平均每人纯收入水平分组的户数构成
COMPOSITION OF RURAL HOUSEHOLDS BY LEVEL OF PER CAPITA INCOME

单位:户　　(unit)

分　组	Group	2006	2007	2008	2009	2010	2011	2012
1000 元以上的户	Over1000 yuan Households	375	386	392	390	395	394	391
800-1000 元的户	800-1000 yuan Households	7	6	4	3	4	2	5
500-800 元的户	500-800 yuan Households	15	4	4	5	1	4	2
400-500 元的户	400-500 yuan Households	1	2		1			1
300-400 元的户	300-400 yuan Households	1	2					
200-300 元的户	200-300 yuan Households				1			1
150-200 元的户	150-200 yuan Households	1						
100-150 元的户	100-150 yuan Households							
100 元以下的户	Below 100 yuan Households							

4-21 农民家庭平均每人家庭经营纯收入
PER CAPITA NET INCOME FROM HOUSEHOLD BUSINESS OF RURAL HOUSEHOLDS

单位:元 (yuan)

指　标	Item	2007	2008	2009	2010	2011	2012
家庭经营纯收入	**Net Income from Household Business**	**1707.30**	**1799.47**	**1813.32**	**2045.77**	**1997.99**	**2256.95**
1.农业收入	Farming	850.16	1031.86	1028.71	1211.58	1410.64	1458.58
2.林业收入	Forestry	−0.33	0.08	2.32		−0.23	−0.05
3.牧业收入	Animal Husbandry	414.99	325.18	282.17	298.68	430.44	497.81
4.渔业收入	Fishery	−0.36		−0.48			
5.工业收入	Industry	14.31	22.10	24.22	29.97	2.76	−0.11
6.建筑业收入	Construction	2.93	−0.95		−0.76	−0.68	20.41
7.运输业收入	Transportation	259.80	253.57	289.12	314.61	40.73	117.00
8.商业.饮食业收入	Commerce & Catering	138.74	132.77	149.37	160.35	52.60	154.57
9.服务业收入	Service Trade	17.79	21.26	18.39	16.68	−14.53	−0.33
10.其他收入	Others	9.27	13.58	19.50	14.66	76.26	9.07

4-22 主要年份农村住户每人平均纯收入
PER CAPITA NET INCOME OF RURAL HOUSEHOLDS IN MAJOR YEARS

单位:元 (yuan)

年　份 Year	全年纯收入 Year Net Income	按纯收入来源分 By Source					按纯收入性质分 Grouped by Type of Income	
		一、基本收入 Basic Income	1.工资性收入 Laborers' Remuneration	2.家庭经营纯收入 Net Income from HouseholdBusiness	二、转移性收入 ransfer Income	三、财产性收入 Property Income	1.生产性收入 Productive Income	2.非生产性收入 Nonproductive Income
1999	1066.33	1453.02	493.85	959.17	14.33	40.56	1453.02	54.89
2000	1491.30	1393.30	555.89	837.41	23.32	6.20	1393.30	29.52
2001	1250.92	1666.17	528.61	1137.56	12.14	8.93	1666.17	21.07
2002	1847.91	1579.37	571.00	1008.37	21.05	2.11	1579.37	23.16
2003	1975.42	1938.88	583.79	1355.09	12.97	23.56	1938.88	36.53
2004	2202.07	2164.30	638.71	1525.59	16.20	21.55	2164.30	37.75
2005	2394.18	2330.60	826.49	1504.11	12.28	51.30	2330.60	63.58
2006	2661.47	2576.19	1024.33	1551.86	63.36	21.92	2576.19	85.28
2007	3033.45	2831.29	1123.99	1707.30	113.62	88.54	2831.29	202.16
2008	3354.44	3152.32	1352.85	1799.47	173.68	28.44	3152.32	202.12
2009	3589.48	3314.30	1500.98	1813.32	198.22	76.96	3314.30	275.18
2010	4062.90	3694.83	1649.06	2045.77	276.38	91.69	3694.83	368.07
2011	4936.37	4237.06	2239.07	1997.99	482.01	217.30	4237.06	699.31
2012	5642.30	4848.77	2591.82	2256.95	209.56	583.97	4848.77	793.53

4-23 主要年份农村住户每人平均生活消费支出
PER CAPITA LIVING EXPENDITURE OF RURAL HOUSEHOLDS IN MAJOR YEARS

单位: 元 (yuan)

年 份 Year	生活消费支出 Expenditure	食品 Food	衣着 Clothing	居住 Residence	家庭设备用品及服务 Articles and ervices
1995	669.78	536.06	62.34	22.79	16.05
1996	821.38	580.15	84.32	49.32	26.78
1997	843.32	576.88	86.21	63.09	26.79
1998	861.10	576.15	89.27	57.64	29.61
1999	940.66	570.03	98.19	75.36	38.43
2000	910.45	589.49	76.90	78.24	19.05
2001	879.37	580.22	77.80	59.12	17.67
2002	888.61	586.32	78.62	59.74	17.85
2003	1037.90	597.50	98.58	106.68	28.15
2004	1106.24	646.29	94.48	143.49	30.75
2005	1385.14	715.52	142.74	149.74	43.27
2006	1445.37	755.82	153.25	154.10	43.88
2007	1716.96	928.46	186.91	216.11	56.47
2008	2005.47	993.32	205.31	303.81	71.58
2009	2027.28	952.11	217.26	333.36	79.28
2010	2471.62	1140.72	243.05	464.52	79.92
2011	3740.07	1861.09	289.94	529.79	143.35
2012	4213.79	2050.00	299.59	625.53	143.61

年 份 Year	医疗保健 Medicines and Medical Services	交通和通讯 Transportation and Communications	文教娱乐用品及服务 Cultural &Educational and Recreational Articles and Services	其它商品和服务 Other Commodities and Services
1995	6.03	2.45	20.87	3.19
1996	15.74	7.34	46.02	11.71
1997	15.26	7.09	53.10	14.90
1998	15.68	11.12	63.42	18.21
1999	21.77	30.88	93.26	12.74
2000	21.08	15.11	83.92	26.66
2001	22.80	18.79	78.40	24.57
2002	23.04	18.99	79.22	24.83
2003	25.61	97.87	77.28	6.23
2004	23.52	64.65	94.17	8.89
2005	69.11	99.07	156.59	9.10
2006	60.74	113.30	145.41	18.87
2007	69.35	114.89	128.76	16.01
2008	107.15	150.38	140.36	33.56
2009	102.90	154.36	156.98	31.03
2010	129.81	159.41	222.49	31.70
2011	251.17	317.36	300.46	46.91
2012	349.19	335.08	367.20	43.59

4-24 农民家庭平均每人现金收入
PER CAPITA CASH INCOME OF RURAL HOUSEHOLD

单位: 元 (yuan)

指　　标	Item	2005	2010	2011	2012
平均每人现金收入合计	**Total Per Capita Cash Income**	**2100.44**	**4115.70**	**5238.58**	**5698.55**
1.工资性收入	Wages	826.49	1663.65	2239.05	2591.82
2.出售产品的现金收入	Selling Product	654.97	1444.89	2149.43	2058.19
3.工业加工费现金收入	Industry Processing	13.62		2.91	0.28
4.运输业的现金收入	Transportation	322.29	409.85	97.06	149.86
5.商业.饮食业现金收入	Commerce Catering Services	126.67	179.00	62.60	175.25
6.服务业的现金收入	Service Trade	88.31	23.91	1.08	0.21
7.其他经营的现金收入	Others	3.59	36.69	72.60	51.07
8.建筑业的现金收入	Construction				
9.转移性收入	Transfer Income	55.44	280.53	393.37	477.52
10.财产性收入	Property Income	22.68	77.19	194.74	194.35
11.储蓄借贷现金收入	Income for Saving and Credit	139.51	350.68	1494.41	981.00

4-25 农民家庭平均每人生活消费现金支出
PER CAPITA CONSUMPTION OF MAJOR CONSUMER GOODS OF RURAL HOUSEHOLDS

单位: 元 (yuan)

指　　标	Item	2005	2010	2011	2012
每人生活消费现金支出	**Per Capita Living Expenditure**	**1210.04**	**2189.62**	**3475.30**	**3986.34**
1.食　品	Food	549.13	951.69	1604.12	1828.78
主　食	Staple Food	172.81	264.04	301.32	319.80
副　食	Non Staple Food	179.03	343.62	593.12	668.39
2.衣　着	Clothing	142.74	243.05	289.94	299.59
3.居　住	Residence	141.03	371.55	521.99	619.30
4.家庭设备、用品及服务	Household Facilities, Articles and Services	43.27	79.92	143.35	143.61
5.医疗保健	Medicines and Medical Services	69.11	129.81	251.17	349.19
6.交通和通讯	Transportation and Communications	99.07	159.41	317.36	335.08
7.文教娱乐用品及服务	Cultural, Educational and Recreational Articles and Services	156.59	222.49	300.46	367.20
8.其他商品和服务	Other Commodities and Services	9.10	31.70	46.91	43.59

4-26 农民家庭平均每人主要消费品消费量
PER CAPITA CONSUMPTION OF MAJOR CONSUMER GOODS OF RURAL HOUSEHOLDS

单位: 公斤 (kq)

名 称	Item	2007	2008	2009	2010	2011	2012
粮 食(原 粮)	Grain (Unprocessed)	192.56	170.48	167.14	156.39	171.88	166.22
#细 粮	Wheat and Rice	111.03	103.78	96.56	102.13	83.24	96.99
蔬 菜	Fresh Vegetables	60.22	51.07	50.46	68.48	98.60	83.39
食 油	Edible Oil	3.73	3.56	3.41	4.75	5.04	6.34
肉 类	Pork, beef and Mutt	7.31	5.62	6.31	8.80	9.96	10.38
家 禽	Poultry	1.10	1.29	1.16	1.71	2.64	2.15
蛋 类	Eggs	2.96	3.53	3.15	4.50	6.53	7.14
鱼 虾	Fish and Shrimp	0.75	0.98	0.83	0.91	1.58	1.62
食 糖	Sugar	0.78	0.76	0.80	0.76	0.69	0.79
酒	Liquor	4.46	5.27	5.61	5.12	6.49	6.99

4-27 农民家庭平均每百户耐用消费品拥有量
RURAL HOUSEHOLD POSSESSION OF DURABLE CONSUMER GOODS PER 100 HOUSEHOLDS

名 称	Item	2007	2008	2009	2010	2011	2012
自 行 车 (辆)	Bicycles (unit)	71	78	79	88	77	77
电 风 扇 (台)	Electric Fans (unit)						
洗 衣 机 (台)	Washing Machines (unit)	55	56	55	57	58	60
摩 托 车 (辆)	Motorcycles (unit)	31	33	34	29	39	38
大 型 家 俱 (件)	Wardrobe (unit)						
黑白电视机 (台)	Black and White Tv Sets (unit)	13	14	14	11	1	1
彩色电视机 (台)	Color TV Sets (unit)	82	86	88	90	91	93
照 相 机 (架)	Cameras (unit)	2	2	2	2	2	1
电 冰 箱 (台)	Refrigerators (unit)	20	20	22	25	55	59
影 碟 机 (台)	Videorecorders (unit)	10	10	9	9	10	9
电 话 机 (部)	Telephones (unit)	51	52	53	58	41	42
移 动 电 话 (部)	Mobile Telephone(set)			44	55	111	120
组 合 音 响 (台)	Hi-fi Systems (unit)						
家 用 电 脑 (台)	Household Computers(unit)			1	1	6	11

主要统计指标解释

居民消费价格指数　反映居民生活消费品及服务项目价格变动趋势和变动程度的相对数，采用链式拉斯贝尔公式，加权平均计算。根据抽样调查方法在全省抽取17个调查市、县为填报单位。

商品零售价格指数　反映市场商品零售价格变动趋势和变动程度的相对数，计算方法及样本单位同上。

农业生产资料价格指数　反映农业生产资料价格变动趋势和变动程度的相对数，计算方法同上，根据抽样调查方法在全省抽取7个县、市为填报单位。

工业产品出厂价格指数　是反映全部工业产品出厂价格总水平的变动趋势和程度的相对数，根据全省部分重点企业的产品出厂价格的定期调查资料，按加权算术平均公式计算。

原材料、燃料、动力购进价格指数　是反映工业企业购进主要原材料、燃料、动力价格水平变动趋势和程度的相对数。根据全省部分重点企业主要原材料、燃料、动力购进价格的定期调查资料，按加权算术平均公式计算。

房地产价格指数　是反映全社会各类房地产销售、租赁、土地交易价格变动趋势和幅度的相对数。包括房屋销售价格指数、房屋租赁价格指数和土地交易价格指数。

城镇居民家庭就业人口　指从事社会劳动并取得劳动报酬或经营收入的人口。我国的就业方针是："在国家统筹规划和指导下，实行劳动部门介绍就业、自愿组织起来就业和自谋职业相结合"。因此通过这三种方式就业的，不论在全民所有制、集体所有制单位工作或从事个体劳动，不论有固定性职业或临时性职业都是就业人口。

城镇居民家庭总收入　指调查户中生活在一起的所有家庭成员在调查期得到的工资性收入、经营净收入、财产性收入、转移性收入的总和，不包括出售财物和借贷收入。

城镇居民家庭可支配收入　指调查户可用于最终消费支出和其它非义务性支出以及储蓄的总和，即居民家庭可以用来自由支配的收入。它是家庭总收入扣除交纳的个人所得税、个人交纳的社会保障支出以及调查户的记账补贴后的收入。计算公式为：

可支配收入＝家庭总收入－交纳个人所得税－个人交纳的社会保障支出－记账补贴

城镇居民家庭工资性收入　指就业人员通过各种途径得到的全部劳动报酬，包括所从事的主要职业的工资以及从事第二职业、其他兼职和零星劳动得到的其它劳动收入。

城镇居民家庭消费支出　指调查户用于满足家庭日常生活消费需要的全部支出，包括食品、衣着、居住、家庭设备用品及服务、医疗保健、交通和通信、教育文化娱乐服务、杂项商品和服务八大类等。

农村居民家庭纯收入　指农村住户当年从各个来源得到的总收入相应地扣除所发生的费用后的收入总和。纯收入主要用于再生产投入和当年生活消费支出，也可用于储蓄和各种非义务性支出。"农民人均纯收入"是按人口平均的纯收入水平，反映的是一个地区一个农村居民的平均收入水平。计算公式为：

纯收入＝总收入－家庭经营费用支出－税费支出－生产性固定资产折旧－赠送农村内部亲友支出

农村居民家庭生活消费支出　指农村住户用于物质生活和精神生活方面的消费支出。生活消费支出包括食品支出、衣着支出、居住支出、家庭设备用品及服务支出、医疗保健支出、交通和通讯支出、文化教育娱乐用品及服务支出、其他商品和服务支出。

Explanatory Notes on Main Statistical Indicators

Residents Consumer Price Indices reflect the trend and degree of changes in prices of consumer goods and services purchased by urban and rural residents. They are calculated by the weighted arithmetic mean, using Byes formula. According to sampling survey, draw 17 survey cities and counties in total Province as report units.

Retail Price Indices reflect the general change and degree in retail prices of market commodities. The calculating method and sample unit are the same as above.

Indices of Agricultural Productive Materials refer the trend and degree of changes in price of agricultural productive materials. The calculating method is same as above, and drawing 7 survey cities and counties as report units.

Ex–factory Price Indices of Industrial Products reflect the trend and degree of changes in ex–factory prices of all industrial products. They are calculated by the weighted arithmetic mean, according to regular survey data of ex–factory price in part of important enterprises in the province.

Purchasing Price Indices of Raw Materials, Fuels and Power reflect the trend and degree of changes in prices of industrial enterprises purchasing raw materials and fuels. They are calculated by the weighted arithmetic mean, according to regular survey data of major raw materials and fuels purchasing price in part of important enterprises in the province.

Price Indices of Real Estate reflect the trend and degree of changes in price of all kinds real estate selling, renting land and dealing. They include selling price index of house, price index of renting house and price index of land deal.

Employed Population in Urban Households refer to urban residents engaged in certain work and receiving payment for their labor or income from their business operation. Under the overall plan and guidance of our country's employment policy, there are three means to find a job through employment department providing services, laborers organizing themselves on a voluntary basis and finding jobs all by themselves. Laborers who get jobs by the three means are employed population, regardless of whether they work in state–owned enterprises or collective enterprises with permanent or temporary jobs.

Total Income of Urban Household refers to the total of wages, net business income, property income and transfer income of the membership in sample households. It excludes income of property selling and loans borrow.

Disposable Income of Urban Households refers to the actual income at the disposal of members of the households which can be used for final consumption, other non–compulsory expenditure and savings. This equals to total income minus income tax, expenditure of personal social insurance and subsidies of account. The formula is as follow:

Disposable income of urban households = total income – income tax – expenditure of personal social insurance – subsidies of account.

Income of Wages of Urban Households refers to total wages of employees by all kinds of ways, including wages of major occupation engaged, other income of the second occupation and part–time job or odd labor.

Expenditure of Urban Households for Consumption refers to total expenditure of the sample households for consumption in daily, including eight types, such as food, clothes, residence, household facilities, articles and services, medicine and medical services, transportation and communications, recreation, education and cultural services, miscellaneous commodities and services.

Net Income of Rural Households refers to sum of income in rural households during a year of total income from all sources minus all expenses. Net income is mainly used in re–production input and expenditure in living consumption, also in saving and non–compulsory expenditure. Income of rural households reflects average income level in a region or a rural resident. It is calculated:

Net Income = total income – expenditure in manage expenses – tax and fee – depreciation of fixed assets – expenditure in contribution to relatives and friends inside rural.

Expenditure of Rural Households for Consumption refers to expenditure of rural households used in cultural life and material life for consumption, which includes expenditures on food, clothing, housing, equipments and articles, health care, transportation and communication, culture, education and recreation articles and services, other commodities and services.

05

农村经济

AGRICULTURAL ECONOMICS

资料整理人员

李志宏　石　全　唐丽萍　张秀兰

樊翠兰　刘　琛　李　鹏

农村经济
AGRICULTURAL ECONOMY

农林牧渔业总产值	Gross Output Value of Farming , Forestry Animal Husbandry and Fishery	92.36	亿元	(100 million yuan)
农作物播种面积	Sown Areas of Farm Crops	321.73	千公顷	(1 000 hectares)

农林牧渔业总产值构成（%）
Composition of Gross Output Value of Farming Forestry,Animal Husbandry and Fishery（%）

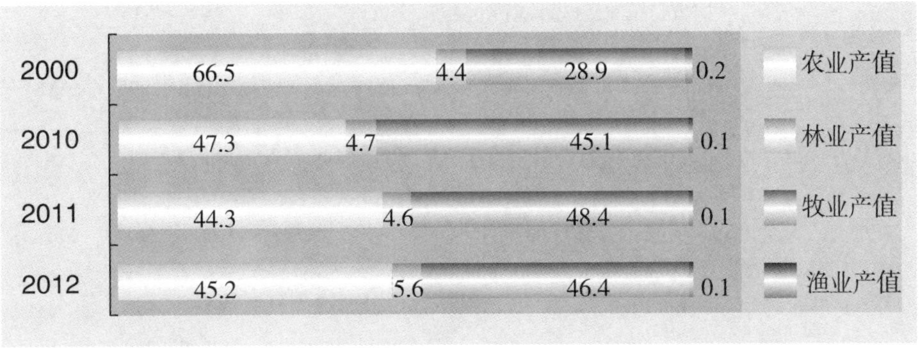

主要农产品产量（万吨）
Output of Major Farm Crops（10 000 tons）

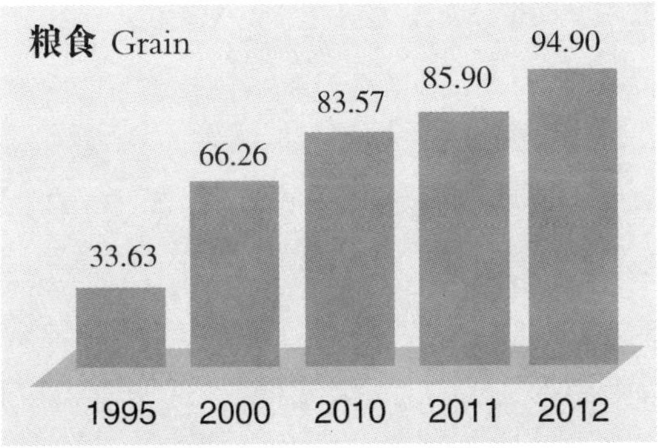

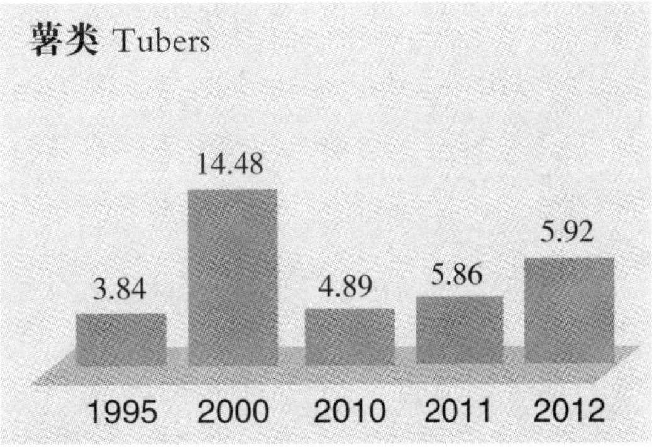

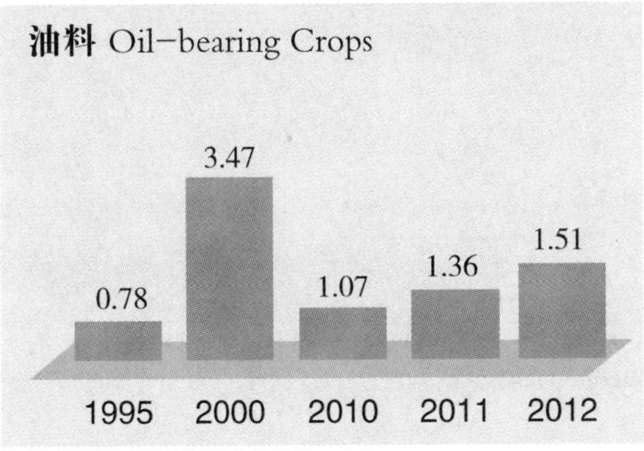

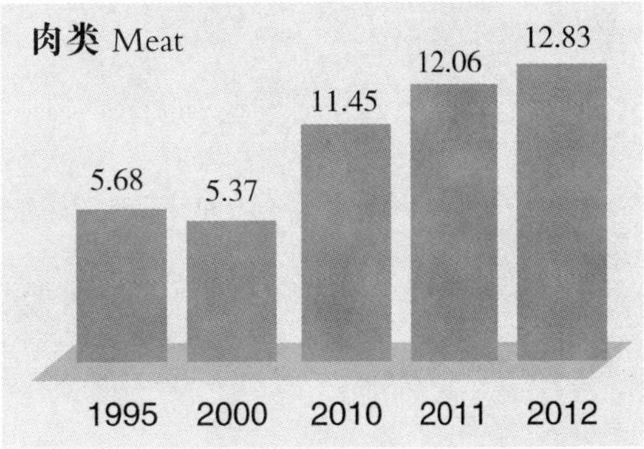

5-1 农村基层组织情况
RURAL GROSS -ROOTS ORGANIZATIONS

指　　标	Item	2000	2005	2010	2011	2012
一、农村基层组织情况	Basic Conditions of Rural Grassroots Units					
1.乡(镇)政府　(个)	Number of Township and Town Governments (unit)	146	99	99	99	99
#镇政府	Number of Town Governments	25	33	33	33	33
2.村民委员会　(个)	Number of Villager's Committees (unit)	2275	1973	1961	1961	1964
二、乡村户数　(万户)	Number of Rural Households (10 000 households)	47	49	56	61	64
三、乡村人口　(万人)	Rural Population (10 000 persons)	163	166	171	170	171
四、乡村劳动力　(万人)	Number of Rural Laborers (10 000 persons)	65	66	71	72	72
1.按性别分	Group by Sxual Distinction					
男劳动力	Male	37	38	41	41	41
女劳动力	Female	28	28	30	31	31
2.按行业分	Group by Sector					
农林牧渔业	Farming, Forestry, Animal Husbandry and Fishery	43	43	43	42	42
#林牧渔业	Forestry, Animal Husbandry and Fishery	3	4			
工　业	Industry	6	6	6	6	6
建 筑 业	Construction	3	3	5	6	6
交通运输、仓储及邮电通讯业	Transportation Storage, Post and Telecommunication Services	4	5	6	6	6
批发、零售贸易业、餐饮业	Wholesale, Retail Sale and Catering Trades	3	4	6	4	4
其他非农行业	Other Non-agricultural Trades	6	5	5	8	8

5-2 主要年份农林牧渔业总产值

GROSS OUTPUT VALUE OF FARMING,FORESTRY,ANIMAL HUSBANDRY AND FISHERY IN MAJOR YEARS

按当年价格计算 (at current price)

年 份 Year	农林牧渔业总产值(万元) Total (10 000 yuan)	农业产值 Farming	# 种植业 Planting	林业产值 Forestry	牧业产值 Animal Husbandry	渔业产值 Fishery	农林牧渔服务业产值 Farming,Forestry, Animal,Husbandry and Fishery service
1965	23845	17106	17106	1422	4853		
1970	34936	27250	27250	2266	4798		
1975	56847	43319	43319	2158	8363		
1980	55783	36326	36326	3448	10973		
1985	96704	65031	65031	6730	17961		
1990	98056	68792	68792	4243	23419		
1995	178725	96936	93937	8168	73411	210	
2000	231272	156498	152888	9595	64717	462	
2005	421187	221707	221707	19572	163927	853	15128
2006	377095	223753	137915	20549	120471	1015	11307
2007	385267	164588	90407	26627	180534	780	12738
2008	543104	226123	146748	16738	281396	650	18197
2009	584842	207513	116970	27790	330841	672	18026
2010	666368	315003	209011	31521	300717	590	18537
2011	845440	374641	239356	38906	409250	641	22002
2012	923587	417353	251786	51342	428282	854	25756

注:由于国家统计报表制度的改革,2003年以后农林牧渔业总产值口径有变动。一是总产值中包括了农林牧渔服务业产值;二是其中的"农业产值"中不包括"农民家庭兼营工业";三是林业产值中"竹木采运"产值为社会口径。

Note: The ranage of gross output value of farming,forestry,animal husbandry and fishery is adjustedin 2003,for state statistical system reform. The the data of gross output value included output value of service,The second ,the data of farming ourput value exclude industry run by peasant households.The third,the date of bamboo &wood collection and transportation is include total sociery.

5-3 农林牧渔业增加值

ADDITIONAL VALUE OF FARMING,FORESTRY,ANIMAL HUSBANDRY AND FISHERY

单位: 万元 (10 000 yuan)

指 标	Item	2000	2005	2010	2011	2012
一、农林牧渔业总产值	Gross Output Value	231272	421187	666368	845440	923587
农 业	Farming	156498	221707	315003	374641	417353
林 业	Forestry	9595	19572	31521	38906	51342
牧 业	Animal Husbandry	64717	163927	300717	409250	428282
渔 业	Fishery	462	853	590	641	854
农林牧渔服务业	Farming, Forestry, Animal Husbandry and Fishery		15128	18537	22002	25756
二、农林牧渔业中间消耗	Intermediate Material Consumption	106245	202114	303755	380396	425794
农 业	Farming	66317	102961	135833	164666	187290
林 业	Forestry	5709	12919	14206	19160	28531
牧 业	Animal Husbandry	34145	78793	142272	183264	194003
渔 业	Fishery	74	427	381	422	391
农林牧渔服务业	Farming, Forestry, Animal Husbandry and Fishery		7014	11063	12884	15579
三、农林牧渔业增加值	Added Value	125027	219073	362613	465044	497792
农 业	Farming	90181	118746	179170	209975	230063
林 业	Forestry	3886	6653	17315	19746	22811
牧 业	Animal Husbandry	30572	85134	158445	225986	234278
渔 业	Animal Husbandry	388	426	209	219	464
农林牧渔服务业	Farming, Forestry, Animal Husbandry and Fishery		8114	7474	9118	10177

注: 本表口径同5-2。

Note:The range of the data in this table is same with tablea 5-2.

5-4 耕地面积增减情况
INCREASE AND DECREASE OF CULTIVATED AREA

单位：千公顷 (1 000 ha)

项　　目	Item	2000	2005	2006	2007
一、年末实有耕地面积	**Cultivated Areaat the Year-end**	**442.78**	**362.10**	**358.28**	**360.55**
按总人口平均每人耕地 (公顷)	Per Cultivated Area by Total Population(ha)	0.15	0.12	0.11	0.11
1.水　田	Paddy Fields	0.29	0.29	0.29	0.29
2.旱　地	Dry Fields	442.49	361.81	357.99	360.26
# 水浇地	Irrigable Land	97.26	97.68	96.11	96.94
二、当年增加耕地面积	**Increased Area in the Year**	**0.07**	**0.52**	**7.78**	**4.03**
# 新开荒地面积	Bring Barren under Cultivation	0.07	0.51	0.35	0.39
三、当年减少耕地面积	**Decrease in Cultivated Area**	**0.43**	**9.04**	**11.60**	**1.76**
#1.国家基建占地	Capital Construction of the Government	0.13	0.03	0.07	0.21
占减少耕地面积(%)	Percentage to Decrease in Cultivated Area	29.8	0.38	0.61	11.93
2.其他基建占地	Other Construction		0.14	0.14	1.36
占减少耕地面积(%)	Percentage to Decrease in Cultivated Area		1.52	1.24	77.27
3.退耕还林还草占地	Cultivated Area Replaced by Fofest and Gress Land		8.08	8.44	0.11
占减少耕地面积(%)	Percentage to Decrease in Cultivated Area		89.40	72.76	6.25
四、年末耕地面积中	**Among Cultivated Area Year-end**				
常用耕地面积	Cultivated Area Changed Gardan		313.39	311.86	316.31
占年末耕地面积(%)	Percentage Cultivated Area Year-end		86.55	87.04	87.73

5-5 主要年份耕地面积
AREA UNDER CULTIVATION IN MAJOR YEARS

单位：千公顷 (1 000 ha)

年　份 Year	耕地面积 Cultivated Area	# 旱　地 Dry Fields	有效灌溉面　积 Effective Irrigated Area	# 机电灌溉面积 Mechanical and Electrical Irrigated Area	机耕地面积 Area Cultivated by Machine
1965	412.08		61.35		
1970	366.19		71.51		
1975	377.76		83.63		
1980	385.33		90.46		
1985	35.02		91.73		
1990	348.74		107.32	78.49	220.83
1995	346.33	346.30	113.19	81.94	221.03
2000	442.78	442.49	97.54	84.90	263.20
2005	362.10	361.82	114.03	84.98	130.91
2006	358.28	357.99	116.89	51.08	127.06
2007	360.55	360.26	118.06	43.12	128.08
2008	372.35		119.23	49.90	154.92
2009			119.01	69.23	166.07
2010			124.55	79.17	192.25
2011			126.79	85.64	180.74
2012			130.11	97.50	194.21

5-6 主要年份主要农作物播种面积

SOWN AREAS OF MAJOR FARM CROPS IN MAJOR YEARS

单位：千公顷 (1 000 ha)

年 份 Year	总播种面积 Total Sown Area	粮食作物 Grain Crops	#谷 物 Cereal	#油 料 Oil-bearing Crops	#甜 菜 Beetroots	#蔬 菜 Vegetable
1965	421.07	375.28		18.93	2.27	6.25
1970	373.13	323.60		17.71	2.69	6.68
1975	377.97	333.39		17.89	3.65	8.05
1980	385.15	313.43		45.32	2.10	7.05
1985	353.81	263.43		63.27	2.76	9.66
1990	349.89	275.16	202.15	46.31	4.07	11.36
1995	351.61	282.49	179.41	30.01	7.10	19.23
2000	352.81	263.24	146.75	46.73	1.15	24.12
2001	276.78	213.53	133.31	29.59	0.80	16.76
2002	334.03	248.76	148.18	37.17	0.86	24.64
2003	307.76	221.53	133.59	32.25	0.58	26.54
2004	296.82	235.13	173.00	24.16	0.20	23.25
2005	303.25	241.69	184.65	25.31	0.25	21.67
2006	311.07	254.37	196.28	21.44	0.60	19.48
2007	317.29	269.54	210.32	19.22	0.56	15.53
2008	319.00	268.23	210.02	22.51	0.53	17.01
2009	316.57	267.77	210.62	19.71	0.33	18.01
2010	319.13	275.60	217.67	176.76	0.34	15.26
2011	319.52	276.82	217.52	16.21	0.62	15.34
2012	321.73	278.94	220.72	15.87	0.91	18.76

5-7 农作物播种面积
SOWN AREAS OF FARM CROPS

单位：千公顷 (1 000 ha)

指　标	Item	2005	2006	2007	2008	2009	2010	2011	2012
农作物总播种面积	**Total Sown Area**	**303.25**	**311.07**	**317.29**	**319.00**	**316.57**	**319.13**	**319.52**	**321.73**
一、粮　食	**Grain**	**241.69**	**254.37**	**269.54**	**268.23**	**267.77**	**275.60**	**276.82**	**278.94**
(一)谷　物	Cereal	184.65	196.28	210.32	210.02	210.62	217.67	217.52	220.72
#稻　谷	Rice	0.11	0.12	0.13	0.06	0.01	0.01	0.01	0.06
小　麦	Wheat								
玉　米	Corn	139.81	141.18	154.91	153.38	150.65	158.71	158.79	161.90
谷　子	Millet	20.22	21.62	20.55	19.85	17.30	18.70	16.79	17.98
高　粱	Sorghum	1.34	1.33	1.57	1.54	2.20	2.57	1.83	2.01
莜　麦	Nakedoats	6.71	7.19	7.30	8.39	8.99	9.10	8.07	8.93
(二)豆　类	Beans	27.26	28.53	29.38	31.54	31.37	32.21	32.09	30.85
#大　豆	Soybean	12.93	13.84	12.61	13.46	13.52	13.73	13.06	12.45
(三)薯　类	Tubers	29.78	29.56	29.84	26.67	25.78	25.72	27.20	27.36
#马铃薯	Potato	29.78	29.56	29.84	26.67	25.78	25.72	27.20	27.36
二、油　料	**Oil-bearing Crops**	**25.31**	**21.44**	**19.22**	**22.51**	**19.71**	**17.68**	**16.21**	**15.87**
#花　生	Peanuts	0.05	0.05	0.03	0.03	0.02	0.09	0.01	0.01
油　菜	Rapeseeds	0.05			0.01	0.01			
芝　麻	Sesame								
胡　麻	Benne	16.35	13.65	12.80	16.13	12.36	11.12	10.33	9.60
向日葵	Sunflower	5.63	4.95	4.25	3.55	3.68	3.76	3.47	3.00
三、棉 花	**Cotton**			**0.05**					
四、麻 类	**Fiber Crops**								
五、甜 菜	**Beetroots**	**0.25**	**0.60**	**0.56**	**0.53**	**0.33**	**0.34**	**0.62**	**0.91**
六、烟 叶	**Tobacco**	**0.09**							
七、药 材	**Medicinal Materials**	**1.82**	**4.87**	**4.70**	**4.42**	**4.17**	**4.15**	**4.80**	**1.86**
八、蔬菜、瓜类	**Vegetables and Melons**	**25.49**	**24.98**	**18.96**	**20.53**	**21.90**	**18.64**	**18.68**	**21.67**
#蔬　菜	Vegetables	21.67	19.48	15.53	17.01	18.01	15.26	15.34	18.76
九、其他作物	**Others**	**8.60**	**4.81**	**4.26**	**2.78**	**2.69**	**2.73**	**2.39**	**2.49**
#青饲料	Greenfeed	7.11	3.70	3.41	1.84	1.93	2.42	2.19	2.23

5-8 主要年份主要农作物产量
OUTPUT OF MAJOR FARM CROPS IN MAJOR YEARS

单位: 吨 (ton)

年 份 Year	粮 食 Grein	1. 谷 物 Cereal	# 稻 谷 Rice	# 小麦 Wheat	# 玉 米 Corn	# 谷 子 Millet
1965	251870			7055	37285	67320
1970	387335			12510	98355	94975
1975	572685			11915	231715	107315
1980	478265			10845	173420	94785
1985	603593			40874	148387	112701
1990	707623		477	44660	246203	86595
1995	336325	273347	572	37205	163426	25104
2000	662555	474170	1066	2096	320667	57226
2001	127702	100586	452	373	86144	4753
2002	635054	460896	648	54	339905	45928
2003	591280	444579	717	6	348538	36131
2004	784296	665965	360	5	598752	24944
2005	772129	671262	710		598759	35836
2006	762909	669915	602		583822	37603
2007	492328	440717	456		398372	16741
2008	697209	623928	375		555417	26329
2009	506445	458890	63		419727	13511
2010	835672	756687	14		662378	35129
2011	859000	769568	40		673994	32561
2012	949000	856943	32		754508	35075

年 份 Year	# 高 粱 Sorghum	2. 豆类 Beans	# 大 豆 Soybean	3.薯 类 Tubers	# 马铃薯 Potato	油 料 Oil-bearing Crops
1965	23615		8840	49665		5025
1970	23510		15760	69920		7050
1975	28180		10460	79795		3910
1980	6550		7410	81995		21125
1985	5254		18873	101170		62124
1990	5031		19778	134244	134064	48092
1995	2419	24546	9394	38432	38061	7848
2000	7233	43542	18299	144843	144561	34715
2001	916	3395	1400	23721	23711	3205
2002	7340	43828	18222	130330	130302	35158
2003	5166	36586	15359	110115	110099	27914
2004	3085	24913	12447	93418	93418	21626
2005	3064	22982	13073	77885	77885	20059
2006	2703	23704	13108	69290	69290	18050
2007	1532	13686	5649	37925	37925	10285
2008	2991	20715	8946	52566	52566	14963
2009	1883	13613	6930	33941	33941	7304
2010	6616	30097	14292	48889	48889	10663
2011	4917	30832	13368	58600	58600	13572
2012	6277	32847	13900	59210	59210	15077

5-8 续表 continued

单位: 吨 (ton)

年 份 Year	麻 类 Fiber Crops	甜 菜 Beetroots	烟 叶 Tobacco	蔬 菜 Vegetable
1965		11732		121863
1970		14826		190655
1975		23248		222002
1980		27481		186180
1985		62292		333459
1990		108484		432241
1995	31	103753	311	555441
2000	55	25341	587	879847
2001	12	6597	164	492091
2002	15	19691	398	1066249
2003	1221	14065	533	1057695
2004	2	3640	444	971692
2005		4465	511	903678
2006		15343		850950
2007		11338		612036
2008		19397		609719
2009		9694		627263
2010		8357		575265
2011		29261		631057
2012		50063		740136

5-9 主要年份主要油料作物产量
OUTPUT OF MAJOR OIL-BEARING CROPS IN MAJOR YEARS

单位: 吨 (ton)

年 份 Year	花生果 Peanuts	油菜籽 Rapeseeds	胡麻籽 Benne	向日葵籽 Sunflower	蓖麻籽 Castor bean
1995	297		1803	3801	2
1996	422		20848	18841	
1997	525		12003	8834	
1998	472		18192	16123	140
1999	41		2829	3324	192
2000	366		9609	16277	1994
2001	88	5	1329	1460	
2002	187		15020	13589	
2003	465		12270	9479	
2004	164		12415	5263	
2005	148	41	11222	6229	
2006	122		10115	5191	
2007	78		6291	2949	
2008	54	4	9840	3374	25
2009	30	4	4487	1465	
2010	94	1	5831	3271	
2011	16		7381	3701	
2012	17		8503	3419	

5-10 主要年份主要农作物单位面积产量
MAJOR FARM CROPS OUTPUT PER HECTARE IN MAJOR YEARS

单位: 公斤 / 公顷 (kg/ha)

年 份 Year	粮 食 Grain	谷 物 Cereals	稻 谷 Rice	小 麦 Wheat	玉 米 Corn	谷 子 Millet	高 粱 Sorghum
1965	671			382	1467		
1970	1197			633	2444		
1975	1718			564	3247		
1980	1526			523	2727		
1985	2291			3802	4925		
1990	2572			3544	5522		
1995	1191	1524	3575	2654	3234	966	1322
2000	2517	3231	7614	3327	5513	1985	2318
2001	598	755	2511	1865	1234	272	375
2002	2551	3110	3600	2700	4839	1836	2323
2003	2669	3301	3585	600	4911	1708	2034
2004	3336	3850	3273	500	4594	1792	2448
2005	3195	3635	6455		4283	1772	2287
2006	2999	3413	5017		4135	1739	2032
2007	1827	2095	3508		2572	815	976
2008	2599	2971	6250		3621	1326	1942
2009	1891	2179	4500		2786	781	855
2010	3032	3477	2283		4173	1878	2571
2011	3104	3539	6650		4245	1940	2691
2012	3402	3882	5312		4660	1951	3120

年 份 Year	豆 类 Beans	薯 类 Tubers	油 料 Oil-bearing Crops	麻 类 Fiber Crops	甜 菜 Beetroots	烟 叶 Tobacco
1965		864	265		5168	
1970		1290	398		5512	
1975		1588	219		6369	
1980		1716	466		13086	
1985		2558	982		22570	
1990		2556	1038		26655	
1995	521	686	261	775	14613	2073
2000	788	2366	743	1375	22036	2795
2001	99	517	108	600	8246	2050
2002	864	2608	946	813	22897	3317
2003	884	2365	866	1878	24250	5330
2004	878	2766	895	500	18200	6343
2005	843	2615	793		17860	5678
2006	831	2344	842		25572	
2007	466	1271	535		20246	
2008	657	1971	665		36598	
2009	434	1317	371		29691	
2010	935	1901	603		24471	
2011	960	2154	837		47127	
2012	1065	2164	950		54912	

5-11 主要年份按人口平均的主要农产品产量

MAJOR AGRICULTURAL OUTPUT PER CAPITA IN MAJOR YEARS

单位: 公斤 / 人 (kg/person)

年 份 Year	粮 食 Grain		油 料 Oil-bearing Crops	猪牛羊肉 Pork, Beef and Mutton	禽 蛋 Poultry-Eggs
	按总人口 By Total Population	按农村劳动力 By Laborer			
1965	157.54	622.05	3.15	2.85	1.09
1970	213.65	827.64	3.89	1.97	1.07
1975	285.16	1113.74	1.95	2.92	0.93
1980	224.65	1004.76	9.92	4.53	1.06
1985	261.13	1100.04	26.88	8.15	4.91
1990	282.93	1178.59	19.23	11.49	6.25
1995	128.17	537.43	2.99	21.64	7.53
2000	220.63	962.47	11.56	17.88	5.57
2001	42.19	185.61	1.06	17.52	5.43
2002	208.00	915.00	11.53	19.93	5.92
2003	192.00	843.00	9.08	22.49	6.83
2004	253.22	1091.18	6.98	25.37	7.82
2005	247.53	1059.21	6.43	27.87	8.47
2006	242.91	1036.49	5.75	29.69	8.90
2007	155.82	652.18	3.26	19.01	7.99
2008	219.35	910.49	4.71	30.36	9.67
2009	158.50	646.97	2.29	34.02	11.70
2010	251.64	1177.00	3.21	32.29	10.17
2011	257.21	1085.47	4.06	33.82	12.34
2012	282.68	1183.53	4.49	35.95	11.76

5-12 主要年份造林面积和果园面积

AFFORESTED AREA AND ORCHARD IN MAJOR YEARS

年 份 Year	造林面积 (千公顷) Afforestation Area (1 000 ha)	# 用材林 Timber Forest	零星植树 (万株) Planting Trees Piecemeal (10 000 unit)	果园面积 (千公顷) Area of Orchards (1 000 ha)	# 苹果园面积 Area of Apple Orchards
1965	13.49		1111.41	2.31	2.29
1970	15.57		1353.47	3.23	2.79
1975	6.03		729.17	3.83	3.89
1980	16.52		1895.77	5.39	5.48
1985	40.89		1620.88	5.29	5.33
1990	17.25		1416.33	7.55	7.56
1995	35.07	12.93	1327.70	10.61	5.46
2000	29.62	2.15	1281.60	8.47	3.25
2001	17.85	1.41	1206.98	7.73	2.70
2002	66.86	1.00	1206.52	8.13	2.60
2003	71.29	0.03	888.56	8.02	2.67
2004	33.42	0.10	957.83	8.54	2.84
2005	33.13		748.00	8.27	2.51
2006	30.71		411.00	8.00	2.53
2007	25.55		693.70	7.72	2.36
2008	25.80	0.05	550.00	7.73	2.28
2009	20.48		740.00	7.83	2.31
2010	21.61		800.00	7.17	1.44
2011	29.94		800.00	7.19	1.04
2012	32.31		800.00	8.12	0.82

5-13 造林和果、桑园面积

AFFORESTED AREA, ORCHARD AND MULBERRY FIELD

项　目	Item	2005	2010	2011	2012
一、当年造林面积	Afforestation Area in the Year	33131	21608	29938	32306
#用材林	Timber Forest				
经济林	Economic Forest	1038	5360	6234	6353
防护林	Shelter Forest	32093	15747	23258	24367
薪炭林	Fuel Forest		501	446	1586
二、育苗面积	Area of Growing Seedings	2515	3144	4939	4333
#本年新育	Area of Growing Seedings in the year	1221	1457	1851	1666
三、零星植树(万株)	Planting Trees Piecemeal (10 000 unit)	748	800	800	800
四、年末果园面积	Area of Orchards at Year-end	8268	7167	7192	8116
#苹果园	Apple Orchards	2506	1439	1036	822
梨　园	Pears Orchards	465	192	181	167
葡萄园	Grapes Orchards	753	292	302	319

5-14 主要林产品与水果产量

OUTPUT OF MAJOR FOREST PRODUCTS AND FRUITS

单位: 吨 (ton)

指　标	Item	2005	2010	2011	2012
一、主要林产品产量	Output of Major Forest Products	835	25534	9634	9645
核　桃	Walnuts	760	476	530	535
板　栗	Chinese Chestnut				
二、水果产量	Output of Fruits	12777	14033	21397	23752
#苹　果	Apples	2196	2455	3526	3602
梨	Pears	763	622	783	754
葡　萄	Grapes	5079	4438	5221	5443
红　枣(鲜枣)	Jujube	1	1		
柿　子(鲜柿)	Persimmon				
沙　果	Chinese Pear Leaved Crab-apple	692	61	215	154
桃	Peach	135	269	339	342
杏	Apricot	3433		9649	11928

5-15 畜牧业生产情况
NUMBER OF LIVESTOCK AND LIVESTOCK PRODUCTS

项　目	Item	2005	2010	2011	2012
一、大牲畜年末存栏(头)	Larger Animals at Year-end (head)	368968	318293	281030	251932
# 从事农事劳役的	Drough	226086	184385		66667
1.牛　(头)	Cattle and Buffaloes(head)	220070	187917	152892	143409
# 良种及改良种乳牛	Milch Cows of Fine Breed and Improved Varieties	32805	52525	46790	50643
2.马　(匹)	Horses (head)	3536	2456	2043	1688
3.驴　(头)	Donkeys (head)	72169	69247	69958	61157
4.骡　(头)	Mules (head)	73189	58672	51498	45678
二、猪年末存栏(头)	Number of Hogsat Year end (head)	600493	678882	554051	547056
# 能繁殖的母猪	Reproducable Hogs	56104	85608	82970	79335
三、羊年末存栏(只)	Sheep and Goats at Year-end (head)	1575462	1406404	1204183	1315590
1.山　羊	Goats	445133	537863	489580	566687
2.绵　羊	Sheep	1130329	868541	714603	748903
四、家禽年末存栏(只)	Poultry at Year-end (head)	3107845	3439900	3575126	3206300
五、养蜂年末箱数(箱)	Number of Beehives (boxe)	1005		310	
六、养兔年末存栏(只)	Rabbits at Year-end (head)	159031	130400	130200	100404
七、猪、牛、羊出栏	Slaughtered Pork, Beef and Mutton				
猪全年出栏(头)	Slaughtered Pork in the Year (head)	817922	991189	846742	884730
牛全年出栏(头)	Slaughtered Bee in the Year(head)	48418	67553	81861	78824
羊全年出栏(只)	Slaughtered Mutton in the Year (head)	1041675	1066170	1158684	1144496
八、当年肉类总产量(吨)	Total Output of Meat (ton)	93292	114494	120558	128288
# 猪肉产量	Pork	65248	81349	84022	91744
牛肉产量	Beef	5820	8854	10725	10326
羊肉产量	Mutton	15875	17023	18191	17969
禽肉产量	Poultry	3904	4186	4628	4721
兔肉产量	Rabbit	409	389	349	352
九、畜禽产品产量　(吨)	Output of Poulty Product (ton)	90920	150786		
1.奶　类	Milk	63094	115698	213813	217494
# 牛　奶	Cow Milk	62617	115404	213573	216624
2.绵羊毛产量	Sheep Wool	1177	1064	1187	1245
3.山羊毛产量	Goats Wool	144	159	184	201
4.羊绒产量	Cashere	79	66	122	138
5.禽蛋产量	Poultry Eggs	26409	33784	41212	39258
6.蜂蜜产量	Honey	17	15	8	8
7.蚕茧产量	Silkworm Cocoons				

5-16 主要年份肉类产量和猪羊头数

OUTPUT OF MEAT AND NUMBER OF HOGS,SHEEP AND GOATS IN MAJOR YEARS

年份 Year	猪牛羊肉产量 (吨) Output of Pork, Beef and Mutton (ton)	肉猪出栏头数 (头) Slaughtered Fattened Hogs (head)	猪年末头数 (头) Hogs at year-end (head)	羊年末只数 (只) Sheep and Goats (head)		
					山羊 Goats	绵羊 Sheep
1965	4546	87810	225200	687821	236236	451585
1970	3568	77172	164900	550865	208174	342691
1975	5868	108024	210000	687273	260147	427126
1980	9638	180806	273300	617707	197886	419821
1985	18837	217941	259900	425200	65773	359427
1990	28737	240850	260829	738434	121421	617013
1995	56792	478450	459259	941807	145081	796726
2000	53696	495972	432521	1156490	258110	898380
2005	86943	817922	600493	1575462	445133	1130329
2006	56427	556290	518111	1171311	417244	754067
2007	60082	595823	579744	1191190	440495	750695
2008	96514	963665	652221	1483902	522608	961294
2009	108700	994975	706996	1591285	530893	1059060
2010	107226	991189	678882	1406404	537863	868541
2011	112939	846742	554051	1204183	489580	714603
2012	120039	884730	547056	1315590	566687	748903

5-17 水产品产量

OUTPUT OF AQUATIC PRODUCTS

单位: 吨

指标	tem	2006	2007	2008	2009	2010	2011	2012
淡水产品产量	**Freshwater Aquatic Products**	**1040**	**1050**	**834**	**855**	**720**	**800**	**1020**
#鱼类产量	Fish	1040	1050	834	855	720	800	1020
1.养殖产量	Aquiculture Products	1040	1050	834	855	720	800	1020
#池　溏	Pond	300	300		184	157	223	327
湖　泊	Lakes							
水　库	Reservoir	600	610		671	563	577	693
河　沟	Brook							
2.捕捞产量	Catching in Ocean							

5-18 农业机械拥有量
AGRICUL TURAL MACHINERY

(年末数) (end of year)

项目	Item	2000	2005	2010	2011	2012
农业机械总动力（千瓦特）	**Total Power of Agricultural Machinery (kw)**	**1336923**	**1360699**	**1605533**	**1670353**	**1760522**
大中型农用拖拉机 (台)	Larger and Medium Tractors (unit)	2048	2061	6089	10037	10632
(千瓦特)	(kw)	84828	85582	173606	253267	274714
小型农用拖拉机 (台)	Mini-tractors for Agriculture (unit)	12903	13483	13528	10972	11364
(千瓦特)	(kw)	147628	169131	160791	130965	137422
大中型拖拉机配套机具 (部)	Number of Large and Medium Tractor Towing Farm Machinery (unit)	2326	2357	7082	12372	13421
小型拖拉机配套机具 (部)	Mini-Tractor Towing Farm Machinery (unit)	9961	15816	20034	18053	19356
农用排灌动力机械 (台)	Drainage and Irrigation Machinery (unit)	8263	8280	8677	8320	9225
(千瓦特)	(kw)	113617	113629	118363	125577	140337
农用水泵 (台)	Pumps (unit)	8463	8718	9883	8961	8252
联合收割机 (台)	Combine Harvesters (unit)	2		40	129	396
割晒机 (台)	Motorized Harvesters (unit)	37	5	523	539	567
机动脱粒机 (台)	Motorized Thresher (unit)	1944	1770	3689	3893	4687
农用运输车 (辆)	Wagones for Agriculture (unit)	24172	29870	37278	39234	40732
(千瓦特)	(kw)	276174	398080	720845	901585	911087
机动喷粉(雾)器 (部)	Motorized Sprayers (unit)	202	195	517	905	966

5-19 农业现代化情况
AGRICULTURAL MODERNIZATION

项　目	Item	2005	2010	2011	2012
一、农业机械化情况	**Agricultural Mechanization**				
1.当年实际机耕面积 (千公顷)	Area Cultivated by Machine at This Current Year (1 000 ha)	130.91	192.25	180.74	194.21
2.当年机械播种面积 (千公顷)	Area Sown by Machine at This Year (1 000 ha)	47.69	130.13	135.21	139.62
占总播种面积 (%)	Percentage to Total Sown Area (%)	15.73	40.78	42.32	43.40
3.当年机械收获面积 (千公顷)	Mechanical Harvest Area at This Year (1 000 ha)	6.62	28.21	44.11	54.45
占总播种面积 (%)	Percentage to Total Sown Area (%)	2.18	8.84	13.81	16.92
二、农田水利情况	**Farm Water Conservancy Condition**				
年末有效灌溉面积 (千公顷)	Effective Irrigated area at End of Year(1 000 ha)	114.03	124.55	126.79	130.11
# 机电灌溉面积 (千公顷)	Mechanical and Electrical Irrigated Area (1 000 ha)	84.98	79.17	85.64	97.50
	Cultivated Area (%)				
机电井数量 (眼)	Number of Motor-electric-pumped Well (unit)	7644	8211	8385	8678
三、农村用电情况	**Electricity Consumed Condition**				
1.农村用电量 (万千瓦小时)	Electricity Consumed (10 000 kwh)	20850	29587	30192	32391
2.农村小型水电站个数 (个)	Hyrdopower Station in Rural Areas (unit)				
四、农用化肥情况	**Chemical Fertilizers Condition**				
农用化肥施用实物量 (吨)	Agricultural Consumption of Chemical Fertilizers (ton)	261678	290511	291629	296196
1.氮肥实物量 (吨)	Nitrogenous Fertilizer (ton)	158651	161687	161851	160608
折纯量 (吨)	By Effective Component (ton)	38958	40905	40901	42447
2.磷肥实物量 (吨)	Phosphate Fertilizer (ton)	70906	76404	73814	72865
折纯量 (吨)	By Effective Component (ton)	13215	14625	14373	14570
3.钾肥实物量 (吨)	Potash Fertilizer (ton)	4494	7313	7818	7255
折纯量 (吨)	By Effective Component (ton)	2242	3506	3568	3493
4.复合肥实物量 (吨)	Compound Fertilizer (ton)	27627	45107	48146	55468
折纯量 (吨)	By Effective Component (ton)	13706	22210	24117	27848

5-20 主要年份化肥施用量、小水电站和农村用电量

CONSUMPTION OF CHEMICAL FERTILIZER,NUMBER OF SMALL HYDRO-POWER STATION AND ELECTRICITY CONSUMPTION IN RURAL AREAS IN MAJOR YEARS

年 份 Year	农用化肥施用量 (实物量、吨) Consumption of Chemical Fertilizer Applie (ton)	农村小型水电站 Hyrdopower Station in Rural Areas		农村用电量 (万千瓦小时) Electricity Consumed in Rural Area (10 000 kwh)
		个 数 (个) Number	发电能力 (千瓦) Generation Capacity (kw)	
1965	5284			511
1970	19328			2026
1975	59675			4650
1980	119146			6525
1985	132934			8149
1990	175500			12782
1995	232265	2	290	17386
2000	255320			20996
2001	226647			21101
2002	245507			22134
2003	254766			22120
2004	262537			22868
2005	261678			20850
2006	267151			21953
2007	271209			24173
2008	270908			24916
2009	255947			27009
2010	290511			29587
2011	291629			30192
2012	296196			32391

5-21 农民家庭平均每户生产性固定资产原值

ORIGINAL VALUE OF FIXED ASSETS FOR PRODUCTION PER PESANT HOUSEHOLD

单位: 元 (yuan)

指 标	Item	2000	2005	2010	2011	2012
总 计	**Total**	**4588.17**	**4255.40**	**4605.99**	**13868.05**	**14453.80**
1.役畜、产品畜	Draught and Commodity	821.28	1318.50	1317.75	2655.50	2156.00
2.大中型铁木农具	Large and Medium Wood and Iron Farm Tools	137.68	131.73	81.60	400.05	397.55
3.农林牧渔业机械	Machinery of Farming Animal Husbandry and Fishery	367.50	610.63	904.55	1479.39	1498.64
4.工业机械	Industrial Machinery	139.30	182.50	140.00		
5.交通、运输业机械	Transport Machinery	1313.00	1683.25	1819.43	290.25	645.38
6.其 他	Others	1809.41	328.79	342.66	9042.86	9756.23

5-22 农民家庭平均每百户拥有主要生产性固定资产数量

NUMBER OF MAJOR FIXED ASSETS FOR PRODUCTION PER 100 PEASANT HOUSEHOLDS

指 标	Item	2000	2005	2009	2010	2011	2012
汽 车 (辆)	Motor Vehicles (unit)	30.00	4.00	4.25	4.25	2.00	1.75
大中型拖拉机 (台)	Large and Medium Tractors (unit)	10.00	0.25	0.50	0.50		0.25
小型和手扶拖拉机(台)	Mini and Walking Tractors (unit)	125.00	7.50	6.00	7.50	13.75	14.00
机动脱粒机 (台)	Motorized Threshing Machines (unit)		1.00	0.50	0.75	1.25	1.75
胶轮大车 (辆)	Carts with Rubber Tires (unit)	247.50	26.75	22.75	25.25	22.50	22.50
水 泵 (台)	Pumps (unit)	5.00		1.00	3.50	1.25	0.25
役 畜 (头)	Draught Animals (head)	497.50	39.00	42.00	45.25	36.50	37.25
产品畜 (头)	Commodity Animals (head)	300.00	17.00	53.50	57.00	65.75	35.50

5-23 农民家庭平均每人生产和销售的主要农林产品

PRE CAPITA PRODUCTION AND SALES OF MAJOR FARM AND FORESTRY PRODUCTY BY PEASANT HOUSEHOLDS

单位: 公斤 (kg)

指 标	Item	生产量 Qutput					出售量 Sales				
		2000	2005	2010	2011	2012	2000	2005	2010	2011	2012
粮 食	Grain	479.22	719.92	672.99	939.50	1091.65	58.01	172.69	257.21	322.31	326.15
油 料	Oil Bearing Crops	18.82	28.93	12.54	18.09	29.41	5.25	5.51	4.16	8.09	12.31
糖 料	Sugar Crops	4.05			2.34		3.71			2.34	
蔬 菜	Vegetables	214.68	107.97	179.95	138.03	90.85	194.68	105.08	145.36	129.88	67.53
水 果	Fruits		22.40	44.48	37.56	39.40		19.39	42.06	36.66	38.74

主要统计指标解释

乡村户数 指长期（一年以上）居住在乡镇（不包括城关镇）行政管理区域内的住户，还包括居住在城关镇所辖行政村范围内的农村住户。户口不在本地而在本地居住一年及以上的住户也包括在本地农村住户内；有本地户口，但举家外出谋生一年以上的住户，无论是否保留承包耕地都不包括在本地农村住户范围内。不包括乡村地区内的国有经济的机关、团体、学校、企业、事业单位的集体户。

乡村人口 乡村地区常住居民户数中的常住人口数，即经常在家或在家居住6个月以上，而且经济和生活与本户连成一体的人口。外出从业人员在外居住时间虽然在6个月以上，但收入主要带回家中,经济与本户连为一体，仍视为家庭常住人口；在家居住，生活和本户连成一体的国家职工、退休人员也为家庭常住人口，但是现役军人、中专及以上（走读生除外）的在校学生以及常年在外且已有稳定职业与居住场所的外出从业人员，不应作为家庭常住人口。

乡村从业人员 指乡村人口中劳动年龄在16周岁以上实际参加生产经营活动并取得实物或货币收入的人员，包括劳动年龄内经常参加劳动的人员，也包括超过劳动年龄但经常参加劳动的人员，但不包括户口在家的在外学生、现役军人和丧失劳动能力的人，也不包括待业人员和家务劳动者。从业人员按从事主业时间最长（时间相同按收入）分为农林牧渔业从业人员、工业从业人员、建筑业从业人员、交通运输业、仓储及邮电通信业从业人员、信息传输、计算机服务业和软件业从业人员、批零贸易业、餐饮业从业人员、其他非农行业从业人员。

农林牧渔业总产值 指以货币表现的农林牧渔业的全部产品总量和对农林牧渔业生产进行的各种支持性服务活动的价值。它反映一定时期内农林牧渔业生产总规模和总成果，是观察农林牧渔业生产水平和发展速度，研究农林牧渔业内部比例关系、农林牧渔业与工业、农林牧渔业与国家建设、人民生活比例关系的重要指标，同时也是计算农林牧渔业劳动生产率和农林牧渔业增加值的基础资料。

1957年以前的农林牧渔业总产值中包括了厩肥和农民自给性手工业（如农民自制衣服、鞋、袜，自己从事粮食初步加工等）。1958年及以后，林业中增加了村及村以下竹木采伐产值；牧业中取消了厩肥产值；副业中取消了农民自给性手工业产值，增加了村及村以下办的工业产值；渔业中增加了海洋捕捞水产品产值。1980 年及以后，在副业中增加了农民家庭兼营工业商品部分的产值。从1984年起村及村以下工业产值划归工业。从1993年起取消副业，将野生动物的捕猎划入牧业，野生植物采集和农民家庭兼营商品性工业划归农业。从2003年起，执行新的国民经济行业分类标准，农林牧渔业总产值中包括了农林牧渔服务业产值。林业中增加了森林采运业产值。农业中取消了家庭兼营商品性工业产值，将野生林产品的采集划归林业。

农林牧渔业增加值 指农、林、牧、渔业生产及农林牧渔服务业提供服务活动所增加的价值，为农林牧渔业现价总产值扣除农林牧渔业现价中间投入后的余额，是农、林、牧、渔及其服务业各单位生产经营对社会所作的贡献。从宏观上来说，农林牧渔业增加值是计算国内生产总值的基础；从微观上来说，农林牧渔业增加值能客观反映农林牧渔业各生产单位或行业的投入、产出、效益、速度和收入等情况。

年末耕地总资源 指能够种植农作物的田地。包括当年实际耕种的熟地；新开荒且已种植的地；“沿海”、“沿湖”地区已围垦利用三年以上的“海涂”、“湖田”；弃耕、休闲不满三年，随时可以复耕的地；因灾害或其他因素，虽然当年内未种植农作物但仍可复耕的地；以种植农作物为主，附带种植桑树、果树和其他林的地；年年进行耕耘种草的地；南方小于1米、北方小于2米宽的沟、渠、路、田埂。不包括因灾害或其他因素，已不能复耕的地；弃耕、休闲满三年的地，或者虽不满三年，但已经成为荒地的土地；不进行耕耘，种植牧草已成为永久性草地的土地；专业性的桑园、茶园、果园、果木苗圃地、芦苇地、天然草场等；以混凝土等铺设的温室、玻璃室，导致栽培的植物体与地面隔绝的基地。

有效灌溉面积 具有一定水源，地块比较平整，灌溉工程或设备已经配套，在一般年景下当年能够进行正常灌溉的耕地面积。在一般情况下，有效灌溉面积应等于灌溉工程或设备已经配套，能够进行正常灌溉的水田和水浇地之和。

农作物播种面积 指实际播种或移植有农作物的面积。凡是实际种植有农作物的面积，不论种植在耕地上还是种植在非耕地上，均包括在农作物播种面积中。在播种季节基本结束后，因遭灾而重新改种和补种的农作物面积，也包括在内。

农作物总产量 指本年度内生产的各种农作物总产量，不论计划内外、数量多少，耕地与非耕地上的农作物产量，都应统计在内。包括粮食、棉花、油料、麻类、糖类、药材、蔬菜、瓜类及其他农作物。

期末畜禽存栏数 本报告期末,农村与城市的全部畜禽存栏数。除科学研究单位专门用于试验研究的牲畜和军马。

农业机械总动力 指主要用于农、林、牧、渔业的各种动力机械的动力总和。包括耕作机械、排灌机械、收获机械、农用运输机械、植物保护机械、牧业机械、林业机械、渔业机械和其他农业机械。内燃机按引擎马力折成瓦（特）计算、电动机按功率折成瓦（特）计算。不包括专门用于乡、镇、村、组办工业、基本建设、非农业运输、科学试验和教学等非农业生产方面用的动力机械与作业机械。

农用化肥施用量 指本年内实际用于农业生产的化肥数量，包括氮肥、磷肥、钾肥和复合肥。化肥施用量要求按折纯量计算数量。折纯量是指把氮肥、磷肥、钾肥分别按含氮、含五氧化二磷、含氧化钾的百分之百成份进行折算后的数量。复合肥按其所含主要成分折算。公式为：折纯量=实物量×某种化肥有效成份含量的百分比。

农村用电量 本年度内，扣除在农村中的国有工业、交通、基建等单位的用电量以后的农村生产和生活的全年用电总量。包括国家电网供电和农村自办电站供电量。

Explanatory Notes on Main Statistical Indicators

Number of Households in Villages refers to households resident on a long term basis (i.e. 1 year or more) in administrative districts in townships (not including urban townships), including rural households resident in areas under the jurisdiction of urban townships. Households whose household registration is not in the locality yet resident for one year or more are included among the rural households. Households having local household registration yet the whole household having left for somewhere else for work for one year or more, whether still retaining contracted farmland, are not included among the local rural households. Also not included are collective households associated with institutions of the State economy, organizations, schools and enterprises.

Rural Population refers to residential population of residential households in rural areas, i.e. who stay at home usually or residing at home above 6 months and link closely to the household in economy and livelihood. Persons who engaged outside above 6 months while take their income back to home and link closely with the household in economy, are still calculated as rural population. National workers and retirees who reside at home at the same time link closely with the household are still calculated as rural population, while enlisted man, secondary specialized and above students(except day–students) and persons engaged outside for years having stable jobs and living places can't be calculated as rural population.

Rural Persons Engaged refer to persons in the rural labor force aged over 16 years who are engaged in actual production and management activities and receive payment in kind or wages, including those covered within the labor force age bracket and regularly participating in production activities, and those who are out of the labor force age bracket yet also participating in production activities regularly. Students studying in other places with their permanent residence registered in local areas, servicemen and persons incapable of working are not included. Also not included are those who are waiting for jobs and those engaged in housework. Persons employed are classified as persons engaged in agriculture, forestry, animal husbandry or fishery activities; persons engaged in industrial activities; persons engaged in construction activities; persons engaged in transport, storage and telecommunications activities; persons engaged in information transmission, computer services and software industry; persons engaged in wholesale and retail trade and catering activities; and persons engaged in other non–agriculture activities. In case the person is engaged in more than one type of work, classification is according to the industry in which he works most of the time (where time is the same income would be the criterion).

Gross Output of Farming, Forestry, Animal Husbandry and Fishery refers to the total volume of products of farming, forestry, animal husbandry and fishery and value of service for farming, forestry, animal husbandry and fishery productive activity in value terms. It reflects total scale and results of farming, forestry, animal husbandry and fishery productive in a period time. It's a important indicator to watch production level and rate, research interior percentage, percentage with industry, state construction and people's livelihood. It's also basic to calculate productivity and value added.

Prior to 1957, China's gross agricultural output value included barnyard manure and handicraft products for self–consumption (clothes, shoes, stockings and initial grain processing undertaken by peasants). Since 1958, cutting and felling of bamboo and trees by villages and other cooperative organizations under villages have been included in forestry; value of barnyard manure has been excluded from animal husbandry; self consumed handicrafts have not been included from, while the output value of industries run by villages and cooperative organizations under village has been included in sideline occupations; and the output value of fish catches by motor fishing boats has been added to fishery. Since 1980, the value of handicraft products made for sale by individuals in industries run by villages and under villages has been included in the sector of industry. Since 1993, the subdivision wild animals have been cancelled, and the hunting of wild animals has been classified into animal husbandry and the gathering of wild plants and commodity industry run by rural household have been included in farming. A new industrial classification of economic activities was introduced in 2003. Under the new classification, value of services to agriculture, output value of agriculture, value of wood felling and transport is include in forestry, value of industrial output by rural households is not included in agriculture and the collection of wild forest products is taken from agriculture and included in forestry.

Value added of Farming, Forestry, Animal Husbandry and Fishery refers to new increasing value through farming, forestry, animal husbandry and fishery and services for farming, forestry, animal husbandry and fishery minus their intermediate consumption. That is the devotion to the society of the unit. It's a base to calculate GDP in macroscopic. It reflects input and output, results, rate and income of the units in microscopic.

Irrigated Area refers to area of land that are effectively irrigated, i.e. relatively level land, where there are water sources or complete sets of irrigation facilities to lift and move adequate water for irrigation purpose under normal conditions. Under normal institutions, irrigated area is the sum of watered fields and irrigated fields where irrigation systems or eauipment have been installed for regular irrigation purpose.

Resources of Cultivated Area at the Year-end refers to farm land for growing crops, including cultivated land, newly cultivated land and planted crops in the current year, cultivated seashore land and lake used over three years, farmland left without cultivation or fallow land for less than three years and cultivated at any time , land un-planted for disaster or other reasons and been cultivated , rotation land of crops, farmland with some fruit trees, mulberry trees and other tress ,grass land cultivated every years. It also includes and ditches, roads and ridge which wide is less than one meter in South, less than two meters in North. It excludes land which couldn't be cultivated for disasters and other factors, farmland left without cultivated or fallow land more than three years, wasteland less than three years, grass land forever, the land of mulberry fields, tea plantations, orchards, nurseries of young plant, reed land, natural grassland, land of warm room and glass room built with concrete, bringing about plants isolation with field.

Sown Area of Crops refers to area of land sown or transplanted with crops regardless of being in cultivated area or non-cultivated area. area of land re-sown due to natural disasters is also included.

The Total Output of Crops refers to the total output of all kinds of crops this year. It does not matter if they are included in the plans the amount is large or small or the crops are grown on the cultivated land or on uncultivated land. The crops include grain cotton oil hemp sugar herbs vegetables melons and other crops.

Number of Livestock or Poultry in Stock at End of the Period refers to the total number of livestock and poultry in urban and rural area at end of the report period. It doesn't include livestock and army horse using for experiment and research.

Total Power of Farm Machinery refers to total mechanical power of machinery in farming forestry animal husbandry and fishery including plough irrigation and drainage harvesting transport plant protection stock breeding forestry and fishery. The power of internal combustion engines is required to convert horsepower into watts and the power of electric motors is required to be converted into watts. Machinery employed for non-agricultural transport scientific experiments and teaching is excluded.

Consumption of Chemical Fertilizers in Agriculture refers to the quantity of chemical fertilizers applied in agriculture in the year, including nitrogenous fertilizer, phosphate fertilizer, potash fertilizer and compound fertilizer. It is calculated in terms of volume of effective components by means of converting the gross weight of the respective fertilizers into weight containing effective component (e.g. nitrogen content in nitrogenous fertilizer, phosphorous pentoxide contents in phosphate fertilizer and potassium oxide contents in potash fertilizer). Compound fertilizer is converted in regard to its major components. The formula is: Volume of effective component = physical quantity ×

effective component of certain chemical fertilizer (%)

Consumption of Rural Areas refers to the total electricity consumption for rural production and living in the year, which deduct consumption of national industry, transportation and capital construction units in rural areas. It includes the supply of national power grid and power station building by rural residents.

06

工　业

INDUSTRY

2013 大同统计年鉴
DA TONG STATISTICAL YEARBOOK

资料整理人员

柴桂存　任　旭　范海峰

潘　伟　李春香　海　龙

工 业
INDUSTRY

工业总产值	Grpss Industrial Output Value	1075.55	亿元	(100 million yuan)
轻工业	Light Industry	66.68	亿元	(100 million yuan)
重工业	Heavy Industry	1008.87	亿元	(100 million yuan)
工业增加值	Total Value Added of Industry	418.74	亿元	(100 million yuan)

原煤（万吨）
Coal（10 000tons）

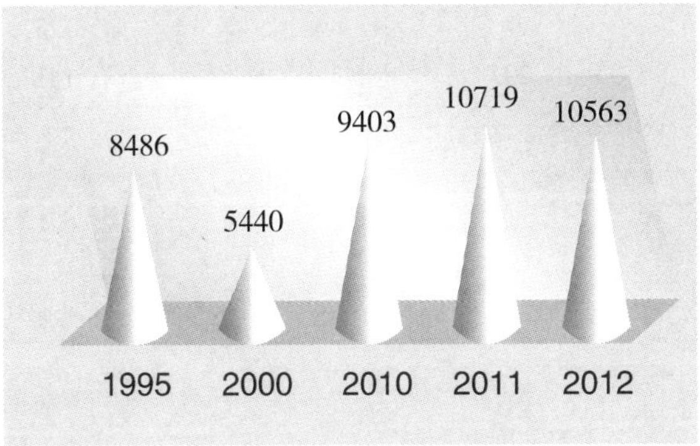

发电量（亿千瓦时）
Electricity（100 million KWH）

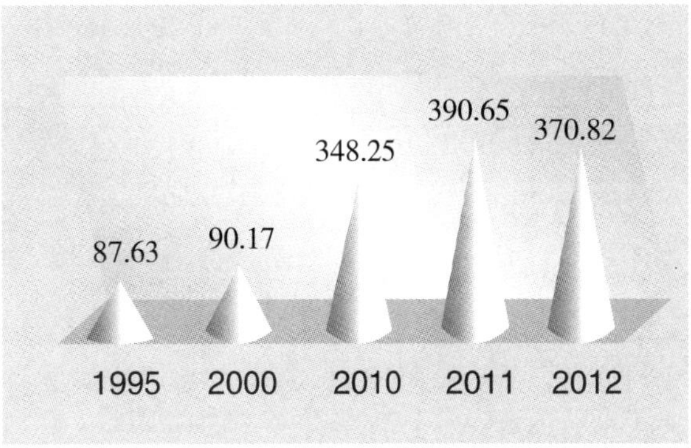

水泥（万吨）
Cement（10 000tons）

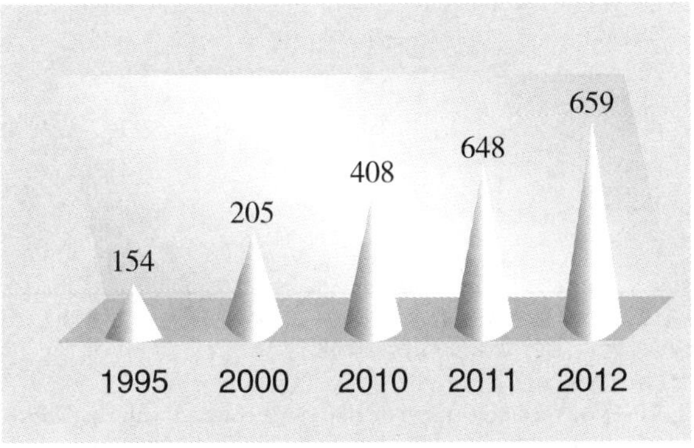

钢（万吨）
Steel（10 000 ton）

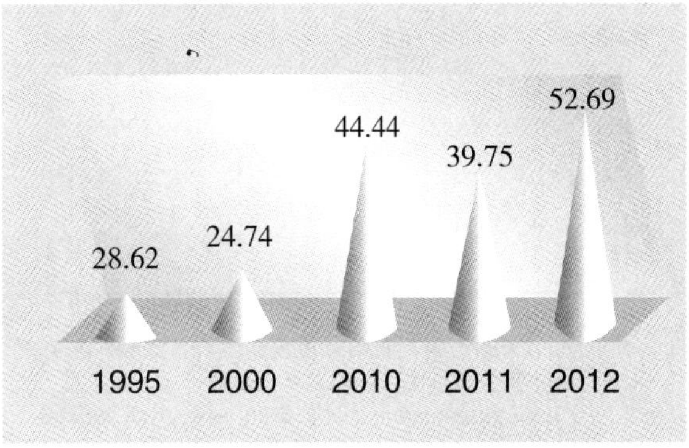

6-1 主要年份工业企业单位数

NUMBER OF INDUSTRIAL ENTERPRISES IN MAJOR YEARS

单位: 个 (unit)

年份 Year	工业企业单位数 Number of Industrial Enterprises	按隶属关系分 Grouped by Belonging		按经济类型分 Grouped by Ownership		
		中央企业 Central Enterprise	地方企业 Local Enterprise	国有经济 State-owned Enterprise	集体经济 Collective-owned Enterprise	其他经济 Other Ownership
1995	1363	28	315	343	973	
2000	384	8	233	241	106	37
2001	386	7	213	220	107	59
2002	380	7	373	209	98	73
2003	405	8	397	201	99	105
2004	645	15	630	324	122	199
2005	404	7	397	140	115	149
2006	524	8	516	117	218	189
2007	441	8	433	81	173	187
2008	327	7	320	53	86	188
2009	219	8	211	26	26	167
2010	203	11	192	22	15	166
2011	147	11	136	17	7	123
2012	169	16	153	20	8	141

年份 Year	按轻重工业分 Grouped by Light & Heavy Industry		按企业规模分 Grouped by Size of Enterprises		
	轻工业 Light Industry	重工业 Heavy Industry	大型企业 Large Enterprise	中型企业 Medium-sized Enterprise	小型企业 Small Enterprise
1995	432	931	15	32	1298
2000	110	274	15	29	340
2001	110	276	14	29	343
2002	105	275	14	28	338
2003	101	304	8	35	362
2004	141	504	10	54	581
2005	72	332	9	46	349
2006	73	451	8	50	466
2007	63	378	9	57	375
2008	54	273	8	51	268
2009	49	170	9	38	172
2010	36	167	10	38	155
2011	20	127	8	46	93
2012	21	148	10	48	111

注：（1）1998–2006年为国有企业、大中型企业和年产品销售收入500万元及以上非国有企业口径；2007–2010年为年主营业务收入500万元以上的工业法人企业口径；2011年为年主营业务收入2000万元以上的工业法人企业口径。

（2）2011年企业规模划分采用新标准。

Notes:（1）Enterprises in this table contains enterprises which is state-owned, large & medium-sized and non-state-owned with sales above 5 million yuan from 1998 to 2006; enterprises whose major business revenue is above 5 million yuan from 2007 to 2010; enterprises whose major business revenue is above 20 million yuan in 2011.

（2）Enterprise size uses new standards in 2011.

6-2 主要年份工业总产值
GROSS INDUSTRIAL OUTPUT VALUE IN MAJOR YEARS

单位: 万元　　(10 000yuan)

年份 Year	工业总产值 Gross Industrial Output Value	轻工业 Light Industry	重工业 HeavyIndustry	按隶属关系分 Grouped by Belonging 中央企业 Central Enterprise	地方企业 Local Enterprise
1965	109775	19737	90038		
1970	161579	38480	123099		
1975	235601	54194	181407		
1980	317112	65131	251981		
1985	533174	93522	439653		
1990	743209	138378	604831		
1995	1020155	181701	838454	322671	327937
2000	1261332	140135	1121197	272052	266405
2005	3681102	283856	3397246	624901	3056201
2006	4102337	323285	3779052	783763	3318574
2007	5243488	465978	4777510	876828	4366660
2008	6034315	458087	5576228	891538	5142777
2009	5359741	426294	4933448	917457	4442285
2010	7375905	398561	6977343	1675309	5700596
2011	9742657	485397	9257260	1980368	7762289
2012	10755513	666793	10088720	2141520	8613993

年份 Year	按经济类型分 Grouped by Ownership			按企业规模分 Grouped by Size of Enterprises		
	国有经济 State-owned Enterprise	集体经济 Collective Owned Enterprise	其他经济 Other Ownership	大型企业 Large Enterprise	中型企业 Medium-sized Enterprise	小型企业 Small Enterprise
1965	95889	13886				
1970	150994	10585				
1975	210321	25280				
1980	272246	49255				
1985	400082	133093				
1990	530251	212958				
1995	650608	323388		435996	118745	465254
2000	538458	154061	268813	746866	118600	395866
2005	1964565	226715	1489822	2072579	735400	873123
2006	764461	294507	3043369	2242292	940692	919354
2007	911072	440790	3891626	2865840	1066888	1310760
2008	1036029	434324	4563962	3767410	1200115	1066790
2009	716692	181346	4461703	3944596	997294	417851
2010	1059270	68042	6248593	5306753	1449578	619573
2011	778516	58817	8905324	6771756	2081396	889505
2012	1408373	52908	9294233	7990265	1720204	1045045

6-3 工业增加值

单位: 万元

指标	Item	2000	2001	2002
总计	**Total**	**575599**	**691326**	**795604**
按轻重工业分	**Grouped by Light and Heavy Industry**			
轻工业	Light Industry	49481	52944	76473
重工业	Heavy Industry	526118	638382	719131
按规模分	**Group by Size of Enterprises**			
大型企业	Large Enterprise	373546	472249	482177
中型企业	Medium-sized Enterprise	53074	57427	103992
小型企业	Small Enterprise	148979	161650	209436
按行业分	**Grouped by Sector**			
煤炭采选业	Coal Mining and Dressing	263746	322122	384015
石油和天然气开采业	Petroleum and Natural Gas Extraction			
黑色金属矿采选业	Ferrous Metals Mining and Dressing	1575	3846	6535
有色金属矿采选业	Nonferrous Metals Mining and Dressing	780	2138	6436
非金属矿采选业	Nonmetal Minerals Mining and Dressing	12559	13689	15588
其他矿采选业	Other Minerals Mining and Dressing			
木材及竹材采运业	Logging and Transport of Timber and Bamboo			
农副食品食品加工业	Food Processing	10690	2564	1888
食品制造业	Food Manufacturing	556	3866	3747
饮料制造业	Beverage Manufacturing	6326	5285	4961
烟草加工业	Tobacco Processing			
纺织业	Textile Industrial	1		
服装及其他纤维制品制造业	Garments and Other Fiber Products			
皮革、毛皮、羽绒及其制品业	Leather, Furs, Down and Related Products	-29	276	574
木材加工及竹.藤.棕.草制品业	Timber Processing, Bamboo, Cane, Palm Fiber and Straw Products	63	14	22
家具制造业	Furniture Manufacturing	64	72	110
造纸及纸制品业	Papermaking and Paper Products	44	21	51
印刷业	Printing	271	162	823
文教体育用品制造业	Cultural, Educational and Sports Goods			
石油加工及炼焦业	Petroleum Processing and Coking	1373	1454	1027
化学原料及化学制品制造业	Raw Chemical Materials and Chemical Products	35949	37913	36758
医药制造业	Medical and Pharmaceutical Products	17104	21464	46984
化学纤维制造业	Chemical Fiber	2349	3110	3534
橡胶制品业	Rubber Products		235	458
塑料制品业	Plastic Products	1836	1792	592
非金属矿物制品业	Nonmetal Mineral Products	25518	22983	27743
黑色金属冶炼及压延加工业	Smelting and Pressing Of Ferrous Metals	12720	13185	21477
有色金属冶炼及压延加工业	Smelting and Pressing Of Non ferrous Metals	2073	1561	1915
金属制品业	Metal Prodcuts	1284	927	2665
普通机械制造业	Ordinary Machinery Manufacturing	2109	2416	3101
专用设备制造业	Special Purpose Equipment Manufacturing	804	1331	1984
交通运输设备制造业	Transport Equipment Manufacturing	33826	54638	54855
电气机械及器材制造业	Electric Equipment and Machinery	1802	1973	955
电子及通信设备制造业	Electronic and Telecommunications Equipments	1322	1461	1508
仪器仪表及文化.办公用机械制造业	Instrument, Meters, Cultural and Office	59	40	
其他制造业	Other Manufacturing	6967	7988	5276
电力、蒸汽、热水的生产和供应业	Electric Power, Steam and Hot Water Productions	125430	150242	147174
煤气生产和供应业	Gas Production and Supply	-1029	3047	2250
自来水生产和供应业	Tap Water Production and Supply	5557	6097	6113

DITIONAL ADDED TO GROSS INDUSTRIAL OUTPUT VALUE

(10 000 yuan)

2003	2004	2005	2006	2007	2008	2009	2010	2011	2012
1026339	**1360631**	**1546098**	**1742987**	**2285754**	**2507992**	**2249611**	**2850680**	**3518742**	**4187423**
82126	107481	104631	120320	203744	195721	187397	153826	149227	224563
944212	1253150	1441467	1622667	2082010	2312271	2062214	2696854	3369515	3962860
687440	687784	943470	995323	1266347	1830834	1655641	2059780	2502690	3137582
169847	351830	259846	368973	467792	189476	381066	562644	769237	688738
169051	321017	342782	378690	551615	487682	212904	228256	246815	361103
535064	771527	913802	2025456	1308320	1545735	1337044	1918278	2560584	3147138
19368	24766	34730	62364	31321	33986	41010	100028	109913	87998
2039	5152	7590	18296	9513	8630	25170	4418	18066	22289
17194	22809	33767	90965	52433	65621	14886	14193	2230	1041
7235									
1136	6044	7119	23073	14218	10720	7421	10553	5760	7303
4714	2076	837	2226	26896	12695	15107	5878	4251	3405
	5127	6741	16556	7341	7498	4356	7014	20358	32151
499			3396	2433					
	149			277	1358	411			
114	209	143	712	141	405	202	65		
	439	274			136	135	149		
301	346	475	1038						
				692					
84	140		536	323	800	520			
1158	674	393	1802	370	55	171	253		
	8				615	373	775		
6903	11460	9617	35995						
42844	49066	47844	251905	6039	9763	6156	6756	3905	3565
51310	70008	71822	221893	129568	73364	35629	35929	29968	29568
6264	11263	7290	27199	121212	141878	144771	114848	105932	107122
717	1338	−463	2950	18681	10084				
412	1949	240	1238	−816	−796	−833			
30350	36372	24090	150518	296	268	256	90		
33064	55045	53001	170001	42792	60044	72730	129682	140542	148923
4254	20863	26536	15201	62653	119252	42777	42364	39767	63974
232	1000	221	3528	9190	16179	8704	24197	55599	70851
563	44841	46943	99552	2386	2653	1892	1435	824	2626
10030	10998	2927	10853	36220	13070	14198	15951	22483	
58862	44412	40766	291453	4219	12131	13870	14312	18712	37309
1219	5758	2712	9004	102026	126567	99093	174692	96566	89093
1481				4125	3770	7147	21607	28804	18477
30	98				4042	2926	3639		
1354	5099		584						
	984				14048	17879	24632	39609	59551
179171	145416	197683	546709	283865	200100	320040	163551	200962	229308
1354	−398				4859	2283	1090	983	1283
7018	5596	8998	17338	9022	8460	13288	14301	12926	15031

6-4 工业企业主要经济指标(2012年)

单位: 万元

指　标	Item	单位数(个) Number of Enterprises (unit)	#亏损企业 Loss-making Enterprises
总　计	**Total**	**169**	**57**
一、按隶属关系分	**Grouped by Belongs**		
中央企业	Central Enterprises	16	4
省属企业	Province-owned Enterprises	8	2
地、市属企业	Prefectures,Cities-owned Enterprises	12	2
县(旗)属企业	County(Banner)-owned Enterprises	33	14
城市街道企业	Cities'Neighbourhood-owned Enterprises		
镇属企业	Small Town-owned Enterprises	1	1
乡属企业	Township Enterprises	3	
村办企业	Village Enterprises	1	
其他	Enterprises of Other Types of Ownership	95	34
二、按登记注册类型分	**Grouped Registered Kind**		
内资企业	Civil Funded Enterprises	160	54
国有企业	State-owned Enterprises	20	6
中央企业	Central Enterprises	7	1
地方企业	Local Enterprises	13	5
集体企业	Collective Owned Enterprises	8	1
股份合作企业	Share Cooperative Holding Enterprises	1	
联营企业	Joint Owned Enterprises		
国有联营企业	State-owned Joint Owned Enterprises		
集体联营企业	Collective-owned Joint Owned Enterprises		
国有与集体联营企业	State-owned and Collective-owned Joint Owned Enterprises		
其他联营企业	Other Joint Owned Enterprises		
有限责任公司	Limited Responsibility Company	50	17
国有独资公司	Company Exclusively with Investment from State		
其他有限责任公司	Other Limited Responsibility Company	50	17
股份有限公司	Share Holding Limited Company	2	
私营企业	Privately Owned Enterprises	76	29
私营独资企业	Enterprise Exclusively with Investment from Private	5	2
私营合作企业	Private Partner Enterprises		
私营有限责任公司	Privately Owned Limited Company	67	26
私营股份有限公司	Privately owned Share Holding Limited Company	4	1
其他企业	Enterprises of Other Types of Ownership	3	1
港、澳、台商投资企业	Enterprises Funded by Hongkong,Macao and Taiwan	1	
合资经营企业(港或澳、台资)	Joint Venture		
合作经营企业(港或澳、台资)	Cooperative Enterprise		
港澳台商独资经营企业	Ventures Exclusively with HongKong, Macaoand Taiwan Investment	1	
港澳台商投资股份有限公司	Share Holding Limited Company		
外商投资企业	Foreign Funded Enterprises	8	3
中外合资经营企业	Joint Venture	7	2

MAIN INDICATOR OF INDUSTRIAL ENTERPRISES (2012)

(10 000 yuan)

工业总产值 Gross Industrial Output Value	工业销售产值 Industrial Sales Output Value	实收资本 Real Captial Income	年末资产合计 Total Assets
10755513	**8997813**	**2639747**	**16423077**
2141520	2133088	540959	2924174
6348722	4883996	1380182	10123522
257788	196872	109881	386765
638719	560405	153717	828532
283	249	700	4557
22257	18917	5234	21032
1238	772	100	290
1344986	1203514	448975	2134205
10121839	8406892	2442448	15494664
1408373	1402636	398151	2038983
1105733	1101229	319344	1702617
302640	301406	78807	336366
52908	51600	10825	124168
4520	3732	95	6781
7816846	6207847	1794500	12287699
7816846	6207847	1794500	12287699
74224	61865	27260	140832
762568	676961	210857	889237
27254	32952	36863	74825
651453	563502	156094	734238
83861	80507	17900	80175
2401	2251	760	6965
4878	4878	17576	46757
4878	4878	17576	46757
628796	586043	179723	881656
628630	585601	176873	878643

6-4 续表1

单位: 万元

指　标	Item	流动资产合计 Total Circulating Funds
总　计	**Total**	**7548735**
一、按隶属关系分	**Grouped by Belongs**	
中央企业	Central Enterprises	820411
省属企业	Province-owned Enterprises	5230644
地、市属企业	Prefectures,Cities-owned Enterprises	144806
县(旗)属企业	County(Banner)-owned Enterprises	403381
城市街道企业	Cities'Neighbourhood-owned Enterprises	
镇属企业	Small Town-owned Enterprises	558
乡属企业	Township Enterprises	15306
村办企业	Village Enterprises	290
其 他	Enterprises of Other Types of Ownership	933339
二、按登记注册类型分	**Grouped Registered Kind**	
内资企业	Civil Funded Enterprises	7239566
国有企业	State-owned Enterprises	449486
中央企业	Central Enterprises	359108
地方企业	Local Enterprises	90378
集体企业	Collective Owned Enterprises	89262
股份合作企业	Share Cooperative Holding Enterprises	5142
联营企业	Joint Owned Enterprises	
国有联营企业	State-owned Joint Owned Enterprises	
集体联营企业	Collective-owned Joint Owned Enterprises	
国有与集体联营企业	State-owned and Collective-owned Joint Owned Enterprises	
其他联营企业	Other Joint Owned Enterprises	
有限责任公司	Limited Responsibility Company	6099956
国有独资公司	Company Exclusively with Investment from State	
其他有限责任公司	Other Limited Responsibility Company	6099956
股份有限公司	Share Holding Limited Company	48514
私营企业	Privately Owned Enterprises	545027
私营独资企业	Enterprise Exclusively with Investment from Private	46003
私营合作企业	Private Partner Enterprises	
私营有限责任公司	Privately Owned Limited Company	461523
私营股份有限公司	Privately owned Share Holding Limited Company	37501
其他企业	Enterprises of Other Types of Ownership	2179
港、澳、台商投资企业	Enterprises Funded by Hongkong,Macao and Taiwan	6990
合资经营企业(港或澳、台资)	Joint Venture	
合作经营企业(港或澳、台资)	Cooperative Enterprise	
港澳台商独资经营企业	Ventures Exclusively with HongKong, Macaoand Taiwan Investment	6990
港澳台商投资股份有限公司	Share Holding Limited Company	
外商投资企业	Foreign Funded Enterprises	302179
中外合资经营企业	Joint Venture	301283

continued

(10 000 yuan)

固定资产合计 Total Fixed Assets	固定资产原价 Orginal Value Of Fixed Assets	累计折旧 Total Depreciation	流动负债 Liquid Liabilities
7935829	**9146763**	**3689920**	**6610783**
1865794	2742491	961253	1472379
4791008	4827795	2290845	3397390
194861	281366	90470	145191
326978	400532	110666	583950
3853	3853		4623
3783	3909	1753	5902
749551	886818	234933	1001347
7632052	8773748	3610429	6194777
1462660	2224382	822762	976592
1295413	2013924	779278	808035
167247	210458	43484	168556
32391	34649	14458	157673
987	1508	632	4925
5830714	6122649	2634657	4595211
5830714	6122649	2634657	4595211
29554	42655	13101	21419
271501	343565	124724	432664
8999	14049	5380	16319
232871	308096	113051	392826
29631	21419	6293	23520
4244	4339	95	6292
32570	32570		5008
32570	32570		5008
271207	340445	79490	410998
269135	334978	76096	410236

6-4 续表2

单位: 万元

指　标	Item	长期负债 Long-Term Liabilities	负债合计 Total Liabilities
总　计	**Total**	**4478968**	**11261668**
一、按隶属关系分	**Grouped by Belongs**		
中央企业	Central Enterprises	658126	2194025
省属企业	Province-owned Enterprises	3303519	6727930
地、市属企业	Prefectures,Cities-owned Enterprises	75817	224417
县(旗)属企业	County(Banner)-owned Enterprises	64058	671418
城市街道企业	Cities'Neighbourhood-owned Enterprises		
镇属企业	Small Town-owned Enterprises		4623
乡属企业	Township Enterprises		11716
村办企业	Village Enterprises		112
其 他	Enterprises of Other Types of Ownership	377449	1427427
二、按登记注册类型分	**Grouped Registered Kind**		
内资企业	Civil Funded Enterprises	4253687	10598468
国有企业	State-owned Enterprises	505407	1545519
中央企业	Central Enterprises	431837	1303392
地方企业	Local Enterprises	73569	242127
集体企业	Collective Owned Enterprises		159128
股份合作企业	Share Cooperative Holding Enterprises		4996
联营企业	Joint Owned Enterprises		
国有联营企业	State-owned Joint Owned Enterprises		
集体联营企业	Collective-owned Joint Owned Enterprises		
国有与集体联营企业	State-owned and Collective-owned Joint Owned Enterprise		
其他联营企业	Other Joint Owned Enterprises		
有限责任公司	Limited Responsibility Company	3689340	8337279
国有独资公司	Company Exclusively with Investment from State		
其他有限责任公司	Other Limited Responsibility Company	3689340	8337279
股份有限公司	Share Holding Limited Company	1268	22687
私营企业	Privately Owned Enterprises	57673	522567
私营独资企业	Enterprise Exclusively with Investment from Private	3157	19601
私营合作企业	Private Partner Enterprises		
私营有限责任公司	Privately Owned Limited Company	45936	468797
私营股份有限公司	Privately owned Share Holding Limited Company	8579	34169
其他企业	Enterprises of Other Types of Ownership		6292
港、澳、台商投资企业	Enterprises Funded by Hongkong,Macao and Taiwan		26921
合资经营企业(港或澳、台资)	Joint Venture		
合作经营企业(港或澳、台资)	Cooperative Enterprise		
港澳台商独资经营企业	Ventures Exclusively with HongKong, Macaoand Taiwan Investment		26921
港澳台商投资股份有限公司	Share Holding Limited Company		
外商投资企业	Foreign Funded Enterprises	225281	636279
中外合资经营企业	Joint Venture	225266	635502

continued

(10 000 yuan)

年末所有者权益 Creditors' Equity	主营业务收入 Revenue in Major Business	主营业务成本 Costs of Major Business	主营业务 税金及附加 Tax and Extra charges of Major Business
5154447	**16174402**	**14043318**	**105559**
727542	2094480	1733749	16356
3395591	12018143	10587165	72887
162348	354799	270204	2638
157105	499161	442260	4733
-66	249	234	2
9316	18917	14423	248
178	651	633	6
702433	1188002	994650	8690
4889234	15593845	13565554	102970
490847	1309898	1074837	12647
396617	1089277	890751	9316
94229	220621	184086	3331
-34960	79689	67950	761
1785	3181	3026	11
3947561	13472083	11818051	83910
3947561	13472083	11818051	83910
118144	61878	22172	609
365184	664864	577770	5026
55224	29583	20845	523
263955	553141	491550	4436
46006	82141	65374	67
673	2251	1748	5
19836	4878	1463	
19836	4878	1463	
245377	575679	476300	2589
243141	575238	475828	2589

6-4 续表3

单位: 万元

指　标	Item	管理费用 Costs of Admini -stration	财务费用 Costs of Finance
总　　计	**Total**	**924892**	**259490**
一、按隶属关系分	**Grouped by Belongs**		
中央企业	Central Enterprises	100423	65484
省属企业	Province-owned Enterprises	662591	136551
地、市属企业	Prefectures,Cities-owned Enterprises	35043	7237
县(旗)属企业	County(Banner)-owned Enterprises	46096	18945
城市街道企业	Cities'Neighbourhood-owned Enterprises		
镇属企业	Small Town-owned Enterprises	75	
乡属企业	Township Enterprises	2020	167
村办企业	Village Enterprises	12	
其 他	Enterprises of Other Types of Ownership	78632	31107
二、按登记注册类型分	**Grouped Registered Kind**		
内资企业	Civil Funded Enterprises	896726	247180
国有企业	State-owned Enterprises	55063	55016
中央企业	Central Enterprises	31886	50780
地方企业	Local Enterprises	23177	4236
集体企业	Collective Owned Enterprises	14939	546
股份合作企业	Share Cooperative Holding Enterprises	52	23
联营企业	Joint Owned Enterprises		
国有联营企业	State-owned Joint Owned Enterprises		
集体联营企业	Collective-owned Joint Owned Enterprises		
国有与集体联营企业	State-owned and Collective-owned Joint Owned Enterprises		
其他联营企业	Other Joint Owned Enterprises		
有限责任公司	Limited Responsibility Company	776483	180039
国有独资公司	Company Exclusively with Investment from State		
其他有限责任公司	Other Limited Responsibility Company	776483	180039
股份有限公司	Share Holding Limited Company	13926	-445
私营企业	Privately Owned Enterprises	35912	11961
私营独资企业	Enterprise Exclusively with Investment from Private	3221	-49
私营合作企业	Private Partner Enterprises		
私营有限责任公司	Privately Owned Limited Company	28678	10300
私营股份有限公司	Privately owned Share Holding Limited Company	4013	1710
其他企业	Enterprises of Other Types of Ownership	351	40
港、澳、台商投资企业	Enterprises Funded by Hongkong,Macao and Taiwan	326	829
合资经营企业(港或澳、台资)	Joint Venture		
合作经营企业(港或澳、台资)	Cooperative Enterprise		
港澳台商独资经营企业	Ventures Exclusively with HongKong, Macaoand Taiwan Investment	326	829
港澳台商投资股份有限公司	Share Holding Limited Company		
外商投资企业	Foreign Funded Enterprises	27840	11481
中外合资经营企业	Joint Venture	27232	11480

continued

(10 000 yuan)

利息支出 Interest Expenditure	利润总额 Total Profits	亏损企业亏损额 Loss of Loss-making Enterprises	利税总额 Total Pre-tax Profits	全部从业人员年平均人数(人) Employmees (person)
275439	**289196**	**85409**	**1088480**	**209372**
65722	153765	14443	302614	16988
154154	71184	4360	608786	136245
7234	26907	3866	47681	6990
18808	-22793	41736	15091	23971
	-63	63	-62	16
166	1523		2888	433
	1		10	72
29355	58673	20941	111471	24657
263875	265562	77278	1046638	203399
53915	118969	11309	231908	17105
49673	119931	39	207849	7973
4242	-961	11270	24059	9132
513	-4667	4742	-561	13851
23	68		173	34
199664	113536	48820	744194	157750
199664	113536	48820	744194	157750
555	18001		24035	1735
9163	19550	12344	46718	12726
-55	3071	1409	5857	942
7873	7330	10870	31383	10912
1346	9149	65	9478	872
40	106	63	171	198
829	2260		2260	19
829	2260		2260	19
10735	21375	8131	39581	5954
10735	22083	7423	40239	5918

6-4 续表4

单位: 万元

指　标	Item	单位数(个) Number of Enterprises (unit)	#亏损企业 Loss-making Enterprises
中外合作经营企业	Cooperative Enterprises		
外资企业	Enterprises Funded By Foreign Investments	1	1
外商投资股份有限公司	Share Holding Limited Company		
三、按经济组织类型分	**Grouped by Ownership**		
独资企业	Ventures With Exclusively Investment	35	10
国有企业	State-owned Enterprises	20	6
集体企业	Collective Owned Enterprises	8	1
私营独资企业	Enterprises Exclusively with Private Investment	5	2
港澳台商独资经营企业	Enterprises Funded by Overseas Chinese From HongKong, Macao and Taiwan	1	
外资企业	Foreign Funded Enterprises	1	1
合作、合伙企业	Cooperative &Partnership Enterprises	4	1
股份合作企业	Share Cooperative Enterprises	1	
国有联营企业	State-owned Joint Enterprises		
集体联营企业	Collective-owned Joint Enterprises		
国有与集体联营企业	State & Collective-owned Joint Enterprises		
其他联营企业	Joint Enterprises of Other Types of Ownership, Macao and Taiwan		
私营合伙企业	Private Partnership Enterprises		
合作经营企业(港或澳、台资)	Cooperative Enterprises Funded by HongKong, Macao and Taiwan		
中外合作经营企业	Sino-foreign Cooperative Enterprises		
其他企业(内资)	Enterprises of Other Types (Domestic Funded)	3	1
股份有限公司	Share Holding Limited Company	6	1
股份有限公司(内资)	Share Holding Limited Company (Domestic Funded)	2	
私营股份有限公司	Private Share Holding Limted Company	4	1
港澳台商投资股份有限公司	Share Holding Limited Company Funded by HongKong, Macao and Taiwan		
外商投资股份有限公司	Share Limited Company Funded by Foreign Investment		
有限责任公司	Limited Responsibility Company	124	45
国有独资公司	Enterprises Exclusively Funded by State Investment		
私营有限责任公司	Private Limited Responsibility Company	67	26
合资经营企业(港或澳、台资)	Joint Ventures Funded by HongKong , Macao and Taiwan		
中外合资经营企业	Sino-foreign Joint Ventures	7	2
其他有限责任公司	Limited Responsibility Company of Other Types	50	17
四、在总计中:亏损企业	**of the Total: Loss-making Enterprises**	**57**	**57**
在总计中:国有控股企业	of the Total: State-Controlled Share Holding Enterprises	43	11
在总计中:轻工业	of the Total: Light Industry	21	5
重工业	Heavy Industry	148	52
在总计中:大型企业	of the Total: Large-Size Enterprises	10	2
中型企业	Medium-size Enterprises	48	15
小型企业	small Enterprises	111	40

continued

(10 000 yuan)

工业总产值 Gross Industrial Output Value	工业销售产值 Industrial Sales Output Value	实收资本 Real Captial Income	年末资产合计 Total Assets
166	441	2850	3013
1493579	1492507	466265	2287745
1408373	1402636	398151	2038983
52908	51600	10825	124168
27254	32952	36863	74825
4878	4878	17576	46757
166	441	2850	3013
6921	5983	855	13746
4520	3732	95	6781
2401	2251	760	6965
158084	142372	45160	221007
74224	61865	27260	140832
83861	80507	17900	80175
9096929	7356950	2127467	13900579
651453	563502	156094	734238
628630	585601	176873	878643
7816846	6207847	1794500	12287699
849071	**699866**	**277134**	**1534246**
8990911	7380937	2170562	14301244
666793	562174	245684	1208784
10088720	8435638	2394063	15214293
7990265	6476191	1736080	12157087
1720204	1554777	619375	2884896
1045045	966844	284292	1381094

6-4 续表5

单位: 万元

指　　标	Item	流动资产合　计 Total Circul-ating Funds
中外合作经营企业	Cooperative Enterprises	
外资企业	Enterprises Funded By Foreign Investments	897
外商投资股份有限公司	Share Holding Limited Company	
三、按经济组织类型分	**Grouped by Ownership**	
独资企业	Ventures With Exclusively Investment	592638
国有企业	State-owned Enterprises	449486
集体企业	Collective Owned Enterprises	89262
私营独资企业	Enterprises Exclusively with Private Investment	46003
港澳台商独资经营企业	Enterprises Funded by Overseas Chinese From HongKong, Macao and Taiwan	6990
外资企业	Foreign Funded Enterprises	897
合作、合伙企业	Cooperative &Partnership Enterprises	7321
股份合作企业	Share Cooperative Enterprises	5142
国有联营企业	State-owned Joint Enterprises	
集体联营企业	Collective-owned Joint Enterprises	
国有与集体联营企业	State & Collective-owned Joint Enterprises	
其他联营企业	Joint Enterprises of Other Types of Ownership,Macao and Taiwan	
私营合伙企业	Private Partnership Enterprises	
合作经营企业(港或澳、台资)	Cooperative Enterprises Funded by HongKong,Macao and Taiwan	
中外合作经营企业	Sino-foreign Cooperative Enterprises	
其他企业(内资)	Enterprises of Other Types (Domestic Funded)	2179
股份有限公司	Share Holding Limited Company	86015
股份有限公司(内资)	Share Holding Limited Company (Domestic Funded)	48514
私营股份有限公司	Private Share Holding Limted Company	37501
港澳台商投资股份有限公司	Share Holding Limited Company Funded by HongKong, Macao and Taiwan	
外商投资股份有限公司	Share Limited Company Funded by Foreign Investment	
有限责任公司	Limited Responsibility Company	6862761
国有独资公司	Enterprises Exclusively Funded by State Investment	
私营有限责任公司	Private Limited Responsibility Company	461523
合资经营企业(港或澳、台资)	Joint Ventures Funded by HongKong , Macao and Taiwan	
中外合资经营企业	Sino-foreign Joint Ventures	301283
其他有限责任公司	Limited Responsibility Company of Other Types	6099956
四、在总计中:亏损企业	**of the Total: Loss-making Enterprises**	**651179**
在总计中:国有控股企业	of the Total: State-Controlled Share Holding Enterprises	6418321
在总计中:轻工业	of the Total: Light Industry	423429
重工业	Heavy Industry	7125306
在总计中:大型企业	of the Total: Large-Size Enterprises	5929471
中型企业	Medium-size Enterprises	1013687
小型企业	small Enterprises	605577

continued

(10 000 yuan)

固定资产合计 Total Fixed Assets	固定资产原价 Orginal Value Of Fixed Assets	累计折旧 Total Depreciation	流 动 负 债 Liquid Liabilities
2073	5468	3395	762
1538692	2311118	845994	1156354
1462660	2224382	822762	976592
32391	34649	14458	157673
8999	14049	5380	16319
32570	32570		5008
2073	5468	3395	762
5231	5847	727	11218
987	1508	632	4925
4244	4339	95	6292
59185	64075	19395	44939
29554	42655	13101	21419
29631	21419	6293	23520
6332720	6765723	2823804	5398273
232871	308096	113051	392826
269135	334978	76096	410236
5830714	6122649	2634657	4595211
696910	**868535**	**248227**	**1172853**
7188491	8176662	3342526	5442889
372785	436289	96581	506426
7563044	8710474	3593338	6104357
5790548	6480772	3006055	4525927
1495374	1924840	537134	1456548
649908	741151	146730	628307

6-4 续表6

单位: 万元

指标	Item	长期负债 Long-Term Liabilities
中外合作经营企业	Cooperative Enterprises	
外资企业	Enterprises Funded By Foreign Investments	15
外商投资股份有限公司	Share Holding Limited Company	
三、按经济组织类型分	**Grouped by Ownership**	
独资企业	Ventures With Exclusively Investment	508579
国有企业	State-owned Enterprises	505407
集体企业	Collective Owned Enterprises	
私营独资企业	Enterprises Exclusively with Private Investment	3157
港澳台商独资经营企业	Enterprises Funded by Overseas Chinese From HongKong, Macao and Taiwan	
外资企业	Foreign Funded Enterprises	15
合作、合伙企业	Cooperative &Partnership Enterprises	
股份合作企业	Share Cooperative Enterprises	
国有联营企业	State-owned Joint Enterprises	
集体联营企业	Collective-owned Joint Enterprises	
国有与集体联营企业	State & Collective-owned Joint Enterprises	
其他联营企业	Joint Enterprises of Other Types of Ownership,Macao and Taiwan	
私营合伙企业	Private Partnership Enterprises	
合作经营企业(港或澳、台资)	Cooperative Enterprises Funded by HongKong,Macao and Taiwan	
中外合作经营企业	Sino-foreign Cooperative Enterprises	
其他企业(内资)	Enterprises of Other Types (Domestic Funded)	
股份有限公司	Share Holding Limited Company	9848
股份有限公司(内资)	Share Holding Limited Company (Domestic Funded)	1268
私营股份有限公司	Private Share Holding Limted Company	8579
港澳台商投资股份有限公司	Share Holding Limited Company Funded by HongKong, Macao and Taiwan	
外商投资股份有限公司	Share Limited Company Funded by Foreign Investment	
有限责任公司	Limited Responsibility Company	3960542
国有独资公司	Enterprises Exclusively Funded by State Investment	
私营有限责任公司	Private Limited Responsibility Company	45936
合资经营企业(港或澳、台资)	Joint Ventures Funded by HongKong , Macao and Taiwan	
中外合资经营企业	Sino-foreign Joint Ventures	225266
其他有限责任公司	Limited Responsibility Company of Other Types	3689340
四、在总计中:亏损企业	**of the Total: Loss-making Enterprises**	**165792**
在总计中:国有控股企业	of the Total: State-Controlled Share Holding Enterprises	4284259
在总计中:轻工业	of the Total: Light Industry	277446
重工业	Heavy Industry	4201523
在总计中:大型企业	of the Total: Large-Size Enterprises	3664747
中型企业	Medium-size Enterprises	540810
小型企业	small Enterprises	273411

continued

(10 000 yuan)

负债合计 Total Liabilities	年末所有者权益 Creditors' Equity	主营业务收入 Revenue in Major Business	主营业务成本 Costs of Major Business	主营业务税金及附加 Tax and Extra Charges of Major Business
777	2236	441	472	
1751945	533183	1424489	1165568	13931
1545519	490847	1309898	1074837	12647
159128	-34960	79689	67950	761
19601	55224	29583	20845	523
26921	19836	4878	1463	
777	2236	441	472	
11288	2458	5432	4774	16
4996	1785	3181	3026	11
6292	673	2251	1748	5
56857	164150	144019	87547	676
22687	118144	61878	22172	609
34169	46006	82141	65374	67
9441578	4454657	14600462	12785429	90936
468797	263955	553141	491550	4436
635502	243141	575238	475828	2589
8337279	3947561	13472083	11818051	83910
1392417	**139002**	**689094**	**647855**	**6467**
9821097	4477529	14519227	12648183	94133
784129	424409	542475	419767	2140
10477539	4730038	15631927	13623551	103419
8254194	3902893	13588871	11950882	84571
2035837	846418	1634336	1283988	15805
971637	405136	951195	808448	5183

6-4 续表7

单位: 万元

指　　标	Item	管理费用 Costs of Admini-stration	财务费用 Costs of Finance
中外合作经营企业	Cooperative Enterprises		
外资企业	Enterprises Funded By Foreign Investments	608	2
外商投资股份有限公司	Share Holding Limited Company		
三、按经济组织类型分	**Grouped by Ownership**		
独资企业	Ventures With Exclusively Investment	74157	56343
国有企业	State-owned Enterprises	55063	55016
集体企业	Collective Owned Enterprises	14939	546
私营独资企业	Enterprises Exclusively with Private Investment	3221	-49
港澳台商独资经营企业	Enterprises Funded by Overseas Chinese From HongKong, Macao and Taiwan	326	829
外资企业	Foreign Funded Enterprises	608	2
合作、合伙企业	Cooperative &Partnership Enterprises	403	63
股份合作企业	Share Cooperative Enterprises	52	23
国有联营企业	State-owned Joint Enterprises		
集体联营企业	Collective-owned Joint Enterprises		
国有与集体联营企业	State & Collective-owned Joint Enterprises		
其他联营企业	Joint Enterprises of Other Types of Ownership,Macao and Taiwan		
私营合伙企业	Private Partnership Enterprises		
合作经营企业(港或澳、台资)	Cooperative Enterprises Funded by HongKong,Macao and Taiwan		
中外合作经营企业	Sino-foreign Cooperative Enterprises		
其他企业(内资)	Enterprises of Other Types (Domestic Funded)	351	40
股份有限公司	Share Holding Limited Company	17939	1265
股份有限公司(内资)	Share Holding Limited Company (Domestic Funded)	13926	-445
私营股份有限公司	Private Share Holding Limted Company	4013	1710
港澳台商投资股份有限公司	Share Holding Limited Company Funded by HongKong, Macao and Taiwan		
外商投资股份有限公司	Share Limited Company Funded by Foreign Investment		
有限责任公司	Limited Responsibility Company	832394	201819
国有独资公司	Enterprises Exclusively Funded by State Investment		
私营有限责任公司	Private Limited Responsibility Company	28678	10300
合资经营企业(港或澳、台资)	Joint Ventures Funded by HongKong , Macao and Taiwan		
中外合资经营企业	Sino-foreign Joint Ventures	27232	11480
其他有限责任公司	Limited Responsibility Company of Other Types	776483	180039
四、在总计中:亏损企业	**of the Total: Loss-making Enterprises**	**74016**	**28313**
在总计中: 国有控股企业	of the Total: State-Controlled Share Holding Enterprises	817926	224552
在总计中: 轻工业	of the Total: Light Industry	50787	17085
重工业	Heavy Industry	874105	242405
在总计中: 大型企业	of the Total: Large-Size Enterprises	740214	180851
中型企业	Medium-size Enterprises	143637	60365
小型企业	small Enterprises	41041	18275

continued

(10 000 yuan)

利息支出 Interest Expenditure	利润总额 Total Profits	亏损企业亏损额 Loss of Loss-making Enterprises	利税总额 Total Pre-tax Profits	全部从业人员年平均人数(人) Employmees (person)
	-708	708	-657	36
55202	118925	18168	238807	31953
53915	118969	11309	231908	17105
513	-4667	4742	-561	13851
-55	3071	1409	5857	942
829	2260		2260	19
	-708	708	-657	36
64	173	63	344	232
23	68		173	34
40	106	63	171	198
1901	27149	65	33513	2607
555	18001		24035	1735
1346	9149	65	9478	872
218272	142949	67112	815816	174580
7873	7330	10870	31383	10912
10735	22083	7423	40239	5918
199664	113536	48820	744194	157750
27921	**-85409**	**85409**	**-45641**	**30402**
241187	257202	25857	980153	169381
16980	37796	5650	55204	11532
258459	251401	79759	1033276	197840
195765	154514	10992	794274	163236
62966	109315	53306	232069	33283
16708	25367	21111	62137	12853

6-4 续表8

单位: 万元

指　　标	Item	单位数 (个) Number of Enterprises (unit)
五、按工业行业大类分	**Grouped by Sector**	
煤炭开采和洗选业	Coal Mining and Dressing	19
石油和天然气开采业	Petroleum and Natural Gas Extraction	
黑色金属矿采选业	Ferrous Metals Mining and Dressing	22
有色金属矿采选业	Nonferous Metals Mining and Dressing	1
非金属矿采选业	Nonmetal Minerals Mining and Dressing	
其他辅助活动	Other Auxiliary Activities	
其他采矿业	Other Minerals Mining and Dressing	
农副食品加工业	Farm Products Processing	4
食品制造业	Food Manufacturing	2
酒、饮料和精制茶制造业	Wine,Beverages and Refined Tea Manufacturing	2
烟草制品业	Tobacoo Products Manfacturing	
纺织业	Textile Industry	
纺织服装、服饰业	Textile Garments Manufacturing	
皮革、毛皮、羽毛(绒)及其制品和制鞋业	Leather, Fur, Feather and its products and Footwear	
木材加工及木、竹、藤、棕、草制造业	Timber Processing ,Bamboo,Cane ,Palm Fiber and Straw Products	
家具制造业	Furniture Manufacturing	
造纸及纸制品业	Paper Making and Paper Products	
印刷业和记录媒介的复制	Printing and Record Medium Reproduction	
文教、工美、体育和娱乐品制造业	Cultural,Educational, Sports and Entertainment Products	1
石油加工、炼焦及核燃料加工业	Petroleum Processing,Coking and Nuclear Fuel Processing	2
化学原料及化学制品制造业	Raw Chemical Materials and Chemical Products	10
医药制造业	Medical and Pharmaceutical Products	11
化学纤维制造业	Chemical Fiber	
橡胶和塑料制品业	Rubber and Plastic Products	
非金属矿物制品业	Nonmetal Mineral Products	34
黑色金属冶炼及压延加工业	Smelting and Pressing of Ferrous Metals	10
有色金属冶炼及压延加工业	Smelting and Pressing of Non-ferrous Metals	7
金属制品业	Metal Prodcuts	4
通用设备制造业	Ordinary Machinery Manufacturing	6
专用设备制造业	Special Purpose Equipment Manufacturing	7
汽车制造业	Automobile Manufacturing Industry	3
铁路、船舶、航空航天和其他运输设备制造业	Railroad, Marine, Aviation and Other Transport Equipment Manufacturing Industry	7
电气机械及器材制造业	Electrical Machinery and Equipment Manufacturing Industry	2
计算机、通信设备、及其他电子设备制造业	Telecommunication Equipment,Computer and Other Electronic Product	1
仪器仪表制造业	Equipments and Instruments Manufacturing	
其他制造业	Other Mafufacturing Industry	
废弃资源综合利用业	Comprehensive Utilization of Waste Resources	
金属制品、机械和设备修理业	Metal products, Machinery and Equipment Repair Industry	
电力、热力的生产和供应业	Electric Power，Heat power Production and Supply	13
燃气生产和供应业	Gas Production and Supply	
水的生产和供应业	Tap Water Production and Supply	1

continued

(10 000 yuan)

#亏损企业 #Loss-making Enterprises	工业总产值 Gross Industrial Output Value	工业销售产值 Industrial Sales Output Value	实收资本 Real Captial Income
7	6972104	5488693	1429049
11	231698	199540	40302
	5338	8187	7616
1	33286	28883	8200
	15313	15313	5300
	116112	113674	15000
1	67023	29703	13263
1	3173	3173	250
6	110073	104501	44801
3	409685	349228	179796
10	476080	392441	185302
4	132890	145068	16731
6	155703	81520	50418
	16554	16204	4035
1	181963	183200	54115
1	63011	59898	16746
2	98539	87821	28221
1	620618	632730	94907
	55704	64245	6162
	10077	10266	851
2	955198	958151	414557
	253735	253735	241246

6-4 续表9

单位: 万元

指　　标	Item	年末资产合　计 Total Assets
五、按工业行业大类分	**Grouped by Sector**	
煤炭开采和洗选业	Coal Mining and Dressing	10181098
石油和天然气开采业	Petroleum and Natural Gas Extraction	
黑色金属矿采选业	Ferrous Metals Mining and Dressing	342712
有色金属矿采选业	Nonferous Metals Mining and Dressing	14138
非金属矿采选业	Nonmetal Minerals Mining and Dressing	
其他辅助活动	Other Auxiliary Activities	
其他采矿业	Other Minerals Mining and Dressing	
农副食品加工业	Farm Products Processing	40461
食品制造业	Food Manufacturing	9698
酒、饮料和精制茶制造业	Wine,Beverages and Refined Tea Manufacturing	61520
烟草制品业	Tobacoo Products Manfacturing	
纺织业	Textile Industry	
纺织服装、服饰业	Textile Garments Manufacturing	
皮革、毛皮、羽毛(绒)及其制品和制鞋业	Leather, Fur, Feather and its products and Footwear	
木材加工及木、竹、藤、棕、草制造业	Timber Processing ,Bamboo,Cane ,Palm Fiber and Straw Products	
家具制造业	Furniture Manufacturing	
造纸及纸制品业	Paper Making and Paper Products	
印刷业和记录媒介的复制	Printing and Record Medium Reproduction	
文教、工美、体育和娱乐品制造业	Cultural,Educational, Sports and Entertainment Products	80008
石油加工、炼焦及核燃料加工业	Petroleum Processing,Coking and Nuclear Fuel Processing	8404
化学原料及化学制品制造业	Raw Chemical Materials and Chemical Products	410839
医药制造业	Medical and Pharmaceutical Products	923245
化学纤维制造业	Chemical Fiber	
橡胶和塑料制品业	Rubber and Plastic Products	
非金属矿物制品业	Nonmetal Mineral Products	639388
黑色金属冶炼及压延加工业	Smelting and Pressing of Ferrous Metals	128435
有色金属冶炼及压延加工业	Smelting and Pressing of Non-ferrous Metals	234941
金属制品业	Metal Prodcuts	14778
通用设备制造业	Ordinary Machinery Manufacturing	347746
专用设备制造业	Special Purpose Equipment Manufacturing	145718
汽车制造业	Automobile Manufacturing Industry	248264
铁路、船舶、航空航天和其他运输设备制造业	Railroad, Marine, Aviation and Other Transport Equipment Manufacturing Industry	530888
电气机械及器材制造业	Electrical Machinery and Equipment Manufacturing Industry	63796
计算机、通信设备、及其他电子设备制造业	Telecommunication Equipment,Computer and Other Electronic Product	21082
仪器仪表制造业	Equipments and Instruments Manufacturing	
其他制造业	Other Mafufacturing Industry	
废弃资源综合利用业	Comprehensive Utilization of Waste Resources	
金属制品、机械和设备修理业	Metal products, Machinery and Equipment Repair Industry	
电力、热力的生产和供应业	Electric Power，Heat power Production and Supply	1882067
燃气生产和供应业	Gas Production and Supply	
水的生产和供应业	Tap Water Production and Supply	938526

continued

(10 000 yuan)

流动资产合计 Total Circulating Funds	固定资产合计 Total Fixed Assets	固定资产原价 Orginal Value Of Fixed Assets	累计折旧 Total Depreciation	流动负债 Liquid Liabilities
5196961	4837778	4971167	2371460	3372781
204938	108314	156215	70526	203787
3248	10890	14875	7597	
26595	8289	21164	15542	28476
3025	6154	10413	4259	2910
17336	28046	19045	5303	17809
50180	24688	25522	835	71436
2125	109	847	739	1738
105914	254937	306291	53669	339730
285899	255362	282353	43097	368311
307031	263117	323970	81561	311368
81639	45306	66352	21858	105207
129020	80260	104514	40169	114127
10227	4213	4998	815	10634
201043	123107	169230	54093	180542
114549	25510	23325	10462	147994
134689	89649	118585	37657	135991
336478	124736	184121	80811	356313
57937	3379	8140	4761	38296
16554	4389	8182	3999	21535
222953	1587350	2249660	753162	764314
403934	502471	777920	275449	174835

6-4 续表10

单位: 万元

指 标	Item	长期负债 Long-Term Liabilities
五、按工业行业大类分	**Grouped by Sector**	
煤炭开采和洗选业	Coal Mining and Dressing	3212294
石油和天然气开采业	Petroleum and Natural Gas Extraction	
黑色金属矿采选业	Ferrous Metals Mining and Dressing	4869
有色金属矿采选业	Nonferous Metals Mining and Dressing	
非金属矿采选业	Nonmetal Minerals Mining and Dressing	
其他辅助活动	Other Auxiliary Activities	
其他采矿业	Other Minerals Mining and Dressing	
农副食品加工业	Farm Products Processing	316
食品制造业	Food Manufacturing	306
酒、饮料和精制茶制造业	Wine,Beverages and Refined Tea Manufacturing	7526
烟草制品业	Tobacoo Products Manfacturing	
纺织业	Textile Industry	
纺织服装、服饰业	Textile Garments Manufacturing	
皮革、毛皮、羽毛(绒)及其制品和制鞋业	Leather, Fur, Feather and its products and Footwear	
木材加工及木、竹、藤、棕、草制造业	Timber Processing ,Bamboo,Cane ,Palm Fiber and Straw Products	
家具制造业	Furniture Manufacturing	
造纸及纸制品业	Paper Making and Paper Products	
印刷业和记录媒介的复制	Printing and Record Medium Reproduction	
文教、工美、体育和娱乐品制造业	Cultural,Educational, Sports and Entertainment Products	
石油加工、炼焦及核燃料加工业	Petroleum Processing,Coking and Nuclear Fuel Processing	
化学原料及化学制品制造业	Raw Chemical Materials and Chemical Products	13877
医药制造业	Medical and Pharmaceutical Products	219298
化学纤维制造业	Chemical Fiber	
橡胶和塑料制品业	Rubber and Plastic Products	
非金属矿物制品业	Nonmetal Mineral Products	76461
黑色金属冶炼及压延加工业	Smelting and Pressing of Ferrous Metals	610
有色金属冶炼及压延加工业	Smelting and Pressing of Non-ferrous Metals	25133
金属制品业	Metal Prodcuts	
通用设备制造业	Ordinary Machinery Manufacturing	32304
专用设备制造业	Special Purpose Equipment Manufacturing	3244
汽车制造业	Automobile Manufacturing Industry	48870
铁路、船舶、航空航天和其他运输设备制造业	Railroad, Marine, Aviation and Other Transport Equipment Manufacturing Industry	73019
电气机械及器材制造业	Electrical Machinery and Equipment Manufacturing Industry	3584
计算机、通信设备、及其他电子设备制造业	Telecommunication Equipment,Computer and Other Electronic Product	2969
仪器仪表制造业	Equipments and Instruments Manufacturing	
其他制造业	Other Mafufacturing Industry	
废弃资源综合利用业	Comprehensive Utilization of Waste Resources	
金属制品、机械和设备修理业	Metal products, Machinery and Equipment Repair Industry	
电力、热力的生产和供应业	Electric Power, Heat power Production and Supply	704289
燃气生产和供应业	Gas Production and Supply	
水的生产和供应业	Tap Water Production and Supply	500000

continued

(10 000 yuan)

负债合计 Total Liabilities	年末所有者权益 Creditors' Equity	主营业务收入 Revenue in Major Business	主营业务成本 Costs of Major Business	主营业务税金及附加 Tax and Extra Charges of Major Business
6585075	3593406	12521491	10940414	80899
215763	126949	197064	174419	3590
3409	10730	8187	6193	181
28792	11668	28541	25837	104
3216	6386	14050	12279	46
25335	36184	113674	86455	154
71436	8573	23794	22614	
4645	3759	3174	2951	29
353606	57232	203855	192650	507
587866	335229	337043	257408	1638
405616	233772	465828	380222	3356
105817	22618	133952	126685	487
177111	55112	85880	78102	576
10634	4144	18551	15763	61
213637	132763	173962	140039	330
167614	-21896	84240	73128	453
184861	63403	87818	76368	242
429332	101522	614971	550183	4353
41880	21916	63828	45190	732
24505	-3423	10266	8170	3
1554035	328032	958862	813075	7621
674835	263691	253735	151740	1980

6-4 续表11

单位: 万元

指　　标	Item	管理费用 Costs of Admini-stration	财务费用 Costs of Finance
五、按工业行业大类分	**Grouped by Sector**		
煤炭开采和洗选业	Coal Mining and Dressing	704542	132217
石油和天然气开采业	Petroleum and Natural Gas Extraction		
黑色金属矿采选业	Ferrous Metals Mining and Dressing	10885	4972
有色金属矿采选业	Nonferous Metals Mining and Dressing	1045	19
非金属矿采选业	Nonmetal Minerals Mining and Dressing		
其他辅助活动	Other Auxiliary Activities		
其他采矿业	Other Minerals Mining and Dressing		
农副食品加工业	Farm Products Processing	1892	213
食品制造业	Food Manufacturing	657	1
酒、饮料和精制茶制造业	Wine,Beverages and Refined Tea Manufacturing	4985	1509
烟草制品业	Tobacoo Products Manfacturing		
纺织业	Textile Industry		
纺织服装、服饰业	Textile Garments Manufacturing		
皮革、毛皮、羽毛(绒)及其制品和制鞋业	Leather, Fur, Feather and its products and Footwear		
木材加工及木、竹、藤、棕、草制造业	Timber Processing ,Bamboo,Cane ,Palm Fiber and Straw Products		
家具制造业	Furniture Manufacturing		
造纸及纸制品业	Paper Making and Paper Products		
印刷业和记录媒介的复制	Printing and Record Medium Reproduction		
文教、工美、体育和娱乐品制造业	Cultural,Educational, Sports and Entertainment Products	1921	3944
石油加工、炼焦及核燃料加工业	Petroleum Processing,Coking and Nuclear Fuel Processing	219	2
化学原料及化学制品制造业	Raw Chemical Materials and Chemical Products	13340	2334
医药制造业	Medical and Pharmaceutical Products	34850	8959
化学纤维制造业	Chemical Fiber		
橡胶和塑料制品业	Rubber and Plastic Products		
非金属矿物制品业	Nonmetal Mineral Products	25329	12696
黑色金属冶炼及压延加工业	Smelting and Pressing of Ferrous Metals	3808	2075
有色金属冶炼及压延加工业	Smelting and Pressing of Non-ferrous Metals	11495	8191
金属制品业	Metal Prodcuts	1557	138
通用设备制造业	Ordinary Machinery Manufacturing	19763	4845
专用设备制造业	Special Purpose Equipment Manufacturing	12117	340
汽车制造业	Automobile Manufacturing Industry	12950	2926
铁路、船舶、航空航天和其他运输设备制造业	Railroad, Marine, Aviation and Other Transport Equipment Manufacturing Industry	50049	6960
电气机械及器材制造业	Electrical Machinery and Equipment Manufacturing Industry	1618	545
计算机、通信设备、及其他电子设备制造业	Telecommunication Equipment,Computer and Other Electronic Product	1907	217
仪器仪表制造业	Equipments and Instruments Manufacturing		
其他制造业	Other Mafufacturing Industry		
废弃资源综合利用业	Comprehensive Utilization of Waste Resources		
金属制品、机械和设备修理业	Metal products, Machinery and Equipment Repair Industry		
电力、热力的生产和供应业	Electric Power, Heat power Production and Supply	3483	63929
燃气生产和供应业	Gas Production and Supply		
水的生产和供应业	Tap Water Production and Supply	64823	24584

continued

(10 000 yuan)

利息支出 Interest Expenditure	利润总额 Total Profits	亏损企业亏损额 Loss of Loss-making Enterprises	利税总额 Total Pre-tax Profits	全部从业人员年平均人数(人) Employmees (person)
151668	118808	20932	711497	141001
3088	-1199	14694	14544	4723
20	755		1756	297
206	215	46	1005	724
2	1038		1474	414
1414	12747		14694	623
3943	-4861	4861	-3195	382
	-237	237	-131	67
2156	-6429	9982	-2719	4296
8918	28530	743	39251	7967
11736	30685	7577	56440	8127
2076	-796	1950	4729	1554
8174	-12800	13196	-8958	2899
114	125		218	392
4696	8812	164	12279	4205
621	-2665	4742	-249	12118
3109	1563	184	3124	2790
7050	9398	39	50502	8970
704	14312		21121	639
227	2		30	618
63018	91065	6061	169094	5144
24963	1267		19754	1422

6-5 国有控股工业企业主要经济指标(2012年)

单位: 万元

指　标	Item	单位数(个) Number of Enterprises (unit)	#亏损企业 Loss-making Enterprises
总　计	**Total**	**43**	**11**
在总计中:	Of the Total		
亏损企业	Loss-making Enterprises	11	11
在总计中:	Of the Total		
中央企业	Central Enterprises	14	3
地方企业	Local Enterprises	29	8
#省属企业	Province-owned Enterprises	7	1
市属企业	Prefectures，Cities-owned Enterprises	6	1
县(旗)属企业	County(Banner)-owned Enterprises	12	6
在总计中:	Of the Total		
轻工业	Light Industry	4	1
重工业	Heavy Industry	39	10
在总计中:	Of the Total		
大型企业	Large-size Enterprises	8	1
中型企业	Medium-size Enterprises	23	7
小微企业	Small Micro Enterprises	12	3
按工业行业大类分	**Grouped by Sector**		
煤炭开采和洗选业	Coal Mining and Dressing	11	4
石油和天然气开采业	Petroleum and Natural Gas Extraction		
黑色金属矿采选业	Ferrous Metals Mining and Dressing		
有色金属矿采选业	Nonferous Metals Mining and Dressing	1	
非金属矿采选业	Nonmetal Minerals Mining and Dressing		
其他辅助活动	Other Auxiliary Activities		
其他采矿业	Other Minerals Mining and Dressing		
农副食品加工业	Farm Products Processing		
食品制造业	Food Manufacturing		
酒、饮料和精制茶制造业	Wine,Beverages and Refined Tea Manufacturing		
烟草制品业	Tobacoo Products Manfacturing		
纺织业	Textile Industry		

MIN INDICATORS OF STATE-OWNED SHARE HOLDING INDUSTRIAL ENIERPRISES (2012)

(10 000 yuan)

工业总产值 Gross Industrial Output Value	工业销售产值 Industrial Sales Output Value	实收资本 Real Captial Income	年末资产合计 Total Assets
8990911	**7380937**	**2170562**	**14301244**
300106	262585	99399	664325
1894852	1892673	512359	2887995
7096059	5488264	1658203	11413248
6325071	4860167	1367182	10045319
151711	94311	90390	305799
347486	308743	87939	372215
345849	261781	145079	841277
8645062	7119156	2025483	13459967
7921860	6414241	1723335	11975611
984638	882923	349559	1817040
84412	83773	97668	508593
6614310	5139107	1390449	10066908
5338	8187	7616	14138

6-5 续表1

单位: 万元

指　标	Item	单位数(个) Number of Enterprises (unit)	#亏损企业 Loss-making Enterprises
纺织服装、服饰业	Textile Garments Manufacturing		
皮革、毛皮、羽毛(绒)及其制品和制鞋业	Leather, Fur, Feather and its products and Footwear		
木材加工及木、竹、藤、棕、草制造业	Timber Processing ,Bamboo,Cane ,Palm Fiber and Straw Products		
家具制造业	Furniture Manufacturing		
造纸及纸制品业	Paper Making and Paper Products		
印刷业和记录媒介的复制	Printing and Record Medium Reproduction		
文教、工美、体育和娱乐品制造业	Cultural,Educational, Sports and Entertainment Products	1	1
石油加工、炼焦及核燃料加工业	Petroleum Processing,Coking and Nuclear Fuel Processing		
化学原料及化学制品制造业	Raw Chemical Materials and Chemical Products	4	3
医药制造业	Medical and Pharmaceutical Products	2	
化学纤维制造业	Chemical Fiber		
橡胶和塑料制品业	Rubber and Plastic Products		
非金属矿物制品业	Nonmetal Mineral Products	6	1
黑色金属冶炼及压延加工业	Smelting and Pressing of Ferrous Metals		
有色金属冶炼及压延加工业	Smelting and Pressing of Non-ferrous Metals	1	1
金属制品业	Metal Prodcuts		
通用设备制造业	Ordinary Machinery Manufacturing	2	
专用设备制造业	Special Purpose Equipment Manufacturing		
汽车制造业	Automobile Manufacturing Industry	1	
铁路、船舶、航空航天和其他运输设备制造业	Railroad, Marine, Aviation and Other Transport Equipment Manufacturing Industry	4	1
电气机械及器材制造业	Electrical Machinery and Equipment Manufacturing Industry		
计算机、通信设备、及其他电子设备制造业	Telecommunication Equipment,Computer and Other Electronic Product	1	
仪器仪表制造业	Equipments and Instruments Manufacturing		
其他制造业	Other Mafufacturing Industry		
废弃资源综合利用业	Comprehensive Utilization of Waste Resources		
金属制品、机械和设备修理业	Metal products, Machinery and Equipment Repair Industry		
电力、热力的生产和供应业	Electric Power，Heat power Production and Supply	8	
燃气生产和供应业	Gas Production and Supply		
水的生产和供应业	Tap Water Production and Supply	1	

continued

(10 000 yuan)

工业总产值 Gross Industrial Output Value	工业销售产值 Industrial Sales Output Value	实收资本 Real Captial Income	年末资产合计 Total Assets
67023	29703	13263	80008
85968	84629	34843	371474
253453	206704	107691	667416
227276	166324	74321	210158
10998	11906	14261	101186
148117	147188	40328	304948
75852	70205	25521	229548
580087	591352	90552	493023
10077	10266	851	21082
887040	889994	346742	1647502
253735	253735	241246	938526

6-5 续表2

单位: 万元

指　标	Item	流动资产合　计 Total Circul-ating Funds
总　计	**Total**	**6418321**
在总计中:	Of the Total	
亏损企业	Loss-making Enterprises	221360
在总计中:	Of the Total	
中央企业	Central Enterprises	797694
地方企业	Local Enterprises	5620627
#省属企业	Province-owned Enterprises	5192618
市属企业	Prefectures，Cities-owned Enterprises	109034
县(旗)属企业	County(Banner)-owned Enterprises	129711
在总计中:	Of the Total	
轻工业	Light Industry	262726
重工业	Heavy Industry	6155595
在总计中:	Of the Total	
大型企业	Large-size Enterprises	5802275
中型企业	Medium-size Enterprises	522617
小微企业	Small Micro Enterprises	93429
按工业行业大类分	**Grouped by Sector**	
煤炭开采和洗选业	Coal Mining and Dressing	5116142
石油和天然气开采业	Petroleum and Natural Gas Extraction	
黑色金属矿采选业	Ferrous Metals Mining and Dressing	
有色金属矿采选业	Nonferous Metals Mining and Dressing	3248
非金属矿采选业	Nonmetal Minerals Mining and Dressing	
其他辅助活动	Other Auxiliary Activities	
其他采矿业	Other Minerals Mining and Dressing	
农副食品加工业	Farm Products Processing	
食品制造业	Food Manufacturing	
酒、饮料和精制茶制造业	Wine,Beverages and Refined Tea Manufacturing	
烟草制品业	Tobacoo Products Manfacturing	
纺织业	Textile Industry	

continued

(10 000 yuan)

固定资产合计 Total Fixed Assets	固定资产原价 Orginal Value Of Fixed Assets	累计折旧 Total Depreciation	流 动 负 债 Liquid Liabilities
7188491	**8176662**	**3342526**	**5442889**
332896	402425	79251	495743
1852437	2704375	936495	1461809
5336055	5472287	2406031	3981080
4778268	4806987	2282777	3332430
173477	231932	62420	115263
181441	220482	39108	212539
273838	310210	46611	398812
6914654	7866452	3295915	5044077
5741769	6392602	2954465	4380207
1098480	1409725	357912	918896
348243	374335	30149	143786
4810820	4897510	2324336	3318381
10890	14875	7597	

6-5 续表3

单位: 万元

指　　标	Item	流动资产合　计 Total Circul-ating Funds
纺织服装、服饰业	Textile Garments Manufacturing	
皮革、毛皮、羽毛(绒)及其制品和制鞋业	Leather, Fur, Feather and its products and Footwear	
木材加工及木、竹、藤、棕、草制造业	Timber Processing ,Bamboo,Cane ,Palm Fiber and Straw Products	
家具制造业	Furniture Manufacturing	
造纸及纸制品业	Paper Making and Paper Products	
印刷业和记录媒介的复制	Printing and Record Medium Reproduction	
文教、工美、体育和娱乐品制造业	Cultural,Educational, Sports and Entertainment Products	50180
石油加工、炼焦及核燃料加工业	Petroleum Processing,Coking and Nuclear Fuel Processing	
化学原料及化学制品制造业	Raw Chemical Materials and Chemical Products	83083
医药制造业	Medical and Pharmaceutical Products	172153
化学纤维制造业	Chemical Fiber	
橡胶和塑料制品业	Rubber and Plastic Products	
非金属矿物制品业	Nonmetal Mineral Products	52929
黑色金属冶炼及压延加工业	Smelting and Pressing of Ferrous Metals	
有色金属冶炼及压延加工业	Smelting and Pressing of Non-ferrous Metals	77107
金属制品业	Metal Prodcuts	
通用设备制造业	Ordinary Machinery Manufacturing	170867
专用设备制造业	Special Purpose Equipment Manufacturing	
汽车制造业	Automobile Manufacturing Industry	125322
铁路、船舶、航空航天和其他运输设备制造业	Railroad, Marine, Aviation and Other Transport Equipment Manufacturing Industry	313108
电气机械及器材制造业	Electrical Machinery and Equipment Manufacturing Industry	
计算机、通信设备、及其他电子设备制造业	Telecommunication Equipment,Computer and Other Electronic Product	16554
仪器仪表制造业	Equipments and Instruments Manufacturing	
其他制造业	Other Mafufacturing Industry	
废弃资源综合利用业	Comprehensive Utilization of Waste Resources	
金属制品、机械和设备修理业	Metal products, Machinery and Equipment Repair Industry	
电力、热力的生产和供应业	Electric Power, Heat power Production and Supply	197236
燃气生产和供应业	Gas Production and Supply	
水的生产和供应业	Tap Water Production and Supply	403934

continued

(10 000 yuan)

固定资产合计 Total Fixed Assets	固定资产原价 Orginal Value Of Fixed Assets	累计折旧 Total Depreciation	流动负债 Liquid Liabilities
24688	25522	835	71436
240118	282442	43769	314948
198903	206895	18232	309893
137493	167258	29776	75258
16681	16681	8391	36790
113075	157078	50163	157349
81500	110701	35711	125335
112443	167193	76176	322342
4389	8182	3999	21535
1387245	2044533	715998	672139
502471	777920	275449	174835

6-5 续表4

单位: 万元

指　标	Item	长期负债 Long-Term Liabilities
总　计	**Total**	**4284259**
在总计中:	Of the Total	
亏损企业	Loss-making Enterprises	37096
在总计中:	Of the Total	
中央企业	Central Enterprises	658126
地方企业	Local Enterprises	3626133
#省属企业	Province-owned Enterprises	3281853
市属企业	Prefectures，Cities-owned Enterprises	75410
县(旗)属企业	County(Banner)-owned Enterprises	58095
在总计中:	Of the Total	
轻工业	Light Industry	260552
重工业	Heavy Industry	4023706
在总计中:	Of the Total	
大型企业	Large-size Enterprises	3662293
中型企业	Medium-size Enterprises	383994
小微企业	Small Micro Enterprises	237972
按工业行业大类分	**Grouped by Sector**	
煤炭开采和洗选业	Coal Mining and Dressing	3211994
石油和天然气开采业	Petroleum and Natural Gas Extraction	
黑色金属矿采选业	Ferrous Metals Mining and Dressing	
有色金属矿采选业	Nonferous Metals Mining and Dressing	
非金属矿采选业	Nonmetal Minerals Mining and Dressing	
其他辅助活动	Other Auxiliary Activities	
其他采矿业	Other Minerals Mining and Dressing	
农副食品加工业	Farm Products Processing	
食品制造业	Food Manufacturing	
酒、饮料和精制茶制造业	Wine,Beverages and Refined Tea Manufacturing	
烟草制品业	Tobacoo Products Manfacturing	
纺织业	Textile Industry	

continued

(10 000 yuan)

负债合计 Total Liabilities	年末所有者权益 Creditors' Equity	主营业务收入 Revenue in Major Business	主营业务 Costs of Major Business	主营业务 税金及附加 Tax and Extra Charges of Major Business
9821097	**4477529**	**14519227**	**12648183**	**94133**
559859	104456	200105	182021	2653
2183455	701933	1858648	1536423	15770
7637643	3775596	12660579	11111760	78363
6641304	3404014	11966458	10536123	72884
194082	111717	251898	196099	1713
270633	101572	223203	190282	3096
659365	181912	249837	214132	637
9161733	4295617	14269390	12434051	93496
8106020	3869592	13499500	11882640	82619
1333320	481112	934814	711706	11137
381758	126825	84913	53837	378
6530375	3533916	12174508	10644608	79523
3409	10730	8187	6193	181

6-5 续表5

单位: 万元

指　标	Item	长期负债 Long-Term Liabilities
纺织服装、服饰业	Textile Garments Manufacturing	
皮革、毛皮、羽毛(绒)及其制品和制鞋业	Leather, Fur, Feather and its products and Footwear	
木材加工及木、竹、藤、棕、草制造业	Timber Processing ,Bamboo,Cane ,Palm Fiber and Straw Products	
家具制造业	Furniture Manufacturing	
造纸及纸制品业	Paper Making and Paper Products	
印刷业和记录媒介的复制	Printing and Record Medium Reproduction	
文教、工美、体育和娱乐品制造业	Cultural,Educational, Sports and Entertainment Products	
石油加工、炼焦及核燃料加工业	Petroleum Processing,Coking and Nuclear Fuel Processing	
化学原料及化学制品制造业	Raw Chemical Materials and Chemical Products	13862
医药制造业	Medical and Pharmaceutical Products	210552
化学纤维制造业	Chemical Fiber	
橡胶和塑料制品业	Rubber and Plastic Products	
非金属矿物制品业	Nonmetal Mineral Products	29655
黑色金属冶炼及压延加工业	Smelting and Pressing of Ferrous Metals	
有色金属冶炼及压延加工业	Smelting and Pressing of Non-ferrous Metals	20480
金属制品业	Metal Prodcuts	
通用设备制造业	Ordinary Machinery Manufacturing	30932
专用设备制造业	Special Purpose Equipment Manufacturing	
汽车制造业	Automobile Manufacturing Industry	41944
铁路、船舶、航空航天和其他运输设备制造业	Railroad, Marine, Aviation and Other Transport Equipment Manufacturing Industry	73019
电气机械及器材制造业	Electrical Machinery and Equipment Manufacturing Industry	
计算机、通信设备、及其他电子设备制造业	Telecommunication Equipment,Computer and Other Electronic Product	2969
仪器仪表制造业	Equipments and Instruments Manufacturing	
其他制造业	Other Mafufacturing Industry	
废弃资源综合利用业	Comprehensive Utilization of Waste Resources	
金属制品、机械和设备修理业	Metal products, Machinery and Equipment Repair Industry	
电力、热力的生产和供应业	Electric Power，Heat power Production and Supply	598853
燃气生产和供应业	Gas Production and Supply	
水的生产和供应业	Tap Water Production and Supply	500000

continued

(10 000 yuan)

负债合计 Total Liabilities	年末所有者权益 Creditors' Equity	主营业务收入 Revenue in Major Business	主营业务 Costs of Major Business	主营业务税金及附加 Tax and Extra Charges of Major Business
71436	8573	23794	22614	
328810	42664	182710	175922	391
520445	146970	200669	176344	438
104913	105246	207207	152396	1757
84290	16896	12966	10159	197
188281	116667	141745	111401	226
167279	62269	70205	60610	236
395361	97661	573704	514258	3795
24505	-3423	10266	8170	3
1334511	312991	887893	750333	7188
674835	263691	253735	151740	1980

6-5 续表6

单位: 万元

指 标	Item	管理费用 Costs of Adminstration	财务费用 Costs of Finance
总 计	**Total**	**817926**	**224552**
在总计中:	Of the Total		
亏损企业	Loss-making Enterprises	29752	6849
在总计中:	Of the Total		
中央企业	Central Enterprises	97472	65526
地方企业	Local Enterprises	720454	159026
#省属企业	Province-owned Enterprises	660526	135603
市属企业	Prefectures， Cities-owned Enterprises	20646	6761
县(旗)属企业	County(Banner)-owned Enterprises	21020	7306
在总计中:	Of the Total		
轻工业	Light Industry	24179	15497
重工业	Heavy Industry	793746	209056
在总计中:	Of the Total		
大型企业	Large-size Enterprises	725713	179140
中型企业	Medium-size Enterprises	86134	35914
小微企业	Small Micro Enterprises	6079	9498
按工业行业大类分	**Grouped by Sector**		
煤炭开采和洗选业	Coal Mining and Dressing	691626	132180
石油和天然气开采业	Petroleum and Natural Gas Extraction		
黑色金属矿采选业	Ferrous Metals Mining and Dressing		
有色金属矿采选业	Nonferous Metals Mining and Dressing	1045	19
非金属矿采选业	Nonmetal Minerals Mining and Dressing		
其他辅助活动	Other Auxiliary Activities		
其他采矿业	Other Minerals Mining and Dressing		
农副食品加工业	Farm Products Processing		
食品制造业	Food Manufacturing		
酒、饮料和精制茶制造业	Wine,Beverages and Refined Tea Manufacturing		
烟草制品业	Tobacoo Products Manfacturing		
纺织业	Textile Industry		

continued

(10 000 yuan)

利息支出 Interest Expenditure	利润总额 Total Profits	亏损企业亏损额 Loss of Loss-making Enterprises	利税总额 Total Pre-tax Profits	全部从业人员年平均人数(人) Employmees (person)
241187	**257202**	**25857**	**980153**	**169381**
6858	-25857	25857	-6298	8570
65722	159143	8057	303121	16599
175465	98058	17800	677033	152782
153107	75062	482	612263	135250
6632	22273	1188	37128	4296
7348	-6501	16131	18418	8209
14547	293	4861	4430	6302
226640	256909	20996	975724	163079
195307	154748	6250	787726	150497
37292	85737	19526	169524	17588
8588	16717	81	22903	1296
151553	126937	11269	708961	138686
20	755		1756	297

6-5 续表7

单位: 万元

指 标	Item	管理费用 Costs of Adminstration	财务费用 Costs of Finance
纺织服装、服饰业	Textile Garments Manufacturing		
皮革、毛皮、羽毛(绒)及其制品和制鞋业	Leather, Fur, Feather and its products and Footwear		
木材加工及木、竹、藤、棕、草制造业	Timber Processing ,Bamboo,Cane ,Palm Fiber and Straw Products		
家具制造业	Furniture Manufacturing		
造纸及纸制品业	Paper Making and Paper Products		
印刷业和记录媒介的复制	Printing and Record Medium Reproduction		
文教、工美、体育和娱乐品制造业	Cultural,Educational, Sports and Entertainment Products	1921	3944
石油加工、炼焦及核燃料加工业	Petroleum Processing,Coking and Nuclear Fuel Processing		
化学原料及化学制品制造业	Raw Chemical Materials and Chemical Products	11534	1692
医药制造业	Medical and Pharmaceutical Products	15776	9094
化学纤维制造业	Chemical Fiber		
橡胶和塑料制品业	Rubber and Plastic Products		
非金属矿物制品业	Nonmetal Mineral Products	10666	5664
黑色金属冶炼及压延加工业	Smelting and Pressing of Ferrous Metals		
有色金属冶炼及压延加工业	Smelting and Pressing of Non-ferrous Metals	1890	1216
金属制品业	Metal Prodcuts		
通用设备制造业	Ordinary Machinery Manufacturing	17109	4608
专用设备制造业	Special Purpose Equipment Manufacturing		
汽车制造业	Automobile Manufacturing Industry	12275	1614
铁路、船舶、航空航天和其他运输设备制造业	Railroad, Marine, Aviation and Other Transport Equipment Manufacturing Industry	44847	6890
电气机械及器材制造业	Electrical Machinery and Equipment Manufacturing Industry		
计算机、通信设备、及其他电子设备制造业	Telecommunication Equipment,Computer and Other Electronic Product	1907	217
仪器仪表制造业	Equipments and Instruments Manufacturing		
其他制造业	Other Mafufacturing Industry		
废弃资源综合利用业	Comprehensive Utilization of Waste Resources		
金属制品、机械和设备修理业	Metal products, Machinery and Equipment Repair Industry		
电力、热力的生产和供应业	Electric Power，Heat power Production and Supply	847	54958
燃气生产和供应业	Gas Production and Supply		
水的生产和供应业	Tap Water Production and Supply	64823	24584

continued

(10 000 yuan)

利息支出 Interest Expenditure	利润总额 Total Profits	亏损企业亏损额 Loss of Loss-making Enterprises	利税总额 Total Pre-tax Profits	全部从业人员年平均人数(人) Employmees (person)
3943	-4861	4861	-3195	382
1693	-7781	9206	-4903	3378
8108	5027		5649	4498
5517	28173	1	45868	3263
1213	-482	482	1280	1091
4482	8057		9969	3386
1799	1747		3248	2515
6994	9280	39	46293	6055
227	2		30	618
53142	90220		163223	3790
24963	1267		19754	1422

6-6 外商投资和港澳台投资工业企业主要经济指标 (2012 年)

单位: 万元

指　　标	Item	单位数 (个) Number of Enterprises (unit)
总　　计	**Total**	**9**
在总计中:	Of the Total	
亏损企业	Loss-making Enterprises	3
在总计中:	Of the Total	
港、澳、台商投资企业	Enterprises Funded by HongKong, Macao and Taiwan	1
合资经营企业(港或澳、台资)	Joint Venture	
合作经营企业(港或澳、台资)	Cooperative Enterprise	
港澳台商独资经营企业	Ventures Exclusively with HongKong Macaoand Taiwan Investment	1
港澳台商投资股份有限公司	Share Holding Limited Company Funded By HongKong, Macao and Taiwan Investment	
外商投资企业	Foreign Funded Enterprises	8
中外合资经营企业	Joint Venture	7
中外合作经营企业	Cooperative Enterprises	
外资企业	Enterprises Funded By Foreign Investments	1
外商投资股份有限公司	Limited Company Funded by Foreign Investment	
在总计中:	Of the Total: State-Controlled Share	
国家控股企业	Holding Enterprises	2
在总计中:	Of the Total:	
轻工业	Light Industry	1
重工业	Heavy Industry	8
在总计中:	Of the Total:	
大型企业	Large-Size Enterprises	1
中型企业	Medium-size Enterprises	2
小微企业	Small Micro Enterprises	6
按工业行业大类分	**Grouped by Sector**	
煤炭开采和洗选业	Coal Mining and Dressing	2
石油和天然气开采业	Petroleum and Natural Gas Extraction	
黑色金属矿采选业	Ferrous Metals Mining and Dressing	
有色金属矿采选业	Nonferous Metals Mining and Dressing	
非金属矿采选业	Nonmetal Minerals Mining and Dressing	
其他辅助活动	Other Auxiliary Activities	
其他采矿业	Other Minerals Mining and Dressing	
农副食品加工业	Farm Products Processing	
食品制造业	Food Manufacturing	

MAIN INDICATORS OF FOREIGN FUNDED ENTERPRISES AND ENTERPRISES FUNDED BY OVERSEAS CHINESE FROM HONGKONG，MACAO & TAIWAN (2012)

(10 000 yuan)

#亏损企业 #Loss-making Enterprises	工业总产值 Gross Industrial Output Value	工业销售产值 Industrial Sales Output Value	实收资本 Real Captial Income	年末资产合计 Total Assets
3	**633674**	**590921**	**197299**	**928413**
3	44315	37985	21025	23843
	4878	4878	17576	46757
	4878	4878	17576	46757
3	628796	586043	179723	881656
2	628630	585601	176873	878643
1	166	441	2850	3013
	313610	267926	129044	737257
	246351	201131	106191	663202
3	387323	389789	91108	265212
	246351	201131	106191	663202
	119923	128720	27650	135118
3	267399	261069	63458	130093
1	246668	240415	28600	36179

6-6 续表1

单位: 万元

指　标	Item	单位数 (个) Number of Enterprises (unit)
酒、饮料和精制茶制造业	Wine,Beverages and Refined Tea Manufacturing	
烟草制品业	Tobacoo Products Manfacturing	
纺织业	Textile Industry	
纺织服装、服饰业	Textile Garments Manufacturing	
皮革、毛皮、羽毛(绒)及其制品和制鞋业	Leather, Fur, Feather and its products and Footwear	
木材加工及木、竹、藤、棕、草制造业	Timber Processing ,Bamboo,Cane ,Palm Fiber and Straw Products	
家具制造业	Furniture Manufacturing	
造纸及纸制品业	Paper Making and Paper Products	
印刷业和记录媒介的复制	Printing and Record Medium Reproduction	
文教、工美、体育和娱乐品制造业	Cultural,Educational, Sports and Entertainment Products	
石油加工、炼焦及核燃料加工业	Petroleum Processing,Coking and Nuclear Fuel Processing	
化学原料及化学制品制造业	Raw Chemical Materials and Chemical Products	1
医药制造业	Medical and Pharmaceutical Products	1
化学纤维制造业	Chemical Fiber	
橡胶和塑料制品业	Rubber and Plastic Products	
非金属矿物制品业	Nonmetal Mineral Products	1
黑色金属冶炼及压延加工业	Smelting and Pressing of Ferrous Metals	
有色金属冶炼及压延加工业	Smelting and Pressing of Non-ferrous Metals	
金属制品业	Metal Prodcuts	
通用设备制造业	Ordinary Machinery Manufacturing	
专用设备制造业	Special Purpose Equipment Manufacturing	
汽车制造业	Automobile Manufacturing Industry	
铁路、船舶、航空航天和其他运输设备制造业	Railroad, Marine, Aviation and Other Transport Equipment Manufacturing Industry	1
电气机械及器材制造业	Electrical Machinery and Equipment Manufacturing Industry	1
计算机、通信设备、及其他电子设备制造业	Telecommunication Equipment,Computer and Other Electronic Product	
仪器仪表制造业	Equipments and Instruments Manufacturing	
其他制造业	Other Mafufacturing Industry	
废弃资源综合利用业	Comprehensive Utilization of Waste Resources	
金属制品、机械和设备修理业	Metal products, Machinery and Equipment Repair Industry	
电力、热力的生产和供应业	Electric Power，Heat power Production and Supply	2
燃气生产和供应业	Gas Production and Supply	
水的生产和供应业	Tap Water Production and Supply	

continued

(10 000 yuan)

#亏损企业 #Loss-making Enterprises	工业总产值 Gross Industrial Output Value	工业销售产值 Industrial Sales Output Value	实收资本 Real Captial Income	年末资产合 计 Total Assets
1	166	441	2850	3013
	246351	201131	106191	663202
1	4384	4032	2075	3741
	67259	66795	22853	74055
	52664	61926	4797	61063
	16181	16181	29932	87160

6-6 续表2

单位: 万元

指标	Item	流动资产合计 Total Circulating Funds
总计	**Total**	**309169**
在总计中:	Of the Total	
亏损企业	Loss-making Enterprises	12255
在总计中:	Of the Total	
港、澳、台商投资企业	Enterprises Funded by HongKong, Macao and Taiwan	6990
合资经营企业(港或澳、台资)	Joint Venture	
合作经营企业(港或澳、台资)	Cooperative Enterprise	
港澳台商独资经营企业	Ventures Exclusively with HongKong Macaoand Taiwan Investment	6990
港澳台商投资股份有限公司	Share Holding Limited Company Funded By HongKong, Macao and Taiwan Investment	
外商投资企业	Foreign Funded Enterprises	302179
中外合资经营企业	Joint Venture	301283
中外合作经营企业	Cooperative Enterprises	
外资企业	Enterprises Funded By Foreign Investments	897
外商投资股份有限公司	Limited Company Funded by Foreign Investment	
在总计中:	Of the Total: State-Controlled Share	
国家控股企业	Holding Enterprises	214647
在总计中:	Of the Total:	
轻工业	Light Industry	169148
重工业	Heavy Industry	140021
在总计中:	Of the Total:	
大型企业	Large-Size Enterprises	169148
中型企业	Medium-size Enterprises	100914
小微企业	Small Micro Enterprises	39107
按工业行业大类分	**Grouped by Sector**	
煤炭开采和洗选业	Coal Mining and Dressing	22717
石油和天然气开采业	Petroleum and Natural Gas Extraction	
黑色金属矿采选业	Ferrous Metals Mining and Dressing	
有色金属矿采选业	Nonferous Metals Mining and Dressing	
非金属矿采选业	Nonmetal Minerals Mining and Dressing	
其他辅助活动	Other Auxiliary Activities	
其他采矿业	Other Minerals Mining and Dressing	
农副食品加工业	Farm Products Processing	
食品制造业	Food Manufacturing	

continued

(10 000 yuan)

固定资产合计 Total Fixed Assets	固定资产原价 Orginal Value Of Fixed Assets	累计折旧 Total Depreciation	流动负债 Liquid Liabilities
303777	**373015**	**79490**	**416007**
11544	29238	17708	13711
32570	32570		5008
32570	32570		5008
271207	340445	79490	410998
269135	334978	76096	410236
2073	5468	3395	762
218320	251030	42949	352263
197710	203879	16408	307654
106068	169136	63083	108352
197710	203879	16408	307654
23779	53889	30110	82827
82289	115247	32973	25525
13357	38116	24758	10570

6-6 续表3

单位: 万元

指　　标	Item	流动资产合　计 Total Circulating Funds
酒、饮料和精制茶制造业	Wine,Beverages and Refined Tea Manufacturing	
烟草制品业	Tobacoo Products Manfacturing	
纺织业	Textile Industry	
纺织服装、服饰业	Textile Garments Manufacturing	
皮革、毛皮、羽毛(绒)及其制品和制鞋业	Leather, Fur, Feather and its products and Footwear	
木材加工及木、竹、藤、棕、草制造业	Timber Processing ,Bamboo,Cane ,Palm Fiber and Straw Products	
家具制造业	Furniture Manufacturing	
造纸及纸制品业	Paper Making and Paper Products	
印刷业和记录媒介的复制	Printing and Record Medium Reproduction	
文教、工美、体育和娱乐品制造业	Cultural,Educational, Sports and Entertainment Products	
石油加工、炼焦及核燃料加工业	Petroleum Processing,Coking and Nuclear Fuel Processing	
化学原料及化学制品制造业	Raw Chemical Materials and Chemical Products	897
医药制造业	Medical and Pharmaceutical Products	169148
化学纤维制造业	Chemical Fiber	
橡胶和塑料制品业	Rubber and Plastic Products	
非金属矿物制品业	Nonmetal Mineral Products	2716
黑色金属冶炼及压延加工业	Smelting and Pressing of Ferrous Metals	
有色金属冶炼及压延加工业	Smelting and Pressing of Non-ferrous Metals	
金属制品业	Metal Prodcuts	
通用设备制造业	Ordinary Machinery Manufacturing	
专用设备制造业	Special Purpose Equipment Manufacturing	
汽车制造业	Automobile Manufacturing Industry	
铁路、船舶、航空航天和其他运输设备制造业	Railroad, Marine, Aviation and Other Transport Equipment Manufacturing Industry	45499
电气机械及器材制造业	Electrical Machinery and Equipment Manufacturing Industry	55415
计算机、通信设备、及其他电子设备制造业	Telecommunication Equipment,Computer and Other Electronic Product	
仪器仪表制造业	Equipments and Instruments Manufacturing	
其他制造业	Other Mafufacturing Industry	
废弃资源综合利用业	Comprehensive Utilization of Waste Resources	
金属制品、机械和设备修理业	Metal products, Machinery and Equipment Repair Industry	
电力、热力的生产和供应业	Electric Power，Heat power Production and Supply	12777
燃气生产和供应业	Gas Production and Supply	
水的生产和供应业	Tap Water Production and Supply	

continued

(10 000 yuan)

固定资产合计 Total Fixed Assets	固定资产原价 Orginal Value of Fixed Assets	累计折旧 Total Depreciation	流 动 负 债 Liquid Liabilities
2073	5468	3395	762
197710	203879	16408	307654
1025	2635	1625	4196
20611	47152	26541	44609
3168	6737	3569	38218
65834	69029	3195	9997

6-6 续表4

单位: 万元

指 标	Item	长期负债 Long-Term Liabilities
总 计	**Total**	**225281**
在总计中:	Of the Total	
亏损企业	Loss-making Enterprises	15
在总计中:	Of the Total	
港、澳、台商投资企业	Enterprises Funded by HongKong, Macao and Taiwan	
合资经营企业(港或澳、台资)	Joint Venture	
合作经营企业(港或澳、台资)	Cooperative Enterprise	
港澳台商独资经营企业	Ventures Exclusively with HongKong Macaoand Taiwan Investment	
港澳台商投资股份有限公司	Share Holding Limited Company Funded By HongKong, Macao and Taiwan Investment	
外商投资企业	Foreign Funded Enterprises	225281
中外合资经营企业	Joint Venture	225266
中外合作经营企业	Cooperative Enterprises	
外资企业	Enterprises Funded By Foreign Investments	15
外商投资股份有限公司	Limited Company Funded by Foreign Investment	
在总计中:	Of the Total: State-Controlled Share	
国家控股企业	Holding Enterprises	210552
在总计中:	Of the Total:	
轻工业	Light Industry	210552
重工业	Heavy Industry	14729
在总计中:	Of the Total:	
大型企业	Large-Size Enterprises	210552
中型企业	Medium-size Enterprises	3514
小微企业	Small Micro Enterprises	11215
按工业行业大类分	**Grouped by Sector**	
煤炭开采和洗选业	Coal Mining and Dressing	
石油和天然气开采业	Petroleum and Natural Gas Extraction	
黑色金属矿采选业	Ferrous Metals Mining and Dressing	
有色金属矿采选业	Nonferous Metals Mining and Dressing	
非金属矿采选业	Nonmetal Minerals Mining and Dressing	
其他辅助活动	Other Auxiliary Activities	
其他采矿业	Other Minerals Mining and Dressing	
农副食品加工业	Farm Products Processing	
食品制造业	Food Manufacturing	

continued

(10 000 yuan)

负债合计 Total Liabilities	年末所有者权益 Creditors' Equity	主营业务收入 Revenue in Major Business	主营业务成本 Costs of Major Business	主营业务税金及附加 Tax and Extra Charges of Major Business
663200	**265213**	**580557**	**477763**	**2589**
13726	10117	34177	32304	550
26921	19836	4878	1463	
26921	19836	4878	1463	
636279	245377	575679	476300	2589
635502	243141	575238	475828	2589
777	2236	441	472	
562816	174441	258616	223517	783
518206	144995	195096	172016	414
144994	120218	385460	305748	2176
518206	144995	195096	172016	414
86341	48777	125432	95121	1078
58652	71441	260028	210627	1097
10570	25609	235832	197325	586

6-6 续表5

单位: 万元

指　　标	Item	长期负债 Long-Term Liabilities
酒、饮料和精制茶制造业	Wine,Beverages and Refined Tea Manufacturing	
烟草制品业	Tobacoo Products Manfacturing	
纺织业	Textile Industry	
纺织服装、服饰业	Textile Garments Manufacturing	
皮革、毛皮、羽毛(绒)及其制品和制鞋业	Leather, Fur, Feather and its products and Footwear	
木材加工及木、竹、藤、棕、草制造业	Timber Processing ,Bamboo,Cane ,Palm Fiber and Straw Products	
家具制造业	Furniture Manufacturing	
造纸及纸制品业	Paper Making and Paper Products	
印刷业和记录媒介的复制	Printing and Record Medium Reproduction	
文教、工美、体育和娱乐品制造业	Cultural,Educational, Sports and Entertainment Products	
石油加工、炼焦及核燃料加工业	Petroleum Processing,Coking and Nuclear Fuel Processing	
化学原料及化学制品制造业	Raw Chemical Materials and Chemical Products	15
医药制造业	Medical and Pharmaceutical Products	210552
化学纤维制造业	Chemical Fiber	
橡胶和塑料制品业	Rubber and Plastic Products	
非金属矿物制品业	Nonmetal Mineral Products	
黑色金属冶炼及压延加工业	Smelting and Pressing of Ferrous Metals	
有色金属冶炼及压延加工业	Smelting and Pressing of Non-ferrous Metals	
金属制品业	Metal Prodcuts	
通用设备制造业	Ordinary Machinery Manufacturing	
专用设备制造业	Special Purpose Equipment Manufacturing	
汽车制造业	Automobile Manufacturing Industry	
铁路、船舶、航空航天和其他运输设备制造业	Railroad, Marine, Aviation and Other Transport Equipment Manufacturing Industry	
电气机械及器材制造业	Electrical Machinery and Equipment Manufacturing Industry	3514
计算机、通信设备、及其他电子设备制造业	Telecommunication Equipment,Computer and Other Electronic Product	
仪器仪表制造业	Equipments and Instruments Manufacturing	
其他制造业	Other Mafufacturing Industry	
废弃资源综合利用业	Comprehensive Utilization of Waste Resources	
金属制品、机械和设备修理业	Metal products, Machinery and Equipment Repair Industry	
电力、热力的生产和供应业	Electric Power, Heat power Production and Supply	11200
燃气生产和供应业	Gas Production and Supply	
水的生产和供应业	Tap Water Production and Supply	

continued

(10 000 yuan)

负债合计 Total Liabilities	年末所有者权益 Creditors' Equity	主营业务收入 Revenue in Major Business	主营业务 Costs of Major Business	主营业务税金及附加 Tax and Extra Charges of Major Business
777	2236	441	472	
518206	144995	195096	172016	414
4196	–455	4808	3872	392
44609	29446	63519	51501	369
41732	19331	61913	43619	709
43110	44051	18947	8958	119

6-6 续表6

单位: 万元

指 标	Item	财务费用 Costs of Finance
总 计	**Total**	**12310**
在总计中:	Of the Total	
亏损企业	Loss-making Enterprises	10
在总计中:	Of the Total	
港、澳、台商投资企业	Enterprises Funded by HongKong, Macao and Taiwan	829
合资经营企业(港或澳、台资)	Joint Venture	
合作经营企业(港或澳、台资)	Cooperative Enterprise	
港澳台商独资经营企业	Ventures Exclusively with HongKong Macaoand Taiwan Investment	829
港澳台商投资股份有限公司	Share Holding Limited Company Funded By HongKong, Macao and Taiwan Investment	
外商投资企业	Foreign Funded Enterprises	11481
中外合资经营企业	Joint Venture	11480
中外合作经营企业	Cooperative Enterprises	
外资企业	Enterprises Funded By Foreign Investments	2
外商投资股份有限公司	Limited Company Funded by Foreign Investment	
在总计中:	Of the Total: State-Controlled Share	
国家控股企业	Holding Enterprises	10033
在总计中:	Of the Total:	
轻工业	Light Industry	9043
重工业	Heavy Industry	3268
在总计中:	Of the Total:	
大型企业	Large-Size Enterprises	9043
中型企业	Medium-size Enterprises	1537
小微企业	Small Micro Enterprises	1731
按工业行业大类分	**Grouped by Sector**	
煤炭开采和洗选业	Coal Mining and Dressing	-43
石油和天然气开采业	Petroleum and Natural Gas Extraction	
黑色金属矿采选业	Ferrous Metals Mining and Dressing	
有色金属矿采选业	Nonferous Metals Mining and Dressing	
非金属矿采选业	Nonmetal Minerals Mining and Dressing	
其他辅助活动	Other Auxiliary Activities	
其他采矿业	Other Minerals Mining and Dressing	
农副食品加工业	Farm Products Processing	
食品制造业	Food Manufacturing	

continued

(10 000 yuan)

利息支出 Interest Expenditure	利润总额 Total Profits	亏损企业亏损额 Loss of Loss-making Enterprises	利税总额 Total Pre-tax Profits	全部从业人员年平均人数(人) Employmees (person)
11564	**23634**	**8131**	**41841**	**5973**
	-8131	8131	-7070	349
829	2260		2260	19
829	2260		2260	19
10735	21375	8131	39581	5954
10735	22083	7423	40239	5918
	-708	708	-657	36
9097	9567		12993	4776
8108	4871		5285	4352
3455	18763	8131	36557	1621
8108	4871		5285	4352
1693	19007		28637	783
1763	-244	8131	7920	838
	-5379	6385	-507	389

6-6 续表7

单位: 万元

指　标	Item	管理费用 Costs of Adminstration	财务费用 Costs of Finance
酒、饮料和精制茶制造业	Wine,Beverages and Refined Tea Manufacturing		
烟草制品业	Tobacoo Products Manfacturing		
纺织业	Textile Industry		
纺织服装、服饰业	Textile Garments Manufacturing		
皮革、毛皮、羽毛(绒)及其制品和制鞋业	Leather, Fur, Feather and its products and Footwear		
木材加工及木、竹、藤、棕、草制造业	Timber Processing ,Bamboo,Cane ,Palm Fiber and Straw Products		
家具制造业	Furniture Manufacturing		
造纸及纸制品业	Paper Making and Paper Products		
印刷业和记录媒介的复制	Printing and Record Medium Reproduction		
文教、工美、体育和娱乐品制造业	Cultural,Educational, Sports and Entertainment Products		
石油加工、炼焦及核燃料加工业	Petroleum Processing,Coking and Nuclear Fuel Processing		
化学原料及化学制品制造业	Raw Chemical Materials and Chemical Products	608	2
医药制造业	Medical and Pharmaceutical Products	15386	9043
化学纤维制造业	Chemical Fiber		
橡胶和塑料制品业	Rubber and Plastic Products		
非金属矿物制品业	Nonmetal Mineral Products	360	17
黑色金属冶炼及压延加工业	Smelting and Pressing of Ferrous Metals		
有色金属冶炼及压延加工业	Smelting and Pressing of Non-ferrous Metals		
金属制品业	Metal Prodcuts		
通用设备制造业	Ordinary Machinery Manufacturing		
专用设备制造业	Special Purpose Equipment Manufacturing		
汽车制造业	Automobile Manufacturing Industry		
铁路、船舶、航空航天和其他运输设备制造业	Railroad, Marine, Aviation and Other Transport Equipment Manufacturing Industry	5806	991
电气机械及器材制造业	Electrical Machinery and Equipment Manufacturing Industry	1408	546
计算机、通信设备、及其他电子设备制造业	Telecommunication Equipment,Computer and Other Electronic Product		
仪器仪表制造业	Equipments and Instruments Manufacturing		
其他制造业	Other Mafufacturing Industry		
废弃资源综合利用业	Comprehensive Utilization of Waste Resources		
金属制品、机械和设备修理业	Metal products, Machinery and Equipment Repair Industry		
电力、热力的生产和供应业	Electric Power，Heat power Production and Supply	1648	1756
燃气生产和供应业	Gas Production and Supply		
水的生产和供应业	Tap Water Production and Supply		

continued

(10 000 yuan)

利息支出 Interest Expenditure	利润总额 Total Profits	亏损企业亏损额 Loss of Loss-making Enterprises	利税总额 Total Pretax Profits	全部从业人员年平均人数(人) Employmees (person)
	−708	708	−657	36
8108	4871		5285	4352
	−1037	1037		138
989	4696		7708	424
704	14311		20929	359
1763	6880		9269	275

6-7 大中型工业企业主要经济指标(2012年)

单位: 万元

指　标	Item	单位数(个) Number of Enterprises (unit)
总　计	**Total**	**58**
一、按隶属关系分	**Grouped by Belongs**	
中央企业	Central Enterprises	10
省属企业	Province-owned Enterprises	6
地、市属企业	Prefectures，Cities-owned Enterprises	8
县(旗)属企业	County(Banner)-owned Enterprises	13
城市街道企业	Cities' Neighbourhood-owned Enterprises	
镇属企业	Small Town-owned Enterprises	
乡属企业	Township Enterprises	1
其 他	Enterprises of Other Types of Ownership	20
二、按登记注册类型分	**Grouped by Registered Kind**	
内资企业	Civil Funded Enterprises	55
国有企业	State-owned Enterprises	14
中央企业	Central Enterprises	5
地方企业	Local Enterprises	9
集体企业	Collective Owned Enterprises	2
股份合作企业	Share Cooperative Holding Enterprises	
联营企业	Joint Owned Enterprises	
国有联营企业	State-owned Joint Owned Enterprises	
集体联营企业	Collective-owned Joint Owned Enterprises	
国有与集体联营企业	State-owned and Collective-owned Joint Owned Enterprises	
其他联营企业	Other Joint Owned Enterprises	
有限责任公司	Limited Responsibility Company	25
国有独资公司	Company Exclusively with Investment from State	
其他有限责任公司	Other Limited Responsibility Company	25
股份有限公司	Share Holding Limited Company	2
私营企业	Privately Owned Enterprises	12
私营独资企业	Enterprise Exclusively with Investment from Private	1
私营合作企业	Private Partner Enterprises	
私营有限责任公司	Privately Owned Limited Company	10
私营股份有限公司	Privately Owned Share Holding Limited Company	1
其他企业	Enterprises of Other Types of Ownership	
港、澳、台商投资企业	Enterprises Funded by HongKong， Macao and Taiwan	
合资经营企业(港或澳、台资)	Joint Venture	
合作经营企业(港或澳、台资)	Cooperative Enterprise	
港澳台商独资经营企业	Ventures Exclusively with HongKong，Macaoand Taiwan Investment	
港澳台商投资股份有限公司	Share Holding Limited Company	
外商投资企业	Foreign Funded Enterprises	3
中外合资经营企业	Joint Venture	3
中外合作经营企业	Cooperative Enterprises	
外资企业	Enterprises Funded By Foreign Investments	
外商投资股份有限公司	Share Holding Limited Company	
三、按经济组织类型分	**Grouped by Ownership**	
独资企业	Ventures With Exclusively Investment	17

MAIN INDICATORS OF LARGE & MIDIUM-SIZED INDUSTRIAL ENTERPRISES (2012)

(10 000 yuan)

#亏损企业 #Loss-making Enterprises	工业总产值 Gross Industrial Output Value	工业销售产值 Industrial Sales Output Value	实收资本 Real Captial Income	年末资产合计 Total Assets
17	**9710468**	**8030969**	**2355455**	**15041983**
2	1865571	1862502	479204	2704430
2	6327348	4862622	1339066	9926844
2	241124	181347	103390	364228
9	491960	407720	121374	526285
	11057	11057	2000	11985
2	773408	705722	310421	1508212
17	9344194	7701117	2221614	14243663
3	1374749	1367593	366004	1820779
	1094151	1088229	308544	1617616
3	280598	279364	57460	203163
1	41858	41138	9663	116890
12	7582147	5975024	1698802	11747279
12	7582147	5975024	1698802	11747279
	74224	61865	27260	140832
1	271216	255497	119885	417884
	15266	19755	35000	59915
1	238033	219899	72885	312962
	17917	15843	12000	45008
	366275	329851	133841	798320
	366275	329851	133841	798320
4	1431873	1428486	410667	1997583

6-7 续表1

单位: 万元

指　　标	Item	流动资产合　计 Total Circulating Funds
总　　计	**Total**	**6943158**
一、按隶属关系分	**Grouped by Belongs**	
中央企业	Central Enterprises	758626
省属企业	Province-owned Enterprises	5217292
地、市属企业	Prefectures，Cities-owned Enterprises	128985
县(旗)属企业	County(Banner)-owned Enterprises	248868
城市街道企业	Cities' Neighbourhood-owned Enterprises	
镇属企业	Small Town-owned Enterprises	
乡属企业	Township Enterprises	10249
其 他	Enterprises of Other Types of Ownership	579139
二、按登记注册类型分	**Grouped by Registered Kind**	
内资企业	Civil Funded Enterprises	6673096
国有企业	State-owned Enterprises	413398
中央企业	Central Enterprises	345330
地方企业	Local Enterprises	68068
集体企业	Collective Owned Enterprises	83714
股份合作企业	Share Cooperative Holding Enterprises	
联营企业	Joint Owned Enterprises	
国有联营企业	State-owned Joint Owned Enterprises	
集体联营企业	Collective-owned Joint Owned Enterprises	
国有与集体联营企业	State-owned and Collective-owned Joint Owned Enterprises	
其他联营企业	Other Joint Owned Enterprises	
有限责任公司	Limited Responsibility Company	5877654
国有独资公司	Company Exclusively with Investment from State	
其他有限责任公司	Other Limited Responsibility Company	5877654
股份有限公司	Share Holding Limited Company	48514
私营企业	Privately Owned Enterprises	249815
私营独资企业	Enterprise Exclusively with Investment from Private	34433
私营合作企业	Private Partner Enterprises	
私营有限责任公司	Privately Owned Limited Company	189992
私营股份有限公司	Privately Owned Share Holding Limited Company	25390
其他企业	Enterprises of Other Types of Ownership	
港、澳、台商投资企业	Enterprises Funded by HongKong，Macao and Taiwan	
合资经营企业(港或澳、台资)	Joint Venture	
合作经营企业(港或澳、台资)	Cooperative Enterprise	
港澳台商独资经营企业	Ventures Exclusively with HongKong, Macaoand Taiwan Investment	
港澳台商投资股份有限公司	Share Holding Limited Company	
外商投资企业	Foreign Funded Enterprises	270063
中外合资经营企业	Joint Venture	270063
中外合作经营企业	Cooperative Enterprises	
外资企业	Enterprises Funded By Foreign Investments	
外商投资股份有限公司	Share Holding Limited Company	
三、按经济组织类型分	**Grouped by Ownership**	
独资企业	Ventures With Exclusively Investment	531545

continued

(10 000 yuan)

固定资产合计 Total Fixed Assets	固定资产原价 Orginal Value Of Fixed Assets	累计折旧 Total Depreciation	流动负债 Liquid Liabilities
7285921	**8405612**	**3543190**	**5982476**
1739939	2587776	931123	1404292
4634121	4655571	2272732	3354159
190019	272345	86292	131585
200294	267439	85488	436243
1557	1557	1471	5294
519992	620923	166084	650903
7064433	8147844	3496672	5591994
1312905	2068144	816269	903429
1226932	1942785	776620	773459
85973	125360	39649	129970
31103	31772	12869	154777
5564502	5823682	2578685	4370969
5564502	5823682	2578685	4370969
29554	42655	13101	21419
126369	181591	75748	141400
5981	10434	4453	3550
110937	158409	67997	122925
9450	12748	3298	14925
221489	257768	46518	390482
221489	257768	46518	390482
1349989	2110351	833591	1061756

6-7 续表2

单位: 万元

指　标	Item	长期负债 Long-Term Liabilities
总　计	**Total**	4205557
一、按隶属关系分	**Grouped by Belongs**	
中央企业	Central Enterprises	573745
省属企业	Province-owned Enterprises	3200100
地、市属企业	Prefectures, Cities-owned Enterprises	75710
县(旗)属企业	County(Banner)-owned Enterprises	12500
城市街道企业	Cities' Neighbourhood-owned Enterprises	
镇属企业	Small Town-owned Enterprises	
乡属企业	Township Enterprises	
其 他	Enterprises of Other Types of Ownership	343503
二、按登记注册类型分	**Grouped by Registered Kind**	
内资企业	Civil Funded Enterprises	3991491
国有企业	State-owned Enterprises	405117
中央企业	Central Enterprises	394003
地方企业	Local Enterprises	11115
集体企业	Collective Owned Enterprises	
股份合作企业	Share Cooperative Holding Enterprises	
联营企业	Joint Owned Enterprises	
国有联营企业	State-owned Joint Owned Enterprises	
集体联营企业	Collective-owned Joint Owned Enterprises	
国有与集体联营企业	State-owned and Collective-owned Joint Owned Enterprises	
其他联营企业	Other Joint Owned Enterprises	
有限责任公司	Limited Responsibility Company	3548606
国有独资公司	Company Exclusively with Investment from State	
其他有限责任公司	Other Limited Responsibility Company	3548606
股份有限公司	Share Holding Limited Company	1268
私营企业	Privately Owned Enterprises	36500
私营独资企业	Enterprise Exclusively with Investment from Private	2296
私营合作企业	Private Partner Enterprises	
私营有限责任公司	Privately Owned Limited Company	33277
私营股份有限公司	Privately Owned Share Holding Limited Company	927
其他企业	Enterprises of Other Types of Ownership	
港、澳、台商投资企业	Enterprises Funded by HongKong, Macao and Taiwan	
合资经营企业(港或澳、台资)	Joint Venture	
合作经营企业(港或澳、台资)	Cooperative Enterprise	
港澳台商独资经营企业	Ventures Exclusively with HongKong, Macaoand Taiwan Investment	
港澳台商投资股份有限公司	Share Holding Limited Company	
外商投资企业	Foreign Funded Enterprises	214066
中外合资经营企业	Joint Venture	214066
中外合作经营企业	Cooperative Enterprises	
外资企业	Enterprises Funded By Foreign Investments	
外商投资股份有限公司	Share Holding Limited Company	
三、按经济组织类型分	**Grouped by Ownership**	
独资企业	Ventures With Exclusively Investment	407413

continued

(10 000 yuan)

负债合计 Total Liabilities	年末所有者权益 Creditors' Equity	主营业务收入 Revenue in Major Business	主营业务 Costs of Major Business	主营业务税金及附加 Tax and Extra Charges of Major Business
10290031	4749311	15223207	13234870	100376
2041556	660266	1829808	1516566	15644
6581281	3345563	11995626	10576845	72887
210703	153524	338934	256621	2520
456791	69495	355684	323031	3598
5294	6691	11057	6890	228
994406	513772	692098	554917	5499
9685483	4555539	14902679	12967734	98884
1372066	446105	1277612	1052510	12383
1230981	384028	1079195	883641	9275
141086	62078	198417	168868	3108
154777	-37887	68016	58425	613
7958052	3789227	13246716	11638280	82288
7958052	3789227	13246716	11638280	82288
22687	118144	61878	22172	609
177900	239950	248457	196347	2991
5846	54068	16885	8122	220
156201	156727	214093	177464	2710
15853	29155	17479	10761	61
604548	193772	320529	267136	1492
604548	193772	320529	267136	1492
1532690	462286	1362512	1119056	13216

6-7 续表3

单位: 万元

指　　标	Item	管理费用 Costs of Adminstration	财务费用 Costs of Finance
总　　计	**Total**	**883851**	**241215**
一、按隶属关系分	**Grouped by Belongs**		
中央企业	Central Enterprises	95055	64583
省属企业	Province-owned Enterprises	662591	130582
地、市属企业	Prefectures，Cities-owned Enterprises	33292	7296
县(旗)属企业	County(Banner)-owned Enterprises	38115	14766
城市街道企业	Cities' Neighbourhood-owned Enterprises		
镇属企业	Small Town-owned Enterprises		
乡属企业	Township Enterprises	1857	-6
其 他	Enterprises of Other Types of Ownership	52941	23994
二、按登记注册类型分	**Grouped by Registered Kind**		
内资企业	Civil Funded Enterprises	861252	230636
国有企业	State-owned Enterprises	52326	52047
中央企业	Central Enterprises	31138	50734
地方企业	Local Enterprises	21189	1313
集体企业	Collective Owned Enterprises	13403	562
股份合作企业	Share Cooperative Holding Enterprises		
联营企业	Joint Owned Enterprises		
国有联营企业	State-owned Joint Owned Enterprises		
集体联营企业	Collective-owned Joint Owned Enterprises		
国有与集体联营企业	State-owned and Collective-owned		
其他联营企业	Joint Owned Enterprises		
	Other Joint Owned Enterprises		
有限责任公司	Limited Responsibility Company	764941	171290
国有独资公司	Company Exclusively with Investment from State		
其他有限责任公司	Other Limited Responsibility Company	764941	171290
股份有限公司	Share Holding Limited Company	13926	-445
私营企业	Privately Owned Enterprises	16657	7182
私营独资企业	Enterprise Exclusively with Investment from Private	2595	-137
私营合作企业	Private Partner Enterprises		
私营有限责任公司	Privately Owned Limited Company	11406	6636
私营股份有限公司	Privately Owned Share Holding Limited Company	2655	684
其他企业	Enterprises of Other Types of Ownership		
港、澳、台商投资企业	Enterprises Funded by HongKong，Macao and Taiwan		
合资经营企业(港或澳、台资)	Joint Venture		
合作经营企业(港或澳、台资)	Cooperative Enterprise		
港澳台商独资经营企业	Ventures Exclusively with HongKong,		
港澳台商投资股份有限公司	Macaoand Taiwan Investment		
	Share Holding Limited Company		
外商投资企业	Foreign Funded Enterprises	22599	10579
中外合资经营企业	Joint Venture	22599	10579
中外合作经营企业	Cooperative Enterprises		
外资企业	Enterprises Funded By Foreign Investments		
外商投资股份有限公司	Share Holding Limited Company		
三、按经济组织类型分	**Grouped by Ownership**		
独资企业	Ventures With Exclusively Investment	68324	52472

continued

(10 000 yuan)

利息支出 Interest Expenditure	利润总额 Total Profits	亏损企业亏损额 Loss of Loss-making Enterprises	利税总额 Total Pretax Profit	全部从业人员年平均人数(人) Employmees (person)
258731	**263829**	**64298**	**1026343**	**196519**
65673	153558	8018	294969	16004
148192	63589	4360	598940	136134
7209	26793	3866	47254	6163
14721	-33874	40755	-5137	21526
	1523		2868	381
22937	52240	7299	87448	16311
248930	239951	64298	992421	191384
50952	112735	11229	222926	16546
49628	117045		203343	7727
1325	-4310	11229	19583	8819
514	-4713	4742	-1147	13295
191880	93285	47037	710765	153677
191880	93285	47037	710765	153677
555	18001		24035	1735
5028	20642	1290	35842	6131
-139	4181		6017	580
4751	12796	1290	25891	5141
416	3665		3934	410
9801	23878		33922	5135
9801	23878		33922	5135
51328	112204	15971	227796	30421

6-7 续表4

单位: 万元

指　标	Item	单位数(个) Number of Enterpri-ses(unit)
国有企业	State-owned Enterprises	14
集体企业	Collective Owned Enterprises	2
私营独资企业	Enterprises Exclusively with Private Investment	1
港澳台商独资经营企业	Enterprises Funded by Overseas Chinese From HongKong，Macao and Taiwan	
外资企业	Foreign Funded Enterprises	
合作、合伙企业	Cooperative & Partnership Enterprises	
股份合作企业	Share Cooperative Enterprises	
国有联营企业	State-owned Joint Enterprises	
集体联营企业	Collective-owned Joint Enterprises	
国有与集体联营企业	State & Collective-owned Joint Enterprises	
其他联营企业	Joint Enterprises of Other Types of Ownership	
私营合伙企业	Private Partnership Enterprises	
合作经营企业(港或澳、台资)	Cooperative Enterprises Funded by HongKong，Macao and Taiwan	
中外合作经营企业	Sino-foreign Cooperative Enterprises	
其他企业(内资)	Enterprises of Other Types (Domestic Funded)	
股份有限公司	Share Holding Limited Company	3
股份有限公司(内资)	Share Holding Limited Company (Domestic Funded)	2
私营股份有限公司	Private Share Holding Limted Company	1
港澳台商投资股份有限公司	Share Holding Limited Company Funded by HongKong,Macao and Taiwan	
外商投资股份有限公司	Share Limited Company Funded by Foreign Investment	
有限责任公司	Limited Responsibility Company	38
国有独资公司	Enterprises Exclusively Funded by State Investment	
私营有限责任公司	Private Limited Responsibility Company	10
合资经营企业(港或澳、台资)	Joint Ventures Funded by HongKong， Macao and Taiwan	
中外合资经营企业	Sino-foreign Joint Ventures	3
其他有限责任公司	Limited Responsibility Company of Other Types	25
四、在总计中:亏损企业	**Of the Total: Loss-making Enterprises**	17
在总计中:国有控股企业	Of the Total: State-Controlled Share Holding Enterprises	31
在总计中:轻工业	Of the Total: Light Industry	9
重工业	Heavy Industry	49
在总计中:大型企业	Of the Total: Large-Size Enterprises	10
中型企业	Medium-size Enterprises	48
按行业大类分	**Grouped by Sector**	
煤炭开采和洗选业	Coal Mining and Dressing	11

continued

(10 000 yuan)

#亏损企业 #Loss-making Enterprises	工业总产值 Gross Industrial Output Value	工业销售产值 Industrial Sales Output Value	实收资本 Real Captial Income	年末资产合计 Total Assets
3	1374749	1367593	366004	1820779
1	41858	41138	9663	116890
	15266	19755	35000	59915
	92140	77708	39260	185839
	74224	61865	27260	140832
	17917	15843	12000	45008
13	8186456	6524774	1905528	12858561
1	238033	219899	72885	312962
	366275	329851	133841	798320
12	7582147	5975024	1698802	11747279
17	570264	484216	202818	1184713
8	8906498	7297164	2072894	13792651
1	516460	421976	222001	1117724
16	9194009	7608993	2133454	13924259
2	7990265	6476191	1736080	12157087
15	1720204	1554777	619375	2884896
4	6643644	5167372	1393257	10085233

6-7 续表5

单位: 万元

指　标	Item	流动资产合　计 Total Circulating Funds
国有企业	State-owned Enterprises	413398
集体企业	Collective Owned Enterprises	83714
私营独资企业	Enterprises Exclusively with Private Investment	34433
港澳台商独资经营企业	Enterprises Funded by Overseas Chinese From HongKong，Macao and Taiwan	
外资企业	Foreign Funded Enterprises	
合作、合伙企业	Cooperative & Partnership Enterprises	
股份合作企业	Share Cooperative Enterprises	
国有联营企业	State-owned Joint Enterprises	
集体联营企业	Collective-owned Joint Enterprises	
国有与集体联营企业	State & Collective-owned Joint Enterprises	
其他联营企业	Joint Enterprises of Other Types of Ownership	
私营合伙企业	Private Partnership Enterprises	
合作经营企业(港或澳、台资)	Cooperative Enterprises Funded by HongKong，Macao and Taiwan	
中外合作经营企业	Sino-foreign Cooperative Enterprises	
其他企业(内资)	Enterprises of Other Types (Domestic Funded)	
股份有限公司	Share Holding Limited Company	73904
股份有限公司(内资)	Share Holding Limited Company (Domestic Funded)	48514
私营股份有限公司	Private Share Holding Limted Company	25390
港澳台商投资股份有限公司	Share Holding Limited Company Funded by HongKong,Macao and Taiwan	
外商投资股份有限公司	Share Limited Company Funded by Foreign Investment	
有限责任公司	Limited Responsibility Company	6337709
国有独资公司	Enterprises Exclusively Funded by State Investment	
私营有限责任公司	Private Limited Responsibility Company	189992
合资经营企业(港或澳、台资)	Joint Ventures Funded by HongKong，Macao and Taiwan	
中外合资经营企业	Sino-foreign Joint Ventures	270063
其他有限责任公司	Limited Responsibility Company of Other Types	5877654
四、在总计中:亏损企业	**Of the Total: Loss-making Enterprises**	**434952**
在总计中:国有控股企业	Of the Total: State-Controlled Share Holding Enterprises	6324892
在总计中:轻工业	Of the Total: Light Industry	378300
重工业	Heavy Industry	6564858
在总计中:大型企业	Of the Total: Large-Size Enterprises	5929471
中型企业	Medium-size Enterprises	1013687
按行业大类分	**Grouped by Sector**	
煤炭开采和洗选业	Coal Mining and Dressing	5123991

continued

(10 000 yuan)

固定资产合计 Total Fixed Assets	固定资产原价 Orginal Value Of Fixed Assets	累计折旧 Total Depreciation	流动 负债 Liquid Liabilities
1312905	2068144	816269	903429
31103	31772	12869	154777
5981	10434	4453	3550
39004	55403	16399	36344
29554	42655	13101	21419
9450	12748	3298	14925
5896928	6239858	2693200	4884375
110937	158409	67997	122925
221489	257768	46518	390482
5564502	5823682	2578685	4370969
583546	**714386**	**192176**	**918026**
6840248	7802327	3312377	5299103
333352	400272	84988	464872
6952569	8005340	3458201	5517604
5790548	6480772	3006055	4525927
1495374	1924840	537134	1456548
4817795	4924343	2344193	3318692

6-7 续表6

单位: 万元

指　　标	Item	长期负债 Long-Term Liabilities
国有企业	State-owned Enterprises	405117
集体企业	Collective Owned Enterprises	
私营独资企业	Enterprises Exclusively with Private Investment	2296
港澳台商独资经营企业	Enterprises Funded by Overseas Chinese From HongKong, Macao and Taiwan	
外资企业	Foreign Funded Enterprises	
合作、合伙企业	Cooperative & Partnership Enterprises	
股份合作企业	Share Cooperative Enterprises	
国有联营企业	State-owned Joint Enterprises	
集体联营企业	Collective-owned Joint Enterprises	
国有与集体联营企业	State & Collective-owned Joint Enterprises	
其他联营企业	Joint Enterprises of Other Types of Ownership	
私营合伙企业	Private Partnership Enterprises	
合作经营企业(港或澳、台资)	Cooperative Enterprises Funded by HongKong, Macao and Taiwan	
中外合作经营企业	Sino-foreign Cooperative Enterprises	
其他企业(内资)	Enterprises of Other Types (Domestic Funded)	
股份有限公司	Share Holding Limited Company	2195
股份有限公司(内资)	Share Holding Limited Company (Domestic Funded)	1268
私营股份有限公司	Private Share Holding Limted Company	927
港澳台商投资股份有限公司	Share Holding Limited Company Funded by HongKong,Macao and Taiwan	
外商投资股份有限公司	Share Limited Company Funded by Foreign Investment	
有限责任公司	Limited Responsibility Company	3795949
国有独资公司	Enterprises Exclusively Funded by State Investment	
私营有限责任公司	Private Limited Responsibility Company	33277
合资经营企业(港或澳、台资)	Joint Ventures Funded by HongKong, Macao and Taiwan	
中外合资经营企业	Sino-foreign Joint Ventures	214066
其他有限责任公司	Limited Responsibility Company of Other Types	3548606
四、在总计中:亏损企业	**Of the Total: Loss-making Enterprises**	**152501**
在总计中:国有控股企业	Of the Total: State-Controlled Share Holding Enterprises	4046287
在总计中:轻工业	Of the Total: Light Industry	268298
重工业	Heavy Industry	3937259
在总计中:大型企业	Of the Total: Large-Size Enterprises	3664747
中型企业	Medium-size Enterprises	540810
按行业大类分	**Grouped by Sector**	
煤炭开采和洗选业	Coal Mining and Dressing	3212294

continued

(10 000 yuan)

负债合计 Total Liabilities	年末所有者权益 Creditors' Equity	主营业务收入 Revenue in Major Business	主营业务成本 Costs of Major Business	主营业务税金及附加 Tax and Extra Charges of Major Business
1372066	446105	1277612	1052510	12383
154777	-37887	68016	58425	613
5846	54068	16885	8122	220
38540	147299	79358	32934	670
22687	118144	61878	22172	609
15853	29155	17479	10761	61
8718801	4139726	13781337	12082880	86490
156201	156727	214093	177464	2710
604548	193772	320529	267136	1492
7958052	3789227	13246716	11638280	82288
1105596	**79118**	**484892**	**453818**	**4242**
9439340	4350704	14434314	12594346	93755
733170	384554	407198	304365	1801
9556861	4364757	14816009	12930505	98575
8254194	3902893	13588871	11950882	84571
2035837	846418	1634336	1283988	15805
6530986	3551639	12203189	10665081	79999

6-7 续表7

单位: 万元

指　标	Item	管理费用 Costs of Adminstration	财务费用 Costs of Finance
国有企业	State-owned Enterprises	52326	52047
集体企业	Collective Owned Enterprises	13403	562
私营独资企业	Enterprises Exclusively with Private Investment	2595	-137
港澳台商独资经营企业	Enterprises Funded by Overseas Chinese From HongKong，Macao and Taiwan		
外资企业	Foreign Funded Enterprises		
合作、合伙企业	Cooperative & Partnership Enterprises		
股份合作企业	Share Cooperative Enterprises		
国有联营企业	State-owned Joint Enterprises		
集体联营企业	Collective-owned Joint Enterprises		
国有与集体联营企业	State & Collective-owned Joint Enterprises		
其他联营企业	Joint Enterprises of Other Types of Ownership		
私营合伙企业	Private Partnership Enterprises		
合作经营企业(港或澳、台资)	Cooperative Enterprises Funded by HongKong, Macao and Taiwan		
中外合作经营企业	Sino-foreign Cooperative Enterprises		
其他企业(内资)	Enterprises of Other Types (Domestic Funded)		
股份有限公司	Share Holding Limited Company	16581	239
股份有限公司(内资)	Share Holding Limited Company (Domestic Funded)	13926	-445
私营股份有限公司	Private Share Holding Limted Company	2655	684
港澳台商投资股份有限公司	Share Holding Limited Company Funded by HongKong,Macao and Taiwan		
外商投资股份有限公司	Share Limited Company Funded by Foreign Investment		
有限责任公司	Limited Responsibility Company	798946	188504
国有独资公司	Enterprises Exclusively Funded by State Investment		
私营有限责任公司	Private Limited Responsibility Company	11406	6636
合资经营企业(港或澳、台资)	Joint Ventures Funded by HongKong， Macao and Taiwan		
中外合资经营企业	Sino-foreign Joint Ventures	22599	10579
其他有限责任公司	Limited Responsibility Company of Other Types	764941	171290
四、在总计中:亏损企业	**Of the Total: Loss-making Enterprises**	**59818**	**25251**
在总计中:国有控股企业	Of the Total: State-Controlled Share Holding Enterprises	811846	215054
在总计中:轻工业	Of the Total: Light Industry	45763	15729
重工业	Heavy Industry	838088	225486
在总计中:大型企业	Of the Total: Large-Size Enterprises	740214	180851
中型企业	Medium-size Enterprises	143637	60365
按行业大类分	**Grouped by Sector**		
煤炭开采和洗选业	Coal Mining and Dressing	699283	132139

continued

(10 000 yuan)

利息支出 Interest Expenditure	利润总额 Total Profits	亏损企业亏损额 Loss of Loss-making Enterprises	利税总额 TotalPretax Profit	全部从业人员年平均人数(人) Employmees (person)
50952	112735	11229	222926	16546
514	-4713	4742	-1147	13295
-139	4181		6017	580
971	21666		27969	2145
555	18001		24035	1735
416	3665		3934	410
206432	129959	48327	770578	163953
4751	12796	1290	25891	5141
9801	23878		33922	5135
191880	93285	47037	710765	153677
25629	**-64298**	**64298**	**-33358**	**25617**
232599	240485	25776	957251	168085
15824	30212	4861	45743	9682
242906	233617	59437	980600	186837
195765	154514	10992	794274	163236
62966	109315	53306	232069	33283
151553	124299	13907	709093	140101

6-7 续表8

单位: 万元

指　　标	Item	单位数 (个) Number of Enterprises (unit)
石油和天然气开采业	Petroleum and Natural Gas Extraction	
黑色金属矿采选业	Ferrous Metals Mining and Dressing	3
有色金属矿采选业	Nonferous Metals Mining and Dressing	1
非金属矿采选业	Nonmetal Minerals Mining and Dressing	
其他辅助活动	Other Auxiliary Activities	
其他采矿业	Other Minerals Mining and Dressing	
农副食品加工业	Farm Products Processing	1
食品制造业	Food Manufacturing	
酒、饮料和精制茶制造业	Wine,Beverages and Refined Tea Manufacturing	1
烟草制品业	Tobacoo Products Manfacturing	
纺织业	Textile Industry	
纺织服装、服饰业	Textile Garments Manufacturing	
皮革、毛皮、羽毛(绒)及其制品和制鞋业	Leather, Fur, Feather and its products and Footwear	
木材加工及木、竹、藤、棕、草制造业	Timber Processing ,Bamboo,Cane ,Palm Fiber and Straw Products	
家具制造业	Furniture Manufacturing	
造纸及纸制品业	Paper Making and Paper Products	
印刷业和记录媒介的复制	Printing and Record Medium Reproduction	
文教、工美、体育和娱乐品制造业	Cultural,Educational, Sports and Entertainment Products	1
石油加工、炼焦及核燃料加工业	Petroleum Processing,Coking and Nuclear Fuel Processing	
化学原料及化学制品制造业	Raw Chemical Materials and Chemical Products	5
医药制造业	Medical and Pharmaceutical Products	5
化学纤维制造业	Chemical Fiber	
橡胶和塑料制品业	Rubber and Plastic Products	
非金属矿物制品业	Nonmetal Mineral Products	8
黑色金属冶炼及压延加工业	Smelting and Pressing of Ferrous Metals	1
有色金属冶炼及压延加工业	Smelting and Pressing of Non-ferrous Metals	4
金属制品业	Metal Prodcuts	
通用设备制造业	Ordinary Machinery Manufacturing	2
专用设备制造业	Special Purpose Equipment Manufacturing	2
汽车制造业	Automobile Manufacturing Industry	1
铁路、船舶、航空航天和其他运输设备制造业	Railroad, Marine, Aviation and Other Transport Equipment Manufacturing Industry	5
电气机械及器材制造业	Electrical Machinery and Equipment Manufacturing Industry	1
计算机、通信设备、及其他电子设备制造业	Telecommunication Equipment,Computer and Other Electronic Product	1
仪器仪表制造业	Equipments and Instruments Manufacturing	
其他制造业	Other Mafufacturing Industry	
废弃资源综合利用业	Comprehensive Utilization of Waste Resources	
金属制品、机械和设备修理业	Metal products, Machinery and Equipment Repair Industry	
电力、热力的生产和供应业	Electric Power, Heat power Production and Supply	4
燃气生产和供应业	Gas Production and Supply	
水的生产和供应业	Tap Water Production and Supply	1

continued

(10 000 yuan)

#亏损企业 #Loss-making Enterprises	工业总产值 Gross Industrial Output Value	工业销售产值 Industrial Sales Output Value	实收资本 Real Captial Income	年末资产合计 Total Assets
2	100055	84062	17730	162024
	5338	8187	7616	14138
	14467	11533	5000	26977
	54853	53545	10000	31272
1	67023	29703	13263	80008
3	102668	96428	39848	388785
	354743	301821	169613	885614
2	343962	272205	141735	440027
	47867	46361	8297	32033
3	106834	73714	48818	215446
	154082	155944	43120	303621
1	46011	43779	11645	104598
	75852	70205	25521	229548
	613597	624234	93350	522898
	52664	61926	4797	61063
	10077	10266	851	21082
1	891357	894311	296870	1343765
	253735	253735	241246	938526

6-7 续表9

单位: 万元

指　　标	Item	流动资产合　计 Total Circul-ating Funds
石油和天然气开采业	Petroleum and Natural Gas Extraction	
黑色金属矿采选业	Ferrous Metals Mining and Dressing	107073
有色金属矿采选业	Nonferous Metals Mining and Dressing	3248
非金属矿采选业	Nonmetal Minerals Mining and Dressing	
其他辅助活动	Other Auxiliary Activities	
其他采矿业	Other Minerals Mining and Dressing	
农副食品加工业	Farm Products Processing	18204
食品制造业	Food Manufacturing	
酒、饮料和精制茶制造业	Wine,Beverages and Refined Tea Manufacturing	6210
烟草制品业	Tobacoo Products Manfacturing	
纺织业	Textile Industry	
纺织服装、服饰业	Textile Garments Manufacturing	
皮革、毛皮、羽毛(绒)及其制品和制鞋业	Leather, Fur, Feather and its products and Footwear	
木材加工及木、竹、藤、棕、草制造业	Timber Processing ,Bamboo,Cane ,Palm Fiber and Straw Products	
家具制造业	Furniture Manufacturing	
造纸及纸制品业	Paper Making and Paper Products	
印刷业和记录媒介的复制	Printing and Record Medium Reproduction	
文教、工美、体育和娱乐品制造业	Cultural,Educational, Sports and Entertainment Products	50180
石油加工、炼焦及核燃料加工业	Petroleum Processing,Coking and Nuclear Fuel Processing	
化学原料及化学制品制造业	Raw Chemical Materials and Chemical Products	92083
医药制造业	Medical and Pharmaceutical Products	263312
化学纤维制造业	Chemical Fiber	
橡胶和塑料制品业	Rubber and Plastic Products	
非金属矿物制品业	Nonmetal Mineral Products	173967
黑色金属冶炼及压延加工业	Smelting and Pressing of Ferrous Metals	12521
有色金属冶炼及压延加工业	Smelting and Pressing of Non-ferrous Metals	114777
金属制品业	Metal Prodcuts	
通用设备制造业	Ordinary Machinery Manufacturing	167221
专用设备制造业	Special Purpose Equipment Manufacturing	81088
汽车制造业	Automobile Manufacturing Industry	125322
铁路、船舶、航空航天和其他运输设备制造业	Railroad, Marine, Aviation and Other Transport Equipment Manufacturing Industry	330287
电气机械及器材制造业	Electrical Machinery and Equipment Manufacturing Industry	55415
计算机、通信设备、及其他电子设备制造业	Telecommunication Equipment,Computer and Other Electronic Product	16554
仪器仪表制造业	Equipments and Instruments Manufacturing	
其他制造业	Other Mafufacturing Industry	
废弃资源综合利用业	Comprehensive Utilization of Waste Resources	
金属制品、机械和设备修理业	Metal products, Machinery and Equipment Repair Industry	
电力、热力的生产和供应业	Electric Power, Heat power Production and Supply	161312
燃气生产和供应业	Gas Production and Supply	
水的生产和供应业	Tap Water Production and Supply	403934

continued

(10 000 yuan)

固定资产合计 Total Fixed Assets	固定资产原价 Orginal Value Of Fixed Assets	累计折旧 Total Depreciation	流动 负债 Liquid Liabilities
41732	93507	52844	77448
10890	14875	7597	
5291	17662	14619	19956
9432	13447	4015	10784
24688	25522	835	71436
246768	291305	46444	322964
243695	265848	37974	345213
207161	248326	53788	203529
19344	26172	6828	17938
76921	102883	39373	104378
114928	156491	49525	157277
23076	20435	9607	137058
81500	110701	35711	125335
123056	180595	78966	349144
3168	6737	3569	38218
4389	8182	3999	21535
1181841	1820788	725759	644088
502471	777920	275449	174835

6-7 续表10

单位: 万元

指　标	Item	长期负债 Long-Term Liabilities
石油和天然气开采业	Petroleum and Natural Gas Extraction	
黑色金属矿采选业	Ferrous Metals Mining and Dressing	2454
有色金属矿采选业	Nonferous Metals Mining and Dressing	
非金属矿采选业	Nonmetal Minerals Mining and Dressing	
其他辅助活动	Other Auxiliary Activities	
其他采矿业	Other Minerals Mining and Dressing	
农副食品加工业	Farm Products Processing	
食品制造业	Food Manufacturing	
酒、饮料和精制茶制造业	Wine,Beverages and Refined Tea Manufacturing	
烟草制品业	Tobacoo Products Manfacturing	
纺织业	Textile Industry	
纺织服装、服饰业	Textile Garments Manufacturing	
皮革、毛皮、羽毛(绒)及其制品和制鞋业	Leather, Fur, Feather and its products and Footwear	
木材加工及木、竹、藤、棕、草制造业	Timber Processing ,Bamboo,Cane ,Palm Fiber and Straw Products	
家具制造业	Furniture Manufacturing	
造纸及纸制品业	Paper Making and Paper Products	
印刷业和记录媒介的复制	Printing and Record Medium Reproduction	
文教、工美、体育和娱乐品制造业	Cultural,Educational, Sports and Entertainment Products	
石油加工、炼焦及核燃料加工业	Petroleum Processing,Coking and Nuclear Fuel Processing	
化学原料及化学制品制造业	Raw Chemical Materials and Chemical Products	13862
医药制造业	Medical and Pharmaceutical Products	218298
化学纤维制造业	Chemical Fiber	
橡胶和塑料制品业	Rubber and Plastic Products	
非金属矿物制品业	Nonmetal Mineral Products	71941
黑色金属冶炼及压延加工业	Smelting and Pressing of Ferrous Metals	
有色金属冶炼及压延加工业	Smelting and Pressing of Non-ferrous Metals	25133
金属制品业	Metal Prodcuts	
通用设备制造业	Ordinary Machinery Manufacturing	31747
专用设备制造业	Special Purpose Equipment Manufacturing	2000
汽车制造业	Automobile Manufacturing Industry	41944
铁路、船舶、航空航天和其他运输设备制造业	Railroad, Marine, Aviation and Other Transport Equipment Manufacturing Industry	73019
电气机械及器材制造业	Electrical Machinery and Equipment Manufacturing Industry	3514
计算机、通信设备、及其他电子设备制造业	Telecommunication Equipment,Computer and Other Electronic Product	2969
仪器仪表制造业	Equipments and Instruments Manufacturing	
其他制造业	Other Mafufacturing Industry	
废弃资源综合利用业	Comprehensive Utilization of Waste Resources	
金属制品、机械和设备修理业	Metal products, Machinery and Equipment Repair Industry	
电力、热力的生产和供应业	Electric Power, Heat power Production and Supply	456383
燃气生产和供应业	Gas Production and Supply	
水的生产和供应业	Tap Water Production and Supply	500000

continued

(10 000 yuan)

负债合计 Total Liabilities	年末所有者权益 Creditors' Equity	主营业务收入 Revenue in Major Business	主营业务成本 Costs of Major Business	主营业务税金及附加 Tax and Extra Charges of Major Business
82903	79122	84137	72707	1734
3409	10730	8187	6193	181
19956	7021	11556	10368	85
10784	20487	53545	36090	154
71436	8573	23794	22614	
336825	51959	194560	184639	429
563511	322103	292929	220120	1363
275470	164557	340420	270233	2351
17938	14095	46361	43891	96
161580	53866	82099	74699	526
189024	114596	146337	118610	178
139058	-34460	67931	58426	414
167279	62269	70205	60610	236
422163	100702	606043	542939	4239
41732	19331	61913	43619	709
24505	-3423	10266	8170	3
1163990	179775	894362	780688	7480
674835	263691	253735	151740	1980

6-7 续表11

单位: 万元

指　标	Item	管理费用 Costs of Adminstration	财务费用 Costs of Finance
石油和天然气开采业	Petroleum and Natural Gas Extraction		
黑色金属矿采选业	Ferrous Metals Mining and Dressing	5611	3596
有色金属矿采选业	Nonferous Metals Mining and Dressing	1045	19
非金属矿采选业	Nonmetal Minerals Mining and Dressing		
其他辅助活动	Other Auxiliary Activities		
其他采矿业	Other Minerals Mining and Dressing		
农副食品加工业	Farm Products Processing	1337	24
食品制造业	Food Manufacturing		
酒、饮料和精制茶制造业	Wine,Beverages and Refined Tea Manufacturing	3859	577
烟草制品业	Tobacoo Products Manfacturing		
纺织业	Textile Industry		
纺织服装、服饰业	Textile Garments Manufacturing		
皮革、毛皮、羽毛(绒)及其制品和制鞋业	Leather, Fur, Feather and its products and Footwear		
木材加工及木、竹、藤、棕、草制造业	Timber Processing ,Bamboo,Cane ,Palm Fiber and Straw Products		
家具制造业	Furniture Manufacturing		
造纸及纸制品业	Paper Making and Paper Products		
印刷业和记录媒介的复制	Printing and Record Medium Reproduction		
文教、工美、体育和娱乐品制造业	Cultural,Educational, Sports and Entertainment Products	1921	3944
石油加工、炼焦及核燃料加工业	Petroleum Processing,Coking and Nuclear Fuel Processing		
化学原料及化学制品制造业	Raw Chemical Materials and Chemical Products	12090	2088
医药制造业	Medical and Pharmaceutical Products	32164	8726
化学纤维制造业	Chemical Fiber		
橡胶和塑料制品业	Rubber and Plastic Products		
非金属矿物制品业	Nonmetal Mineral Products	16456	11040
黑色金属冶炼及压延加工业	Smelting and Pressing of Ferrous Metals	954	355
有色金属冶炼及压延加工业	Smelting and Pressing of Non-ferrous Metals	10997	8083
金属制品业	Metal Prodcuts		
通用设备制造业	Ordinary Machinery Manufacturing	16395	4786
专用设备制造业	Special Purpose Equipment Manufacturing	10933	663
汽车制造业	Automobile Manufacturing Industry	12275	1614
铁路、船舶、航空航天和其他运输设备制造业	Railroad, Marine, Aviation and Other Transport Equipment Manufacturing Industry	48541	6913
电气机械及器材制造业	Electrical Machinery and Equipment Manufacturing Industry	1408	546
计算机、通信设备、及其他电子设备制造业	Telecommunication Equipment,Computer and Other Electronic Product	1907	217
仪器仪表制造业	Equipments and Instruments Manufacturing		
其他制造业	Other Mafufacturing Industry		
废弃资源综合利用业	Comprehensive Utilization of Waste Resources		
金属制品、机械和设备修理业	Metal products, Machinery and Equipment Repair Industry		
电力、热力的生产和供应业	Electric Power，Heat power Production and Supply	193	53427
燃气生产和供应业	Gas Production and Supply		
水的生产和供应业	Tap Water Production and Supply	64823	24584

continued

(10 000 yuan)

利息支出 Interest Expenditure	利润总额 Total Profits	亏损企业亏损额 Loss of Loss-making Enterprises	利税总额 Total Pretax Profit	全部从业人员年平均人数(人) Employmees (person)
2373	-2999	7507	4071	2620
20	755		1756	297
17	112		770	438
577	7198		9145	352
3943	-4861	4861	-3195	382
2089	-5657	9206	-2233	3717
8791	27636		37047	7088
10093	30129	5168	51590	5402
354	282		1867	390
8067	-12503	12899	-8711	2575
4614	6814		8138	3477
632	-2970	4742	-866	11746
1799	1747		3248	2515
7004	9402		49756	8601
704	14311		20929	359
227	2		30	618
53376	70005	6009	141934	4419
24963	1267		19754	1422

6-8 工业企业主要经济效益指标(2012 年)

指　标	Item	总资产贡献率(%) Ratio of Profits, Taxes and Interests to Average Assets (%)
总　计	**Total**	**8.3**
一、按隶属关系分	**Grouped by Belongs**	
中央企业	Central Enterprises	12.6
省属企业	Province-owned Enterprises	7.54
地、市属企业	Prefectures，Cities-owned Enterprises	14.2
县(旗)属企业	County(Banner)-owned Enterprises	4.09
城市街道企业	Cities' Neighbourhood-owned Enterprises	
镇属企业	Small Town-owned Enterprises	-1.36
乡属企业	Township Enterprises	14.52
村办企业	Village Enterprises	3.45
其 他	Enterprises of Other Types of Ownership	6.6
二、按登记注册类型分	**Grouped by Registered Kind**	
内资企业	Civil Funded Enterprises	8.46
国有企业	State-owned Enterprises	14.02
中央企业	Central Enterprises	15.13
地方企业	Local Enterprises	8.41
集体企业	Collective Owned Enterprises	-0.04
股份合作企业	Share Cooperative Holding Enterprises	2.89
联营企业	Joint Owned Enterprises	
国有联营企业	State-owned Joint Owned Enterprises	
集体联营企业	Collective-owned Joint Owned Enterprises	
国有与集体联营企业	State-owned and Collective-owned	
其他联营企业	Other Joint Owned Enterprises	
有限责任公司	Limited Responsibility Company	7.68
国有独资公司	Company Exclusively with Investment from State	
其他有限责任公司	Other Limited Responsibility Company	7.68
股份有限公司	Share Holding Limited Company	17.46
私营企业	Privately Owned Enterprises	6.28
私营独资企业	Enterprise Exclusively with Investment from Private	7.75
私营合作企业	Private Partner Enterprises	
私营有限责任公司	Privately Owned Limited Company	5.35
私营股份有限公司	Privately Owned Share Holding Limited Company	13.5
其他企业	Enterprises of Other Types of Ownership	3.03
港、澳、台商投资企业	Enterprises Funded by HongKong， Macao and Taiwan	6.61
合资经营企业(港或澳、台资)	Joint Venture	
合作经营企业(港或澳、台资)	Cooperative Enterprise	
港澳台商独资经营企业	Ventures Exclusively with HongKong, Macaoand Taiwan Investment	6.61
港澳台商投资股份有限公司	Share Holding Limited Company Funded By HongKong,Macao and Taiwan Investment	
外商投资企业	Foreign Funded Enterprises	5.71
中外合资经营企业	Joint Venture	5.8
中外合作经营企业	Cooperative Enterprises	
外资企业	Enterprises Funded By Foreign Investments	-21.81

MAIN INDICATORS ON ECONOMIC BENIFIT OF INDUSTRIAL ENTERPRISES (2012)

资产负债率(%) Ratio of Debts to Assets (%)	流动资产周转次数 (次/年) Turnover of Working Capital (time/year)	成本费用利润率 (%) Ratio of Profits to Total Costs (%)	产品销售率(%) Ratio of Sales to Gross Output Value (%)
68.57	**2.14**	**1.90**	**83.66**
75.03	2.55	8.09	99.61
66.46	2.30	0.63	76.93
58.02	2.45	8.61	76.37
81.04	1.24	-4.49	87.74
101.45	0.45	-20.39	87.99
55.71	1.24	9.17	84.99
38.62	2.24	0.16	62.36
66.88	1.27	5.31	89.48
68.40	2.15	1.81	83.06
75.80	2.91	10.04	99.59
76.55	3.03	12.32	99.59
71.98	2.44	-0.45	99.59
128.16	0.89	-5.59	97.53
73.68	0.62	2.19	82.57
67.85	2.21	0.89	79.42
67.85	2.21	0.89	79.42
16.11	1.28	50.49	83.35
58.77	1.22	3.12	88.77
26.20	0.64	12.79	120.91
63.85	1.20	1.38	86.50
42.62	2.19	12.87	96.00
90.34	1.03	4.96	93.75
57.58	0.70	86.33	100.00
57.58	0.70	86.33	100.00
72.17	1.91	4.15	93.20
72.33	1.91	4.29	93.16
25.79	0.49	-65.43	265.66

6-8 续表1

指　标	Item	总资产贡献率(%) Ratio of Profits, Taxes and Interests to Average Assets (%)
外商投资股份有限公司	Limited Company Funded by Foreign Investment	
三、按经济组织类型分	**Grouped by Ownership**	
独资企业	Ventures With Exclusively Investment	12.85
国有企业	State-owned Enterprises	14.02
集体企业	Collective Owned Enterprises	-0.04
私营独资企业	Enterprises Exclusively with Private Investment	7.75
港澳台商独资经营企业	Enterprises Funded by Overseas Chinese From HongKong，Macao and Taiwan	6.61
外资企业	Foreign Funded Enterprises	-21.81
合作、合伙企业	Cooperative & Partnership Enterprises	2.97
股份合作企业	Share Cooperative Enterprises	2.89
国有联营企业	State-owned Joint Enterprises	
集体联营企业	Collective-owned Joint Enterprises	
国有与集体联营企业	State & Collective-owned Joint Enterprises	
其他联营企业	Joint Enterprises of Other Types of Ownership	
私营合伙企业	Private Partnership Enterprises	
合作经营企业(港或澳、台资)	Cooperative Enterprises Funded by HongKong, Macao and Taiwan	
中外合作经营企业	Sino-foreign Cooperative Enterprises	
其他企业(内资)	Enterprises of Other Types (Domestic Funded)	3.03
股份有限公司	Share Holding Limited Company	16.02
股份有限公司(内资)	Share Holding Limited Company (Domestic Funded)	17.46
私营股份有限公司	Private Share Holding Limted Company	13.50
港澳台商投资股份有限公司	Share Holding Limited Company Funded by , HongKongMacao and Taiwan	
外商投资股份有限公司	Share Limited Company Funded by Foreign Investment	
有限责任公司	Limited Responsibility Company	7.44
国有独资公司	Enterprises Exclusively Funded by State Investment	
私营有限责任公司	Private Limited Responsibility Company	5.35
合资经营企业(港或澳、台资)	Joint Ventures Funded by HongKong，Macao and Taiwan	
中外合资经营企业	Sino-foreign Joint Ventures	5.80
其他有限责任公司	Limited Responsibility Company of Other Types	7.68
四、在总计中:亏损企业	**Of the Total: Loss-making Enterprises**	**-1.15**
在总计中:国有控股企业	Of the Total: State-Controlled Share Holding Enterprises	8.54
在总计中:轻工业	Of the Total: Light Industry	5.97
重工业	Heavy Industry	8.49
在总计中:大型企业	Of the Total: Large-Size Enterprises	8.14
中型企业	Medium-size Enterprises	10.23

continued

资产负债率(%) Ratio of Debts to Assets (%)	流动资产周转次数(次/年) Turnover of Working Capital (time/year)	成本费用利润率(%) Ratio of Profits to Total Costs (%)	产品销售率(%) Ratio of Sales to Gross Output Value (%)
76.58	2.40	9.18	99.93
75.80	2.91	10.04	99.59
128.16	0.89	–5.59	97.53
26.20	0.64	12.79	120.91
57.58	0.70	86.33	100.00
25.79	0.49	–65.43	265.66
82.12	0.74	3.30	86.45
73.68	0.62	2.19	82.57
90.34	1.03	4.96	93.75
25.73	1.67	25.43	90.06
16.11	1.28	50.49	83.35
42.62	2.19	12.87	96.00
67.92	2.13	1.03	80.87
63.85	1.20	1.38	86.50
72.33	1.91	4.29	93.16
67.85	2.21	0.89	79.42
90.76	**1.06**	**–11.39**	**82.43**
68.67	2.26	1.88	82.09
64.87	1.28	7.75	84.31
68.87	2.19	1.71	83.61
67.90	2.29	1.20	81.05
70.57	1.61	7.35	90.38

6-8 续表2

指 标	Item	总资产贡献率(%) Ratio of Profits, Taxes and Interests to Average Assets (%)
小微企业		5.71
按行业大类分	**Grouped by Sector**	
煤炭开采和洗选业	Coal Mining and Dressing	8.48
石油和天然气开采业	Petroleum and Natural Gas Extraction	
黑色金属矿采选业	Ferrous Metals Mining and Dressing	5.14
有色金属矿采选业	Nonferous Metals Mining and Dressing	12.56
非金属矿采选业	Nonmetal Minerals Mining and Dressing	
其他辅助活动	Small Micro Enterprises	
其他采矿业	Other Minerals Mining and Dressing	
农副食品加工业	Farm Products Processing	2.99
食品制造业	Food Manufacturing	15.22
酒、饮料和精制茶制造业	Wine,Beverages and Refined Tea Manufacturing	26.18
烟草制品业	Tobacoo Products Manfacturing	
纺织业	Textile Industry	
纺织服装、服饰业	Textile Garments Manufacturing	
皮革、毛皮、羽毛(绒)及其制品和制鞋业业	Leather, Fur, Feather and its products and Footwear	
木材加工及木、竹、藤、棕、草制造业	Timber Processing ,Bamboo,Cane ,Palm Fiber and Straw	
家具制造业	Furniture Manufacturing	
造纸及纸制品业	Paper Making and Paper Products	
印刷业和记录媒介的复制	Printing and Record Medium Reproduction	
文教、工美、体育和娱乐品制造业	Cultural,Educational, Sports and Entertainment Products	0.93
石油加工、炼焦及核燃料加工业	Petroleum Processing,Coking and Nuclear Fuel Processing	-1.56
化学原料及化学制品制造业	Raw Chemical Materials and Chemical Products	-0.14
医药制造业	Medical and Pharmaceutical Products	5.22
化学纤维制造业	Chemical Fiber	
橡胶和塑料制品业	Rubber and Plastic Products	
非金属矿物制品业	Nonmetal Mineral Products	10.66
黑色金属冶炼及压延加工业	Smelting and Pressing of Ferrous Metals	5.3
有色金属冶炼及压延加工业	Smelting and Pressing of Non-ferrous Metals	-0.33
金属制品业	Metal Prodcuts	2.25
通用设备制造业	Ordinary Machinery Manufacturing	4.88
专用设备制造业	Special Purpose Equipment Manufacturing	0.26
汽车制造业	Automobile Manufacturing Industry	2.51
铁路、船舶、航空航天和其他运输设备制造业	Railroad, Marine, Aviation and Other Transport Equipment Manufacturing Industry	10.84
电气机械及器材制造业	Electrical Machinery and Equipment Manufacturing Industry	34.21
计算机、通信设备、及其他电子设备制造业	Telecommunication Equipment,Computer and Other Electronic Product	1.22
仪器仪表制造业	Equipments and Instruments Manufacturing	
其他制造业	Other Mafufacturing Industry	
废弃资源综合利用业	Comprehensive Utilization of Waste Resources	
金属制品、机械和设备修理业	Metal products, Machinery and Equipment Repair Industry	
电力、热力的生产和供应业	Electric Power，Heat power Production and Supply	12.33
燃气生产和供应业	Gas Production and Supply	
水的生产和供应业	Tap Water Production and Supply	4.76

continued

资产负债率(%) Ratio of Debts to Assets (%)	流动资产周转次数(次/年) Turnover of Working Capital (time/year)	成本费用利润率(%) Ratio of Profits to Total Costs (%)	产品销售率(%) Ratio of Sales to Gross Output Value (%)
70.35	1.57	2.92	92.52
64.68	2.41	1.01	78.72
62.96	0.96	-0.63	86.12
24.11	2.52	10.40	153.37
71.16	1.07	0.77	86.77
33.16	4.64	8.02	100.00
41.18	6.56	13.71	97.90
89.29	0.47	-17.07	44.32
55.27	1.49	-7.47	100.00
86.07	1.92	-3.09	94.94
63.67	1.18	9.47	85.24
63.44	1.52	7.34	82.43
82.39	1.64	-0.60	109.16
75.39	0.67	-13.09	52.36
71.96	1.81	0.72	97.89
61.43	0.87	5.35	100.68
115.03	0.74	-3.11	95.06
74.46	0.65	1.69	89.12
80.87	1.83	1.55	101.95
65.65	1.10	30.22	115.33
116.24	0.62	0.02	101.88
82.57	4.30	10.34	100.31
71.90	0.63	0.53	100.00

6-9 国有控股工业企业主要经济效益指标 (2012 年)

指 标	Item	总资产贡献率(%) Ratio of Profits, Taxes and Interests to Average Assets (%)
总 计	**Total**	**8.54**
在总计中:	Of the Total	
亏损企业	Loss-making Enterprises	0.08
在总计中:	Of the Total	
中央企业	Central Enterprises	12.77
地方企业	Local Enterprises	7.47
省属企业	Province-owned Enterprises	7.62
地市属企业	Prefectures，Cities-owned Enterprises	14.31
县(旗)属企业	County(Banner)-owned Enterprises	6.92
在总计中:	Of the Total	
轻工业	Light Industry	2.26
重工业	Heavy Industry	8.93
在总计中:	Of the Total	
大型企业	Large-size Enterprises	8.21
中型企业	Medium-size Enterprises	11.38
小微企业	Small Micro Enterprises	6.19
按工业行业大类分	**Grouped by Sector**	
煤炭开采和洗选业	Coal Mining and Dressing	8.55
石油和天然气开采业	Petroleum and Natural Gas Extraction	
黑色金属矿采选业	Ferrous Metals Mining and Dressing	
有色金属矿采选业	Nonferous Metals Mining and Dressing	12.56
非金属矿采选业	Nonmetal Minerals Mining and Dressing	
其他辅助活动	Other Auxiliary Activities	
其他采矿业	Other Minerals Mining and Dressing	
农副食品加工业	Farm Products Processing	
食品制造业	Food Manufacturing	
酒、饮料和精制茶制造业	Wine,Beverages and Refined Tea Manufacturing	
烟草制品业	Tobacoo Products Manfacturing	
纺织业	Textile Industry	

MAIN ECONOMIC AND PROFIT INDICATOR OF STATE-CONTROLLED SHARE HOLDING ENTERPRISES (2012)

资产负债率(%) Ratio of Debts to Assets (%)	流动资产周转次数(次/年) Turnover of Working Capital (time/year)	成本费用利润率(%) Ratio of Profits to Total Costs (%)	产品销售率(%) Ratio of Sales to Gross Output Value (%)
68.67	**2.26**	**1.88**	**82.09**
84.27	0.90	-11.83	87.50
75.60	2.33	9.36	99.89
66.92	2.25	0.82	77.34
66.11	2.30	0.66	76.84
63.47	2.31	9.97	62.16
72.71	1.72	-2.97	88.85
78.38	0.95	0.12	75.69
68.07	2.32	1.91	82.35
67.69	2.33	1.21	80.97
73.38	1.79	10.28	89.67
75.06	0.91	24.08	99.24
64.87	2.38	1.11	77.70
24.11	2.52	10.40	153.37

6-9 续表

指　　标	Item	总资产贡献率(%) Ratio of Profits, Taxes and Interests to Average Assets (%)
纺织服装、服饰业	Textile Garments Manufacturing	
皮革、毛皮、羽毛(绒)及其制品和制鞋业业	Leather, Fur, Feather and its products and Footwear	
木材加工及木、竹、藤、棕、草制造业	Timber Processing ,Bamboo,Cane ,Palm Fiber and Straw Products	
家具制造业	Furniture Manufacturing	
造纸及纸制品业	Paper Making and Paper Products	
印刷业和记录媒介的复制	Printing and Record Medium Reproduction	
文教、工美、体育和娱乐品制造业	Cultural,Educational, Sports and Entertainment Products	0.93
石油加工、炼焦及核燃料加工业	Petroleum Processing,Coking and Nuclear Fuel Processing	
化学原料及化学制品制造业	Raw Chemical Materials and Chemical Products	-0.86
医药制造业	Medical and Pharmaceutical Products	2.06
化学纤维制造业	Chemical Fiber	
橡胶和塑料制品业	Rubber and Plastic Products	
非金属矿物制品业	Nonmetal Mineral Products	24.45
黑色金属冶炼及压延加工业	Smelting and Pressing of Ferrous Metals	
有色金属冶炼及压延加工业	Smelting and Pressing of Non-ferrous Metals	2.46
金属制品业	Metal Prodcuts	
通用设备制造业	Ordinary Machinery Manufacturing	4.74
专用设备制造业	Special Purpose Equipment Manufacturing	
汽车制造业	Automobile Manufacturing Industry	2.20
铁路、船舶、航空航天和其他运输设备制造业	Railroad, Marine, Aviation and Other Transport Equipment Manufacturing Industry	10.81
电气机械及器材制造业	Electrical Machinery and Equipment Manufacturing Industry	
计算机、通信设备、及其他电子设备制造业	Telecommunication Equipment,Computer and Other Electronic Product	1.22
仪器仪表制造业	Equipments and Instruments Manufacturing	
其他制造业	Other Mafufacturing Industry	
废弃资源综合利用业	Comprehensive Utilization of Waste Resources	
金属制品、机械和设备修理业	Metal products, Machinery and Equipment Repair Industry	
电力、热力的生产和供应业	Electric Power，Heat power Production and Supply	13.13
燃气生产和供应业	Gas Production and Supply	
水的生产和供应业	Tap Water Production and Supply	4.76

continued

资产负债率(%) Ratio of Debts to Assets (%)	流动资产周转次数(次/年) Turnover of Working Capital (time/year)	成本费用利润率(%) Ratio of Profits to Total Costs (%)	产品销售率(%) Ratio of Sales to Gross Output Value (%)
89.29	0.47	-17.07	44.32
88.51	2.20	-4.11	98.44
77.98	1.17	2.50	81.56
49.92	3.91	16.70	73.18
83.30	0.17	-3.63	108.26
61.74	0.83	6.05	99.37
72.87	0.56	2.34	92.56
80.19	1.83	1.64	101.94
116.24	0.62	0.02	101.88
81.00	4.50	11.19	100.33
71.90	0.63	0.53	100.00

6-10 外商投资和港澳台投资工业企业主要经济效益指标(2012年)

指标	Item	总资产贡献率(%) Ratio of Profits, Taxes and Interests to Average Assets(%)
总计	**Total**	**5.75**
在总计中:	Of the Total	
亏损企业	Loss-making Enterprises	-29.65
在总计中:	Of the Total	
港、澳、台商投资企业	Enterprises Funded by HongKong, Macao and Taiwan	6.61
合资经营企业(港或澳、台资)	Joint Venture	
合作经营企业(港或澳、台资)	Cooperative Enterprise	
港澳台商独资经营企业	Ventures Exclusively with HongKong, Macaoand Taiwan Investment	6.61
港澳台商投资股份有限公司	Share Holding Limited Company Funded By HongKong, Macao and Taiwan Investment	
外商投资企业	Foreign Funded Enterprises	5.71
中外合资经营企业	Joint Venture	5.80
中外合作经营企业	Cooperative Enterprises	
外资企业	Enterprises Funded By Foreign Investments	-21.81
外商投资股份有限公司	Limited Company Funded by Foreign Investment	
在总计中:	Of the Total:	
国家控股企业	State-Controlled Share Holding Enterprises	3.00
在总计中:	Of the Total:	
轻工业	Light Industry	2.02
重工业	Heavy Industry	15.09
在总计中:	Of the Total:	
大型企业	Of the Total: Large-Size Enterprises	2.02
中型企业	Medium-size Enterprises	22.45
小微企业	Small Micro Enterprises	7.44
按工业行业大类分	**Grouped by Sector**	
煤炭开采和洗选业	Coal Mining and Dressing	-1.40
石油和天然气开采业	Petroleum and Natural Gas Extraction	
黑色金属矿采选业	Ferrous Metals Mining and Dressing	
有色金属矿采选业	Nonferous Metals Mining and Dressing	
非金属矿采选业	Nonmetal Minerals Mining and Dressing	
其他辅助活动	Other Auxiliary Activities	
其他采矿业	Other Minerals Mining and Dressing	
农副食品加工业	Farm Products Processing	
食品制造业	Food Manufacturing	

MAIN ECONOMIC AND PROFIT INDICATORS OF FOREIGN FUNDED ENTERPRISES AND ENTERPRISES FUNDED BY OVERSEAS CHINESE FROM HONGKONG，MACAO & TAIWAN (2012)

资产负债率(%) Ratio of Debts to Assets (%)	流动资产周转次数(次/年) Turnover of Working Capital (time/year)	成本费用利润率(%) Ratio of Profits to Total Costs (%)	产品销售率(%) Ratio of Sales to Gross Output Value (%)
71.43	**1.88**	**4.56**	**93.25**
57.57	2.79	–23.38	85.72
57.58	0.70	86.33	100.00
57.58	0.70	86.33	100.00
72.17	1.91	4.15	93.20
72.33	1.91	4.29	93.16
25.79	0.49	–65.43	265.66
76.34	1.20	3.76	85.43
78.14	1.15	2.48	81.64
54.67	2.75	5.83	100.64
78.14	1.15	2.48	81.64
63.90	1.24	18.30	107.34
45.08	6.65	–0.11	97.63
29.22	10.38	–2.69	97.47

6-10 续表

指　　标	Item	总资产贡献率(%) Ratio of Profits, Taxes and Interests to Average Assets(%)
酒、饮料和精制茶制造业	Wine,Beverages and Refined Tea Manufacturing	
烟草制品业	Tobacoo Products Manfacturing	
纺织业	Textile Industry	
纺织服装、服饰业	Textile Garments Manufacturing	
皮革、毛皮、羽毛(绒)及其制品和制鞋业业	Leather, Fur, Feather and its products and Footwear	
木材加工及木、竹、藤、棕、草制造业	Timber Processing ,Bamboo,Cane ,Palm Fiber and Straw Products	
家具制造业	Furniture Manufacturing	
造纸及纸制品业	Paper Making and Paper Products	
印刷业和记录媒介的复制	Printing and Record Medium Reproduction	
文教、工美、体育和娱乐品制造业	Cultural,Educational, Sports and Entertainment Products	
石油加工、炼焦及核燃料加工业	Petroleum Processing,Coking and Nuclear Fuel Processing	
化学原料及化学制品制造业	Raw Chemical Materials and Chemical Products	-21.81
医药制造业	Medical and Pharmaceutical Products	2.02
化学纤维制造业	Chemical Fiber	
橡胶和塑料制品业	Rubber and Plastic Products	
非金属矿物制品业	Nonmetal Mineral Products	-4.95
黑色金属冶炼及压延加工业	Smelting and Pressing of Ferrous Metals	
有色金属冶炼及压延加工业	Smelting and Pressing of Non-ferrous Metals	
金属制品业	Metal Prodcuts	
通用设备制造业	Ordinary Machinery Manufacturing	
专用设备制造业	Special Purpose Equipment Manufacturing	
汽车制造业	Automobile Manufacturing Industry	
铁路、船舶、航空航天和其他运输设备制造业	Railroad, Marine, Aviation and Other Transport Equipment Manufacturing Industry	11.74
电气机械及器材制造业	Electrical Machinery and Equipment Manufacturing Industry	35.43
计算机、通信设备、及其他电子设备制造业	Telecommunication Equipment,Computer and Other Electronic Product	
仪器仪表制造业	Equipments and Instruments Manufacturing	
其他制造业	Other Mafufacturing Industry	
废弃资源综合利用业	Comprehensive Utilization of Waste Resources	
金属制品、机械和设备修理业	Metal products, Machinery and Equipment Repair Industry	
电力、热力的生产和供应业	Electric Power，Heat power Production and Supply	12.66
燃气生产和供应业	Gas Production and Supply	
水的生产和供应业	Tap Water Production and Supply	

continued

资产负债率(%) Ratio of Debts to Assets (%)	流动资产周转次数 (次/年) Turnover of Working Capital (time/year)	成本费用利润率(%) Ratio of Profits to Total Costs (%)	产品销售率(%) Ratio of Sales to Gross Output Value (%)
25.79	0.49	−65.43	265.66
78.14	1.15	2.48	81.64
112.16	1.77	−24.41	91.97
60.24	1.40	8.06	99.31
68.34	1.12	31.40	117.59
49.46	1.48	55.65	100.00

6-11 大中型工业企业主要经济效益指标 (2012 年)

指　标	Item	总资产贡献率(%) Ratio of Profits, Taxes and Interests to Average Assets(%)
总　计	**Total**	**8.54**
一、按隶属关系分	**Grouped by Belongs**	
中央企业	Central Enterprises	13.34
省属企业	Province-owned Enterprises	7.53
地、市属企业	Prefectures，Cities-owned Enterprises	14.95
县(旗)属企业	County(Banner)-owned Enterprises	1.82
城市街道企业	Cities' Neighbourhood-owned Enterprises	
镇属企业	Small Town-owned Enterprises	
乡属企业	Township Enterprises	23.93
其 他	Enterprises of Other Types of Ownership	7.32
二、按登记注册类型分	**Grouped by Registered Kind**	
内资企业	Civil Funded Enterprises	8.72
国有企业	State-owned Enterprises	15.04
中央企业	Central Enterprises	15.64
地方企业	Local Enterprises	10.29
集体企业	Collective Owned Enterprises	-0.54
股份合作企业	Share Cooperative Holding Enterprises	
联营企业	Joint Owned Enterprises	
国有联营企业	State-owned Joint Owned Enterprises	
集体联营企业	Collective-owned Joint Owned Enterprises	
国有与集体联营企业	State-owned and Collective-owned	
其他联营企业	Other Joint Owned Enterprises	
有限责任公司	Limited Responsibility Company	7.68
国有独资公司	Company Exclusively with Investment from State	
其他有限责任公司	Other Limited Responsibility Company	7.68
股份有限公司	Share Holding Limited Company	17.46
私营企业	Privately Owned Enterprises	9.78
私营独资企业	Enterprise Exclusively with Investment from Private	9.81
私营合作企业	Private Partner Enterprises	
私营有限责任公司	Privately Owned Limited Company	9.79
私营股份有限公司	Privately Owned Share Holding Limited Company	9.66
其他企业	Enterprises of Other Types of Ownership	
港、澳、台商投资企业	Enterprises Funded by HongKong， Macao and Taiwan	
合资经营企业(港或澳、台资)	Joint Venture	
合作经营企业(港或澳、台资)	Cooperative Enterprise	
港澳台商独资经营企业	Ventures Exclusively with HongKong， Macaoand Taiwan Investment	
港澳台商投资股份有限公司	Share Holding Limited Company Funded By HongKong,Macao and Taiwan Investment	
外商投资企业	Foreign Funded Enterprises	5.48
中外合资经营企业	Joint Venture	5.48
中外合作经营企业	Cooperative Enterprises	
外资企业	Enterprises Funded By Foreign Investments	

MAIN ECONOMIC AND PROFIT INDICATOR OF LARGE AND MEDIUM-SIZED ENTERPRISES (2012)

资产负债率(%) Ratio of Debts to Assets (%)	流动资产周转次数(次/年) Turnover of Working Capital (time/year)	成本费用利润率 (%) Ratio of Profits to Total Costs (%)	产品销售率(%) Ratio of Sales to Gross Output Value (%)
68.41	**2.19**	**1.84**	**82.70**
75.49	2.41	9.16	99.84
66.30	2.30	0.56	76.85
57.85	2.63	9.01	75.21
86.80	1.43	-9.01	82.88
44.17	1.08	17.42	100.00
65.93	1.20	8.27	91.25
68.00	2.23	1.71	82.42
75.36	3.09	9.74	99.48
76.10	3.13	12.12	99.46
69.44	2.91	-2.25	99.56
132.41	0.81	-6.51	98.28
67.74	2.25	0.74	78.80
67.74	2.25	0.74	78.80
16.11	1.28	50.49	83.35
42.57	0.99	9.37	94.20
9.76	0.49	39.52	129.41
49.91	1.13	6.55	92.38
35.22	0.69	25.99	88.42
75.73	1.19	7.95	90.06
75.73	1.19	7.95	90.06

6-11 续表1

指　标	Item	总资产贡献率(%) Ratio of Profits, Taxes and Interests to Average Assets (%)
外商投资股份有限公司	Share Holding Limited Company	
三、按经济组织类型分组	**Grouped by Ownership**	
独资企业	Ventures With Exclusively Investment	13.97
国有企业	State-owned Enterprises	15.04
集体企业	Collective Owned Enterprises	-0.54
私营独资企业	Enterprises Exclusively with Private Investment	9.81
港澳台商独资经营企业	Enterprises Funded by Overseas Chinese From HongKong，Macao and Taiwan	
外资企业	Foreign Funded Enterprises	
合作、合伙企业	Cooperative & Partnership Enterprises	
股份合作企业	Share Cooperative Enterprises	
国有联营企业	State-owned Joint Enterprises	
集体联营企业	Collective-owned Joint Enterprises	
国有与集体联营企业	State & Collective-owned Joint Enterprises	
其他联营企业	Joint Enterprises of Other Types of Ownership	
私营合伙企业	Private Partnership Enterprises	
合作经营企业(港或澳、台资)	Cooperative Enterprises Funded by HongKong, Macao and Taiwan	
中外合作经营企业	Sino-foreign Cooperative Enterprises	
其他企业(内资)	Enterprises of Other Types (Domestic Funded)	
股份有限公司	Share Holding Limited Company	15.57
股份有限公司(内资)	Share Holding Limited Company (Domestic Funded)	17.46
私营股份有限公司	Private Share Holding Limted Company	9.66
港澳台商投资股份有限公司	Share Holding Limited Company Funded by HongKong,Macao and Taiwan	
外商投资股份有限公司	Share Limited Company Funded by Foreign Investment	
有限责任公司	Limited Responsibility Company	7.60
国有独资公司	Enterprises Exclusively Funded by State Investment	
私营有限责任公司	Private Limited Responsibility Company	9.79
合资经营企业(港或澳、台资)	Joint Ventures Funded by HongKong, Macao and Taiwan	
中外合资经营企业	Sino-foreign Joint Ventures	5.48
其他有限责任公司	Limited Responsibility Company of Other Types	7.68
四、在总计中:亏损企业	**Of the Total: Loss-making Enterprises**	**-0.65**
在总计中:国有控股企业	Of the Total: State-Controlled Share Holding Enterprises	8.63
在总计中:轻工业	Of the Total: Light Industry	5.51
重工业	Heavy Industry	8.79
在总计中:大型企业	Of the Total: Large-Size Enterprises	8.14
中型企业	Medium-size Enterprises	10.23

continued

资产负债率(%) Ratio of Debts to Assets (%)	流动资产周转次数(次/年) Turnover of Working Capital (time/year)	成本费用利润率(%) Ratio of Profits to Total Costs (%)	产品销售率(%) Ratio of Sales to Gross Output Value (%)
76.73	2.56	9.05	99.76
75.36	3.09	9.74	99.48
132.41	0.81	-6.51	98.28
9.76	0.49	39.52	129.41
20.74	1.07	43.55	84.34
16.11	1.28	50.49	83.35
35.22	0.69	25.99	88.42
67.81	2.17	0.99	79.70
49.91	1.13	6.55	92.38
75.73	1.19	7.95	90.06
67.74	2.25	0.74	78.80
93.32	**1.11**	**-11.93**	**84.91**
68.44	2.28	1.77	81.93
65.59	1.08	8.26	81.71
68.63	2.26	1.67	82.76
67.90	2.29	1.20	81.05
70.57	1.61	7.35	90.38

6-11 续表2

指 标	Item	总资产贡献率(%) Ratio of Profits, Taxes and Interests to Average Assets (%)
按行业大类分	**Grouped by Sector**	
煤炭开采和洗选业	Coal Mining and Dressing	8.53
石油和天然气开采业	Petroleum and Natural Gas Extraction	
黑色金属矿采选业	Ferrous Metals Mining and Dressing	3.98
有色金属矿采选业	Nonferous Metals Mining and Dressing	12.56
非金属矿采选业	Nonmetal Minerals Mining and Dressing	
其他辅助活动	Other Auxiliary Activities	
其他采矿业	Other Minerals Mining and Dressing	
农副食品加工业	Farm Products Processing	2.92
食品制造业	Food Manufacturing	
酒、饮料和精制茶制造业	Wine,Beverages and Refined Tea Manufacturing	31.09
烟草制品业	Tobacoo Products Manfacturing	
纺织业	Textile Industry	
纺织服装、服饰业	Textile Garments Manufacturing	
皮革、毛皮、羽毛(绒)及其制品和制鞋业业	Leather, Fur, Feather and its products and Footwear	
木材加工及木、竹、藤、棕、草制造业	Timber Processing ,Bamboo,Cane ,Palm Fiber and Straw Products	
家具制造业	Furniture Manufacturing	
造纸及纸制品业	Paper Making and Paper Products	
印刷业和记录媒介的复制	Printing and Record Medium Reproduction	
文教、工美、体育和娱乐品制造业	Cultural,Educational, Sports and Entertainment Products	0.93
石油加工、炼焦及核燃料加工业	Petroleum Processing,Coking and Nuclear Fuel Processing	
化学原料及化学制品制造业	Raw Chemical Materials and Chemical Products	-0.04
医药制造业	Medical and Pharmaceutical Products	5.18
化学纤维制造业	Chemical Fiber	
橡胶和塑料制品业	Rubber and Plastic Products	
非金属矿物制品业	Nonmetal Mineral Products	14.02
黑色金属冶炼及压延加工业	Smelting and Pressing of Ferrous Metals	6.93
有色金属冶炼及压延加工业	Smelting and Pressing of Non-ferrous Metals	-0.30
金属制品业	Metal Prodcuts	
通用设备制造业	Ordinary Machinery Manufacturing	4.20
专用设备制造业	Special Purpose Equipment Manufacturing	-0.22
汽车制造业	Automobile Manufacturing Industry	2.20
铁路、船舶、航空航天和其他运输设备制造业	Railroad, Marine, Aviation and Other Transport Equipment Manufacturing Industry	10.85
电气机械及器材制造业	Electrical Machinery and Equipment Manufacturing Industry	35.43
计算机、通信设备、及其他电子设备制造业	Telecommunication Equipment,Computer and Other Electronic Product	1.22
仪器仪表制造业	Equipments and Instruments Manufacturing	
废弃资源综合利用业	Other Mafufacturing Industry	
其他制造业	Comprehensive Utilization of Waste Resources	
金属制品、机械和设备修理业	Metal products, Machinery and Equipment Repair Industry	
电力、热力的生产和供应业	Electric Power， Heat power Production and Supply	14.53
燃气生产和供应业	Gas Production and Supply	
水的生产和供应业	Tap Water Production and Supply	4.76

continued

资产负债率(%) Ratio of Debts to Assets (%)	流动资产周转次数(次/年) Turnover of Working Capital (time/year)	成本费用利润率(%) Ratio of Profits to Total Costs (%)	产品销售率(%) Ratio of Sales to Gross Output Value (%)
64.76	2.38	1.08	77.78
51.17	0.79	-3.66	84.02
24.11	2.52	10.40	153.37
73.97	0.63	0.95	79.72
34.48	8.62	17.76	97.62
89.29	0.47	-17.07	44.32
86.64	2.11	-2.85	93.92
63.63	1.11	10.59	85.08
62.60	1.96	10.12	79.14
56.00	3.70	0.62	96.85
75.00	0.72	-13.33	69.00
62.26	0.88	4.87	101.21
132.95	0.84	-4.24	95.15
72.87	0.56	2.34	92.56
80.74	1.83	1.57	101.73
68.34	1.12	31.40	117.59
116.24	0.62	0.02	101.88
86.62	5.54	8.39	100.33
71.90	0.63	0.53	100.00

6-12 工业产品产量
OUTPUT OF INDUSTRIAL PRODUCTS

产品名称		Item	2000	2005	2010	2011	2012
原 煤	(万吨)	Coal (10000 tons)	5440	8034	9403	10719	10563
炼焦用洗精煤	(万吨)	Clean Coal (10000 tons)		639.27			
煤 气	(万立方米)	Gas(10000 cu.m)	12807	15978	6960	6181	6524
发电量	(万千瓦小时)	Electricity (10000 kwh)	901703	1627048	3482523	3906466	3708165
钢	(万吨)	Steel (10000 tons)	24.74	72.03	44.44	39.75	52.69
生 铁	(万吨)	Pig Iron (10000 tons)	26.86	73.44	50.48	45.45	58.46
成品钢材	(万吨)	Steel Products (10000 tons)	0.58	19.08	8.50	2.02	1.49
铁合金	(万吨)	Ferroalloys(10000 tons)	3.78	17.15	12.38	16.16	17.00
铁矿石原矿量	(万吨)	Iron Ore(10000 tons)		58.08	223.31	287.16	367.32
焦 炭	(万吨)	Coke (10000 tons)	38.46	90.74	18.25	15.69	14.98
#机 焦		#Machine Coke	34.71	61.16	16.37	15.69	14.98
铜	(吨)	Copper (ton)		1476			
锌	(吨)	Zinc (ton)					
铝	(吨)	Aluminium (ton)					
水 泥	(万吨)	Cement (10000 tons)	204.67	304.58	407.96	647.96	658.77
水泥电杆	(万吨)	Cement Wire Pole(10000 tons)	0.39	88			
水泥管	(吨)	Cement Tube(ton)	7386	15			
水泥预制构件	(立方米)	Cement Pre-made Component(cu.m)					
平板玻璃	(万重量箱)	Plate Glass (10000 wt.cases)					
卫生陶瓷	(件)	Sanitary Ceramics Wares(unit)		482000			
釉面砖	(万平方米)	Ceramics Face Bricks(10000 sq.m)					
石棉制品	(吨)	Asbestos Product*(ton)					
砖	(万块)	Brick(10000 units)	64510	46094	57292	15555	21778
瓦	(万片)	Tile(10000 pieces)					
大理石板材	(平方米)	Marble Plate(sq.m)	15768				
花岗石板材	(平方米)	Granite Plate(sq.m)	7031	1452001	3078208	2252607	3598379
木 材	(平方米)	Timber (cu.m)					
人造板	(平方米)	Man-made Timber(cu.m)					
锯 材	(平方米)	Sawn Wood(cu.m)					
硫 酸	(吨)	Sulphuric Acid (ton)					
盐 酸	(吨)	Hydrochloric Acid(ton)		3195	10582	7523	7887
烧 碱	(吨)	Caustic Soda (ton)	2556	30672	17354	20759	18446
纯 碱	(吨)	Soda Ash (ton)	25769				
电 石	(吨)	Calcium Carbide(ton)	110049	87320			
合成氨	(吨)	Synthetic Ammonia(ton)	80645	40605			
化学肥料	(吨)	Chemical Fertilizer (ton)	65666	133834			

6-12 续表1 continued

产品名称		Item	2000	2005	2010	2011	2012
化学农药	(吨)	Chemical Pesticide (ton)					
油 漆	(吨)	Paint(ton)	2767	3920			
塑 料	(吨)	Plastics(ton)	1580	20586		553	
合成橡胶	(吨)	Synthetic Rubber(ton)	17044	21432	22247	29175	26296
染 料	(吨)	Dyestuff(ton)					
商品液氯	(吨)	Commdity Liquid Chlorine(ton)					
纯 苯	(吨)	Pure Benzene(ton)					
甲 醛	(吨)	Formaldehyde(ton)					
轮胎外胎	(万条)	Tires Cover(10000 units)					
运输带	(万平方米)	Convey Belt(10000 sq.m)					
胶 鞋	(万双)	Rubber Overshoes(10000 pairs)					
化学原料药	(吨)	Chemical Raw Medicine(ton)	5	3704	5848	4915	10409
中成药	(吨)	Traditional Chinese Patent Medicine(ton)	191	392	342		
矿山设备	(吨)	Mining Equipment(ton)		9293	40698	52490	61559
化工设备	(吨)	Equipment of Chemical Industry(ton)					
工业锅炉	(蒸发量吨)	Industrial Boiler (evaporate rate ton)		107			
内燃机	(万千瓦)	Internal Combustion Engins(10000 kw)	5	20			
金属切削机床	(台)	Metal-Cutting Machine (unit)					
锻压设备	(吨)	Forging and Pressing Equipment(ton)					
起重设备	(吨)	Hoist Equipment(ton)					
泵	(台)	Pump(unit)					
风 机	(台)	Air-Blower(unit)					
气体压缩机	(台)	Air Compressor(unit)					
轴 承	(万吨)	Bearing(10000 tons)					
小型拖拉机	(台)	Mini-Tractor(unit)					
汽 车	(辆)	Motor Vehicle(unit)					
摩托车	(辆)	Motorcycle(unit)					
交流电动机	(万千瓦)	Alternating Current Motors(10000 kw)					
变压器	(万千伏安)	Transformer(10000 kwa)	3.00	8.23	18.42	0.08	0.05
钢芯铝绞线	(吨)	Steel-cored Aluminium Twisted Wire(ton)					
电子元件	(万只)	Electric Component(10000 units)					
半导体分立器件	(万只)	Semiconductor Separate Parts(10000 units)					
化学纤维	(吨)	Chemical Fiber (ton)	13733	23666			
纱	(吨)	Yarn (ton)					
布	(万米)	Cloth (10000 m)					
印染布	(万米)	Printed and Dyed Fabric(10000 m)					

6-12 续表2 continued

产品名称		Item	2000	2005	2010	2011	2012
针棉织品折用纱	(吨)	Knitwear to Cotton Yarn Substitutes(ton)					
毛 线	(吨)	Knitting Wool(ton)					
呢 绒	(万米)	Woolen Piece Goods(10000 m)					
麻 袋	(万条)	Gunnybag(10000 units)					
丝	(吨)	Silk(ton)					
丝织品	(万米)	Silk Products(10000 m)					
机制纸及纸板	(万吨)	Machine-made Paper and Paperboard (10000 tons)					
家用洗衣机	(台)	Household Washing Machines (unit)					
表	(万只)	Watch(10000 units)					
干电池	(万只)	Dry Cell(10000 units)					
日用搪瓷制品	(吨)	Household Emamel Products(ton)					
日用陶瓷制品	(万件)	Household Ceramics(10000 units)					
日用玻璃制品	(吨)	Daily-use Glassware(ton)	8256				
铅 笔	(万只)	Pencil(10000 units)					
灯 泡	(万只)	Light Bulb(10000 units)					
合成洗涤剂	(吨)	Synthetic Detergents (10000 tons)	25492	17633			
肥 皂	(吨)	Soap(ton)					
火 柴	(万件)	Match(10000 cases)					
油 墨	(吨)	Printing Ink(ton)					
机制糖	(吨)	Machine-processed Sugar (ton)					
卷 烟	(箱)	Cigarettes (case)					
罐 头	(万吨)	Canned Food(10000 ton)	750	950			
白 酒	(千升)	Liquor (10000 tons)	9240	1026	2191	195	
啤 酒	(千升)	Beer (10000 tons)	43941	63588	173		
乳制品	(吨)	Dairy Products(ton)		1237	36700	37159	39330
味 精	(吨)	Monosodium Glutamate(ton)					
食用植物油	(吨)	Edible Vegetable Oil(ton)	1209	1403			
配混合饲料	(吨)	Mixed Beverages(ton)	12355		3840	41459	45613
塑料制品	(吨)	Plastics Products(ton)					
皮 鞋	(万双)	Leather Shoes(10000 pairs)					
日用精铝制品	(吨)	Fine Aluminum Products for Daily-use(ton)					
日用不锈钢制品	(吨)	Stainless Steel Products for Daily-use(ton)					
家 具	(万件)	Furniture(10000 units)	1.23	1.18			
服 装	(万件)	Dress(10000 units)	2.63				
布 鞋	(万双)	Cloth Shoes(10000 pairs)					
革皮服装	(万件)	Leather Cloth(10000 units)					

6-13 主要年份主要工业产品产量
OUTPUT OF MAJOR INDUSTRIAL PRODUCTS

年 份 Year	原煤 (万吨) Coal (10 000 tons)	发电量 Electricity (10000 kwh) (万千瓦小时)	钢 (吨) Steel (ton)	成品钢材 (吨) Steel Products (ton)	生 铁 (吨) Pig Iron (ton)	焦炭 (万吨) Coke (10000 tons)	电 石 (吨) Calcium Carbide (ton)	塑 料 (吨) Plastics (ton)
1965	1104	38158	10925					
1970	1325	63089	25734				20124	405
1975	2144	104195	28232				28127	1186
1980	3581	109064	35431	10016	17453		22565	1715
1985	6170	285315	35486	16342	32168		32911	4552
1990	8043	703311	33140	41569	118496		39512	5615
1995	8486	876285	28682	18461	269869	88.26	7345	899
1996	8607	859122	41512	26816	286509	103.71	85265	10581
1997	8083	800053	34407	19735	276597	96.11	88121	9611
1998	6950	909654	248719	3226	292216	80.61	97926	10235
1999	5568	882816	223326	4596	266594	58.37	101510	7279
2000	5440	901703	247396	5785	268589	38.46	110049	1580
2001	5988	835714	266598	6179	277854	67.33	120255	2729
2002	7454	862557	424943	6000	396889	40.00	129336	3533
2003	8332	979096	562158	11200	434140	65.70	107386	
2004	8431	1319880	552252	171334	489780	132.60	89366	16038
2005	8034	1627048	720349	190800	734378	90.74	87320	20586
2006	6916	1857537	798628	218350	745598	85.54	95338	26852
2007	7394	2123587	709421	188493	755857	79.89	113759	29902
2008	6770	1825846	464888	119936	482215	54.24	36292	19562
2009	7138	2642269	340139	10664	375308	25.13		
2010	9403	3482523	444392	84975	504771	18.25		
2011	10719	3906466	397575	20181	454509	15.69		533
2012	10563	3708165	526925	14954	584592	14.98		

6-13 续表1 continued

年 份 Year	水 泥 (万吨) Cement (10000 tons)	变压器 千伏安 Transformer (kwa)	硫 酸 (万吨) Sulfuric (10000 ton)	合 成 洗涤剂(吨) Synthetic Detergents (ton)	化学肥料(折有效成份100%，吨) Chemical Fertilizer (Calculated on100% effictive content， ton)			烧 碱 (吨) Caustic Sod (ton)
					合 计 Total	# 氮 肥 Nitrogenous	# 磷 肥 Phosphate	
1965	57							
1970	76				1117			
1975	88	47282		750	11522			
1980	104	38771		2003	26529			
1985	114	111351		3955	32565			
1990	131	94400		4182	43440			
1995	154	11320	7878	18234	74592			
1996	109	98250	11253	20038	72656			
1997	204	80000	9651	24567	52899	46508	6391	21671
1998	212	31755	2999	27953	59990	57749	2241	18661
1999	195	23600	3388	29368	59657	56240	3417	19354
2000	205	37131		25492	65666	59936	5730	25769
2001	229	43935		23449	109140	108873	267	25690
2002	242	50295		21481	140185	140185		26770
2003	273	49320		18608	115826	115826		
2004	456	107969		17383	147574	147574		26028
2005	305	82285		17633	133834	133834		30672
2006	393	102280		13215	141772	141772		35771
2007	365	126610		16015	122726	122726		39732
2008	172	121865		4464	89192	89192		28514
2009	161	198647		405				11474
2010	408	184169			10300	10300		17354
2011	648	810						
2012	659	509						18446

6-13 续表2 continued

年 份 Year	轴承(万套) Bearing (10000 sets)	机车(台) Locomotive (unit)	铁合金 (吨) Ferroalloys(ton)	机制纸及纸板 (吨) Machine-madePaper and Paperboard (ton)	饮料酒 (吨) Alcholic Beverages (ton)	胶鞋 (万双) Rubber- Gymshoes (10000 pairs)	合成橡胶 (吨) Synghetic Rubber (ton)	布 (万米) Cloth (10000 m)
1965		87				120		83
1970	38	251	20			192	5047	89
1975	30	216	1281			289	4439	634
1980	48	325	1682	6722	5419	221	1691	1263
1985	60	276	5202	10955	15364	427	6451	1086
1990	72	42	12466	13610	17777	392	7484	1874
1995	18	113	34725	7736	58029	62	10090	95
1996	25	138	39696	12245	69079	18	12323	47
1997	14	145	31915	8972	71435	81	15194	7
1998	5	148	20812	3149	62404	31	14429	
1999	3	139	22404	1823	63955	2	15231	
2000		139	37833		59519		17044	
2001		134	27378		54451		23756	
2002		139	16227	2323	52398		22498	
2003			27717	2362	57399		22799	
2004		87	145961				17469	
2005		97	171537		64614		21432	
2006		127	192962		65723		23717	
2007		81	244245		43612		25704	
2008		118	113234	754	29599		21514	
2009		110	79989		20332		18368	
2010		243	123846		2364		22247	
2011		356	161553		195		29175	
2012		227	170015				26296	

6-13 续表3 continued

年 份 Year	化学纤维 (吨) Chemical Fiber (10000tons)	合成氨 (吨) Synthetic Ammonia (ton)	白酒 (吨) Liquor(ton)	啤酒 (吨) Beer(ton)	树脂 (吨) Resin(ton)	糖 (吨) Sugar (ton)
1965						11207
1970						13965
1975					180	5295
1980					431	7606
1985					2127	25304
1990					3758	19101
1995	9638	102438	12639	45204	10818	20110
1996	9860	98672	21434	47335	11131	25916
1997	11112	68840	17274	53824	10105	21093
1998	10690	80969	15014	47450	69182	19702
1999	4820	76463	19712	44243	7944	20718
2000	13733	80645	9240	43941	15016	1938
2001	15770	82828	5947	48504	9641	
2002	18437	54492	2306	50092	12788	
2003	19527	51041	1145	55943	13832	
2004	22950	104750	2280	61422	16038	
2005	23666	40605	1026	63588	20586	
2006	24088	28485	866	64857	26852	23064
2007	32005	28796	1116	42496	29902	16817
2008	19674	25614	2510	27089	19562	19950
2009				20332		18337
2010				173		
2011			195		553	
2012						

主要统计指标解释

工业　从事自然资源的开采，对采掘品和农产品进行加工和再加工的物质生产部门。具体包括:(1)对自然资源的开采，如采矿、晒盐、森林采伐等(但不包括禽兽捕猎和水产捕捞)；（2）对农副产品的加工、再加工，如粮油加工、食品加工、轧花、缫丝、纺织、制革等；（3）对采掘品的加工、再加工，如炼铁、炼钢、化工生产、石油加工、机器制造、木材加工等，以及电力、自来水、煤气的生产和供应等;(4)对工业品的修理、翻新，如机器设备的修理、交通运输工具（包括小卧车）的修理等。

1984年以前农村的村及村以下办工业归属农业，1984年以后划归工业。

工业统计调查单位　工业统计调查单位分为两类：独立核算法人工业企业和工业活动单位。

（1）独立核算法人工业企业　指从事工业生产经营活动的单位。独立核算法人工业企业应同时具备以下条件：①依法成立，有自己的名称、组织机构和场所，能够承担民事责任；②独立拥有和使用资产，承担负债，有权与其他单位签订合同；③独立核算盈亏，并能够编制资产负债表。

（2）工业活动单位　指在一个场所从事一种或主要从事一种工业生产活动的经济单位。它包括独立核算工业企业按主营业务活动(即工业生产活动)划分的主营业务活动单位和非工业企业所属的工业生产活动单位(即原非独立核算工业生产单位)。工业活动单位，一般应同时具备以下三个条件：①具有一个场所，从事一种或主要从事一种工业活动；②单独组织工业生产、经营或业务活动；③单独核算收入和支出。
本年鉴中涉及的企业登记注册类型：

国有控股企业　国有企业和国有控股企业。国有企业（即过去的全民所有制工业或国营工业）是指企业全部资产归国家所有，并按《中华人民共和国企业法人登记管理条例》规定登记注册的非公司制的经济组织。包括国有企业、国有独资公司和国有联营企业。1957年以前的公私合营和私营工业，后均改造为国营工业，1992年改为国有工业，这部分工业的资料不单独分列时，均包括在国有企业内。国有控股企业是对混合所有制经济的企业进行的“国有控股”分类。它是指这些企业的全部资产中国有资产（股份）相对其他所有者中的任何一个所有者占资（股）最多的企业。该分组反映了国有经济控股情况。

集体企业　企业资产归集体所有，并按《中华人民共和国企业法人登记管理条例》规定登记注册的经济组织。是社会主义公有制经济的组成部分。包括城乡所有使用集体投资举办的企业，以及部分个人通过集资自愿放弃所有权并依法经工商行政管理机关认定为集体所有制的企业。

股份有限公司　根据《中华人民共和国企业法人登记管理条例》规定登记注册，其全部注册资本由等额股份构成并通过发行股票筹集资本，股东以其认购的股份对公司承担有限责任，公司以其全部资产对其债务承担责任的经济组织。

港、澳、台商投资企业　企业注册登记类型中的港、澳、台资合资、合作、独资经营企业和股份有限公司之和。

外商投资企业　企业注册登记类型中的中外合资、合作经营企业、外资企业和外商投资股份有限公司之和。

本年鉴中主要年份工业企业单位数涉及的名称为"其他"的企业　指除国有企业、集体企业以外的其他类型工业企业（单位）。包括股份合作企业、联营企业、私营企业、股份有限公司、有限责任公司；外商投资企业（中外合资经营、中外合作经营、外资企业）；港、澳、台投资企业（与大陆合资经营、与大陆合作经营、港、澳、台独资企业）及其他企业。

轻工业　主要提供生活消费品和制作手工工具的工业。按其所使用的原料不同，可分为两大类:(1)以农产品为原料的轻工业，是指直接或间接以农产品为基本原料的轻工业。主要包括食品制造、饮料制造、烟草加工、纺织、缝纫、皮革和毛皮制作、造纸以及印刷等工业；（2）以非农产品为原料的轻工业，是指以工业品为原料的轻工业。主要包括文教体育用品、化学药品制造、合成纤维制造、日用化学制品、日用玻璃制品、日用金属制品、手工工具制造、医疗器械制造、文化和办公用机械制造等工业。

重工业 指为国民经济各部门提供物质技术基础的主要生产资料的工业。按其生产性质和产品用途，可以分为下列三类：（1）采掘工业，是指对自然资源的开采，包括石油开采、煤炭开采、金属矿开采、非金属矿开采和木材采伐等工业；（2）原材料工业，指向国民经济各部门提供基本材料、动力和燃料的工业。包括金属冶炼及加工、炼焦及焦炭、化学、化工原料、水泥、人造板以及电力、石油和煤炭加工等工业；（3）加工工业，是指对工业原材料进行再加工制造的工业。包括装备国民经济各部门的机械设备制造工业、金属结构、水泥制品等工业，以及为农业提供的生产资料如化肥、农药等工业。

根据上述划分原则，修理业中以重工业产品为修理作业对象的划为重工业，反之划为轻工业。从2003年起轻、重工业内部不再细划分。

工业总产值 是以货币表现的工业企业在一定时期内生产的已出售或可供出售工业产品总量，它反映一定时间内工业生产的总规模和总水平。它包括：在本企业内不再进行加工，经检验、包装入库(规定不需包装的产品除外)的成品价值，对外加工费收入，自制半成品、在产品期末初差额价值。工业总产值采用“工厂法”计算，即以工业企业作为一个整体，按企业工业生产活动的最终成果来计算，企业内部不允许重复计算，不能把企业内部各个车间（分厂）生产的成果相加。但在企业之间、行业之间、地区之间存在着重复计算。

轻重工业总产值的划分也是按"工厂法"计算的，即一个工业企业在正常情况下生产的主要产品的性质属于轻工业，则该企业的全部工业总产值作为轻工业总产值，生产的主要产品的性质属于重工业，则该企业的全部总产值作为重工业总产值。

工业增加值 指工业企业在报告期内以货币表现的工业生产活动的最终成果。

资产合计 企业拥有或控制的能以货币计量的经济资源。包括各种财产、债权和其他权利。资产按其流动性划分为流动资产、长期投资、固定资产、无形及递延资产和其他资产。

（1）流动资产 企业可以在一年内或者超过一年的一个生产周期内变现或耗用的资产合计。包括现金及各种存款、短期投资、应收及预付款项、存货等。

（2）固定资产 企业固定资产净值、固定资产清理、在建工程、待处理固定资产损失所占用的资金合计。

负债合计 企业承担的能以货币计量，将以资产或劳务偿付的债务。负债一般按偿还期长短分为流动负债和长期负债、递延税项等。

流动负债 企业在一年内或者超过一年的一个营业周期内需要偿还的债务合计，其中包括短期借款、应付及预收款项、应付工资、应交税金和应交利润等。

所有者权益 企业投资人对企业净资产的所有权。企业净资产等于企业全部资产减去全部负债后的余额，其中包括投资者对企业的最初投入，以及资本公积金、盈余公积金和未分配利润，股份制企业即为股东权益。

固定资产原价 企业在建造、购置、安装、改建、扩建、技术改造某项固定资产时所支出的全部货币总额。它一般包括买价、包装费、运杂费和安装费等。

流动资产 是指可以在一年或者超过一年的一个营业周期内变现或者耗用的资产，包括现金及各种存款、短期投资、应收及预付货款、存货等。

主营业务收入 企业销售产品和提供劳务等主要经营业务取得的业务总额。

主营业务成本 企业销售产品和提供劳务等主要经营业务的实际成本。

主营业务税金及附加 企业销售产品和提供工业性劳务等主要经营业务应负担的城市维护建设税、消费税、资源税和教育费附加。

利润总额 企业在生产经营过程中各种收入扣除各种耗费后的盈余，反映企业在报告期内实现的亏盈总额，包括营业利润、补贴收入、投资净收益和营业外收支净额。

应交增值税 企业按税法规定，从事货物销售或提供加工、修理修配劳务等增加货物价值的活动报告期应交纳的增值税额。计算工式为：

应交增值税=销项税额-（进项税额-进项税额转出）-出口抵减内销产品应纳税额-减免税款+出口退税

总资产贡献率 映企业全部资产的获利能力，是企业经营业绩和管理水平的集中体现，是评价和考核企业盈利能力的核心指标。计算公式为：

总资产贡献率（%）=（利润总额+税金总额+利息支出）/平均资产总额×100%

资产负债率　指标既反映企业经营风险的大小，也反映企业利用债权人提供的资金从事经营活动的能力。计算公式：

资产负债率（%）=负债总额/资产总额×100%

工业成本费用利润率　在一定时期内实现的利润与成本费用之比，是反映工业生产成本及费用投入的经济效益指标，同时也是反映降低成本的经济效益的指标。计算公式为：

工业成本费用利润率（%）=利润总额/成本费用总额×100%

产品销售率　指报告期工业销售产值与同期工业总产值之比，是反映工业产品已实现销售的程度，分析工业产销衔接情况，研究工业产品满足社会需求程度的指标。计算公式为：

产品销售率（%）=工业销售产值/工业总产值×100%

亏损面　指亏损企业单位数占全部工业企业单位数的比重。计算公式为：

亏损面（%）=亏损企业单位数/全部工业企业单位数×100%。

人均实现利税　指全部从业人员年均实现的利税总额。计算公式为：

人均实现利税=利税总额/全部从业人员

Explanatory Notes on Main Statistical Indicators

Industry refers to the material production sector which is engaged in extraction of natural resources and processing and reprocessing of minerals and agricultural products, including (1) extraction of natural resources, such as mining, salt production, logging (but not including hunting and fishing); (2) processing and reprocessing of farm and sideline produces, such as rice husking, flour milling, wine making, oil pressing, cotton ginning, silk reeling, spinning and weaving, and leather making; (3) manufacture of industrial products, such as steel making, iron smelting, chemicals manufacturing, petroleum processing, machine building, timber processing; water and gas production and electricity generation and supply; (4)repairing of industrial products such as the repairing of machinery and means of transport (including cars).

Prior to 1984, the rural industry run by villages and cooperative organizations under village was classified into agriculture. Since 1984, it has been grouped into industry.

Units of Industrial Statistics and Inquiry they are classified into two categories corporate industrial enterprises with independent accounting system and industrial establishments.

(1) Corporate industrial enterprises with independent accounting system refer to enterprises engaging in industrial production activities, which meet the following requirements: ①They are established legally, having their own names, organizations, location, able to take civil liability; ②They possess and use their assets independently, assume liabilities, and are entitled to sign contracts with other units; ③They are financially independent and compile their own balance sheets.

(2) Industrial establishments refer to economic units which located in one single place and engaged entirely or primarily in one kind of industrial activity, including financially independent industrial enterprises and units engaged in industrial activities under the non industrial enterprises (or financially dependent). Industrial establishments generally meet the following requirements: ① They have each one location and are engaged in one kind of industrial activity each; ② They operate and manage their industrial production activities separately; ③ They have accounts of income and expenditures separately.

types of registeration status concerned in this yearbook:

State–holding enterprises refer to state–owned enterprises and the enterprises which state holds majority shares. State–owned enterprises (industry ownership by the whole people or state–run industry) refers to non–corporation economic units, where the entire assets are owned by the state and which have registered in accordance with the Regulation of the People Republic of China on the Management of Registration of Corporate Enterprises, including the state–owned enterprise, sole state–funded corporation and state–owned joint ownership enterprise. Joint state–private industries and private industries, which existed before 1957, have been transformed into state–run industries. Since 1992, those were named state–owned industries. Statistics on these enterprises has been included in the state–industries since 1957 when separation of data was no longer necessary.

Collective–owned enterprises refers to industrial enterprises where the means of production are owned collectively including urban and rural enterprises invested by collectives and some enterprises which were formerly owned privately but have been registered in industrial and commercial administration agency as collective units through raising fund from the public.

Share–holding corporations ltd. refer to economic units registered in accordance with the regulation of the people's republic of china on the management of registration of corporate enterprises with total registered capitals divided into equal shares and raised through issuing stocks. each investor hears limited liability to the corporation depending on the holding of shares and the corporation bears liability to its debt to the maximum of its total assets.

Enterprises Funded by Hongkong, Macao and Taiwan refer to all industrial enterprises as the joint–venture, cooperative, sole investment industrial enterprises and limited liability corporations with funds from Hongkong, Macao and Taiwan.

Foreign Funded Enterprises refer to all industrial enterprises registered as the joint–venture, cooperative, sole investment industrial enterprises and limited liability corporations with foreign funds.

Other Enterprises refer to other types of industrial enterprises or units except for state–owned enterprises and collective enterprises, including share holding cooperative enterprises, joint–venture enterprises, private enterprises, share holding limited enterprises, foreign funded enterprises, enterprises funed by Hongkong, Macao and Taiwan and other enterprises.

Light Industry refers to the industry that produces consumer goods and hand tools. It consists of two categories depending on the materials used:

(1) Industries using farm products as raw materials. These are branches of light industry which directly or indirectly use farm products as basic raw materials, including the manufacture of food and beverages, tobacco processing, textile, clothing, fur and leather manufacturing, paper making, printing, etc.

(2) Industries using non farm products as raw materials. These are branches of light industry which use manufactured goods as raw materials, including the manufacture of cultural, educational articles and sports goods chemicals synthetic fiber chemical products for daily use glass products for daily use metal products for daily use hand tools medical apparatus and instruments and the manufacture of cultural and clerical machinery.

Heavy Industry refers to the industry which produces capital goods and provides various sectors of the national economy with necessary material and technical basis. It consists of the following three branches according to the purpose of production or the use of products:

(1) Mining and quarrying industry refers to the industry that extracts natural resources including extraction of petroleum coal metal and non–metal ores and logging.

(2) Raw materials industry refers to the industry that provides various sectors of the national economy with raw materials fuels and power. it includes smelting and processing of metals coking and coke chemistry chemical materials and building materials such as cement plywood and power petroleum refining and coal dressing.

(3) Manufacturing industry refers to the industry that processes raw materials. It includes machine building industry which equips sectors of the national economy industries of metal structure and cement products industries producing means of agricultural production such as chemical fertilizers and pesticides.

According to the above principle of classification the repairing trades which are engaged primarily in repairing products of heavy industry are classified into heavy industry while these engaged in repairing products of light industry are classified into light industry.It is not divided further in the interior of light industry and heavy industry from 2003.

Gross Industrial Output Value is the total volume of industrial products sold or available for sale in value terms which reflects the total achievements and overall scale of industrial production during a given period. It includes the value of the finished products which are not to be further processed in the enterprises and have been inspected packed and put in storage the value of industrial services rendered to other units and the changes in the value of the semi – finished products and products in process between the beginning and closing of the period. the gross industrial output value is calculated with factory method. No double calculations are to be made within the same enterprise. However double counting does occur among different enterprises.

Output value of light and heavy industries is also classified with the factory method. under normal conditions if the major products of an industrial enterprise belong to light industry products the gross output value of that enterprise is classified wholly into light industry; the same principle applies to heavy industry.

Value–added of Industry refers to the final results of industrial production of the industrial trade in money terms during the reference period.

Total Assets refer to all economic resources owned or controlled by enterprises that could be measured in monetary terms including properties creditor equity and other economic rights of all forms. classified by the degree of equitability total assets include circulating assets long term investment fixed assets intangible assets and deferred assets and other assets.

(1)Circulating assets (working capital) refers to assets which can be cashed in or spent or consumed in an operating cycle of one year or over one year including cash all kinds of deposits short term investment receivables advance payment stock etc.

(2)Fixed assets refers to the net value of fixed assets clearance of fixed assets project under construction fixed assets losses in suspense. these are corporations fund holdings.

Total Liabilities refers to the debts measured in monetary terms that enterprises are responsible for repayment in the form of cash assets or labor. Classified by terms of repayment liability include liquid liabilities and long–term liabilities.

Liquid liabilities (also called quick liabilities or immediate liabilities) refers to enterprises total debt payable within an operating cycle of one year or over one year, including short term loans, payables and advance payments, wage payable, taxes payable and profit payable,etc.

Creditors' Equity refers to investors ownership of net assets of the enterprise. It is equal to the total assets of the enterprise minus its total liabilities, including the primary input from investors, capital accumulation fund, surplus accumulation fund and undistributed profit. it is the shareholders equity in share – holding companies.

Original Value of Fixed Assets refers to the original value of all fixed assets owned by industrial enterprises calculated the cost paid at the time of purchase installation reconstruction expansion and technical innovation and transformation of at the said assets which includes expenses on purchase package transportation and installation etc. Circulating Assets refers to assets which can be cashed in or spent or consumed in an operating cycle of one year or over one year which includes cash various deposits short term investment and receivable payments and advance payments stock etc.

Sales Revenue of Major Business refers to the revenue from the sales of products by industrial enterprises and the revenue from services provided and etc.

Sales Cost of Major Business refers to the actual cost of products of industrial enterprises and industrial services provided etc.

Tax and Extra Charges on Major Business refer to the tax on city maintenance and construction consumption tax resources tax and extra charges for education which should be borne by the enterprises in selling products and providing industrial services.

Total Profits refer to the surplus gained by enterprises by deducting costs from all kinds of revenues in business, which reflects the total profits and losses of enterprises in reporting period, including business profits, subsidy revenue, net investment profit and net amount of non–business revenue and expenditure.

Value–added Tax Payable refers to the amount of value–added tax which should be paid by enterprises which are engaged in value–added activities such as goods saling, processing and repairing according to the tax laws of enterprise. It is calculated as follows.

Value–added Tax Payable=Tax on Sales–(Tax on Purchase–Transferred Tax on Purchase)–Tax Payable for the Exported Goods Sold on the Domestic Market–Derated Tax+ Export Rebate.

Ratio of Profits, Taxes and Interests to Average Assets reflects the profit–making capability of all assets of the enterprise and is a key indicator manifesting the performance and management and evaluating the profit–making potential of the enterprise. It is calculated as follows:

Ratio of profits taxes and interests to average assets (%) = [(Total profits + total Taxes + interest payment) ÷ average assets] × 100%

Ratio of Debts to Assets reflect both the operation risk and the capability of the enterprise in making use of the capital from the creditors. It is calculated as follows:

Ratio of debts to assets (%) = (Total debts ÷ total assets) × 100%

Ratio of Profits to Total Industrial Costs refers to the ratio of profits realized in a given period to the total costs in the same period, which reflects the economic efficiency of input cost and is calculated as follows:

Ratio of Profits to Total Industrial Cost(%)=(Total Profits ÷ Total Costs) × 100%

Ratio of Sales to Gross Output Value refers to the sales of industrial products to the gross industrial output value during the reference period and is important in reflecting the linkage between production and sales and the extent of the needs of the society that has been met by the supply of industrial products. It is calculated as follows:

Ratio of Sales to Gross Output Value=Industrial sales ÷ Gross industrial output value (at current prices) × 100%
Range of Deficits refers to the proportion of lossing enterprises in the number of all industrial enterprises.The formular is as follows:

Range of Deficits(%)= (Number of Lossing enterprises ÷ Number of All Industrial Enterprises) × 100%

Per Capita Pre–tax Profits refers to the total pre–tax profits that total employees get per year.The formula is as follows:

Per Capita Pre–tax Profits(%)= (Total Pre–tax Profits ÷ Total Employees) × 100%

07

建筑业

CONSTRUCTION

2013 大同统计年鉴
DA TONG STATISTICAL YEARBOOK

资料整理人员

吴　钧　李　佳　李　英　郭云霞　董　刚

建筑业
CONSTRUCTION

建筑业企业单位数	Number of Construction Enterprises	171	个 (unit)
建筑业企业竣工产值	Completed Output Value of Costruction	55.46	万元 (10 000 yuan)
建筑业企业房屋建筑竣工面积	Floor space of Buildings Completed	228	万平方米 (10 000sp · m)

建筑业企业总产值（亿元）

Total Output Value of Construction Enterprises (100 million yuan)

7-1 建筑施工企业主要经济指标

MAJOR ECONOMIC INDICATORS OF CONSTRUCTION ENTERPRISES

指　　标	Item	2012
施工企业个数(个)	Number of Construction Enterprises (unit)	171
计算劳动生产率平均人数(万人)	Average Staff and Workers (10 000 persons)	6
期末从业人数(万人)	Employees at the Year End (10 000 persons)	4
固定资产原价(万元)	Original Value of Fixed Assets (10 000 yuan)	163891
固定资产合计(万元)	Total Fixed Assets (10 000 yuan)	1369395
自有机械设备总台数(台)	Number of Machinery and Equipment Owned (set)	8909
自有机械设备净值(万元)	Net Value of Machinery and Equipment Owned (10 000 yuan)	27847
自有机械设备总功率(万千瓦)	Total Power of Machinery and Equipment Owned (10 000 kw)	16
建筑业总产值 (万元)	Output Value of Construction (10 000 yuan)	1270675
竣工产值 (万元)	Output Value of Buildings Completed (10 000 yuan)	554589
固定资产本年折旧(万元)	Depreciation of Fixed Assets (10 000 yuan)	7111
施工面积 (万平方米)	Floor Space of Buildings Under Construction (10 000 sq.m)	721
竣工面积 (万平方米)	Floor Space of Buildings Completed (10 000 sq.m)	228
营业利润 (万元)	Profits of Business (10 000 yuan)	12167
管理费用 (万元)	Costs of Administration (10 000 yuan)	51051
利润总额 (万元)	Total Profits (10 000 yuan)	11627
上缴税金 (万元)	Tax Turned Over to the State (10 000 yuan)	44981
按施工产值计算的全员劳动生产率(元/人)	Overall Labor Productivity In Terms of Output Value (yuan/person)	257003
实收资本金(万元)	Capitals Hold (10 000 yuan)	368379
资产总计 (万元)	Total Assets (10 000 yuan)	1369395
负债合计 (万元)	Total Liabilities (10 000 yuan)	1070759
所有者权益合计 (万元)	Total Creditors Quity (10 000 yuan)	298636
竣工率(按产值计算) (%)	Rate of Completed (By Output Value) (%)	44
技术装备率(元/人)	Value of Machines per Laborer (yuan/person)	
动力装备率(千瓦/人)	Power of Machines per Laborer (kw/person)	3
资产负债率(%)	Ratio of Debts to Assets (%)	78
产值利润率(%)	Ratio of Profit to Gross Output Value (%)	1

7-2 建筑业企业总产值和竣工产值(2012年)

GROSS OUTPUT VALUE AND COMPLETED VALUE OF CONSTRUCTION ENTERPRISES(2012)

单位:万元 (10 000 yuan)

指标	Item	建筑业总产值 Total Output Value	#建筑工程 Construction	#安装工程 Installation	竣工产值 Output Value of Building Completed
总计	**Total**	**1270675**	**1059223**	**188332**	**554589**
#国有及国有控股	State Owned and State Controlling Share	608949	545924	53087	186317
按登记注册类型分组	**Grouped by Registered Kind**				
内资企业	Civil Funded Enterprises	1270675	1059223	188332	554589
国有企业	State-owned Enterprises	284975	229375	46534	113449
集体企业	Collective-owned Enterprises	26775	24109	650	22825
股份合作企业	Share Cooperative Enterprises				
联营企业	Joint Ownership Enterprises				
有限责任公司	Limited Responsibility Corporations	475660	436252	33377	145506
国有独资公司	Company Exclusively with Investment from State	270458	264974	5484	22306
其他有限责任公司	Other Limited Responsibility Company	205202	171277	27893	123200
股份有限公司	Share-holding Limited Corporations				
私营企业	Private-owned Enterprises	482005	368610	107389	272809
私营独资企业	Enterprise Exclusively with Investment from Private				
私营合伙企业	Private Partnership Enterprises				
私营有限责任公司	Private Limited Responsibility Corporations	481185	367790	107389	271989
私营股份有限公司	Private Share-holding Limited Corporations	820	820		820
其他企业	Other Enterprises	1260	877	382	
港、澳、台商投资企业	Enterprises Funded by HongKong, Macao and Taiwan				
外商投资企业	Foreign Funded Enterprises				
按国民经济行业分组	**Grouped by Economic Sector**				
房屋和土木工程建筑业	Housing and Civil Engineering Construction	1196832	1037054	140044	512359
房屋工程建筑	Housing	819356	733480	79396	326660
土木工程建筑	Civil Engineering	377476	303574	60648	185699
建筑安装业	Building Installation	50037	8268	38759	29862
建筑装饰业	Building Fiting and Decoration	19780	11226	8178	9775
其他建筑业	Other Construction	4026	2675	1351	2593
按隶属关系分组	**Grouped by Subordination**				
#中央	Central	185487	133385	45109	85648
省	Province	385756	377372	8384	81546
地区	Prefecture	148798	119226	24577	78831
县	County	25835	19666	1096	17958
按企业资质等级分组	**Grouped by Grades**				
施工总承包	Overall Contract	1179167	1034325	124965	508598
专业承包	Specialized Contract	91508	24898	63367	45991

7-3 按主要用途分的房屋建筑竣工面积(2012年)

单位: 平方米

指　　标	Item	总　计 Total	厂房、仓库 Factory Building and Warehouse
总　　计	**Total**	**2275623**	**133904**
#国有及国有控股	State Owned and State Controlling Share	221900	35399
按登记注册类型分组	**Grouped by Registered Kind**		
内资企业	Civil Funded Enterprises	2275623	133904
国有企业	State-owned Enterprises	26983	13928
集体企业	Collective-owned Enterprises	59598	8200
股份合作企业	Share Cooperative Enterprises		
联营企业	Joint Ownership Enterprises		
有限责任公司	Limited Responsibility Corporations	714152	44571
国有独资公司	Company Exclusively with Investment from State	146247	21471
其他有限责任公司	Other Limited Responsibility Company	567905	23100
股份有限公司	Share-holding Limited Corporations		
私营企业	Private-owned Enterprises	1474890	67205
私营独资企业	Enterprise Exclusively with Investment from Private		
私营合伙企业	Private Partnership Enterprises		
私营有限责任公司	Private Limited Responsibility Corporations	1469424	67205
私营股份有限公司	Private Share-holding Limited Corporations	5466	
其他企业	Other Enterprises		
港、澳、台商投资企业	Enterprises Funded by HongKong, Macao and Taiwan		
外商投资企业	Foreign Funded Enterprises		
按国民经济行业分组	**Grouped by Economic Sector**		
房屋和土木工程建筑业	Housing and Civil Engineering Construction	2273204	133904
房屋工程建筑	Housing	2239049	119976
土木工程建筑	Civil Engineering	34155	13928
建筑安装业	Building Installation	2419	
建筑装饰业	Building Fiting and Decoration		
其他建筑业	Other Construction		
按隶属关系分组	**Grouped by Subordination**		
中　央	Central	13928	13928
省	Province	177047	22002
地　区	Prefecture	432185	5300
县	County	110033	
按企业资质等级分组	**Grouped by Grades**		
施工总承包	Overall Contract	2274123	133904
专业承包	Specialized Contract	1500	

FLOOR SPACE OF HOUSES COMPLETED BY MAJOR USE(2012)

(sq.m)

住 宅 Housing	办公用房 Office	批发和零售用 房 Wholesale nd Retail	住宿和餐饮用 房 Lodging and Catering	居民服务业用 房 Residential Services	教育用房 Education	文化、体育和娱乐用房 Culture, Sports and Recreation	卫生医疗用 房 Public Health	科研用房 Science Research	其他用房 Others
1827076	60202			21424	58016	3333	2351		24496
90817	26956				21065	3333	1341		11420
21424	60202			21424	58016	3333	2351		24496
	5300				11135				1900
	28816				22968	3333	2351		16696
	19193				11000	3333	917		
	9623				11968		1434		16696
21424	26086			21424	23913				5900
21240	26086			21424	23913				5900
1827076	57783			21424	58016		2351		24496
1811777	57783			21424	58016		2351		24496
15299									
	2419								
100587	19193				11000	3333	917		
420097	1860								
52994	13063				22187		424		11420
1825576	60202			21424	58016	3333			24496
1500									

7-4 按主要用途分的房屋建筑竣工价值(2012年)

单位:万元

指　标	Item	总　计 Total	厂房、仓库 Factory Building and Warehouse
总　计	**Total**	**275816**	**23311**
#国有及国有控股	State Owned and State Controlling Share	32630	23311
按登记注册类型分组	**Grouped by Registered Kind**		
内资企业	Civil Funded Enterprises	275816	23311
国有企业	State-owned Enterprises	5062	3632
集体企业	Collective-owned Enterprises	6770	1303
股份合作企业	Share Cooperative Enterprises		
联营企业	Joint Ownership Enterprises		
有限责任公司	Limited Responsibility Corporations	71329	8412
国有独资公司	Company Exclusively with Investment from State	22306	5460
其他有限责任公司	Other Limited Responsibility Company	49022	2952
股份有限公司	Share-holding Limited Corporations		
私营企业	Private-owned Enterprises	192655	9964
私营独资企业	Enterprise Exclusively with Investment from Private		
私营合伙企业	Private Partnership Enterprises		
私营有限责任公司	Private Limited Responsibility Corporations	191835	9964
私营股份有限公司	Private Share-holding Limited Corporations	820	
其他企业	Other Enterprises		
港、澳、台商投资企业	Enterprises Funded by HongKong, Macao and Taiwan		
外商投资企业	Foreign Funded Enterprises		
按国民经济行业分组	**Grouped by Economic Sector**		
房屋和土木工程建筑业	Housing and Civil Engineering Construction	275367	23311
房屋工程建筑	Housing	269346	19679
木工程建筑	Civil Engineering	6021	3632
建筑安装业	Building Installation	449	
建筑装饰业	Builing Fiting and Decoration		
其他建筑业	Other Construction		
按隶属关系分组	**Grouped by Subordination**		
中　央	Central	3632	3612
省	Province	25265	5732
地　区	Prefecture	32826	1040
县	County	12020	263
按企业资质等级分组	**Grouped by Grades**		
施工总承包	Overall Contract	275526	23311
专业承包	Specialized Contract	290	

VALUE OF HOUSES COMPLETED BY MAJOR USE(2012)

(10 000 yuan)

住 宅 Housing	办公用房 Office	批发和零售用 房 Wholesale nd Retail	住宿和餐饮用 房 Lodging and Catering	居民服务业用 房 Residential Services	教育用房 Education	文化、体育和娱乐用房 Culture, Sports and Recreation	卫生医疗用 房 Public Health	科研用房 Science Research	其他用房 Others
214725	**8312**				**8674**	**663**	**391**		**3048**
10847	4141				2045	663	191		1142
214725	8312				8674	663	391		3048
508									
298	320				1954				209
48961	4271				2343	663	391		2142
8766	3071				936	663	127		
40195	1200				1407		264		2142
162272	3721				4377				697
					4377				697
162272	3721								
214725	7863				8674	663	391		3048
212698	7863				8674	663	391		3048
2027									
	449								
11453	3071				936	663	128		
31294	130								
5105	1390				3192		64		1142
214435	8312				8674	663	391		3048
290									

7-5 建筑业企业房屋建筑面积(2012年)

BUILDING FLOOR SPACE OF CONSTRUCTION ENTERPRISES(2012)

单位: 平方米　　(sq.m)

指　标	Item	房屋建筑施工面积 Floor Space of Buildings Under Construction	#本年新开工面积 Floor Space of Started This Year	#投标承包的面积 Floor Space of Enter a Bid Contract
总　计	**Total**	**7213655**	**2894566**	**5890145**
#国有及国有控股	State Owned and State Controlling Share	2476070	660972	2423893
按登记注册类型分组	**Grouped by Registered Kind**			
内资企业	Civil Funded Enterprises	7213655	2894566	5890145
国有企业	State-owned Enterprises	62749	47036	49694
集体企业	Collective-owned Enterprises	100932	77382	66132
股份合作企业	Share Cooperative Enterprises			
联营企业	Joint Ownership Enterprises			
有限责任公司	Limited Responsibility Corporations	3448818	1250839	3088756
国有独资公司	Company Exclusively with Investment from State	2328643	531417	2328643
其他有限责任公司	Other Limited Responsibility Company	1120175	719422	760113
股份有限公司	Share-holding Limited Corporations			
私营企业	Private-owned Enterprises	3441156	1504809	2671063
私营独资企业	Enterprise Exclusively with Investment from Private			
私营合伙企业	Private Partnership Enterprises			
私营有限责任公司	Private Limited Responsibility Corporations	3435690	1504809	2671063
私营股份有限公司	Private Share-holding Limited Corporations	5466		
其他企业	Other Enterprises	160000	14500	14500
港、澳、台商投资企业	Enterprises Funded by HongKong, Macao and Taiwan			
外商投资企业	Foreign Funded Enterprises			
按国民经济行业分组	**Grouped by Economic Sector**			
房屋和土木工程建筑业	Housing and Civil Engineering Construction	7211236	2892147	5890145
房屋工程建筑	Housing	7123570	2819168	5834207
土木工程建筑	Civil Engineering	87666	72979	55938
建筑安装业	Building Installation	2419	2419	
建筑装饰业	Building Fiting and Decoration			
其他建筑业	Other Construction			
按隶属关系分组	**Grouped by Subordination**			
中　央	Central	31494	21308	31494
省	Province	2359443	562217	2328643
地　区	Prefecture	910409	396838	720560
县	County	180515	156906	108097
按企业资质等级分组	**Grouped by Grades**			
施工总承包	Overall Contract	7208247	2890658	5886237
专业承包	Specialized Contract	5408	3908	3908

7-6 建筑业企业机械设备情况(2012 年)

MACHINARY AND EQUIPMENT OF CONSTRUCTION ENTERPRISES(2012)

指 标	Item	自有机械设备净值(万元) Total Power of Machinery and Equipment Owned (10 000 yuan)	自有机械设备年末总台数(台) Number of Machinery and Equipment Owned(unit)	自有机械设备年末总功率(千瓦) Total Power of Machinery and Equipment Owned(kw)
总 计	**Total**	**27847**	**8909**	**161410**
#国有及国有控股	State Owned and State Controlling Share	13762	3874	81500
按登记注册类型分组	**Grouped by Registered Kind**			
内资企业	Civil Funded Enterprises	27846	8909	161410
国有企业	State-owned Enterprises	8425	3249	53104
集体企业	Collective-owned Enterprises	574	592	2632
股份合作企业	Share Cooperative Enterprises			
联营企业	Joint Ownership Enterprises			
有限责任公司	Limited Responsibility Corporations	9607	1351	55333
国有独资公司	Company Exclusively with Investment from State	183	187	12355
其他有限责任公司	Other Limited Responsibility Company	9423	1164	42978
股份有限公司	Share-holding Limited Corporations			
私营企业	Private-owned Enterprises	9241	3717	50341
私营独资企业	Enterprise Exclusively with Investment from Private			
私营合伙企业	Private Partnership Enterprises			
私营有限责任公司	Private Limited Responsibility Corporations	9073	3692	48341
私营股份有限公司	Private Share-holding Limited Corporations	168	25	2000
其他企业	Other Enterprises			
港、澳、台商投资企业	Enterprises Funded by HongKong, Macao and Taiwan			
外商投资企业	Foreign Funded Enterprises			
按国民经济行业分组	**Grouped by Economic Sector**			
房屋和土木工程建筑业	Housing and Civil Engineering Construction	26445	8479	151546
房屋工程建筑	Housing	10624	3960	64093
土木工程建筑	Civil Engineering	15821	4519	87453
建筑安装业	Building Installation	483	242	8787
建筑装饰业	Building Fiting and Decoration	919	188	1077
其他建筑业	Other Construction			
按隶属关系分组	**Grouped by Subordination**			
中 央	Central	3113	478	14497
省	Province	9419	2696	55440
地 区	Prefecture	2184	1022	17814
县	County	1776	729	7464
按企业资质等级分组	**Grouped by Grades**			
施工总承包	Overall Contract	26196	8440	152822
专业承包	Specialized Contract	1651	469	8588

7-7 建筑业企业劳动生产率(2012年)

LABOUR PRODUCTIVITY OF CONSTRUCTION ENTERPRISES(2012)

指　标	Item	企业个数(个) Number of Enterprises (unit)	计算劳动生产率的平均人数(人) Employees (person)	按总产值计算的劳动生产率(元/人) Overall Labor Productivity in Terms of Total Output Value (yuan/person)	人均竣工产值(元/人) Per Capita Output Value of Buildings Completed (yuan/person)
总　计	**Total**	**215**	**58242**	**218172**	**95221**
#国有及国有控股	State Owned and State Controlling Share	21	20990	290114	88764
按登记注册类型分组	**Grouped by Registered Kind**				
内资企业	Civil Funded Enterprises	215	58242	218172	95221
国有企业	State-owned Enterprises	14	12370	230376	91713
集体企业	Collective-owned Enterprises	17	2723	98329	83822
股份合作企业	Share Cooperative Enterprises				
联营企业	Joint Ownership Enterprises				
有限责任公司	Limited Responsibility Corporations	42	16212	293400	89752
国有独资公司	Company Exclusively with Investment	1	5645	479110	39514
其他有限责任公司	Other Limited Responsibility Company	41	10567	194191	116589
股份有限公司	Share-holding Limited Corporations				
私营企业	Private-owned Enterprises	141	26883	179297	26883
私营独资企业	Enterprise Exclusively with Investment				
私营合伙企业	Private Partnership Enterprises				
私营有限责任公司	Private Limited Responsibility Corporations	140	26785	179647	101545
私营股份有限公司	Private Share-holding Limited Corporations	1	98	83673	83673
其他企业	Other Enterprises	1	54	233333	
港、澳、台商投资企业	Enterprises Funded by HongKong, Macao and Taiwan				
外商投资企业	Foreign Funded Enterprises				
按国民经济行业分组	**Grouped by Economic Sector**				
房屋和土木工程建筑业	Housing and Civil Engineering Construction	133	53064	225545	96554
房屋工程建筑	Housing	104	35423	231306	92216
土木工程建筑	Civil Engineering	29	17641	213976	105265
建筑安装业	Building Installation	25	2916	171594	102407
建筑装饰业	Building Fiting and Decoration	51	1688	117180	57908
其他建筑业	Other Construction	6	574	70139	45174
按隶属关系分组	**Grouped by Subordination**				
中　央	Central	5	7707	240673	111130
省	Province	6	10411	370527	78326
地　区	Prefecture	31	8753	169997	90061
县	County	15	2236	115541	80313
按企业资质等级分组	**Grouped by Grades**				
施工总承包	Overall Contract	131	52167	226037	97494
专业承包	Specialized Contract	84	6075	150630	75705

7-8 建筑业企业资本金及资产(2012年)

CAPITAL AND ASSETS OF CONSTRUCTION ENTERPRISES(2012)

单位:万元 (10 000 yuan)

指 标	Item	实收资本 Capitals Hold	资产总计 Total Assets	#流动资产合计 Total Circulating Funds	#固定资产合计 Total Fixed Assets
总 计	**Total**	**368379**	**1369395**	**1198356**	**118522**
#国有及国有控股	State Owned and State Controlling Share	86836	591204	545463	39381
按登记注册类型分组	**Grouped by Registered Kind**				
内资企业	Civil Funded Enterprises	368379	1369395	1198356	118522
国有企业	State-owned Enterprises	46376	324154	298607	20425
集体企业	Collective-owned Enterprises	11592	63790	49388	7115
股份合作企业	Share Cooperative Enterprises				
联营企业	Joint Ownership Enterprises				
有限责任公司	Limited Responsibility Corporations	90489	428210	380679	36929
国有独资公司	Company Exclusively with Investment from State	36000	241048	229316	11318
其他有限责任公司	Other Limited Responsibility Company	54489	187162	151364	25611
股份有限公司	Share-holding Limited Corporations				
私营企业	Private-owned Enterprises	214391	547631	465705	52419
私营独资企业	Enterprise Exclusively with Investment from Private				
私营合伙企业	Private Partnership Enterprises				
私营有限责任公司	Private Limited Responsibility Corporations	213689	546418	465093	52182
私营股份有限公司	Private Share-holding Limited Corporations	702	1213	613	237
其他企业	Other Enterprises	5531	5610	3977	1633
港、澳、台商投资企业	Enterprises Funded by HongKong, Macao and Taiwan				
外商投资企业	Foreign Funded Enterprises				
按国民经济行业分组	**Grouped by Economic Sector**				
房屋和土木工程建筑业	Housing and Civil Engineering Construction	258681	1260975	1119223	101201
房屋工程建筑	Housing	182577	825875	729339	67293
土木工程建筑	Civil Engineering	76104	435100	389884	33908
建筑安装业	Building Installation	28817	59803	46476	9783
建筑装饰业	Building Fiting and Decoration	78651	36160	23278	6429
其他建筑业	Other Construction	2230	12457	9379	1109
按隶属关系分组	**Grouped by Subordination**				
中 央	Central	21864	171320	158045	8695
省	Province	57934	392858	369951	22493
地 区	Prefecture	44181	141515	109467	20814
县	County	7829	27782	20664	5578
按企业资质等级分组	**Grouped by Grades**				
施工总承包	Overall Contract	265993	1232620	1085394	104178
专业承包	Specialized Contract	102386	136775	112962	14344

7-8 续表 continued

单位:万元 (10 000 yuan)

指　标	Item	固定资产原价合计 Original Value of Fixed Assets	固定资产折　旧 Deprecia-tion of Fixed Assets	#本年折旧 Deprecia-tion This Year
总　计	**Total**	**163891**	**69141**	**7111**
#国有及国有控股	State Owned and State Controlling Share	67507	35859	2143
按登记注册类型分组	**Grouped by Registered Kind**			
内资企业	Civil Funded Enterprises	163891	69141	7111
国有企业	State-owned Enterprises	36366	19941	998
集体企业	Collective-owned Enterprises	10648	4688	508
股份合作企业	Share Cooperative Enterprises			
联营企业	Joint Ownership Enterprises			
有限责任公司	Limited Responsibility Corporations	58785	26723	2375
国有独资公司	Company Exclusively with Investment from State	21267	13683	1022
其他有限责任公司	Other Limited Responsibility Company	37518	13041	1353
股份有限公司	Share-holding Limited Corporations			
私营企业	Private-owned Enterprises	56054	17384	2990
私营独资企业	Enterprise Exclusively with Investment from Private			
私营合伙企业	Private Partnership Enterprises			
私营有限责任公司	Private Limited Responsibility Corporations	55770	17337	2973
私营股份有限公司	Private Share-holding Limited Corporations	284	47	17
其他企业	Other Enterprises	2038	405	240
港、澳、台商投资企业	Enterprises Funded by HongKong, Macao and Taiwan			
外商投资企业	Foreign Funded Enterprises			
按国民经济行业分组	**Grouped by Economic Sector**			
房屋和土木工程建筑业	Housing and Civil Engineering Construction	144208	63851	5858
房屋工程建筑	Housing	88398	37557	4032
土木工程建筑	Civil Engineering	55810	26294	1826
建筑安装业	Building Installation	11506	2733	786
建筑装饰业	Building Fiting and Decoration	6436	1794	336
其他建筑业	Other Construction	1741	763	131
按隶属关系分组	**Grouped by Subordination**			
中　央	Central	19559	10864	329
省	Province	42106	23741	1673
地　区	Prefecture	25055	9596	1257
县	County	7420	1931	167
按企业资质等级分组	**Grouped by Grades**			
施工总承包	Overall Contract	146363	63216	5903
专业承包	Specialized Contract	17528	5925	1208

7-9 建筑业企业负债及所有者权益(2012年)

LIABILITIES AND CREDITORS EQUITY OF CONSTRUCTION ENTERPRISES(2012)

单位:万元 (10 000 yuan)

指标	Item	负债合计 Total Liabilities	流动负债 Liquid Liabilities	非流动负债 Long-term Liabilities	所有者权益合计 Total Creditors' Equity
总计	**Total**	**1070759**	**990488**	**68237**	**298636**
#国有及国有控股	State Owned and State Controlling Share	527884	459659	61091	63320
按登记注册类型分组	**Grouped by Registered Kind**				
内资企业	Civil Funded Enterprises	1070759	990488	68237	298636
国有企业	State-owned Enterprises	319493	305662	7865	4661
集体企业	Collective-owned Enterprises	55122	54783	279	8668
股份合作企业	Share Cooperative Enterprises				
联营企业	Joint Ownership Enterprises				
有限责任公司	Limited Responsibility Corporations	308470	252753	54550	119741
国有独资公司	Company Exclusively with	199362	146481	52881	41687
其他有限责任公司	Other Limited Responsibility Company	109108	106272	1669	78054
股份有限公司	Share-holding Limited Corporations				
私营企业	Private-owned Enterprises	387596	377290	5465	160036
私营独资企业	Enterprise Exclusively with				
私营合伙企业	Private Partnership Enterprises				
私营有限责任公司	Private Limited Responsibility Corporations	387141	376835	5465	159277
私营股份有限公司	Private Share-holding Limited Corporations	455	455		758
其他企业	Other Enterprises	78		78	5530
港、澳、台商投资企业	Enterprises Funded by HongKong, Macao and Taiwan				
外商投资企业	Foreign Funded Enterprises				
按国民经济行业分组	**Grouped by Economic Sector**	1015893	936090	68257	245081
房屋和土木工程建筑业	Housing and Civil Engineering Construction	636299	570636	60083	189576
房屋工程建筑	Housing	379594	365454	8174	55505
土木工程建筑	Civil Engineering	27960	27891	-20	31843
建筑安装业	Building Installation	18225	17827		17935
建筑装饰业	Building Fiting and Decoration	8681	8680		3777
其他建筑业	Other Construction				
按隶属关系分组	**Grouped by Subordination**	190611	190405	205	-19291
中央	Central	316036	262719	53317	76822
省	Province	101431	87812	76530	40085
地区	Prefecture	19139	17643	268	8643
县	**County**				
按企业资质等级分组	**Grouped by Grades**	984217	906464	68207	248403
施工总承包	Overall Contract	86542	84024	30	50233

7-10 建筑业企业工程结算收入(2012年)

REVENUE OF PROJECT SETTLEMENT ACCOUNTS OF CONSTRUCTION ENTERPRISES(2012)

单位:万元

指　　标	Item	营业收入 Business return	主营业务收入 Revenue in Major Business	营业成本 cost in business
总　　计	**Total**	**1090220**	**1073604**	**986001**
#国有及国有控股	State Owned and State Controlling Share	537447	525087	491029
按登记注册类型分组	**Grouped by Registered Kind**			
内资企业	Civil Funded Enterprises	1090220	1073604	986001
国有企业	State-owned Enterprises	230035	225435	213983
集体企业	Collective-owned Enterprises	36492	36305	31861
股份合作企业	Share Cooperative Enterprises			
联营企业	Joint Ownership Enterprises			
有限责任公司	Limited Responsibility Corporations	434664	426412	391046
国有独资公司	Company Exclusively with	256784	249024	233339
其他有限责任公司	Other Limited Responsibility Company	177880	177388	157707
股份有限公司	Share-holding Limited Corporations			
私营企业	Private-owned Enterprises	388548	384972	348641
私营独资企业	Enterprise Exclusively with			
私营合伙企业	Private Partnership Enterprises			
私营有限责任公司	Private Limited Responsibility Corporations	387728	384152	348047
私营股份有限公司	Private Share-holding Limited Corporations	820	820	594
其他企业	Other Enterprises	480	480	470
港、澳、台商投资企业	Enterprises Funded by HongKong, Macao and Taiwan			
外商投资企业	Foreign Funded Enterprises			
按国民经济行业分组	**Grouped by Economic Sector**			
房屋和土木工程建筑业	Housing and Civil Engineering Construction	1004868	991357	914166
房屋工程建筑	Housing	664482	655637	605912
土木工程建筑	Civil Engineering	340386	335720	308254
建筑安装业	Building Installation	60219	57948	51235
建筑装饰业	Building Fiting and Decoration	21327	20493	17692
其他建筑业	Other Construction	3806	3806	2908
按隶属关系分组	**Grouped by Subordination**			
中　央	Central	128750	124854	122499
省	Province	371088	362778	336087
地　区	Prefecture	136018	135419	119393
县	**County**	28220	28127	25082
按企业资质等级分组	**Grouped by Grades**			
施工总承包	Overall Contract	999249	985718	908739
专业承包	Specialized Contract	90971	87886	77262

7-10 续表 continued

单位:万元 (10 000 yuan)

指 标	Item	主营业务成本 Costs of Major Business	营业税金及附加 Tax and dditional xpense	主营业务税金附加 Tax and Extra charges of Major Business
总 计	**Total**	**969293**	**38442**	**37842**
# 国有及国有控股	State Owned and State Controlling Share	478568	18146	18070
按登记注册类型分组	**Grouped by Registered Kind**			
内资企业	Civil Funded Enterprises	969293	38442	37842
国有企业	State-owned Enterprises	210839	7945	7945
集体企业	Collective-owned Enterprises	31770	1101	1086
股份合作企业	Share Cooperative Enterprises			
联营企业	Joint Ownership Enterprises			
有限责任公司	Limited Responsibility Corporations	381293	15383	15307
国有独资公司	Company Exclusively with	225977	8428	8352
其他有限责任公司	Other Limited Responsibility Company	155316	6955	6955
股份有限公司	Share-holding Limited Corporations			
私营企业	Private-owned Enterprises	344921	13997	13488
私营独资企业	Enterprise Exclusively with			
私营合伙企业	Private Partnership Enterprises			
私营有限责任公司	Private Limited Responsibility Corporations	344327	13969	13460
私营股份有限公司	Private Share-holding Limited Corporations	594	28	28
其他企业	Other Enterprises	470	16	16
港、澳、台商投资企业	Enterprises Funded by HongKong, Macao and Taiwan			
外商投资企业	Foreign Funded Enterprises			
按国民经济行业分组	**Grouped by Economic Sector**			
房屋和土木工程建筑业	Housing and Civil Engineering Construction	903173	34841	34320
房屋工程建筑	Housing	598309	23184	22663
土木工程建筑	Civil Engineering	304864	11657	11657
建筑安装业	Building Installation	48893	2613	2548
建筑装饰业	Building Fiting and Decoration	16277	808	794
其他建筑业	Other Construction	950	180	180
按隶属关系分组	**Grouped by Subordination**			
中 央	Central	119727	4435	4435
省	Province	326263	12349	12272
地 区	Prefecture	119249	5244	5230
县	County	25082	1142	1142
按企业资质等级分组	**Grouped by Grades**			
施工总承包	Overall Contract	897264	35336	34756
专业承包	Specialized Contract	72029	3106	3086

7-11 建筑业企业费用情况(2012年)
COSTS OF CONSTRUCTION ENTERPRISES(2012)

单位:万元 (10 000 yuan)

指　标	Item	管理费用 Costs of Administration	#差旅费 Costs of visiting	#工会经费 Funds of Labour Union	财务费用 Costs of Finance
总　计	**Total**	**51051**	**2142**	**387**	**5890**
#国有及国有控股	State Owned and State Controlling Share	26138	963	221	2204
按登记注册类型分组	**Grouped by Registered Kind**				
内资企业	Civil Funded Enterprises	51051	2142	387	5890
国有企业	State-owned Enterprises	12663	799	43	78
集体企业	Collective-owned Enterprises	4015	61	25	-32
股份合作企业	Share Cooperative Enterprises				
联营企业	Joint Ownership Enterprises				
有限责任公司	Limited Responsibility Corporations	20090	344	208	2197
国有独资公司	Company Exclusively with	12490	100	178	2100
其他有限责任公司	Other Limited Responsibility Company	7600	244	30	97
股份有限公司	Share-holding Limited Corporations				
私营企业	Private-owned Enterprises	14149	903	65	3647
私营独资企业	Enterprise Exclusively with Investment				
私营合伙企业	Private Partnership Enterprises				
私营有限责任公司	Private Limited Responsibility Corporations	14035	901	65	3644
私营股份有限公司	Private Share-holding Limited Corporations	114	2	0	3
其他企业	Other Enterprises	134	35	46	
港、澳、台商投资企业	Enterprises Funded by HongKong, Macao and Taiwan				
外商投资企业	Foreign Funded Enterprises				
按国民经济行业分组	**Grouped by Economic Sector**				
房屋和土木工程建筑业	Housing and Civil Engineering Construction	45644	1841	359	5683
房屋工程建筑	Housing	26642	871	300	5552
土木工程建筑	Civil Engineering	19002	970	59	131
建筑安装业	Building Installation	3134	144	11	24
建筑装饰业	Building Fiting and Decoration	2125	149	17	183
其他建筑业	Other Construction	148	8		
按隶属关系分组	**Grouped by Subordination**				
中　央	Central	7835	413	35	-1
省	Province	15095	276	188	2169
地　区	Prefecture	10851	444	76	-46
县	County	1538	39	12	26
按企业资质等级分组	**Grouped by Grades**				
施工总承包	Overall Contract	44373	1862	361	5077
专业承包	Specialized Contract	6678	280	26	813

7-12 建筑业企业工资和福利费情况(2012年)

WAGES AND WELFARE FEES OF CONSTRUCTION ENTERPRISES(2012)

单位:万元 (10 000 yuan)

指标	Item	本年应付职工薪酬 Total Payable Wages	#主营业务应付工资 Payable Wages of Major	本年应付福利费总额 Total Payable Welfare Fees	#主营业务应付福利费 Payable Welfare Fees of Major Business
总计	**Total**	**149793**			
#国有及国有控股	State Owned and State Controlling Share	56508			
按登记注册类型分组	**Grouped by Registered Kind**				
内资企业	Civil Funded Enterprises	149793			
国有企业	State-owned Enterprises	24856			
集体企业	Collective-owned Enterprises	5232			
股份合作企业	Share Cooperative Enterprises				
联营企业	Joint Ownership Enterprises				
有限责任公司	Limited Responsibility Corporations	45819			
国有独资公司	Company Exclusively with Investment	27854			
其他有限责任公司	Other Limited Responsibility Company	17965			
股份有限公司	Share-holding Limited Corporations				
私营企业	Private-owned Enterprises	73721			
私营独资企业	Enterprise Exclusively with Investment				
私营合伙企业	Private Partnership Enterprises				
私营有限责任公司	Private Limited Responsibility Corporations	73598			
私营股份有限公司	Private Share-holding Limited Corporations	123			
其他企业	Other Enterprises	165			
港、澳、台商投资企业	Enterprises Funded by HongKong, Macao and Taiwan				
外商投资企业	Foreign Funded Enterprises				
按国民经济行业分组	**Grouped by Economic Sector**				
房屋和土木工程建筑业	Housing and Civil Engineering Construction	136682			
房屋工程建筑	Housing	101696			
土木工程建筑	Civil Engineering	34986			
建筑安装业	Building Installation	8036			
建筑装饰业	Building Fiting and Decoration	3774			
其他建筑业	Other Construction	1301			
按隶属关系分组	**Grouped by Subordination**				
中央	Central	15177			
省	Province	30610			
地区	Prefecture	20320			
县	County	4881			
按资质等级分组	**Grouped by Grades**				
施工总承包	Overall Contract	132686			
专业承包	Specialized Contract	17107			

7-13 建筑业企业利润及税金情况(2012年)

PROFITS AND TAXES OF CONSTRUCTION ENTERPRISES(2012)

单位:万元 (10 000 yuan)

指标	Item	利润总额 Total Profits	税金总额 Total Taxes	营业税金及附加 Taxes and Extra Charges on Project Settlement Accounts	管理费用中的税金 Taxes in Costs of Administration
总计	**Total**	**11627**	**44981**	**38442**	**2205**
#国有及国有控股	State Owned and State Controlling Share	6694	21109	18146	919
按登记注册类型分组	**Grouped by Registered Kind**				
内资企业	Civil Funded Enterprises	11627	44981	38442	2205
国有企业	State-owned Enterprises	2326	9214	7945	445
集体企业	Collective-owned Enterprises	-381	1378	1101	59
股份合作企业	Share Cooperative Enterprises				
联营企业	Joint Ownership Enterprises				
集体联营企业	Collective Joint Ownership Enterprises				
其他联营企业	Other Joint Ownership Enterprises				
有限责任公司	Limited Responsibility Corporations	5126	17731	15383	870
国有独资公司	Company Exclusively with	314	8989	8428	459
其他有限责任公司	Other Limited Responsibility Company	4812	8742	6955	411
股份有限公司	Share-holding Limited Corporations				
私营企业	Private-owned Enterprises	4814	16589	13997	778
私营独资企业	Enterprise Exclusively with Investment				
私营合伙企业	Private Partnership Enterprises				
私营有限责任公司	Private Limited Responsibility Corporations	4746	16538	13969	772
私营股份有限公司	Private Share-holding Limited Corporations	68	51	28	6
其他企业	Other Enterprises	-258	69	16	53
港、澳、台商投资企业	Enterprises Funded by HongKong, Macao and Taiwan				
外商投资企业	Foreign Funded Enterprises				
按国民经济行业分组	**Grouped by Economic Sector**				
房屋和土木工程建筑业	Housing and Civil Engineering Construction	9603	40558	34841	2112
房屋工程建筑	Housing	1178	26041	23184	1617
土木工程建筑	Civil Engineering	8425	14517	11657	495
建筑安装业	Building Installation	2191	3208	2613	35
建筑装饰业	Building Fiting and Decoration	-211	1023	808	57
其他建筑业	Other Construction	44	192	180	1
按隶属关系分组	**Grouped by Subordination**				
中央	Central	925	4709	4435	166
省	Province	5250	14411	12349	726
地区	Prefecture	69	6512	5244	437
县	County	303	1301	1142	36
按企业资质等级分组	**Grouped by Grades**				
施工总承包	Overall Contract	10418	41027	35335	2109
专业承包	Specialized Contract	1209	3954	3107	96

7-13 续表 continued

单位:万元 (10 000 yuan)

指 标	Item	应交所得税 Income Taxes Payable	营业利润 Business Profits	其他业务利润 Profits of Other Business
总 计	**Total**	**4334**	**12167**	**1203**
#国有及国有控股	State Owned and State Controlling Share	2044	5542	775
按登记注册类型分组	**Grouped by Registered Kind**			
内资企业	Civil Funded Enterprises	4334	12167	1203
国有企业	State-owned Enterprises	824	1061	454
集体企业	Collective-owned Enterprises	218	-459	9
股份合作企业	Share Cooperative Enterprises			
联营企业	Joint Ownership Enterprises			
集体联营企业	Collective Joint Ownership Enterprises			
其他联营企业	Other Joint Ownership Enterprises			
有限责任公司	Limited Responsibility Corporations	1478	5552	299
国有独资公司	Company Exclusively with	102	427	321
其他有限责任公司	Other Limited Responsibility Company	1376	5125	-22
股份有限公司	Share-holding Limited Corporations			
私营企业	Private-owned Enterprises	1814	6272	441
私营独资企业	Enterprise Exclusively with Investment			
私营合伙企业	Private Partnership Enterprises			
私营有限责任公司	Private Limited Responsibility Corporations	1797	6194	441
私营股份有限公司	Private Share-holding Limited Corporations	17	78	
其他企业	Other Enterprises	0	-259	
港、澳、台商投资企业	Enterprises Funded by HongKong, Macao and Taiwan			
外商投资企业	Foreign Funded Enterprises			
按国民经济行业分组	**Grouped by Economic Sector**			
房屋和土木工程建筑业	Housing and Civil Engineering Construction	3605	9644	871
房屋工程建筑	Housing	1240	2611	598
土木工程建筑	Civil Engineering	2365	7033	273
建筑安装业	Building Installation	560	2131	179
建筑装饰业	Building Fiting and Decoration	158	347	153
其他建筑业	Other Construction	11	45	
按隶属关系分组	**Grouped by Subordination**			
中 央	Central	108	48	85
省	Province	1336	5367	321
地 区	Prefecture	831	-6	372
县	County	123	311	94
按企业资质等级分组	**Grouped by Grades**			
施工总承包	Overall Contract	3583	10378	870
专业承包	Specialized Contract	751	1789	333

主要统计指标解释

建筑业总产值 建筑业总产值是以货币表现的建筑业企业在一定时期内生产的建筑业产品和服务的总和。建筑业总产值包括建筑工程产值、安装工程产值和其他产值三部分内容。

竣工产值 一般是以单位工程为对象，当该工程按照设计所规定的工程内容全部完成，达到了设计规定的交工条件，经有关部门检查验收鉴定合格的单位工程价值，即为竣工产值。竣工产值包括范围应是报告期内竣工单位工程从开工到竣工的全部自行完成的价值，如果一个单位工程跨两个年度施工，其竣工价值应当包括上年度完成的价值。有些大型单位工程，如大型厂房、高级宾馆、各种管道、公路、铁路等，能够分跨、分层、分段施工并按合同规定，能够分开交付使用的，可以分开计算竣工产值。竣工产值不包括附属辅助企业或内部核算的其他单位为外单位生产和服务的价值。

房屋建筑施工面积 指报告期内施过工的全部房屋建筑面积，它包括本期新开工的面积、上期跨入本期继续施工的房屋面积、上期停缓建在本期恢复施工的房屋面积、本期竣工的房屋面积以及本期施工后又停缓建的房屋面积。

房屋建筑竣工面积 指在报告期内房屋建筑按照设计要求已全部完工，达到了使用条件，经检查验收鉴定合格的房屋建筑面积。

竣工房屋价值 指在报告期内按规定已经上报竣工的房屋本身的建造价值。一般按房屋设计和预算规定的内容计算。可按“竣工结算价”或“中标价”填报。

工程结算收入 指本企业承包工程实现的工程价款结算收入以及向发包单位收取的除工程价款以外按规定列作营业收入的各种款项，如临时设施费、劳动保险费、施工机构调迁费等以及向发包单位收取的各种索赔款。

工程结算利润 指已结算工程实现的利润。其计算公式为:

工程结算利润 = 工程结算收入 - 工程结算成本 - 经营费用 - 工程结算税金及附加

利润总额 指企业在工程施工生产过程中，取得工程价款收入、机械作业收入等，扣除投入的成本及其他一系列费用，再加减非经营性质的收支及投资收益，即为施工企业全年实现的利润总额（或亏损总额）。亏损以“–”表示。

营业利润 指企业生产经营活动所实现的利润。分为主营业务利润和其他利润。

营业利润 = 工程结算利润 + 其他业务利润 - 管理费用 - 财务费用

资产 是企业拥有或控制的能以货币计量的经济资源，包括各种财产、债权和其他权利。建筑业企业的资产按其流动性分为：流动资产、长期投资、固定资产、无形资产、递延资产和其他资产。即：

资产总计 = 流动资产 + 长期投资 + 固定资产 + 无形资产 + 递延资产 + 其他资产

负债 是企业所承担的能以货币计量、将以资产或劳务偿付的债务。负债一般按其偿还期长短分为流动负债和长期负债。

所有者权益 是企业投资人对企业净资产的所有权，企业净资产等于企业全部资产减去全部负债后的余额。其中包括实收资本、资本公积、盈余公积和未分配利润四部分。

经营费用 指企业从事施工生产活动过程中发生的各项费用。包括应由企业负担的运输费、装卸费、包装费、保险费、维修费、展览费、差旅费、广告费和其他经费。

劳动、失业保险费 指企业向社会保障部门和保险公司为本单位职工支付的劳动保险、失业保险的费用。

Explanatory Notes on Main Statistical Indicators

Gross Output Value of Construction refers to total of construction products and services, expressed in money terms, completed by construction enterprises during a given period of time. It includes three parts: output value of construction projects, output value of installation projects and output value of others.

Output Value of Building Completed refers to the value of unit project that is completed in accordance with the requirements of the design , up to the standard for handing in , and has been checked and accepted by concerned departments as qualified one. It includes entire value of the completed project from start to completing in the reference period. If a project is under construction in two years, the output value of building completed should include completed value last year. Some large projects, such as large factory building, senior hotel, pipelines, roads, railways, which can be constructed by span, layer or fragment and can be put into use separately by contract, can calculate their output value separately. It excludes the value of products and services which affiliated enterprises or other inner accounting units provide to outer units.

Floor Space of Buildings Under Construction refers to total floor space of buildings under construction during the reference period , including newly started buildings , buildings started earlier and continued during the reference period , and buildings suspended earlier but restarted during the reference period , buildings completed during the reference period , and buildings under construction and then suspended during the reference period.

Floor Space of Buildings Completed refers to the floor space of buildings that are completed in reference period in accordance with the requirement of the design , up to the standard for putting into use ,and have been checked and accepted by concerned departments as qualified ones.

Value of Buildings Completed refers to the constructing value of buildings which have reported completing in accordance with the requirement in reference period. Generally, it calculates by stipulated items in design and budget. It can report in term of settling value while completing or value of attaining contract.

Income from Settlement of Projects refers to the settlement income from the value of the project, received by the construction enterprise who contracts the project, and other charges from the unit of issuing contracts as operational costs in addition to the value of the project, such as temporary facility fee, labor insurance premium, moving cost of construction equipment, as well as various types of claims to the unit of issuing contracts.

Profits from Settlement of Projects refer to profits realized through settled projects. It calculates with the following formula:

Profits from Settlement of Projects = Income from Settlement of Projects Settlement Cost – Running Costs – Settlement Taxes and Extra Charges

Total Profits refer to the income received by the construction enterprise from project and machinery operation reducing costs and other expenses, add or minus non–business revenue, expenditure and yield from investment. That is total profits (total losses) of the construction enterprise all the year round. Losses is expressed with sign "–".

Profits of Business refer to profits realized through the business of enterprises. It includes major business profits and other profits.

Profits of Business = Profits from Settlement of Project + Other Profits – Cost of Administration – Costs of Finance

Total Assets refers to all economic resources, owned or controlled by enterprises, and it could be measured in monetary terms, including properties, creditors equity and other economic rights of all forms. Classified by the degree of equitability, total assets of construction include circulating assets, long term investment, fixed assets, intangible assets, deferred assets and other assets. That is

Total Assets = Circulating Assets + Long Term Investment + Fixed Assets + Intangible Assets + Deferred Assets + Other Assets.

Total Liabilities refer to the debts, measured in monetary terms, that enterprises are responsible for repayment in the form of assets or labor, classified by terms of repayment, liability include liquid liabilities and long–term liabilities.

Creditors' Equity refers to investors' ownership of net assets of the enterprise. It is equal to the total assets of the enterprise minus its total liabilities, including capital hold, capital accumulation fund, surplus accumulation fund and undistributed profit.

Running Costs refer to kinds of costs through constructing activities for enterprises, which include costs of transport, loading and unloading, packing, insurance, maintaining, showing, showing, business trip, advertisement and others.

Insurance of Premium for Labor and Unemployment refers to the money which enterprises pay for premium of labor insurance and unemployment insurance to social security department and insurance company for their employees.

08

批发零售
贸易和餐饮业、
对外经济贸易

WHOLESALE AND RETAIL TRADE， CATERING TRADE

2013 大同统计年鉴
DA TONG STATISTICAL YEARBOOK

资料整理人员

闫　溥　白　晔

曹雅珍　于利青　徐　燕

批发零售贸易和餐饮业
WHOLESALE AND RETAIL TRADE

社会消费品零售总额	Total Value of Retail Sales of Consumer Goods	413.65	亿元	(100 million yuan)
城镇零售额	Town	356.48	亿元	(100 million yuan)
乡村零售额	Village	57.17	亿元	(100 million yuan)

社会消费品零售总额（亿元）

Total Retail Sales of Consumer Goods（100 million yuan）

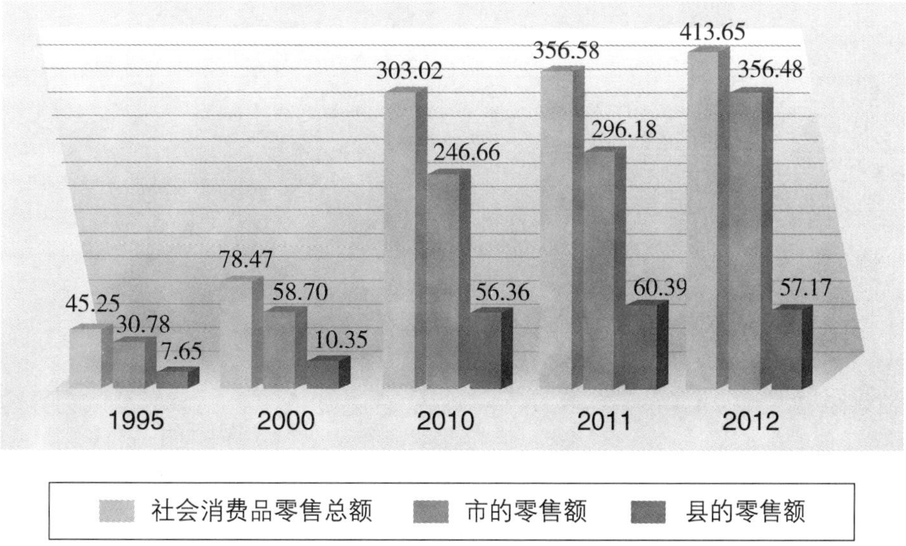

8-1 主要年份社会消费品零售总额

TOTAL RETAIL SALES OF CONSUMER GOODS IN ANAJOR YEARS

单位: 万元 (10 000 yuan)

年 份 Year	社会消费品零售总额 Total Retail Sales of Consumer Goods	市 City	县 county	县以下 Below County
1990	232519	151884	49346	31289
1995	452543	307811	76492	68240
2000	784684	587012	103549	94123
2005	1329000	955409	199173	174418
2006	1529403	1053752	260088	215563
2007	1849535	1253143	322098	274294
2008	2326300	1606953	387672	331702
2009	2647366	1734637	532114	380616
2010	3030170	2466551	563620	
2011	3565754	2961809	603944	
2012	4136539	3564849	571689	

注:2010 年使用新的城乡划分,城镇零售额为 2466551 万元,乡村零售额为 563620 万元。

Note:Total urban retail sales of consumer goods is 2466.5 million yuan, and rural retail sales is5636.2 million yuan in 2010 by using the new division of urban and rural areas.

8-2 社会消费品零售额

TOTAL RETAIL SALES OF CONSUMER GOODS

单位: 万元 (10 000 yuan)

指 标	Item	2011	2012
社会消费品零售总额	**Total**	**3565753.5**	**4136538.5**
按销售地区分	By Selling Region		
城镇	Town	2961809.4	3564849.2
乡村	Village	603944.1	571689.3
按行业分	By Sector		
批发零售贸易业	Wholesale and Retail Sale Trades	3221509.2	3704235
限额以上贸易企业	Enterprises above Designated	1316578.9	1533509.6
限额以下及个体户贸易业	Enterprises below Designated and Individual	1904930.3	2170725.4
住宿和餐饮业	Hotels and Catering Trade	344244.3	432303.5
限额以上企业	Enterprises above Designated	131974.1	133493.4
限额以下企业及个体户	Enterprises below Designated and Individual	212270.2	298810.1
其他	Others		

8-3 限额以上连锁批发零售业经营情况(2012 年)

MANAGEMENT OF CHAIN ENTERPRISES ABOVE DESIGNATED SIZE IN WHOLESALE AND RETAIL TRADE(2012)

指标	Item	合计 Total	直营店 Stores Opened Directly	加盟店 Union Stores
一、门店总数(个)	**Number of Store(uint)**	**19**	**19**	
二、年末零售业营业面积(平方米)	**Areas of Stores(sq.m)**	**71383**	**71383**	
三、年末从业人员(人)	**Employees(person)**	**8639**	**8639**	
四、商品购进总额(千元)	**Total Value of Purchased Commodities(1 000 yuan)**	**696351**	**696351**	
# 统一配送商品购进额	Value of Unified Distribution	696351	696351	
# 自有配送中心配送商品购进额	Disrtibuted by Distribution Center Possessed Themselves			
非自有配送中心配送商品购进额	Distributed by Distribution Center Than Their Own			
五、商品销售额(千元)	**Sales(1 000 yuan)**	**876806**	**876806**	
# 零售额	Retail	876806	876806	

8-4 餐饮业销售情况(2012 年)

CATERING TRADE (2012)

单位: 万元 (10 000 yuan)

项目	Item	法人企业数(个) Number of Corporative Enterprises	营业总收入 Total Business Revenue	# 零售额 Retail Sale
总计	**Total**	**103**	**183644**	**148168**
一、住宿业	Lodging	31	68958	46412
# 旅游饭店	Tourist Hotel	18	62217	44806
二、餐饮业	Cating Trade	72	114687	101756
# 正餐服务	Dinner	72	114687	101756

8-5 限额以上批发和零售业法人企业财务状况(2012 年)

单位:千元

指 标	Item	流动资产合 计 Total Circulating Assets
总 计	**Total**	**21625317**
一、批发业	**Wholesale Trade**	**16347936**
# 国有控股	State Owned and State Controlling Share	13363271
1.按登记注册类型分组	Grouped by Registered Kind	
内资企业	Civil Funded Enterprises	16320882
国有企业	State-owned Enterprises	11246203
集体企业	Collective-owned Enterprises	90114
股份合作企业	Share Cooperative Enterprises	
联营企业	Joint Venture Enterprises	
国有与集体联营企业	State-owned and Collective-owned Joint Enterprises	
有限责任公司	Limited Responsibility Corporations	3476810
国有独资公司	Company Exclusively with Investment from State	147874
其他有限责任公司	Other Limited Responsibility Company	3328936
股份有限公司	Share-holding Limited Corporations	
私营企业	Private-owned Enterprises	1507755
私营独资企业	Enterprise Exclusively with Investment from Private	7286
私营合伙企业	Private Partnership Enterprises	
私营有限责任公司	Private Limited Responsibility Corporations	844673
私营股份有限公司	Private Share-holding Limited Corporations	655796
其他企业	Others	
港、澳、台商投资企业	Enterprises Funded by HongKong, Macao and Taiwan	287
合资经营企业(港或澳、台资)	Joint Venture	
港、澳、台商独资经营企业	Solely Owned	
港、澳、台商投资股份有限公司	Share Holding Limited Corporation	
外商投资企业	Foreign Funded Enterprises	26767
中外合资经营企业	Joint Venture	26767
2.按批发行业小类分组	Grouped by Economic Sector	
农畜产品批发	Wholesale of Farm and Animal Products	25378
食品、饮料及烟草制品批发	Wholesale of Food, Beverage and Tobaccos	842551
# 米、面制品及食用油批发	Rice , Flour and Edible Oil	9567
烟草制品批发	Tobacoo Products Manufacturing	790410
纺织、服装及日用品批发	Wholesale of Textiles, Garments and Daily Articles	287
# 服装批发		
文化、体育用品及器材批发	Wholesale of Culture , Sports Articles and Equipments	
医药及医疗器材批发	Wholesale of Medicines and Medical Appliances	17475
矿产品、建材及化工产品批发	Wholesale of Mineral Products Buildingand Chemical Products	15429556
# 煤炭及制品批发	Coal and Related Products	14121953
石油及制品批发	Petroleum and Related Products	41970
金属及金属矿批发	Metals and Metals Materials	47798
建材批发	Building Materials	1150196
化肥批发	Chemical Fertilizer	
机械设备、五金交电及电子产品批发	Wholesale of Machinery, Hardwares,Transport	13729
# 汽车、摩托车及零配件批发	Motor Vehicles, Motorcycles and Parts	13729
家用电器批发	Electronic Household Equipments	287
计算机、软件及辅助设备批发	Computer , Software and Auxiliary Equipments	
贸易经纪与代理	Trade Broker and Agency	
其他批发	Other Wholesales	18960

FINANCIAL INDICATORS OF CORPORATION ENTERPRISES IN WHOLESALE AND RETAIL TRADE ABOVE DESIGNATED SIZE(2012)

(1 000 yuan)

# 存 货 Inventory	固定资产合计 Total Fixed Assets	累计折旧 Total Depreciation of Fixed Assets	# 本年折旧 This Year	资产总计 Total Assets
3384429	**2536902**	**1320981**	**172850**	**25827232**
1602644	**1379133**	**840983**	**103327**	**18849238**
949334	842494	610805	72718	15205965
1578030	1346508	833025	100554	18785283
767099	747848	559456	65388	12947005
32089	12127	11589	642	104517
354294	214384	158516	8500	3838846
34873	29593	7278	1713	192491
319421	184791	151238	6787	3646355
424548	372149	103464	26024	1894915
3009	5441	120	30	12838
333781	347234	85112	25700	1201127
87758	19474	18232	294	680950
				287
24614	32625	7958	2773	63668
24614	32625	7958	2773	63668
17767	3483	6218		32590
226071	143491	91900	16576	1055030
7548	5619	120	30	15298
195940	132680	82240	15732	989690
				287
5439	1768	2179	9	19664
1353367	1224811	734823	86742	17697587
1273717	1160738	672338	76079	16323210
20745	15777	15488	837	57747
1162	63	64	5	47861
55750	36948	41335	7898	1189845
	648	190		14377
	648	190		14377
				287
	4932	5673		29703

8-5 续表 1

单位:千元

指 标	Item	流动资产合 计 Total Circulating Assets
二、零售业	**Retail Trade**	**5277381**
#国有控股	State Owned and State Controlling Share	
1.按登记注册类型分组	Grouped by Registered Kind	
内资企业	Civil Funded Enterprises	4862815
国有企业	State-owned Enterprises	265635
集体企业	Collective-owned Enterprises	24542
股份合作企业	Share Cooperative Enterprises	
联营企业	Joint Ownership Enterprises	31028
集体联营企业	Collective Joint Ownership Enterprises	31028
有限责任公司	Limited Responsibility Corporations	1653114
其他有限责任公司	Other Limited Responsibility Company	1653114
股份有限公司	Share-holding Limited Corporations	
私营企业	Private-owned Enterprises	826679
私营独资企业	Enterprise Exclusively with Investment from Private	47880
私营合伙企业	Private Partnership Enterprises	
私营有限责任公司	Private Limited Responsibility Corporations	2682772
私营股份有限公司	Private Share-holding Limited Corporations	
其他企业	Others	157844
港、澳、台商投资企业	Enterprises Funded by HongKong, Macao and Taiwan	356928
合资经营企业(港或澳、台资)	Joint Venture Enterprises	
港、澳、台商独资经营企业	Solely Owned Entersprises	
港、澳、台商投资股份有限公司	Share Holding Limited Corporation	
外商投资企业	Foreign Funded Enterprises	57638
中外合资经营企业	Joint Venture	
外资企业	Enterprises Funded by Foreign Invetments	
2.按零售行业小类分组	Grouped by Retail Trade	
综合零售	General Retail Sales Trade	734485
#百货零售	Daily Goods	721543
超级市场零售	Supermarkets	9521
食品、饮料及烟草制品专门零售	Retail of Food, Beverage and Tobaccos	33334
纺织、服装及日用品专门零售	Retail of Textiles, Garments and Daily Articles	232422
#服装零售	Garments	224110
文化、体育用品及器材专门零售	Retail of Culture , Sports Articles and Equipments	477784
#图书零售	Books and Mangzines	61166
医药及医疗器材专门零售	Retail of Medicines and Medical Appliances	126522
#药品零售	Medicines	118256
汽车、摩托车、燃料及零配件专门零售	Retail of Motor Vehicles, Motorcycles, Feuls and Parts	2731451
#汽车零售	Motor Vehicles	2329073
机动车燃料零售	Vehicle Feuls	393934
家用电器及电子产品专门零售	Retail of Household Electronic Equipments and Products	259656
#家用电器零售	Household Electronic Equipments	
计算机、软件及辅助设备零售	Computer , Software and Auxiliary Equipments	28304
通信设备零售	Communication Equipments	
五金、家具及室内装修材料专门零售	Retail of Hardwares , Furniture and Room Decorative Building	173399
无店铺及其他零售	No Fixed Stores and Other Retails	508328

continued

(1 000 yuan)

# 存 货 Inventory	固定资产合计 Total Fixed Assets	累计折旧 Total Depreciation of Fixed Assets	# 本年折旧 This Year	资产总计 Total Assets
1781785	**1157769**	**479998**	**69523**	**6977994**
1682545	931699	429604	56343	6199004
193100	242418	145044	3227	570055
4761	3196	659	72	30743
14176	4068	6702	922	36093
14176	4068	6702	922	36093
406265	187521	102105	12868	1937615
406265	187521	102105	12868	1937615
975223	484601	168208	38745	3420815
23263	7974	7378	1169	65726
951960	476627	160830	37576	3355089
89020	9895	6886	509	203683
99240	222668	50394	13180	711372
	3402			67618
167338	113296	66723	1557	912010
160875	99316	66499	1489	884531
3750	1141	132	15	10970
9381	8877	603	73	45012
75198	29035	7369	960	261457
73076	11714	6660	734	235824
289310	49621	16604	4048	633592
5506	8679	3974	559	90736
8596	6849	1910	379	147214
8563	5867	1580	130	137966
959994	504644	305427	36088	3433582
717751	245605	136410	31218	2730055
240661	258964	168896	4838	695007
65383	183822	17232	9188	453281
12904	1132	948	134	30610
45095	10515	2721	913	196372
161490	251110	61409	16317	895474

8-5 续表 2

单位:千元

指　标	Item	负债合计 Total Liabilities
总　　计	**Total**	**21874404**
一、批发业	**Wholesale Trade**	**16663300**
#国有控股	State Owned and State Controlling Share	13171262
1.按登记注册类型分组	Grouped by Registered Kind	
内资企业	Civil Funded Enterprises	16625490
国有企业	State-owned Enterprises	11291257
集体企业	Collective-owned Enterprises	135113
股份合作企业	Share Cooperative Enterprises	
联营企业	Joint Venture Enterprises	
国有与集体联营企业	State-owned and Collective-owned Joint Enterprises	
有限责任公司	Limited Responsibility Corporations	3481859
国有独资公司	Company Exclusively with Investment from State	91161
其他有限责任公司	Other Limited Responsibility Company	3390698
股份有限公司	Share-holding Limited Corporations	
私营企业	Private-owned Enterprises	1717261
私营独资企业	Enterprise Exclusively with Investment from Private	670
私营合伙企业	Private Partnership Enterprises	
私营有限责任公司	Private Limited Responsibility Corporations	1083043
私营股份有限公司	Private Share-holding Limited Corporations	633548
其他企业	Others	
港、澳、台商投资企业	Enterprises Funded by HongKong, Macao and Taiwan	
合资经营企业(港或澳、台资)	Joint Venture	
港、澳、台商独资经营企业	Solely Owned	
港、澳、台商投资股份有限公司	Share Holding Limited Corporation	
外商投资企业	Foreign Funded Enterprises	37523
中外合资经营企业	Joint Venture	37523
2.按批发行业小类分组	Grouped by Economic Sector	
农畜产品批发	Wholesale of Farm and Animal Products	22407
食品、饮料及烟草制品批发	Wholesale of Food, Beverage and Tobaccos	70201
#米、面制品及食用油批发	Rice , Flour and Edible Oil	6101
烟草制品批发	Tobacoo Products Manufacturing	32280
纺织、服装及日用品批发	Wholesale of Textiles, Garments and Daily Articles	287
#服装批发		
文化、体育用品及器材批发	Wholesale of Culture , Sports Articles and Equipments	
医药及医疗器材批发	Wholesale of Medicines and Medical Appliances	22789
矿产品、建材及化工产品批发	Wholesale of Mineral Products Buildingand Chemical Products	16519404
#煤炭及制品批发	Coal and Related Products	15335273
石油及制品批发	Petroleum and Related Products	4229
金属及金属矿批发	Metals and Metals Materials	42158
建材批发	Building Materials	1081811
化肥批发	Chemical Fertilizer	
机械设备、五金交电及电子产品批发	Wholesale of Machinery, Hardwares,Transport	12870
#汽车、摩托车及零配件批发	Motor Vehicles, Motorcycles and Parts	12870
家用电器批发	Electronic Household Equipments	287
计算机、软件及辅助设备批发	Computer , Software and Auxiliary Equipments	
贸易经纪与代理	Trade Broker and Agency	
其他批发	Other Wholesales	15342

continued

(1 000 yuan)

所有者权益合计 Total Creditors Equity	#实收资本 Capital Hold	#国家资本 State	#集体资本 Collective	#法人资本 Legal Person	#个人资本 Individual
3952828	**3358453**	**728331**	**45032**	**1792875**	**713835**
2185938	**2187749**	**722714**	**24401**	**1314467**	**119287**
2034703	1814151	586414	10000	1185357	**25500**
2159793	2171749	722714	24401	1305347	119287
1655748	1484951	381414		1103537	
30596	9766	300	9466		
356987	384090	205000	11735	113510	53845
101330	33200			33200	
255657	350890	205000	11735	80310	53845
177654	292942	136000	3200	88300	65442
12168	14904				14904
118084	258038	136000	3200	68300	50538
47402	20000			20000	
26145	16000			9120	
26145	16000			9120	
10183	10577	6337			4240
984829	978570	800	4156	964710	8904
9197	9204			300	8904
957410	957410			957410	
-3125	2150	2150			
1178183	1191797	711772	20245	346757	106143
987937	1089654	681358	8510	338657	54249
53518	40080		1735		38345
5703	5349			5000	349
108034	46000	30000		2800	13200
1507	3000			3000	
1507	3000			3000	
14361	1655	1655			

8-5 续表 3

单位:千元

指　标	Item	负债合计 Total Liabilities
二、零售业	**Retail Trade**	**5211104**
#国有控股	State Owned and State Controlling Share	122791
1.按登记注册类型分组	Grouped by Registered Kind	
内资企业	Civil Funded Enterprises	4640007
国有企业	State-owned Enterprises	97667
集体企业	Collective-owned Enterprises	19377
股份合作企业	Share Cooperative Enterprises	
联营企业	Joint Ownership Enterprises	18221
集体联营企业	Collective Joint Ownership Enterprises	18221
有限责任公司	Limited Responsibility Corporations	1792101
其他有限责任公司	Other Limited Responsibility Company	1792101
股份有限公司	Share-holding Limited Corporations	
私营企业	Private-owned Enterprises	2554828
私营独资企业	Enterprise Exclusively with Investment from Private	36673
私营合伙企业	Private Partnership Enterprises	
私营有限责任公司	Private Limited Responsibility Corporations	2518155
私营股份有限公司	Private Share-holding Limited Corporations	
其他企业	Others	157813
港、澳、台商投资企业	Enterprises Funded by HongKong, Macao and Taiwan	529965
合资经营企业(港或澳、台资)	Joint Venture Enterprises	529965
港、澳、台商独资经营企业	Solely Owned Entersprises	
港、澳、台商投资股份有限公司	Share Holding Limited Corporation	
外商投资企业	Foreign Funded Enterprises	41132
中外合资经营企业	Joint Venture	41132
外资企业	Enterprises Funded by Foreign Invetments	
2.按零售行业小类分组	Grouped by Retail Trade	
综合零售	General Retail Sales Trade	855350
#百货零售	Daily Goods	835663
超级市场零售	Supermarkets	7010
食品、饮料及烟草制品专门零售	Retail of Food, Beverage and Tobaccos	17040
纺织、服装及日用品专门零售	Retail of Textiles, Garments and Daily Articles	278556
#服装零售	Garments	258374
文化、体育用品及器材专门零售	Retail of Culture, Sports Articles and Equipments	306681
#图书零售	Books and Mangzines	53844
医药及医疗器材专门零售	Retail of Medicines and Medical Appliances	104474
#药品零售	Medicines	96207
汽车、摩托车、燃料及零配件专门零售	Retail of Motor Vehicles, Motorcycles, Feuls and Parts	2449995
#汽车零售	Motor Vehicles	2244231
机动车燃料零售	Vehicle Feuls	198335
家用电器及电子产品专门零售	Retail of Household Electronic Equipments and Products	380147
#家用电器零售	Household Electronic Equipments	222254
计算机、软件及辅助设备零售	Computer, Software and Auxiliary Equipments	7359
通信设备零售	Communication Equipments	
五金、家具及室内装修材料专门零售	Retail of Hardwares, Furniture and Room Decorative Building	145755
无店铺及其他零售	No Fixed Stores and Other Retails	673106

continued

(1 000 yuan)

所有者权益合计 Total Creditors Equity	#实收资本 Capital Hold	#国家资本 State	#集体资本 Collective	#法人资本 Legal Person	#个人资本 Individual
1766890	**1170704**	**5617**	**20631**	**478408**	**594548**
482733	14484	2480	400	10968	636
1558997	1088204	5617	20631	467408	594548
472388	4556	2060		2496	
11366	2498		1465	1033	
17872	3000				3000
17872	3000				3000
145514	310522	420	400	159797	149905
145514	310522	420	400	159797	149905
865987	726108	3137	18766	284082	420123
29053	26408			19210	7198
836934	699700	3137	18766	264872	412925
45870	41520			20000	21520
181407	81500			11000	
181407	81500			11000	
26486	1000				
26486	1000				
56660	42742		3000	32710	6032
48868	35000		3000	31000	
3960	3910			1710	2200
27972	17962		602	1560	15800
-17099	22310			22010	300
-22550	22010			22010	
326911	152006			7906	144100
36892	2496			2496	
42740	29480	3557	400	5018	20505
41759	28480	3557	400	4018	20505
983587	648192	2060	8073	317818	320241
485824	604480		7573	317168	279739
496672	43212	2060		650	40502
73134	94254		8556	18098	67600
36365	59610			3010	56600
23251	25000		5000	9000	11000
50617	53150			38580	14570
222368	110608			34708	5400

8-5 续表 4

单位:千元

指 标	Item	主营业务收入 Revenue in Major Business
总 计	**Total**	**82957686**
一、批发业	**Wholesale Trade**	**68885002**
# 国有控股	State Owned and State Controlling Share	64017375
1.按登记注册类型分组	Grouped by Registered Kind	
内资企业	Civil Funded Enterprises	68847952
国有企业	State-owned Enterprises	56713560
集体企业	Collective-owned Enterprises	329354
股份合作企业	Share Cooperative Enterprises	
联营企业	Joint Venture Enterprises	
国有与集体联营企业	State-owned and Collective-owned Joint Enterprises	
有限责任公司	Limited Responsibility Corporations	8628168
国有独资公司	Company Exclusively with Investment from State	1085422
其他有限责任公司	Other Limited Responsibility Company	7542746
股份有限公司	Share-holding Limited Corporations	
私营企业	Private-owned Enterprises	3176870
私营独资企业	Enterprise Exclusively with Investment from Private	66455
私营合伙企业	Private Partnership Enterprises	
私营有限责任公司	Private Limited Responsibility Corporations	2065231
私营股份有限公司	Private Share-holding Limited Corporations	1045184
其他企业	Others	
港、澳、台商投资企业	Enterprises Funded by HongKong, Macao and Taiwan	37050
合资经营企业(港或澳、台资)	Joint Venture	
港、澳、台商独资经营企业	Solely Owned	
港、澳、台商投资股份有限公司	Share Holding Limited Corporation	37050
外商投资企业	Foreign Funded Enterprises	
中外合资经营企业	Joint Venture	
2.按批发行业小类分组	Grouped by Economic Sector	
农畜产品批发	Wholesale of Farm and Animal Products	153836
食品、饮料及烟草制品批发	Wholesale of Food, Beverage and Tobaccos	3129159
# 米、面制品及食用油批发	Rice, Flour and Edible Oil	98264
烟草制品批发	Tobacoo Products Manufacturing	2853140
纺织、服装及日用品批发	Wholesale of Textiles, Garments and Daily Articles	37050
# 服装批发		
文化、体育用品及器材批发	Wholesale of Culture, Sports Articles and Equipments	
医药及医疗器材批发	Wholesale of Medicines and Medical Appliances	
矿产品、建材及化工产品批发	Wholesale of Mineral Products Buildingand Chemical Products	65490046
# 煤炭及制品批发	Coal and Related Products	19288460
石油及制品批发	Petroleum and Related Products	163399
金属及金属矿批发	Metals and Metals Materials	59786
建材批发	Building Materials	45835732
化肥批发	Chemical Fertilizer	
机械设备、五金交电及电子产品批发	Wholesale of Machinery, Hardwares,Transport	61397
# 汽车、摩托车及零配件批发	Motor Vehicles, Motorcycles and Parts	61397
家用电器批发	Electronic Household Equipments	
计算机、软件及辅助设备批发	Computer, Software and Auxiliary Equipments	
贸易经纪与代理	Trade Broker and Agency	
其他批发	Other Wholesales	13514

continued

(1 000 yuan)

主营业务成本 Costs in Major Business	主营业务 税金及附加 Taxes and Extra Charges	其他业务利润 Profits of Other Business	管理费用 Costs of Administration
80845596	**259443**	**373162**	**1050367**
67604430	**196692**	**116712**	**601586**
63462712	187010	104074	464422
67604430	196692	116652	597774
56202520	183580	98868	412814
301591	567	903	3853
8390997	5163	8624	93109
1061543	1599	4410	11940
7329454	3564	4214	81169
2709322	7382	8257	87998
52713	384		493
1796888	5336	8257	65022
859721	1662		22483
36438		60	
36438		60	
157552	6		1652
2352796	173250	903	142425
92526	10	10	403
2104370	172920		140400
		60	
47473		36	617
64976067	23310	115749	450837
18988624	20646	114630	400918
157479	171	479	2895
57235	49	538	662
45654166	2146	379	34459
59113	5		1308
59113	5		1308
11429	86		4747

8-5 续表 5

单位:千元

指　标	Item	主营业务收入 Revenue in Major Business
二、零售业	**Retail Trade**	**14072684**
#国有控股	State Owned and State Controlling Share	4501720
1.按登记注册类型分组	Grouped by Registered Kind	
内资企业	Civil Funded Enterprises	13573083
国有企业	State-owned Enterprises	4116943
集体企业	Collective-owned Enterprises	67287
股份合作企业	Share Cooperative Enterprises	
联营企业	Joint Ownership Enterprises	139261
集体联营企业	Collective Joint Ownership Enterprises	139261
有限责任公司	Limited Responsibility Corporations	2962051
其他有限责任公司	Other Limited Responsibility Company	2962051
股份有限公司	Share-holding Limited Corporations	
私营企业	Private-owned Enterprises	6155001
私营独资企业	Enterprise Exclusively with Investment from Private	150004
私营合伙企业	Private Partnership Enterprises	
私营有限责任公司	Private Limited Responsibility Corporations	6004997
私营股份有限公司	Private Share-holding Limited Corporations	
其他企业	Others	132540
港、澳、台商投资企业	Enterprises Funded by HongKong, Macao and Taiwan	276565
合资经营企业(港或澳、台资)	Joint Venture Enterprises	276565
港、澳、台商独资经营企业	Solely Owned Entersprises	
港、澳、台商投资股份有限公司	Share Holding Limited Corporation	
外商投资企业	Foreign Funded Enterprises	223036
中外合资经营企业	Joint Venture	223036
外资企业	Enterprises Funded by Foreign Invetments	
2.按零售行业小类分组	Grouped by Retail Trade	
综合零售	General Retail Sales Trade	993722
#百货零售	Daily Goods	957354
超级市场零售	Supermarkets	17083
食品、饮料及烟草制品专门零售	Retail of Food, Beverage and Tobaccos	173488
纺织、服装及日用品专门零售	Retail of Textiles, Garments and Daily Articles	159082
#服装零售	Garments	112879
文化、体育用品及器材专门零售	Retail of Culture, Sports Articles and Equipments	610812
#图书零售	Books and Mangzines	17143
医药及医疗器材专门零售	Retail of Medicines and Medical Appliances	105153
#药品零售	Medicines	97801
汽车、摩托车、燃料及零配件专门零售	Retail of Motor Vehicles, Motorcycles, Feuls and Parts	9906378
#汽车零售	Motor Vehicles	5094256
机动车燃料零售	Vehicle Feuls	4781916
家用电器及电子产品专门零售	Retail of Household Electronic Equipments and Products	773323
#家用电器零售	Household Electronic Equipments	414730
计算机、软件及辅助设备零售	Computer, Software and Auxiliary Equipments	65067
通信设备零售	Communication Equipments	
五金、家具及室内装修材料专门零售	Retail of Hardwares, Furniture and Room Decorative Building	682558
无店铺及其他零售	No Fixed Stores and Other Retails	668168

continued

(1 000 yuan)

主营业务成本 Costs in Major Business	主营业务税金及附加 Taxes and Extra Charges	其他业务利润 Profits of Other Business	管理费用 Costs of Administration
13241166	**62751**	**256450**	**448781**
4244610	4753	270	45090
12838500	56925	144331	395967
3872468	4521	270	43924
60038	219		5044
133843	221		5256
133843	221		5256
3069604	28482	89891	167357
3069604	28482	89891	167357
5590594	20321	54170	167683
137670	1048	1563	4578
5452924	19273	52607	163105
111953	3161		6703
223542	4682	68207	49980
223542	4682	68207	49980
179124	1144	43912	2834
179124	1144	43912	2834
858869	6723	112346	43050
829678	6418	110783	39953
15269	65		307
154482	1120		6748
456449	8473	21638	29783
415176	8318	21638	28115
519247	12368	21	22566
14737	10	21	401
79637	287	688	4157
73338	251	688	3614
9346028	12909	45506	186385
4799642	6814	45257	126276
4518999	5981	249	57524
681466	1936	7975	25595
368848	875	4570	12055
52821	238	1365	3795
580685	13928		69827
564303	5007	68276	60670

8-5 续表 6

单位:千元

指 标	Item	财务费用 Costs of Finance
总 计	**Total**	**245655**
一、批发业	**Wholesale Trade**	**149691**
# 国有控股	State Owned and State Controlling Share	74599
1.按登记注册类型分组	Grouped by Registered Kind	
内资企业	Civil Funded Enterprises	149694
国有企业	State-owned Enterprises	60510
集体企业	Collective-owned Enterprises	7923
股份合作企业	Share Cooperative Enterprises	
联营企业	Joint Venture Enterprises	
国有与集体联营企业	State-owned and Collective-owned Joint Enterprises	
有限责任公司	Limited Responsibility Corporations	69190
国有独资公司	Company Exclusively with Investment from State	590
其他有限责任公司	Other Limited Responsibility Company	68600
股份有限公司	Share-holding Limited Corporations	
私营企业	Private-owned Enterprises	12071
私营独资企业	Enterprise Exclusively with Investment from Private	555
私营合伙企业	Private Partnership Enterprises	
私营有限责任公司	Private Limited Responsibility Corporations	5816
私营股份有限公司	Private Share-holding Limited Corporations	5700
其他企业	Others	
港、澳、台商投资企业	Enterprises Funded by HongKong, Macao and Taiwan	
合资经营企业(港或澳、台资)	Joint Venture	
港、澳、台商独资经营企业	Solely Owned	
港、澳、台商投资股份有限公司	Share Holding Limited Corporation	
外商投资企业	Foreign Funded Enterprises	-3
中外合资经营企业	Joint Venture	-3
2.按批发行业小类分组	Grouped by Economic Sector	
农畜产品批发	Wholesale of Farm and Animal Products	279
食品、饮料及烟草制品批发	Wholesale of Food, Beverage and Tobaccos	-3226
# 米、面制品及食用油批发	Rice , Flour and Edible Oil	483
烟草制品批发	Tobacoo Products Manufacturing	-3580
纺织、服装及日用品批发	Wholesale of Textiles, Garments and Daily Articles	
# 服装批发	Wholesale of Garments	
文化、体育用品及器材批发	Wholesale of Culture , Sports Articles and Equipments	
医药及医疗器材批发	Wholesale of Medicines and Medical Appliances	3
矿产品、建材及化工产品批发	Wholesale of Mineral Products Buildingand Chemical Products	152195
# 煤炭及制品批发	Coal and Related Products	147173
石油及制品批发	Petroleum and Related Products	-20
金属及金属矿批发	Metals and Metals Materials	611
建材批发	Building Materials	4368
化肥批发	Chemical Fertilizer	
机械设备、五金交电及电子产品批发	Wholesale of Machinery, Hardwares,Transport	446
# 汽车、摩托车及零配件批发	Motor Vehicles, Motorcycles and Parts	446
家用电器批发	Electronic Household Equipments	
计算机、软件及辅助设备批发	Computer , Software and Auxiliary Equipments	
贸易经纪与代理	Trade Broker and Agency	
其他批发	Other Wholesales	-6

continued

(1 000 yuan)

# 利息支出 Interest Expenses	营业利润 Business Profits	利润总额 Total Profits	应交所得税 Income Tax Payable	本年应付工资总额 Total Payable Wages	本年应交增值税 Value-added Tax Payable
155600	**-239387**	**-194829**	**149668**	**627486**	**707209**
88179	**-359102**	**-292273**	**119976**	**296000**	**525133**
66516	-241986	-178910	114789	241309	283653
88179	-355965	-289136	119976	295785	525011
60527	-259547	-210515	104003	222469	241241
7939	-1778	-1576	370	9011	7689
7948	-85073	-69363	10786	38877	158729
620	-3133	-2272	82	5720	19576
7328	-81940	-67091	10704	33157	139153
11765	-9567	-7682	4817	25428	117352
555	100	-2736		575	1310
5946	-24072	-19357	912	15703	77849
5264	14405	14411	3905	9150	38193
	672	672		215	122
	672	672		215	122
	-3809	-3809			
	-3809	-3809			
126	-7319	237	42	1119	7064
497	404180	401237	104096	78507	124277
480	2837	2		415	50
	399250	398890	103420	72080	121940
	672	672		215	122
5	-234	6		376	230
87140	-752544	-690883	15838	213483	393351
86495	-804099	-744546	14506	192712	386521
5	-733	-733	29	1820	1434
612	287	285	73	384	474
410	-660	-588		687	23
410	-660	-588		687	23
	672	672		215	122
1	-3197	-2954		1613	66

8-5 续表 7

单位:千元

指 标	Item	财务费用 Costs of Finance
二、零售业	**Retail Trade**	**95964**
#国有控股	State Owned and State Controlling Share	
1.按登记注册类型分组	Grouped by Registered Kind	
内资企业	Civil Funded Enterprises	90824
国有企业	State-owned Enterprises	4827
集体企业	Collective-owned Enterprises	138
股份合作企业	Share Cooperative Enterprises	
联营企业	Joint Ownership Enterprises	643
集体联营企业	Collective Joint Ownership Enterprises	643
有限责任公司	Limited Responsibility Corporations	31699
其他有限责任公司	Other Limited Responsibility Company	31699
股份有限公司	Share-holding Limited Corporations	
私营企业	Private-owned Enterprises	44344
私营独资企业	Enterprise Exclusively with Investment from Private	994
私营合伙企业	Private Partnership Enterprises	
私营有限责任公司	Private Limited Responsibility Corporations	43350
私营股份有限公司	Private Share-holding Limited Corporations	
其他企业	Others	9173
港、澳、台商投资企业	Enterprises Funded by HongKong, Macao and Taiwan	4797
合资经营企业(港或澳、台资)	Joint Venture Enterprises	4797
港、澳、台商独资经营企业	Solely Owned Entersprises	
港、澳、台商投资股份有限公司	Share Holding Limited Corporation	
外商投资企业	Foreign Funded Enterprises	343
中外合资经营企业	Joint Venture	343
外资企业	Enterprises Funded by Foreign Invetments	
2.按零售行业小类分组	Grouped by Retail Trade	
综合零售	General Retail Sales Trade	18413
#百货零售	Daily Goods	18067
超级市场零售	Supermarkets	141
食品、饮料及烟草制品专门零售	Retail of Food, Beverage and Tobaccos	113
纺织、服装及日用品专门零售	Retail of Textiles, Garments and Daily Articles	7096
#服装零售	Garments	7096
文化、体育用品及器材专门零售	Retail of Culture , Sports Articles and Equipments	12797
#图书零售	Books and Mangzines	-59
医药及医疗器材专门零售	Retail of Medicines and Medical Appliances	541
#药品零售	Medicines	541
汽车、摩托车、燃料及零配件专门零售	Retail of Motor Vehicles, Motorcycles, Feuls and Parts	47658
#汽车零售	Motor Vehicles	38730
机动车燃料零售	Vehicle Feuls	8935
家用电器及电子产品专门零售	Retail of Household Electronic Equipments and Products	3628
#家用电器零售	Household Electronic Equipments	1703
计算机、软件及辅助设备零售	Computer , Software and Auxiliary Equipments	11
通信设备零售	Communication Equipments	
五金、家具及室内装修材料专门零售	Retail of Hardwares , Furniture and Room Decorative Building	619
无店铺及其他零售	No Fixed Stores and Other Retails	5099

continued

(1 000 yuan)

# 利息支出 Interest Expenses	营业利润 Business Profits	利润总额 Total Profits	应交所得税 Income Tax Payable	本年应付工资总额 Total Payable Wages	本年应交增值税 Value-added Tax Payable
67421	**119715**	**97444**	**29692**	**331486**	**182076**
	27781	28131	-399	68140	11572
62697	62602	39521	17769	302540	78774
2893	29954	30354	133	61727	9854
94	1358	1280	284	2542	1502
669	-1038	-2173		976	1637
669	-1038	-2173		976	1637
24063	-20659	-21183	1441	83648	25007
24063	-20659	-21183	1441	83648	25007
27224	64062	42640	15823	145778	39257
953	3496	1273	183	5152	919
26271	60566	41367	15640	140626	38338
7754	-11075	-11397	88	7869	1517
4724	42908	43886	11923	27769	94883
4724	42908	43886	11923	27769	94883
	14205	14037		1177	8419
	14205	14037		1177	8419
15193	27233	-1469	81	73985	20283
14908	25634	-602	81	69529	20118
135	350	-93		1726	165
117	4100	1359	295	5511	783
3243	-5423	-4363	296	7865	8274
3243	-6605	-5545		4409	6929
9133	18453	18471	7250	20637	11891
	-524	-380		602	941
38	14339	14108	673	5568	7043
38	14406	14175	673	5214	6774
33270	18273	24358	7840	162859	25796
29114	-8072	-2003	7446	94048	11486
4158	26325	26316	379	67616	13466
1518	2950	3838	821	13483	7377
616	2646	2838	671	2258	5048
	-66	-65	87	1335	186
-95	2335	1714	477	9435	5609
5004	37455	39428	11959	32143	95020

8-6 限额以上住宿和餐饮业法人企业经营情况(2012年)

单位:千元

指 标	Item	法人企业数(个) Number of Corporative Enterprises (unit)	年末从业人员数(人) Number of Employees at Year-end (person)
总 计	**Total**	**103**	**18728**
一、住宿业	**Hotels**	**31**	**6332**
#国有控股	State Controlling Share		
1.按登记注册类型分组	Grouped by Registered Kind		
内资企业	Civil Funded Enterprises	31	6332
国有企业	State-owned Enterprises		
集体企业	Collective-owned Enterprises		
股份合作企业	Share Cooperative Enterprises		
有限责任公司	Limited Responsibility Corporations	12	3113
国有独资公司	Company Exclusively with Investment from State		
其他有限责任公司	Other Limited Responsibility Corporations	12	3113
股份有限公司	Share-holding Limited Corporations		
私营企业	Private-owned Enterprises	19	3219
私营独资企业	Enterprise Exclusively with Investment from Private	3	446
私营合伙企业	Private Partnership Enterprises		
私营有限责任公司	Private Limited Responsibility Corporations	14	2643
私营股份有限公司	Private Share-holding Limited Corporations	2	130
其他企业	Others		
港、澳、台商投资企业	Enterprises Funded by HongKong,Macao and Taiwan		
合资经营企业(港或澳、台资)	Joint Venture		
合作经营企业(港或澳、台资)	Cooperative		
外商投资企业	Foreign Funded Enterprises		
中外合资经营企业	Joint Venture		
2.按住宿行业小类分组	Grouped by Hotels		
旅游饭店	Resturants for Trip	18	5467
一般旅馆	Ordinary Hotels	10	484
其他住宿服务	Others	3	381

MANAGEMANT OF HOTEL AND CATERING CORPORATION ENTERPRISES ABOVE DESIGNATED SIZE(2012)

(1 000 yuan)

营业额 Business Volume	客房收入 Revenue of Guest Room	餐费收入 Revenue of Dining	商品销售收入 Revenue of Sales of Commodities	其他收入 Other Revenue	年末餐饮营业面积（平方米） Operating Area of Catering Services at Year-end (sq.m)
1887498	**338993**	**1392928**	**88754**	**66823**	**245430**
700251	**189939**	**433351**	**30772**	**46189**	**77967**
700251	189939	433351	30772	46189	77967
390741	103771	238041	21888	27041	37749
390741	103771	238041	21888	27041	37749
309510	86168	195310	8884	19148	40218
22907	6943	13774	1833	357	12900
277793	74611	178810	7051	17321	23818
8810	4614	2726		1470	3500
637273	155899	422830	25226	33318	57211
33335	23465	6274	360	3236	20198
29643	10575	4247	5186	9635	558

8-6 续表

单位:千元

指 标	Item	法人企业数(个) Number of Corpora-tiveEnter-prises (unit)	年末从业人员数(人) Number of Employees at Year-end (person)
二、餐饮业	**Catering**	**72**	**12396**
# 国有控股	State Owned and State Controlling Share	2	200
1.按登记注册类型分组	Grouped by Registered Kind		
内资企业	Civil Funded Enterprises	72	12396
国有企业	State-owned Enterprises	2	200
集体企业	Collective-owned Enterprises	3	134
股份合作企业	Share Cooperative Enterprises		
有限责任公司	Limited Responsibility Corporations	13	1610
国有独资公司	Company Exclusively with Investment from State	1	126
其他有限责任公司	Other Limited Responsibility Company	12	1484
股份有限公司	Share-holding Limited Corporations		
私营企业	Private-owned Enterprises	49	9628
私营独资企业	Enterprise Exclusively with Investment from Private	2	207
私营合伙企业	Private Partnership Enterprises	1	51
私营有限责任公司	Private Limited Responsibility Corporations	45	9315
私营股份有限公司	Private Share-holding Limited Corporations	1	55
其他企业	Others	5	824
港、澳、台商投资企业	Enterprises Funded by HongKong, Macao and Taiwan		
合资经营企业(港或澳、台资)	Joint Venture		
港、澳、台商独资经营企业	Solely Owned Entersprises		
港、澳、台商投资股份有限公司	Share Holding Limited Corporation		
外商投资企业	Foreign Funded Enterprises		
中外合资经营企业	Joint Venture		
外资企业	Enterprises Funded by Foreign Invetments		
2.按餐饮行业小类分组	Grouped by Catering Services		
正餐服务	Dinner	72	12396
快餐服务	Fast Food		
其他餐饮服务	Others		

continued

(1 000 yuan)

营业额 Business Volume	客房收入 Revenue of Guest Room	餐费收入 Revenue of Dining	商品销售收入 Revenue of Sales of Commodities	其他收入 Other Revenue	年末餐饮营业面积（平方米） Operating Area of Catering Services at Year-end (sq.m)
1187247	**149054**	**959577**	**57982**	**20634**	**167463**
22580	7333	13268	1979		6460
1187247	149054	959577	57982	20634	167463
22580	7333	13268	1979		6460
20308	1555	12328	2574	3851	10621
180547	9094	158490	9778	3185	20438
2698		2698			4800
177849	9094	155792	9778	3185	15638
869918	130883	682011	43426	13598	120186
17505	2619	13678	1111	97	5000
1741		1741			1500
848362	128264	664292	42305	13501	113386
2310		2300	10		300
93894	189	93480	225		9758
1187247	149054	959577	57982	20634	167463

8-7 限额以上住宿和餐饮业法人企业主要财务状况(2012年)

单位:千元

指　标	Item	流动资产合计 Total Circulating Assets
总　计	**Total**	**1298794**
一、住宿业	**Hotels**	**427167**
#国有控股	State Controlling Share	
1.按登记注册类型分组	Grouped by Registered Kind	
内资企业	Civil Funded Enterprises	427167
国有企业	State-owned Enterprises	
集体企业	Collective-owned Enterprises	
股份合作企业	Share Cooperative Enterprises	
有限责任公司	Limited Responsibility Corporations	240889
国有独资公司	Company Exclusively with Investment from State	
其他有限责任公司	State-funded Corporations	240889
股份有限公司	Share-holding Limited Corporations	
私营企业	Private-owned Enterprises	186278
私营独资企业	Enterprise Exclusively with Investment from Private	39844
私营合伙企业	Private Partnership Enterprises	
私营有限责任公司	Private Limited Responsibility Corporations	144297
私营股份有限公司	Private Share-holding Limited Corporations	2137
其他企业	Others	
港、澳、台商投资企业	Enterprises Funded by HongKong, Macao and Taiwan	
合资经营企业（港或澳、台资）	Joint Venture	
合作经营企业（港或澳、台资）	Cooperative	
外商投资企业	Foreign Funded Enterprises	
中外合资经营企业	Joint Venture	
2.按住宿行业小类分组	Grouped by Hotels	
旅游饭店	Resturants for Trip	393943
一般旅馆	Ordinary Hotel	22521
其他住宿服务	Others	10703

FINANCIAL INDICATORS OF CORPORATION ENTERPRISES IN HOTELS AND CATERING ABOVE DESIGNATED SIZE(2012)

(1 000 yuan)

#存 货 Inventory	固定资产合计 Total Fixed Assets	累计折旧 Total Depreciation of Fixed Assets	#本年折旧 This Year	资产总计 Total Assets
185994	**1132141**	**525973**	**97938**	**3388317**
53916	**482483**	**284397**	**48153**	**1113689**
53916	482483	284397	48153	1113689
29871	284769	147805	28336	674550
29871	284769	147805	28336	674550
24045	197714	136592	19817	439139
5075	30489	4681	599	70333
18407	162789	124126	18696	356954
563	4436	7785	522	11852
49908	420882	275376	46532	1001398
1204	5978	3112	1270	44101
2804	55623	5909	351	68190

8-7 续表 1

单位:千元

指　　标	Item	流动资产合　计 Total Circulating Assets
二、餐饮业	**Catering**	**871627**
# 国有控股	State Controlling Share	5382
1.按登记注册类型分组	Grouped by Registered Kind	
内资企业	Civil Funded Enterprises	871627
国有企业	State-owned Enterprises	5382
集体企业	Collective-owned Enterprises	7693
股份合作企业	Share Cooperative Enterprises	
有限责任公司	Limited Responsibility Corporations	85259
国有独资公司	Company Exclusively with Investment from State	249
其他有限责任公司	Other Limited Responsibility Company	85010
股份有限公司	Share-holding Limited Corporations	
私营企业	Private-owned Enterprises	741040
私营独资企业	Enterprise Exclusively with Investment from Private	10256
私营合伙企业	Private Partnership Enterprises	59
私营有限责任公司	Private Limited Responsibility Corporations	730152
私营股份有限公司	Private Share-holding Limited Corporations	573
其他企业	Others	32253
港、澳、台商投资企业	Enterprises Funded by HongKong, Macao and Taiwan	
合资经营企业(港或澳、台资)	Joint Venture	
港、澳、台商独资经营企业	Solely Owned Entersprises	
港、澳、台商投资股份有限公司	Share Holding Limited Corporation	
外商投资企业	Foreign Funded Enterprises	
中外合资经营企业	Cooperative Enterprises	
外资企业	Enterprises Funded by Foreign Invetments	
2.按餐饮行业小类分组	Grouped by Catering Services	
正餐服务	Dinner	871627
快餐服务	Snack	
其他餐饮服务	Others	

continued

(1 000 yuan)

#存　货 Inventory	固定资产合计 Total Fixed Assets	累计折旧 Total Depreciation of Fixed Assets	# 本年折旧 This Year	资产总计 Total Assets
132078	**649658**	**241576**	**49785**	**2274628**
2072	**4627**	**62**	**14**	**11153**
132078	649658	241576	49785	2274628
2072	4627	62	14	11153
2158	1034	783	61	8727
17230	17222	19996	3506	159047
243	1520			1769
16987	15702	19996	3506	157278
92014	620233	215819	44322	2052695
2354	9234	2174		22467
				59
89422	610643	212986	44247	2029240
238	356	659	75	929
18604	6542	4916	1882	43006
132078	649658	241576	49785	2274628

8-7 续表 2

单位:千元

指　标	Item	负债合计 Total Liabilities
总　计	**Total**	**2659194**
一、住宿业	**Hotels**	**934945**
#国有控股	State Controlling Share	
1.按登记注册类型分组	Grouped by Registered Kind	
内资企业	Civil Funded Enterprises	934945
国有企业	State-owned Enterprises	
集体企业	Collective-owned Enterprises	
股份合作企业	Share Cooperative Enterprises	
有限责任公司	Limited Responsibility Corporations	614734
国有独资公司	Company Exclusively with Investment from State	
其他有限责任公司	State-funded Corporations	614734
股份有限公司	Share-holding Limited Corporations	
私营企业	Private-owned Enterprises	320211
私营独资企业	Enterprise Exclusively with Investment from Private	75504
私营合伙企业	Private Partnership Enterprises	
私营有限责任公司	Private Limited Responsibility Corporations	240150
私营股份有限公司	Private Share-holding Limited Corporations	4557
其他企业	Others	
港、澳、台商投资企业	Enterprises Funded by HongKong, Macao and Taiwan	
合资经营企业(港或澳、台资)	Joint Venture	
合作经营企业(港或澳、台资)	Cooperative	
外商投资企业	Foreign Funded Enterprises	
中外合资经营企业	Joint Venture	
2.按住宿行业小类分组	Grouped by Hotels	
旅游饭店	Resturants for Trip	841209
一般旅馆	Ordinary Hotel	31451
其他餐饮服务	Others	62285

continued

(1 000 yuan)

所有者权益合计 Total Creditors Equity	# 实收资本 Capital Hold	# 国家资本 State	# 集体资本 Collective	# 法人资本 Legal Person#	# 个人资本 Individual
729123	**1042680**	**2150**	**26027**	**663372**	**351131**
178744	289320		20600	142320	126400
178744	289320		20600	142320	126400
59816	155910		200	126040	29670
59816	155910		200	126040	29670
118928	133410		20400	16280	96730
-5171	1150			650	500
116804	121359		20400	15630	85329
7295	10901				10901
160189	274288		20600	134756	118932
12650	10922			3454	7468
5905	4110			4110	

8-7 续表 3

单位:千元

指　标	Item	负债合计 Total Liabilities
二、餐饮业	**Catering**	**1724249**
#国有控股	State Controlling Share	2927
1.按登记注册类型分组	Grouped by Registered Kind	
内资企业	Civil Funded Enterprises	1724249
国有企业	State-owned Enterprises	2927
集体企业	Collective-owned Enterprises	7635
股份合作企业	Share Cooperative Enterprises	
有限责任公司	Limited Responsibility Corporations	117025
国有独资公司	Company Exclusively with Investment from State	249
其他有限责任公司	Other Limited Responsibility Company	116776
股份有限公司	Share-holding Limited Corporations	
私营企业	Private-owned Enterprises	1569261
私营独资企业	Enterprise Exclusively with Investment from Private	18526
私营合伙企业	Private Partnership Enterprises	3281
私营有限责任公司	Private Limited Responsibility Corporations	1547028
私营股份有限公司	Private Share-holding Limited Corporations	426
其他企业	Others	27401
港、澳、台商投资企业	Enterprises Funded by HongKong, Macao and Taiwan	
合资经营企业(港或澳、台资)	Joint Venture	
港、澳、台商独资经营企业	Solely Owned Entersprises	
港、澳、台商投资股份有限公司	Share Holding Limited Corporation	
外商投资企业	Foreign Funded Enterprises	
中外合资经营企业	Cooperative Enterprises	
外资企业	Enterprises Funded by Foreign Invetments	
2.按餐饮行业小类分组	Grouped by Catering Services	
正餐服务	Dinner	1724249
快餐服务	Snack	
其他餐饮服务	Others	

continued

(1 000 yuan)

所有者权益合计 Total Creditors Equity	# 实收资本 Capital Hold	# 国家资本 State	# 集体资本 Collective	# 法人资本 Legal Person#	# 个人资本 Individual
550379	**753360**	**2150**	**5427**	**521052**	**224731**
8226	2150	2150			
550379	753360	2150	5427	521052	224731
8226	2150	2150			
1092	774		774		
42022	52161		2140	25709	24312
1520	1520				1520
40502	50641		2140	25709	22792
483434	682845		2513	493863	186469
3941	1000				1000
-3222	1000			1000	
482212	680345		2513	492863	184969
503	500				500
15605	15430			1480	13950
550379	753360	2150	5427	521052	224731

8-7 续表 4

单位:千元

指　标	Item	主营业务收入 Revenue in Major Business
总　计	**Total**	**1705969**
一、住宿业	**Hotels**	**645241**
# 国有控股	State Controlling Share	
1.按登记注册类型分组	Grouped by Registered Kind	
内资企业	Civil Funded Enterprises	645241
国有企业	State-owned Enterprises	
集体企业	Collective-owned Enterprises	
股份合作企业	Share Cooperative Enterprises	
有限责任公司	Limited Responsibility Corporations	344407
国有独资公司	Company Exclusively with Investment from State	
其他有限责任公司	State-funded Corporations	344407
股份有限公司	Share-holding Limited Corporations	
私营企业	Private-owned Enterprises	300834
私营独资企业	Enterprise Exclusively with Investment from Private	22907
私营合伙企业	Private Partnership Enterprises	
私营有限责任公司	Private Limited Responsibility Corporations	269117
私营股份有限公司	Private Share-holding Limited Corporations	8810
其他企业	Others	
港、澳、台商投资企业	Enterprises Funded by HongKong, Macao and Taiwan	
合资经营企业(港或澳、台资)	Joint Venture	
合作经营企业(港或澳、台资)	Cooperative	
外商投资企业	Foreign Funded Enterprises	
中外合资经营企业	Joint Venture	
2.按住宿行业小类分组	Grouped by Hotels	
旅游饭店	Resturants for Trip	580235
一般旅馆	Ordinary Hotel	34164
其他住宿服务	Others	30842

continued

(1 000 yuan)

主营业务成本 Costs in Major Business	主营业务 税金及附加 Taxes and Extra Charges in Major Business	其他业务利润 Profits of Other Business	管理费用 Costs of Administration
760237	**94052**	**66524**	**365795**
230073	**36443**	**26281**	**174433**
230073	36443	26281	174433
121093	19806	3500	95802
121093	19806	3500	95802
108980	16637	22781	78631
11765	1397	2377	3447
95405	15036	20404	73922
1810	204		1262
216928	33191	21928	161514
5524	1491	4353	5548
7621	1761		7371

8-7 续表 5

单位:千元

指　　标	Item	主营业务收入 Revenue in Major Business
二、餐饮业	**Catering**	**1060728**
# 国有控股	State Controlling Share	**22580**
1.按登记注册类型分组	Grouped by Registered Kind	
内资企业	Civil Funded Enterprises	1060728
国有企业	State-owned Enterprises	22580
集体企业	Collective-owned Enterprises	20230
股份合作企业	Share Cooperative Enterprises	
有限责任公司	Limited Responsibility Corporations	158346
国有独资公司	Company Exclusively with Investment from State	2684
其他有限责任公司	Other Limited Responsibility Company	155662
股份有限公司	Share-holding Limited Corporations	
私营企业	Private-owned Enterprises	780067
私营独资企业	Enterprise Exclusively with Investment from Private	17505
私营合伙企业	Private Partnership Enterprises	1745
私营有限责任公司	Private Limited Responsibility Corporations	758507
私营股份有限公司	Private Share-holding Limited Corporations	2310
其他企业	Others	79505
港、澳、台商投资企业	Enterprises Funded by HongKong, Macao and Taiwan	
合资经营企业(港或澳、台资)	Joint Venture	
港、澳、台商独资经营企业	Solely Owned Entersprises	
港、澳、台商投资股份有限公司	Share Holding Limited Corporation	
外商投资企业	Foreign Funded Enterprises	
中外合资经营企业	Cooperative Enterprises	
外资企业	Enterprises Funded by Foreign Invetments	
2.按餐饮行业小类分组	Grouped by Catering Services	
正餐服务	Dinner	1060728
快餐服务	Snack	
其他餐饮服务	Others	

continued

(1 000 yuan)

主营业务成本 Costs in Major Business	主营业务税金及附加 Taxes and Extra Charges in Major Business	其他业务利润 Profits of Other Business	管理费用 Costs of Administration
530164	**57609**	**40243**	**191362**
14288	**1088**		**671**
530164	57609	40243	191362
14288	1088		671
10657	850		1755
89281	8502	3152	25535
1375	152		686
87906	8350	3152	24849
356867	41572	37091	159696
8669	223		1438
912	990		122
346342	40189	37091	157966
944	170		170
59071	5597		3705
530164	57609	40243	191362

8-7 续表 6

单位:千元

指 标	Item	财务费用 Costs of Finance
总 计	**Total**	**67498**
一、住宿业	**Hotels**	**24967**
# 国有控股	State Controlling Share	
1.按登记注册类型分组	Grouped by Registered Kind	
内资企业	Civil Funded Enterprises	24967
国有企业	State-owned Enterprises	
集体企业	Collective-owned Enterprises	
股份合作企业	Share Cooperative Enterprises	
有限责任公司	Limited Responsibility Corporations	13493
国有独资公司	Company Exclusively with Investment from State	
其他有限责任公司	State-funded Corporations	13493
股份有限公司	Share-holding Limited Corporations	
私营企业	Private-owned Enterprises	11474
私营独资企业	Enterprise Exclusively with Investment from Private	81
私营合伙企业	Private Partnership Enterprises	
私营有限责任公司	Private Limited Responsibility Corporations	11321
私营股份有限公司	Private Share-holding Limited Corporations	72
其他企业	Others	
港、澳、台商投资企业	Enterprises Funded by HongKong, Macao and Taiwan	
合资经营企业(港或澳、台资)	Joint Venture	
合作经营企业(港或澳、台资)	Cooperative	
外商投资企业	Foreign Funded Enterprises	
中外合资经营企业	Joint Venture	
2.按住宿行业小类分组	Grouped by Hotels	
旅游饭店	Resturants for Trip	23666
一般旅馆	Ordinary Hotel	1186
其他住宿服务	Others	115

continued

(1 000 yuan)

# 利息支出 Interest Expense	营业利润 Business Profits	利润总额 Total Profits	应交所得税 Income Tax Payable	本年应付工资总额 Total Payable Wages
18619	**-171769**	**-162795**	**1928**	**346303**
3677	**-54821**	**-54778**	**271**	**127649**
3677	-54821	-54778	271	127649
679	-37218	-39723	196	66608
679	-37218	-39723	196	66608
2998	-17603	-15055	75	61041
	-5756	-5601	1	7847
2928	-11934	-9325	74	50611
70	87	-129		2583
3586	-54448	-53267	67	112092
91	-2743	-2113	75	9170
	2370	602	129	6387

8-7 续表 7

单位:千元

指　标	Item	财务费用 Costs of Finance
二、餐饮业	**Catering**	**42531**
# 国有控股	State Controlling Share	**3**
1.按登记注册类型分组	Grouped by Registered Kind	
内资企业	Civil Funded Enterprises	42531
国有企业	State-owned Enterprises	3
集体企业	Collective-owned Enterprises	55
股份合作企业	Share Cooperative Enterprises	
有限责任公司	Limited Responsibility Corporations	6336
国有独资公司	Company Exclusively with Investment from State	3
其他有限责任公司	Other Limited Responsibility Company	6333
股份有限公司	Share-holding Limited Corporations	
私营企业	Private-owned Enterprises	35989
私营独资企业	Enterprise Exclusively with Investment from Private	553
私营合伙企业	Private Partnership Enterprises	11
私营有限责任公司	Private Limited Responsibility Corporations	35425
私营股份有限公司	Private Share-holding Limited Corporations	
其他企业	Others	148
港、澳、台商投资企业	Enterprises Funded by HongKong, Macao and Taiwan	
合资经营企业(港或澳、台资)	Joint Venture	
港、澳、台商独资经营企业	Solely Owned Entersprises	
港、澳、台商投资股份有限公司	Share Holding Limited Corporation	
外商投资企业	Foreign Funded Enterprises	
中外合资经营企业	Cooperative Enterprises	
外资企业	Enterprises Funded by Foreign Invetments	
2.按餐饮行业小类分组	Grouped by Catering Services	
正餐服务	Dinner	42531
快餐服务	Snack	
其他餐饮服务	Others	

continued

(1 000 yuan)

# 利息支出 Interest Expense	营业利润 Business Profits	利润总额 Total Profits	应交所得税 Income Tax Payable	本年应付 工资总额 Total Payable Wages
14942	**−116948**	**−108017**	**1657**	**218654**
	2166	2166	35	3653
14942	−116948	−108017	1657	218654
	2166	2166	35	3653
	−320		28	1881
2158	−8020	−7316	489	31903
	1463	1463		1612
2158	−9483	−8779	489	30291
12780	−112026	−104144	954	166128
	−629	−629	61	286
	−290	−290		235
12780	−110922	−103235	893	164971
	−185	10		636
4	1252	1277	151	15089
14942	−116948	−108017	1657	218654

8-8 限额以上批发零售业商品销售类值(2012 年)

SALES VALUE OF ENTERPRISES ABOVE DESIGNATED SIZE IN WHOLESALE AND RETAIL TRADE BY CATEGORY OF COMMODITIES(2012)

单位: 千元 (1 000 yuan)

指 标	Item	销售额 Total	批发额 Wholesales	零售额 Retail Sales
总 计	**Total**	**105012020**	**89668433**	**15343587**
一、批发业	**Wholesale Trade**	**89046836**	**88834880**	**211956**
1.粮油、食品、饮料、烟酒类	Food, Beveragers, Tobacoo and Liquor	3615608	3602331	13277
#粮油、食品类	Food and Oil	100492	87594	12898
饮料类	Beverages	141898	141519	379
烟酒类	Tobacco and Liquor	3338180	3338180	
2.服装、鞋帽、针纺织品类	Clothing, Shoes and Hats, Textiles			
#服装类	Garments			
鞋帽类	Shoes and Hats			
针纺织品	Textiles			
3.化妆品类	Cosmetics			
4.金银珠宝类	Gold Silver and Jewels			
5.日用品类	Daily Use Goods			
#洗涤用品类	Detergent			
儿童玩具类	Toy			
6.五金、电料类	Hardware and Electrical Appliances			
7.体育、娱乐用品类	Sports and Recreation Articles			
8.书报杂志类	Books Newspapers and Magazines			
9.电子出版物及音像制品类	Electronic Publications and Audiovisual Products			
10.家用电器和音像器材类	Household Electrical and Sound Acoustic Appliances			
11.中西药品类	Chinese and Western Medicine	46072	46072	
#西 药	Western Medicine			
中草药及中成药类	Chinese Medicine	46072	46072	
12.文化办公用品类	Culture and Office Articles			
13.家具类	Furnitures			
14.通讯器材类	Communication Equipments			
15.煤炭及制品类	Coal and Related Products	38702828	38526248	176580
16.木材及制品类	Timber and Related Products			
17.石油及制品类	Petroleum and Related Products	152713	142495	10218
18.化工材料及制品类	Chemical Materials			
#化肥类	Chemical Fertilizer			
19.金属材料类	Metal Materials	69430	69430	
20.建筑及装潢材料类	Building and Decoration Materials	45834873	45823233	11640
21.机电产品及设备类	Mechanical and Electrical Products and Equipments	61397	61397	
#农机类	Farm Machineries			
22.汽车类	Motor Vehicles	61397	61397	
23.种子饲料类	Seeds and Forages	53565	53565	
24.棉麻类	Cotton Ambery Local and Animal Products			
25.其他类	Others	15812	15812	

8-8 续表 continued

单位: 千元　　　　(1 000 yuan)

指　标	Item	销售额 Total	批发额 Wholesales	零售额 Retail Sales
二、零售业	**Retail Trade**	**15965184**	**833553**	**15131631**
1.粮油、食品、饮料、烟酒类	Food, Beveragers, Tobacoo and Liquor	174897	25125	149772
#粮油、食品类	Food and Oil	28221		28221
饮料类	Beverages	57858		57858
烟酒类	Tobacco and Liquor	28110		28110
2.服装、鞋帽、针纺织品类	Clothing, Shoes and Hats, Textiles	1061894		1061894
#服装类	Garments	1015691		1015691
鞋帽类	Shoes and Hats			
针纺织品	Textiles			
3.化妆品类	Cosmetics			
4.金银珠宝类	Gold Silver and Jewels	636186		636186
5.日用品类	Daily Use Goods			
#洗涤用品类	Detergent			
儿童玩具类	Toy			
6.五金、电料类	Hardware and Electrical Appliances	120578	2197	118381
7.体育、娱乐用品类	Sports and Recreation Articles			
8.书报杂志类	Books Newspapers and Magazines	80348		80348
9.电子出版物及音像制品类	Electronic Publications and Audiovisual Products			
10.家用电器和音像器材类	Household Electrical and Sound Acoustic Appliances			
11.中西药品类	Chinese and Western Medicine			
#西　药	Western Medicine			
中草药及中成药类	Chinese Medicine			
12.文化办公用品类	Culture and Office Articles	41440		41440
13.家具类	Furnitures	609271		609271
14.通讯器材类	Communication Equipments			
15.煤炭及制品类	Coal and Related Products			
16.木材及制品类	Timber and Related Products			
17.石油及制品类	Petroleum and Related Products	5178623	217399	4961224
18.化工材料及制品类	Chemical Materials			
#化肥类	Chemical Fertilizer			
19.金属材料类	Metal Materials			
20.建筑及装潢材料类	Building and Decoration Materials			
21.机电产品及设备类	Mechanical and Electrical Products and Equipments			
#农机类	Farm Machineries			
22.汽车类	Motor Vehicles	5134972	125335	5009637
23.种子饲料类	Seeds and Forages			
24.棉麻类	Cotton Ambery Local and Animal Products			
25.其他类	Others	87359	87359	

8-9 限额以上批发零售贸易、餐饮业基本情况(2012 年)

BASIC STATE OF ENTERPRISES ABOVE DESIGNATED SIZE IN WHOLESALE, RETAIL SALE AND CATERING TRADES (2012)

项　目	Item	法人企业(个) Number of Corporative Enterprises(unit)	从业人数(人) Number of Employees(person)
总　计	**Total**	**323**	**44110**
一、批发业	**Wholesale Trades**	**65**	**7601**
#国有及国有控股	State-owned or Controlling Share Holding	33	5405
#内资企业	Domestic-funded Enterprises	65	7601
#国有企业	State-owned Enterprises	24	4665
集体企业	Collective-owned Enterprises	3	285
股份合作企业	Cooperative Enterprises		
联营企业	Joint Ownership Enterprises		
有限责任公司	Limited liability Corporations		
股份有限公司	Share-holding Corporations Ltd		
私营企业	Private-owned Enterprises	24	1088
二、零售业	**Retail Sale Trades**	**155**	**17781**
#国有及国有控股	State-owned or Controlling Share Holding		
#内资企业	Domestic-funded Enterprises	155	17781
#国有企业	State-owned Enterprises	4	1410
集体企业	Collective-owned Enterprises	4	111
股份合作企业	Cooperative Enterprises		
有限责任公司	Limited liability Corporations		
股份有限公司	Share-holding Corporations Ltd		
私营企业	Private-owned Enterprises	100	5705
其他企业	Others	5	334
三、住宿业	**Lodging**	**31**	**6332**
#国有及国有控股	State-owned or Controlling Share Holding		
#内资企业	Domestic-funded Enterprises	31	6332
#国有企业	State-owned Enterprises		
集体企业	Collective-owned Enterprises		
股份合作企业	Cooperative Enterprises		
联营企业	Cooperative Enterprises		
有限责任公司	Limited liability Corporations	12	3113
股份有限公司	Share-holding Corporations Ltd		
私营企业	Private-owned Enterprises	19	3219
其他企业	Others		
四、餐饮业	**Catering Trades**	**72**	**12396**
#国有及国有控股	State-owned or Controlling Share Holding	2	200
#内资企业	Domestic-funded Enterprises	72	12396
#国有企业	State-owned Enterprises	2	200
集体企业	Collective-owned Enterprises	3	134
股份合作企业	Cooperative Enterprises		
有限责任公司	Limited liability Corporations	13	1610
股份有限公司	Share-holding Corporations Ltd		
私营企业	Private-owned Enterprises	49	9628

8-10 海关进出口贸易总额
TOTAL VALUE OF IMPORTS AND EXPORTS OF CUSTOMS

单位：万美元 (USD10000)

年 份 Year	进出口总 额 Total	出口总额 Exports	进口总额 Imports
1994	334	288	45
1995	1525	1511	14
1996	2801	2800	1
1997	1493	1493	
1998	2339	1320	919
1999	2659	1579	1080
2000	2931	2803	123
2001	3913	2672	1241
2002	4948	2518	2430
2003	7573	5122	2451
2004	13569	8048	5521
2005	14716	9243	5472
2006	14628	12490	2138
2007	26849	18174	8675
2008	23681	19593	4088
2009	19500	11400	8100
2010	56767	12493	44274
2011	43123	9791	33332
2012	50395	23400	26995

8-11 旅游事业发展情况
DEVELOPMENT OF TOURISM

年份 Year	国内旅游接待人数(万人次) Domestic Tourists (person-times)	国际旅游人数总计(万人次) Number of International Tourists (person-times)	外国人(人次) Foreigners (peron-times)	港澳和台湾同胞(人次) Compatriots from Hongkong, Macao and Taiwan (person-times)	# 台湾同胞(人次) #Taiwan (person-times)	国内旅游接待收入(万元) Revenue from Domestic Tourists (100 million yuan)	旅游外汇收入(万美元) Foreign Exchange Earnings (USD1000)
1980		1.12	7053	4024		76	37
1981		0.82	4828	3276		84	47
1982		1.34	10692	2660		86	45
1983		1.45	12089	2372		113	58
1984		1.32	10934	2235		116	50
1985		1.28	11574	1132		209	42
1986	40.00	1.82	15645	2349		467	67
1987	42.00	2.17	18328	3223		800	111
1988	50.00	1.87	16285	2282		4653	92
1989	15.00	0.89	7598	1282		1618	49
1990	27.00	1.49	10018	4726		1619	85
1995	59.00	2.83	23318	4966		3198	609
1996	69.00	3.14	17285	3414		4973	775
1997	60.00	3.50	32032	2937		15129	848
1998	69.00	3.59	32257	3047		9921	716
1999	223.40	3.76	35683	1648		92500	1051
2000	241.00	4.33	40115	3070	1726	103900	1200
2001	292.00	5.61	51441	4679	3157	117700	1662
2002	350.00	6.73	53030	14304	5979	142800	1884
2003	280.90	2.96	25578	4059	1586	106900	894
2004	596.64					191600	
2005	716.42	8.01	59617	20492	7562	313600	2297
2006	812.10	9.94	73958	25424	8973	449600	3295
2007	920.72	12.66	97589	28983	13436	600300	4187
2008	1013.79	16.00	121953	38056	16430	750400	5520
2009	1161.90	17.01	134962	35146	13651	935500	5431
2010	1369.77	24.18	202300	39500	18000	1132400	7310
2011	1592.68	23.49	189900	45000	22100	1309000	8651
2012	1890.29	27.75	228000	49500		1562200	10224

主要统计指标解释

批发零售贸易业 指专门从事批发和零售贸易活动的经济部门。我国长期以来把专门从事商品流通的机构分为国内商业、对外贸易业和物资供销业。新的国家统计报表制度根据《国民经济行业分类与代码》(国标修订方案)，将专门从事商品流通的行业统称为批发零售贸易业。

批发零售贸易业法人企业 指具备如下条件的批发零售贸易企业：(1) 依法成立，有自己的名称、组织机构和场所，能够承担民事责任；(2) 独立拥有和使用资产，承担负债，有权与其他单位签订合同；(3) 独立核算盈亏，并能够编制包括资产负债表在内的全部会计帐户。

限额以上批发企业 年主营业务收入2000万元及以上为限额以上批发企业。

限额以上零售企业 年主营业务收入500万元及以上为限额以上零售企业。

社会消费品零售总额 指批发和零售业、住宿和餐饮业以及其他行业直接售给城乡居民和社会集团的消费品零售额。其中，对居民的消费品零售额，是指售给城乡居民用于生活消费的商品金额；对社会集团的消费品零售额，是指售给机关、社会团体、部队、学校、企事业单位、居委会或村委会等，公款购买的用作非生产、非经营使用与公共消费的商品金额。社会消费品零售总额包括：售给城乡居民作为生活消费用的商品金额和修建房屋用的建筑材料，以及售给来华的外国人、华侨、港澳台同胞的消费品金额。不包括城市居民间或居民委托信托商店卖出的商品和售给农业、工业、建筑业等行业用于生产的商品。

批发和零售业零售额 指专门从事商品专卖业务的、各种经济类型的批发和零售业企业、产业活动单位和个体户，直接售给居民和社会集团的消费品零售额。

住宿和餐饮业零售额 指专门从事提供食宿服务、进行食品烹饪调制的住宿和餐饮业企业、产业活动单位和个体户，直接向居民和社会集团出售主食、菜肴、烟酒饮料和其他商品取得的餐费收入和商品销售额，包括各行业企业或单位附设的对外营业的旅馆、火车餐车、轮船餐厅、机场餐厅的零售额，不包括机关、团体、学校、企事业单位不对外营业的职工食堂所出售的餐费收入。

其他行业零售额 指批发和零售业、住宿和餐饮业法人企业、产业活动单位、个体户以外的其他行业的法人企业、产业活动单位或个体户，从事生活消费用品零售活动或者提供食宿服务所取得的商品销售额和餐费收入。

门店总数 指该连锁企业所拥有的全部连锁门店数量，包括总店(如果总公司有门店的话)和全部直营分店、加盟分店数。其中，总店作为一个直营店处理。此外，有的地区分出控股店，控股店按直营店统计。直营店和加盟店之和应小于等于门店总数。

连锁企业（或称连锁店、连锁公司） 指在核心企业或总店的领导下，由分散的、经营同类商品或服务的企业或活动单位，采取共同方针，实行集中采购和分散销售的有机结合，通过规范化经营，实现规模效益的经济联合组织形式。一般连锁店应由若干个分店组成。其经营特征：(1) 经营同类商品；(2) 使用统一商号；(3) 统一采购配送，采购与销售相分离(部分商品可根据物流合理和保质保鲜原则由供应商直接送货到门店，其余均由总部统一配送)。连锁店总店(总部)指连锁店的核心企业或管理中心。连锁店分店指连锁店所属各分散经营的企业或活动单位，也可称分店或成员店。

连锁店包括下列三种形式：

直营连锁 指连锁店铺由连锁公司全资或控股开设，在总部的直接控制下，开展统一经营的连锁经营形式。

特许连锁 指拥有注册商标、企业标志、专利、专有技术等经营资源的企业（特许人），以合同形式将其拥有的经营资源许可其他经营者（被特许人）使用，被特许人按合同约定在统一的经营模式下开展经营，并向特许人支付特许经营费用的连锁经营形式。

自愿连锁 指若干个店铺或企业自愿组合起来，在不改变各自资产所有权关系的情况下，以同一个品牌形象面对消费者，以共同进货为纽带开展的连锁经营形式。

亿元以上商品交易市场 指经有关部门和组织批准设立，有固定场所、设施，有经营管理部门年成交额在亿元及以上的商品交易市场和监管人员，常年或实际开业三个月以上。

限额以上住宿企业 年主营业务收入200万元及以上为限额以上住宿企业。

限额以上餐饮企业 年主营业务收入200万元及以上为限额以上餐饮企业。

住宿和餐饮业零售额 指专门从事提供食宿服务、进行食品烹饪调制的住宿和餐饮业企业、产业活动单位和个体户，直接向居民和社会集团出售主食、菜肴、烟酒饮料和其他商品取得的餐费收入和商品销售额，包括各行业企业或单位附设的对外营业的旅馆、火车餐车、轮船餐厅、机场餐厅的零售额，不包括机关、团体、学校、企事业单位不对外营业的职工食堂所出售的餐费收入。

门店总数 指该连锁企业所拥有的全部连锁门店数量，包括总店和全部直营分店、加盟分店数。其中，总店作为一个直营店处理。此外，有的地区分出控股店，控股店按直营店统计。直营店和加盟店之和应小于等于门店总数。

连锁企业（或称连锁店、连锁公司） 指在核心企业或总店的领导下，由分散的、经营同类商品或服务的企业或活动单位，采取共同方针，实行集中采购和分散销售的有机结合，通过规范化经营，实现规模效益的经济联合组织形式。一般连锁店应由若干个分店组成。其经营特征：（1）经营同类商品；（2）使用统一商号；（3）统一采购配送，采购与销售相分离（部分商品可根据物流合理和保质保鲜原则由供应商直接送货到门店，其余均由总部统一配送）。连锁店总店（总部）指连锁店的核心企业或管理中心。连锁店分店指连锁店所属各分散经营的企业或活动单位，也可称分店或成员店。

连锁店包括下列三种形式：

直营连锁 指连锁店铺由连锁公司全资或控股开设，在总部的直接控制下，开展统一经营的连锁经营形式。

特许连锁 指拥有注册商标、企业标志、专利、专有技术等经营资源的企业（特许人），以合同形式将其拥有的经营资源许可其他经营者（被特许人）使用，被特许人按合同约定在统一的经营模式下开展经营，并向特许人支付特许经营费用的连锁经营形式。

自愿连锁 指若干个店铺或企业自愿组合起来，在不改变各自资产所有权关系的情况下，以同一个品牌形象面对消费者，以共同进货为纽带开展的连锁经营形式。

国际旅游（外汇）收入 入境旅游者在中国（大陆）境内旅行、游览过程中用于交通、参观游览、住宿餐饮、购物、娱乐等全部花费。

海外旅游者 指来华入境的海外游客中，在我国旅游住宿设施内至少停留一夜的外国人、港澳台同胞。海外旅游者不包括下列人员：（1）应邀来华访问的政府部长以上官员及其随行人员；（2）外国驻华使馆官员，外交人员以及随行的家庭服务人员和赡养者；（3）常驻我国一年以上的外国专家、留学生、记者、商务机构人员等；（4）乘座国际航班过境不需要通过护照检查进入我国口岸的中转旅客；（5）边境地区往来的居民；（6）回大陆定居的港澳台同胞；（7）正在我国定居的外国人和原已出境要返回在我国定居的外国侨民；（8）归国的我国出国人员。

国内旅游者人数 指我国大陆居民和在我国常驻一年以上的外国人、华侨、港澳台同胞离开常驻地在境内其它地方的旅游设施内至少停留一夜，最长不超过12个月的人数。

进出口总额 指实际进出我国国境的货物总金额。包括对外贸易实际进出口货物，来料加工装配进出口货物，国家间、联合国及国际组织无偿援助物资和赠送品，华侨、港澳台同胞和外籍华人捐赠品，租赁期满归承租人所有的租凭货物，进料加工进出口货物，边境地方贸易及边境地区小额贸易进出口货物（边民互市贸易除外），中外合资经营企业，中外合作经营企业，外商独资经营企业进出口货物和公用物品，到、离岸价格在规定限额以上的进出口货样和广告品（无商业价值、无使用价值和免费提供出口的除外），从保税仓库提取在中国境内销售的进出口货物，以及其他进出口货物。进出口总额用以观察一个国家在对外贸易方面的总规模。我国规定出口货物按离岸价格统计，进口货物按到岸价格统计。

实际利用外资 指我国各级政府、部门、企业和其他经济组织通过对外借款、吸收外商直接投资以及用其他方式筹措的境外现汇、设备、技术等。

对外借款 是我国利用外资的主要部分。包括我国通过外国政府贷款、国际金融组织贷款、外国银行商业贷款、出口信贷以及对外发行债券、股票等方式，从境外筹措的资金。

外商直接投资 是指外国企业和经济组织或个人（包括华侨、港澳台同胞以及我国在境外注册的企业）按我国有关政策、法规，用现汇、实物、技术等在我国境内开办外商独资企业，与我国境内的企业或经济组织共同举办中外合资经营企业、合作经营业或合作开发资源的投资（包括外商投资收益的再投资）

以及经政府有关部门批准的项目投资总额内企业从境外借入的资金。

对外承包工程 包括各对外承包公司以招标议标承包方式承揽下列业务：（1）承包国外工程建设项目；（2）承包我国对外经项目；（3）承包我国驻外机构的工程建设项目；（4）承包我国境内利用外资进行建设的工程项目；（5）与外国承包公司合营或联合包工程项目时我国公司分包部分；（6）以服务成果向业主收费的技术服务项目（包括承揽地形地貌测绘；地质资源勘探与普查；建区域规划；提供设计文件、图纸、生产工艺技术资料和工程技术经济咨询；工程项目的可行性考察、研究和评估；进行技术指导和训人员等）；（7）对外承包兼劳营的房屋开发业务。对外承包工程的营业额是以货币表现的本期内完成的对外承包工程的工作量，包括以前年度签订的合同和本年度新签订的合同在报告期完成的工作量。

对外劳务合作 指以收取工资的形式向业主或承包商提供技术或劳务的活动。我国对外承包公司在境外开办的合营企业，中国公司同时又提供劳务的，其劳务部分也纳入劳务合作统计。劳务合作营业额按报告期内向雇主提交的结算数（包括工资、加班费和资金等）统计。

Explanatory Notes on Main Statistical Indicators

Wholesale and Retail Trade refers to the economic sectors specially engaged in wholesale and retail trade. For a long time, we used to classify the institutions engaged in commodity circulating into three categories as domestic trade, foreign trade and goods supply &marketing. According to the "Industrial Classification and Codes for National Economical Activities" (International Revised Edition), economic sectors specially engaged in commodity circulating are generally called "Wholesale and Retail Trade Industry" in the New Statistical Report System of China.

Wholesale and Retail Corporation Enterprises refer to the wholesale and retail trade enterprises satisfy the conditions as follow: (1) They are established legally, having their own names, organizations, location, able to take civil liability; (2) They possess and use their assets independently, assume liabilities, and are entitled to sign contracts with other units; (3) They are financially independent and compile their own balance sheets.

Wholesale Enterprise Above Designated Size refers to wholesale enterprises whose annual revenue of major business amounts to 20 million yuan and over.

Retail Trade Enterprise Above Designated Size refers to retail enterprises whose annual revenue of major business amounts to 5 million yuan and over.

Total Retail Sales of Consumer Goods refer to the sum of retail sales of consumer goods by accommodation and catering industry and other industries directly to urban and rural residents and social groups. Among them, the retail sales of consumer goods to the residents, refers to the amount of consumer goods which is sold to the life of urban and rural residents. The retail sales of consumer goods to social consumer goods group, refers to the amount of goods which is sold to institutions, social organizations, military units, schools, enterprises and institutions, Habitat Authority or the village committee, the public funds used to purchase non–production and non–commercial use and public consumption. Total Retail Sales of Consumer Goods including: the amount of goods sold to urban and rural residents as living consumption and building materials used in housing construction, and the amount of consumer goods sold to China and the foreigners, overseas Chinese, compatriots of Hong Kong, Macao. Total Retail Sales of Consumer Goods exclude urban dwellers or residents commissioned by the Trust shops sell goods and sold to agriculture, industry, construction and other industries for the production of goods.

Total Retail Sales of Wholesale and Retail Trade refer to the sales of consumption goods to residents and social groups by all kinds of independent accounting corporative enterprises, economic units and individuals specially engaged in commodities wholesale and retail trade.

Retail Sales of Hotels and Catering Services refer to the retail sales of providing accommodation, food services, food cooking modulation of the accommodation and catering industry enterprises, industrial units and self–employed activities directly to residents and community groups to sell staple foods, food, beverages and tobacco and other goods. It includes retail sales of restaurants, train dining rooms, train dining rooms, train and bus station dining rooms and airport dining rooms attached all kinds of enterprises, opening to outside. It excludes revenue of hotels to sale food only for guests, nor dining rooms attached all kinds of unit, un–opening to outside.

Retail Sales of Other Sectors refer to the sales value of consumption commodities to residents and social groups by sectors other than wholesale and retail trade, catering trade, manufacturing industries and agricultural producers.

The Number of Stores refers to the total number of enterprises owned by the full number of chain stores, including the headquarters (if a company store it) and all Direct stores, joining a few stores. The headquarters dealing with as a Guide. In addition, the separation of holding some regional stores, shops by holding Guide statistics. Guide and stores and should be less than or equal to the total number of stores.

Chain Enterprises (also called chain stores or chain corporations) refer to a form of joint economic entities under which scattered enterprises or establishments engaged in providing homogeneous commodities or services, with the central leadership of core enterprise or headquarters and guided by common policies, conduct centralized purchase and distributed selling of commodities, in order to gain better efficiency through standardized operation. Consisting of a number of branch stores, the chain stores have in general the following features: (1) homogeneous commodities, (2) unique name of stores, (3) centralized purchase and delivery which is separated from distributed selling operation (most commodities are delivered from the headquarters except some items which, for logistics, quality or freshness considerations, might be delivered by suppliers directly). Chain headquarters (HQ) means the core of enterprises or chain management centre. Chain store chain that owned the decentralized management of the enterprise or activity units, but also said members of shops or stores.

Chain stores include the following three forms:

Regular Chain refers to chain that are invested or controlled by the headquarters. They operate under direct and unified management from the headquarters. Adopting a direct management approach, the headquarters gives orders and controls all retail stores, which follow completely the directives from the headquarters. Large monopolized commercial companies develop and expand their business through purchasing, merging, direct investment and controlling of shares.

Franchise Chain Through contracts, chain stores (or their owners) obtain licenses from the headquarters (franchisee) to use designated trade marks, names, operation know-how, and to sell commodities developed by the headquarters. Under this arrangement, each store in the chain is an independent legal entity and operates under the guidance from the headquarters.

Voluntary Chain refers to the chain business model that several stores or enterprises united together voluntarily to use a same brand image and phachase together under the previous independent property relationship.

Commodities Trading market Over 100 Million Yuan refers to markets approved by the competent government departments, trading places with fixed, regular annual transactions, and a full-time management staff of more than 100 million yuan in turnover.

Hotel Enterprises Above Designated Size refer to hotel enterprises whose annual revenue of major business amounts to 2 million yuan and over.

Catering Enterprises Above Designated Size refer to catering enterprises whose annual revenue of major business amounts to 2 million yuan and over.

Retail Sales of Hotels and Catering Trade refer to the retail sales of providing accommodation, food services, food cooking modulation of the accommodation and catering industry enterprises, industrial units and self-employed activities directly to residents and community groups to sell staple foods, food, beverages and tobacco and other goods. It includes retail sales of restaurants, train dining rooms, train dining rooms, train and bus station dining rooms and airport dining rooms attached all kinds of enterprises, opening to outside. It excludes revenue of hotels to sale food only for guests, nor dining rooms attached all kinds of unit, un-opening to outside.

The Number of Stores refers to the total number of enterprises owned by the full number of chain stores, including the headquarters (if a company store it) and all Direct stores, joining a few stores. The headquarters dealing with as a Guide. In addition, the separation of holding some regional stores, shops by holding Guide statistics. Guide and stores and should be less than or equal to the total number of stores.

Chain Enterprises (also called chain stores or chain corporations) refer to a form of joint economic entities under which scattered enterprises or establishments engaged in providing homogeneous commodities or services, with the central leadership of core enterprise or headquarters and guided by common policies, conduct centralized purchase and distributed selling of commodities, in order to gain better efficiency through standardized operation. Consisting of a number of branch stores, the chain stores have in general the following features: (1) homogeneous commodities, (2) unique name of stores, (3) centralized purchase and delivery which is separated from distributed selling operation (most commodities are delivered from the headquarters except some items which, for logistics, quality or freshness considerations, might be delivered by suppliers directly). Chain headquarters (HQ) means the core of enterprises or chain management centre. Chain store chain that owned the decentralized management of the enterprise or activity units, but also said members of shops or stores.

Chain stores include the following three forms:

Regular Chain: refers to chain that are invested or controlled by the headquarters. They operate under direct and unified management from the headquarters. Adopting a direct management approach, the headquarters gives orders and controls all retail stores, which follow completely the directives from the headquarters. Large monopolized commercial companies develop and expand their business through purchasing, merging, direct investment and controlling of shares.

Franchise Chain: Through contracts, chain stores (or their owners) obtain licenses from the headquarters (franchisee) to use designated trade marks, names, operation know–how, and to sell commodities developed by the headquarters. Under this arrangement, each store in the chain is an independent legal entity and operates under the guidance from the headquarters.

Voluntary Chain: refers to the chain business model that several stores or enterprises united together voluntarily to use a same brand image and phachase together under the previous independent property relationship.

Foreign Exchange Earnings from International Tourism refer to the total expenditures of inbound tourists during their stay in the mainland of China on transportation, sighting, accommodation, food, shopping and entertainment.

Overseas Tourists refer to foreigners and compatriots from Hong Kong, Macao and Taiwan staying at China tourist hotels at least one night. it does not include following: (1) government ministers with accompanies and over officers. (2) officers of embassies diplomatic persons with accompany of household services and persons supported. (3) foreign experts or students reporters and persons of business agencies all of them residing in china over one year. (4) transfer passengers entering china by international air plane but don't need examination passport. (5) residents living in frontier regions and keeping intercourse. (6) compatriots from Hong Kong, Macao and Taiwan returning to settle in the mainland. (7) foreigners being settlement in china or national residing in china who leaved the country already but prepared to go back. (8) national resident who leaved the country before but going back now.

Domestic Tourists refer to residents of the mainland of China who stay for one night at least but no more than 12 months at tourist facilities in other places than their permanent residence within the teritory of the mainland China, including foreigners, overseas Chinese and Chinese compatriots from Hong Kong, Macao and Taiwan who have resided in China for over one year.

Total Value of Imports and Exports refers to the real value of commodities imported and exported across the border of China. They include the actual imports and exports through foreign trade, imported and exported goods under the processing and assembling trades and materials, supplies and gifts as aid given gratis between governments and by the United Nations and other international organizations, and contributions donated by overseas Chinese, compatriots in Hong Kong and Macao and Chinese with foreign citizenship, leasing commodities owned by tenant at the expiration of leasing period, the imported and exported commodities processed with imported materials, commodities trading in border areas (excluding mutual exchange goods), the imported and exported commodities and articles for public use of the Sino–foreign joint ventures, cooperative enterprises and ventures with sole foreign investment. Also included is import or export of samples and advertising goods for which CIF or FOB value are beyond the permitted ceiling (excluding goods of no trading or use value and free commodities for export), imported goods sold in China from bonded warehouses and other imported or exported goods. The indicator of the total imports and exports at customs can be used to observe the total size of external trade in a country. In accordance with the stipulation of the Chinese government, imports are calculated at CIF, while exports are calculated at FOB.

Utilization of Foreign Capital refers to remittance, equipment and technology financed from abroad, by loans, foreign direct investment and other forms undertaken by the Chinese governments at all levels, by various departments, enterprises and other economic units.

Foreign Borrowings refer to funds borrowed from abroad through formal signing of borrowing agreements with foreign institutions, including loans of foreign governments, loans of international financial institutions, commercial loans of foreign banks, export credit, and funds raised by Chinese bonds (and shares before 1996) issued abroad. It is an important part of China's utilization of foreign capitals.

Foreign Direct Investment refers to the investments inside china by foreign enterprises and economic organizations or individuals (including overseas Chinese, compatriots from Hong Kong and Macao, and Chinese enterprises registered abroad) , following the relevant policies and laws of china, for the establishment of ventures exclusively with foreign own investment, Sino–foreign joint ventures and cooperative enterprises or for cooperative exploration of resources with enterprises or economic organizations in China. It includes the re–investment of the foreign entrepreneurs with the profits gained from the investment and the funds that enterprises borrow from abroad in the total investment of projects which are approved by the relevant department of the government.

Contracted Projects with Foreign Countries refer to projects undertaken by Chinese contractors (project contracting companies) through bidding process. They include: (1) overseas civil engineering construction projects financed by foreign investors; (2) overseas projects financed by the Chinese government through its foreign aid programs; (3) construction projects of Chinese diplomatic missions, trade offices and other institutions stationed abroad; (4) construction projects in china financed by foreign investment; (5) sub – contracted projects to be taken by Chinese contractors through a joint umbrella project with foreign contractor (s) ; (6) projects with charges for technical services from overseas operators. it includes geographic and topographic mappings geological resource prospecting and survey planning of construction areas provision of design documents blueprints materials on production process and techniques as well as engineering technical and economic consultation feasibility study research and evaluation of projects technical supervising and staff training. (7) housing development projects. The business income from international contracted projects is the work volume of contracted projects completed during the reference period, expressed in monetary terms, including completed work on projects signed in previous years.

Labor Service Cooperation with Foreign Countries refers to the activities of providing technology and labor services to employers or contractors in the forms of receiving salaries and wages. labor services providing by contractual joint ventures of Chinese international contracting corporations should be included in the statistics of service cooperation with foreign countries. the business income of labor service cooperation is the income in the form of wages and salaries overtime pay bonuses and other remuneration received from the employers during the reference period.

09

财政、金融

PUBLIC FINANCE， BANKING

资料整理人员

王志铭　杨　雁　李　涛　高锦霞　王少卿

财政、金融
PUBLIC FINANCE , BANKING

一般预算财政收入	General Budget of Financial Revenue	80.30	亿元	(100 million yuan)
一般预算财政支出	General Budget of Financial Expenditure	186.56	亿元	(100 million yuan)
银行存款余额	Budgetary of Bank Deposit	2013.93	亿元	(100 million yuan)
银行贷款余额	Budgetary of Bank Loan	770.52	亿元	(100 million yuan)

财政收支（亿元）

Financial Revenue and Expenditure（100 million yuan）

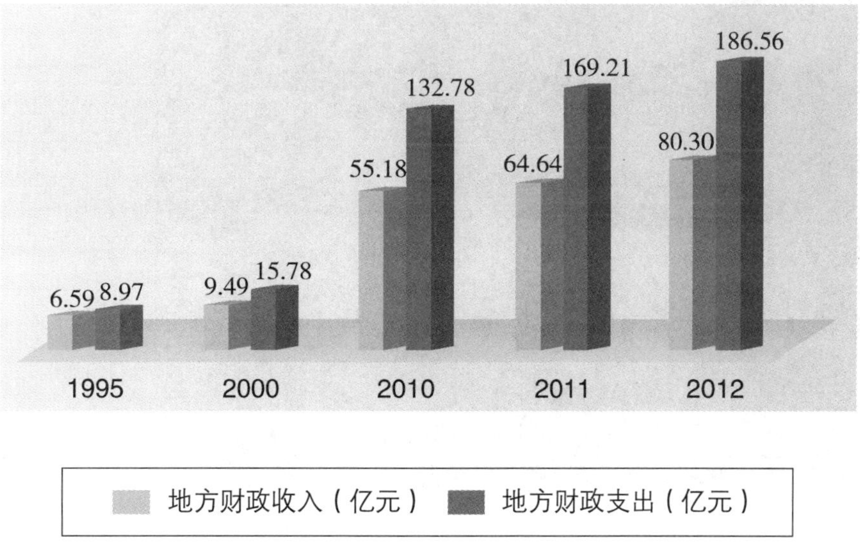

城乡居民储蓄存款余额（亿元）

Resident Saving Deposit Urban and Rural（100 million yuan）

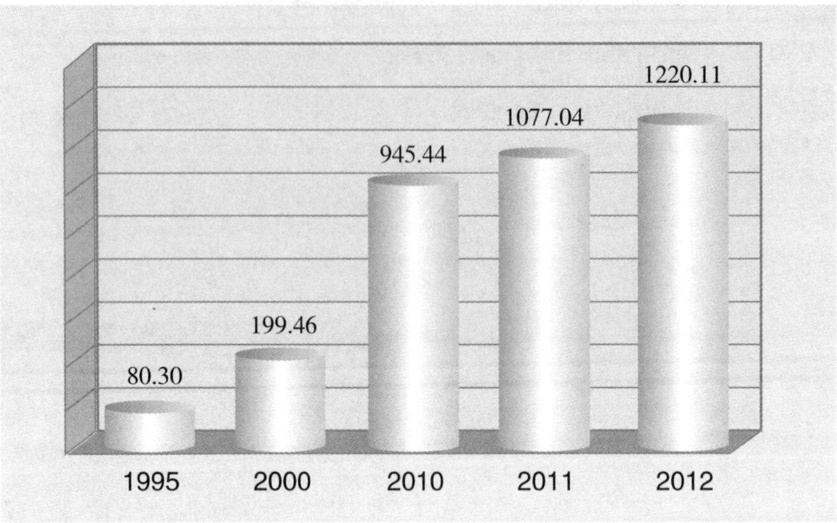

9-1 地方财政收支总额

REGIONAL FLNANCIAL REVENUE AND EXPENDITURE

单位: 万元 (10 000 yuan)

年 份 Year	财政总收入 Total Regional Revenue	地方财政收入总额 Total Regional Revenue	地方财政支出总额 Total Expenditure	地方财政收支差额 Balance	指数(以上年为 100) Indexes (preceding year=100) 收入 Total Revenue	支出 Total Expenditure
1995	110338	65887	89731	-23844	128	117
1996	134507	80159	103273	-23114	122	115
1997	145601	84252	113556	-29304	105	110
1998	159234	94130	120854	-26724	112	106
1999	146257	93086	137761	-44675	99	114
2000	149956	94878	157784	-62906	102	115
2001	167693	106520	212591	-106071	112	135
2002	294395	113270	247181	-133911	128	116
2003	362226	131995	308886	-176891	117	124
2004	456149	153184	369729	-216545	116	119
2005	619888	204173	469007	-264834	133	126
2006	751502	260891	567200	-306309	127	120
2007	930441	367060	745717	-378657	134	131
2008	1222776	466664	992903	-526239	127	133
2009	1209084	476174	1111142	-634968	102	112
2010	1384236	551766	1327751	-775985	115	119
2011	1622559	646407	1692081	-1045674	117	127
2012	1907386	803046	1865565	-1061283	124	110

9-2 地方财政收支分项目数
REGIONAL FLNANCIAL REVENUE BY ITEMS

单位: 万元 (10 000 yuan)

年 份 Year	企业收入 Revenue from Enterprises	各项税收 Taxes			其他收入 Other Revenue
			工商税 Industrial and Commercial Taxes	农业税 Agricultural Taxes	
1995	4641	61721	48701	964	632
1996	6386	71712	56927	2040	643
1997	7059	78048	63781	1830	1150
1998	5180	83917	72557	1909	844
1999	3433	81646	73176	696	1018
2000	4168	84775	74871	1959	1937
2001	12590	95610	76656	938	1307
2002	5071	87303	83767	3536	3025
2003	2517	99491	96098	3393	8489
2004	12082	106847	104578	2269	3723
2005	11413	150194	150194		1294
2006	18513	173129	173129		1302
2007		258479	250217		
2008		366320			191
2009		380820			847
2010		444815			
2011		521101			
2012		637285			4092

年 份 Year	基本建设支出 Expenditures for Capital Construction	农业、林业、水利和气象 Forestry,Water Conservancy	文教科卫支出 Expenditure for Cultrue,Education, Science and Health Care
1995	975	6504	29506
1996	926	1323	33404
1997	1960	8301	36315
1998	1140	8536	39386
1999	521	9608	44014
2000	910	11684	53604
2001	231	13740	67985
2002	488	17706	77586
2003	857	23217	78412
2004	2859	47449	100389
2005	1934	44706	128403
2006	425	49968	157150
2007		57241	215127
2008		60544	307527
2009		90208	404846
2010		122447	435387
2011		141836	511658
2012		157191	699107

9-3 财政一般预算收入(2012年)

GENERAL BUDGET OF FINANCIAL REVENUE(2012)

单位: 万元 (10 000 yuan)

项　目	Item	金　额 Value
收入总计	**Total Revenue**	**803046**
一、税收收入	Total taxes	637285
增值税	Value-added Taxes	148302
国内增值税	Domestic Value-added Taxes	148302
#国有企业增值税	State-owned Enterprises	39568
集体企业增值税	Collective-owned Enterprises	1898
股份制企业增值税	Share Holding Enterprises	90802
联营企业增值税	Joint Owned Enterprises	5
港澳台和外商投资企增值税	Enterprises Invested from Hongkong, Macao ,Taiwan and Foreign	2997
私营企业增值税	Private-owned Enterprises	6433
营业税	Operation Taxes	163693
金融保险业营业税(地方)	Banking and Insurance Operation Taxes (Regional)	9139
一般营业税	Ordinary Operation Taxes	154490
营业税税款滞纳金、罚款收入	Fine for Business Tax Overdue and Penalty Income	64
企业所得税	Enterprises' Income Taxes	91446
个人所得税	Individual Income Taxes	27300
资源税	Resource Taxes	28469
固定资产投资方向调节税	Fixed Assets Investment Orientation Regulation Tax	
城市维护建设税	Taxes on Urban Construction and Maintenance	74349
房产税	House Property Taxes	16263
印花税	Stamp Taxes	18661
城镇土地使用税	Taxes on Use of Urban Land	22764
土地增值税	Land Value-added Taxes	11620
车船税(款)	Taxes on Use of Vehicles, Boats and License	9799
耕地占用税(款)	Taxes on Occuping Cultivated Land	3131
契税(款)	Contract Taxes	21488
烟叶税(款)	Tobacco Taxes	
二、非税收入	Nontaxes	165761
专项收入	Special Incomes	103500
行政事业性收费收入	Incomes from Administrative Fees	21371
罚款收入	Penalty Incomes	15159
国有资本经营收入	Business Revenue of State-owned Properties	1799
国有资源(资产)有偿使用收入	Incomes from State-owned Resource Utilization	19840
其他收入	Other Incomes	4092
#捐赠收入	Income from Contribution	2408

9-4 财政一般预算支出(2012 年)
GENERAL BUDGET OF FINANCIAL EXPENDITURE(2012)

单位:万元 (10 000 yuan)

项 目	Item	金 额 Value
支出总计	**Total Extra-budgetary Expenditure**	**1865565**
一、一般公共服务	Expenditure for Public Services	**161574**
二、国 防	Expenditure for National Defence	1507
三、公共安全	Expenditure for Public Security	98884
四、教 育	Expenditure for Education	442750
#普通教育	Common	344756
职业教育	Vocational	23303
五、科学技术	Expenditure for Science and Technology	10385
六、文化体育与传媒	Expenditure for Culture,Sport and Medium	105697
#文 化	Culture	41028
体 育	Sport	17569
七、社会保障和就业	Expenditure for Social Security and Employment	220415
#财政对社会保险基金的补助	Subsidy on Social Insurance Fund	28412
行政事业单位离退休补助	Subsidy on Retired Persons in Administrative Department	55753
企业改革补助	Subsidy on Reform of State-owned Enterprises	436
就业补助	Subsidy on Employment	17478
抚 恤	Pension	16449
城市居民最低生活保障	Subsistence Allowances for Urban Residents	46390
农村最低生活保障	Subsistence Allowances for Rural Residents	22349
八、医疗卫生	Expenditure for Health Services	140275
#医疗卫生管理事务	Administration of Health Services	3180
公立医院	Public Hospitals	27846
公共卫生	Public Health	19515
九、环境保护	Expenditure for Environmental Protection	60815
#污染防治	Prevention of Pollution	15150
退耕还林	Restoring Reclaimed Land to Forest	15204
十、城乡社区事务	Expenditure for Community in both Urban and Rural Areas	132391
#城乡社区公共设施	Public Infrastructure	32243
十一、农林水事务	Expenditure for Agriculture, Forest and Irrigation	157191
十二、交通运输	Expenditure for Transportation	51943
十三、资源勘探电力信息等事务	Expenditure for Resources Exploration, Electricity, Information Affairs	16542
十四、商业服务业等事务	Expenditure for Business, Service Affairs	10515
十五、金融监管等事务支出	Expenditure for Financial Supervision Affairs	144
十六、地震灾后恢复重建支出	Expenditure for Rebuilding after the Earthguake	
十七、国土资源气象等事务	Expenditure for Land Resource and Meteorology Affairs	80666
十八、住房保障支出	Expenditure for Housing Security	120688
十九、粮油物资储备管理事务	Expenditure for Management of Cereals, Oils and Material Reserves	5143
二十、国债还本付息支出	Expenditure for goverment and public Bonds and its Interest	
二十一、其他支出(类)	Other Expenditures	46714

9-5 税收分经济类型情况 (2012 年)

TAXES REVENUE BY FORM OF OWNERSHIP (2012)

单位: 万元 (10 000 yuan)

项 目	Item	合计 Total	国有企业 Stated-owned Enterprise	集体企业 Collective owned Enterprise	其 他 Others
税收(地税)	**Local Taxes Revenue**	**782594**	**71522**	**14274**	**36667**
营业税	Operation Taxes	367849	21287	7490	5488
企业所得税	Income Taxes of Enterprises	98741	11843	2262	1651
个人所得税	Individual Income Taxes	97264	17994	825	2981
资源税	Resource Taxes	40667	1893	16	12
城市维护建设税	Taxes on Urban Construction and Maintenance	74349	8762	1284	615
房产税	House Property Taxes	16264	1666	694	190
印花税	Stamp Taxes	18661	4948	155	133
城镇土地使用税	Land Use Tazxes	22764	2971	327	46
土地增值税	Land Value-added Taxes	11619	126	168	110
车船使用税	Vehicle and Boat Use Taxes	9799	32	1053	824
税收(国税)	**National Taxes Revenue**	**1512283**	**309212**	**20154**	**2777**
增值税	Value-added Taxes	903260	282629	10086	573
消费税	Consumption Taxes	17388	15394		
企业所得税	Income Taxes of Enterprises	536148	10876	10065	2186
个人所得税	Indicidual Income Taxes	241			

项 目	Item	股份有限公司 hare Holding Limited Company	私营企业 Private Enterprise	港澳台投资企业 Enterprise by Hongkong,Macao and Taiwan	外商投资企 业 Forign Funded Enterprise	个体经营 Indiv-idual
税收(地税)	**Local Taxes Revenue**	**583167**	**15692**	**7511**	**6620**	**46624**
营业税	Operation Taxes	294457	6460	6123	2622	23683
企业所得税	Income Taxes of Enterprises	77500	5405			
个人所得税	Individual Income Taxes	58825	759	465	1034	14380
资源税	Resource Taxes	37157	1438	2		149
城市维护建设税	Taxes on Urban Construction and Maintenance	59276	597	423	1648	1650
房产税	House Property Taxes	11895	381	271	522	641
印花税	Stamp Taxes	12649	84	51	343	281
城镇土地使用税	Land Use Tazxes	18315	337	176	442	68
土地增值税	Land Value-added Taxes	11016	187		9	3
车船使用税	Vehicle and Boat Use Taxes	2077	44			5769
税收(国税)	**National Taxes Revenue**	**1027453**	**49190**	**1184**	**32698**	**69615**
增值税	Value-added Taxes	526061	39208	244	22820	21639
消费税	Consumption Taxes	1044	866		68	16
企业所得税	Income Taxes of Enterprises	493380	8891	940	9810	
个人所得税	Indicidual Income Taxes					241

9-6 金融机构人民币信贷收支(2012 年)

SOURCES AND USES OF CREDIT FUNDS OF FINANCIAL INSTITUTIONS(RMB, 2012)

单位:万元 (10 000 yuan)

项 目	Item	金 额 Value
资金来源总计	**Total Sources of Funds**	**18734321**
各项存款	Deposits	20139312
单位存款	Corporate Deposit	6735682
#活期存款	Demand Deposits	5368872
定期存款	Time Deposits	1139099
财政存款	Fiscal Deposits	1072410
个人存款	Individual deposit	12242485
#储蓄存款	Savings Deposits	12201147
临时性存款	Temporary deposit	69530
委托存款	Entrusted Deposits	16698
其他存款	Others Deposits	2507
金融债券	Financial Bonds	
应付及暂收款	Account Payable and Temporary	408124
同业往来	Business With Counterpart	19725
各项准备	Preparatory Funds	230446
所有者权益	Creditors' Equity	396561
#实收资本	Actual Received Capital	162334
其 他	Others	-2579436
资金运用总计	**All Uses of Funds**	**18734321**
各项贷款	Loans	7705203
短期贷款	Short-term Loans	2374024
个人贷款及透支	Personal Loans and Draft	510505
单位贷款及透支	Unit Loans and Draft	1753919
普通并购贷款	Ordinary Merger Loans	
银团贷款	Syndicated Loans	
贸易融资	Trade Finance	109600
中长期贷款	Medium-term and Long-term Loans	4588237
个人贷款	Personal Loans	499627
单位贷款	Unit Loans	3834534
普通并购贷款	Ordinary Merger Loans	102784
银团贷款	Syndicated Loans	151292
贸易融资	Trade Finance	
融资租赁	Lease Loans	
委托贷款	Entrusted Loans	
票据融资	Bill Finance	742942
各项垫款	Advances	
有价证券及投资	Securities and Investment	199532
应收及预付款	Account Receivable and Advance Payment	38618
同业往来	Business With Counterpart	4161
行内资金往来	Intercourse of Banks	9957029
金银占款	Positon for Gold and Sliver	
外汇占款	Position for Forex Purchase	119535
固定资产	Fixed Assets	179358
投资性房地产	Investment Real Estate	
库存现金	Cash Inventory	171806

9-7 主要年份金融机构各项存款余额
BALANCE OF BANK DEPOSITS IN MAJOR YEARS

单位：万 (1000 yuan)

年 份 Year	存款余额 Balance of Deposits	# 企业存款 Enterprises Deposits	# 财政存款 Treasury Deposits	# 农村存款 Rural Deposits	# 机关团体存款 Deposits of Government genciesa and Organizations
1998	2296441	547933	17459	34229	29886
1999	2553893	586440	18937	34525	45684
2000	2743192	599658	22247	41264	52298
2001	3034619	743761	29511	40863	58993
2002	3649878	927034	46233	51682	89836
2003	4325737	1135913	47616	63635	126223
2004	5576276	1593651	63916	97833	186893
2005	7666309	2266050	103195	148841	254644
2006	9109169	2686411	167647	149600	302690
2007	10503474	3152056	286414	250173	399947
2008	12925807	3478565	304234	371694	580807
2009	14820030	4074551	581980	574068	731849
2010	16584637	4924611	678511	112334	1038534
2011	18702166				
2012	20139312				

9-8 主要年份金融机构各项贷款余额
BALANCE OF BANK LOANS IN MAJOR YEARS

单位：万元 (10 000 yuan)

年 份 Year	存款余额 Balance of Deposits	# 企业存款 Enterprises Deposits	# 财政存款 Treasury Deposits	# 农村存款 Rural Deposits	# 机关团体存款 Deposits of Government genciesa and Organizations
1998	1506900	482155	304087	28937	78477
1999	1538218	481662	354760	24302	87204
2000	1521417	406075	318579	21882	73614
2001	1520909	456029	332019	20348	79664
2002	1694184	480999	333804	24442	93302
2003	1889328	555557	303975	22903	104281
2004	2014315	555103	275834	9104	107943
2005	2209259	441127	256158	10257	124076
2006	2560286	519065	234242	11182	136360
2007	3249815	654199	240396	7880	169812
2008	3669628	688921	190276	4926	284104
2009	4564807	791528	160019	26894	397469
2010	5972070				
2011	6587138				
2012	7705203				

主要统计指标解释

财政总收入 即一般预算收入与上划中央收入之和，反映本地区当年组织的财政收入总规模，是计算当年地方可用财力的主要依据。与国内生产总值比较，可反映财政的集中程度。

一般预算收入 指按照财政体制规定列入地方预算，直接缴入地方金库的经常性财政收入。1996年政府性基金纳入预算管理后，为区别于基金预算，将地方预算收入改称一般预算收入。具体包括增值税、企业所得税、个人所得税的地方分享部分、其他工商税收、农业四税、专项收入及行政性收费、罚没收入及其他收入。

上划中央收入 指实行分税制财政体制后，增值税的75%部分和消费税划为中央收入，以及从2002年起实行所得税分享改革后，所得税（包括企业所得税、个人所得税）由中央分享部分，这部分收入直接缴入中央金库。根据《预算法》和财政体制规定，上划中央收入属于列入中央预算范围的收入，地方总预算中不予包括。

税收收入 反映政府税收收入。具体包括：增值税、消费税、营业税、企业所得税、个人所得税、固定资产投资方向调节税、城市维护建设税、房产税、印花税、城镇土地使用税、土地增值税、车船税、船舶吨税、车辆购置税、关税、耕地占用税、契税、烟叶税以及其他税收收入等。

非税收入 反映政府非税收入。具体包括：政府性基金收入、专项收入、彩票资金收入、行政事业性收费收入、罚没收入、国有资本经营收入、国有资源（资产）有偿使用收入及其他收入等。

一般预算支出 是指列入地方预算的经常性财政支出，其项目包括经济建设支出、教科文卫等事业支出、国家管理费用支出、国防支出、各项补贴支出及其他支出等。其资金来源包括用地方可用财力安排的支出、上年结余、调入资金和中央专款补助形成的财政支出等。

一般公共事务 反映政府提供一般公共服务的支出。具体包括人大、政协、政府办公厅（室）及相关机构、发展与改革、统计信息、财政、税收、审计、海关、人事、纪检监察、人口与计划生育、商贸、知识产权、工商行政管理、质量技术监督与检验检疫、国土资源、海洋管理、测绘、地震、气象、民族、宗教、港澳台侨、档案、共产党、民主党派及工商联、群众团体、彩票等事务。

公共安全 反映政府维护社会公共安全方面的支出。有关事务包括武装警察、公安、国家安全、检察、法院、司法行政、监狱、劳教、国家保密、缉私警察等。

教育 反映政府教育事务支出。有关具体事务包括教育行政管理、学前教育、小学教育、初中教育、普通高中教育、普通高等教育、初等职业教育、中专教育、技校教育、职业高中教育、高等职业教育、广播电视教育、留学生教育、特殊教育、干部继续教育、教育机关服务等。

科学技术 反映用于科学技术方面的支出。包括科学技术管理事务、基础研究、应用研究、技术研究与开发、科技条件与服务、社会科学、科学技术普及、科技交流与合作。

文化体育与传媒 反映政府在文化、文物、体育、广播影视、新闻出版等方面的支出。

社会保障和就业 反映政府在社会保障与就业方面的支出。有关事项包括社会保障和就业管理事务、民政管理事务、财政对社会保障基金的补助、补充全国社会保障基金、行政事业单位离退休、企业改革补助、就业补助、抚恤、退役安置、社会福利、残疾人事业、城市居民最低生活保障、其他城镇社会救济、农村社会救济、自然灾害生活救助、红十字事务等。

医疗卫生 反映政府医疗卫生方面的支出。具体包括医疗卫生管理事务支出、医疗服务支出、医疗保障支出、疾病预防控制支出、卫生监督支出、妇幼保健支出、农村卫生支出等。

环境保护 反映政府环境保护支出。具体包括：环境保护管理事务支出、环境监测与监察支出、污染治理支出、自然生态保护支出、天然林保护工程支出、退耕还林支出、风沙荒漠治理支出、退牧还草支出、已垦草原退耕还草支出等。

城乡社区事务 反映政府城乡社区事务支出。具体包括：城乡社会管理事务支出、城乡社会规划与管理支出、城乡社区公共设施支出、城乡社区住宅支出、城乡社区环境卫生支出、建设市场管理与监督支出等。

农林水事务 反映政府农林水事务支出。具体包括：农业支出、林业支出、水利支出、农业综合开发支出等。

交通运输 反映政府交通运输方面的支出。包括公路运输支出、水路运输支出、铁路运输支出、民用航空运输支出等。

工业商业金融等事务 反映政府工业、商业、金融等事务支出。具体包括：采掘业支出、制造业支出、电力支出、信息产业支出、旅游业支出、涉外发展支出、粮油事务支出、商业流通事务支出、物资储备支出、金融保险支出、烟草事务支出、安全生产支出、国有资产监督支出、中小企业发展支出、清洁生产支出等。

采掘电力信息等事务 反映政府对采掘电力信息等事务支出。具体包括采掘业支出、制造业支出、建设业支出、电力监管支出、工业和信息产业监管支出、安全生产监管支出、国有资产监管支出、支持中小企业发展和管理支出等。

粮油物资储备及金融监管等事务 反映政府对粮油物资储备及金融监管等事务支出。具体包括：粮油事务支出、商业流通事务支出、物资储备支出、金融业监管支出、旅游业管理与服务支出、涉外发展服务支出等。

其他支出 反映不能划分到上述功能科目的其他政府支出。包括预备费、年初预留、住房改革支出以及其他支出。

当年可用财力 是指按照现行财政体制规定，在预算年度内可统筹安排使用的预算内资金，其来源包括当年一般预算收入、税收返还收入、下级上解收入、转移支付补助，并从中扣减上解上级及补助下级的资金。当年可用财力不包括上年结余资金及中央专款补助。根据《预算法》的规定，当年支出预算应当小于或等于当年可用财力。

存款 企业、机关、团体或居民根据可以收回的原则，把货币资金存入银行或其他信用机构保管并取得一定利息的一种信用活动形式。根据存款对象的不同可划分：企业存款、财政存款、机关团体存款、城镇居民储蓄存款、农村存款等项目。

贷款 银行或其他信用机构根据必须归还的原则，按一定利率，为企业、个人等提供资金的一种信用活动形式。我国银行贷款，分流动资金贷款、农业贷款、固定资产贷款等科目。

城乡居民储蓄年末余额 包括城镇居民储蓄和农民个人储蓄两部分的年末余额。不包括工矿企业、部队、机关团体等集体存款。

Explanatory Notes on Main Statistical Indicators

Overall Financial Revenue refers to the sum of general budget of financial revenue and revenue turned over to the state. It reflects total scale of financial revenue in that year in the region, also it is the major basic counting disposable financial resources. It can reflects financial concentration comparing GDP.

General Budget of Financial Revenue refers to daily financial revenue arranged to regional budget and directly paid to local treasury according regulation of financial system. After government fund brought into budget management in 1996, it was named general budget of financial revenue from regional budget of revenue, for distinction with budget of fund. It includes value added tax, enterprise income tax, part of personal income tax, other industrial and commercial tax, four taxes of agriculture, special tax, and administrative fee, penalty income and other income.

Revenue Turned Over to the State refers to 75 percent of value added tax and consumption tax turned over to the state after implement financial system of tax distribution, and part of income tax shared by state and directly paid to central treasury after implement reform of income tax share from 2002. According to budget law and rule of financial system, revenue turned over to the state belongs to range of state budget, excluded in regional budget.

Tax Revenue refers to the government's tax revenue. It Includles: value–added tax, consumption tax, business tax, enterprise income tax and personal income tax, regulatory tax on investment in fixed assets, urban maintenance and construction tax, housing property tax, stamp tax, urban land use tax, urban land value–added tax, vehicle and ship tax, tonnage tax, tax on the purchase of vehicles, tariff , tax on occupancy of cultivated land, contract tax, tobacco tax and other tax revenue and so on.

Non–tax Income refers to the government's non–tax revenue. Including: governmental funds revenue, special revenue, lottery funds income, administrative and institutional fees income, fine and confiscatory revenue, the state–owned capital operating revenue, income from charge on use of state–owned land, etc.

General Budget of Financial Expenditure refers to daily financial expenditure arranged to regional budget, including expenditure for capital construction, operating expenses of education, science, culture and public health, administrative expenses, expenditure for national defence, expenditure for subsidies and other expenditures. Sources of funds includes expenditure arranged from regional disposable financial resources, surplus last year, funds transferred and state special subsidies.

General Public Affairs reflect the Government's provision of general public service expenditures, Specifically including the NPC and CPPCC National Committee, the Government Office (room) and related agencies, development and reform, statistics, finance, taxation, auditing, customs, personnel, discipline inspection and supervision, population and family planning, commerce, intellectual property rights, industrial and commercial administration, Quality and Technical Supervision, Inspection and Quarantine, land and natural resources, marine management, surveying and mapping, earthquakes, weather, ethnic, religious, Hong Kong, Macao, files, the CPC, democratic parties and the Federation of Industry and Commerce, mass organizations, lottery tickets, and other matters.

Public Safety reflects the Government to safeguard social payments in respect of public safety. Related matters include armed police, public security, national security, prosecution, courts, the administration of justice, prison inmates, the state secrecy, anti–smuggling police and so on.

Education reflects the Government's education expenditure. On specific matters, including education administration, pre–primary, primary education, secondary education, high school education, regular higher education, primary vocational education, secondary education, technical school education, vocational high school education and higher vocational education, radio and television education, the International Education , Special education, cadres and continuing education, educational institutions and so on.

Science and Technology reflects the expenditure. It includes science and technology management services, basic research, applied research, technology research and development, science and technology and service conditions, social science, science and technology popularization of scientific and technological exchanges and cooperation.

Culture, Sports and Media reflects the expenditures of the Government and the media in culture, heritage, sports, Radio, Film and Television, the press, publishing and other areas.

Social Security and Employment reflects expenditures of the Government in the area of employment and social security. Related matters including social security and employment for Management, Home Management Services, the Financial Fund for social security grants, added the National Social Security Fund, retired administrative institutions, enterprises, reform of subsidies, employment subsidies, pension, retirement and placement system, social welfare, disability One cause of the minimum living guarantee for urban residents, other urban social relief, rural social relief, natural disaster relief life, the Red Cross affairs.

Medical and Health Care reflects the Government's health care expenditures. It includes specific health care expenditure management services, medical services spending, health care spending, disease prevention and control expenditure, health expenditure monitoring, maternal and child health care spending, rural health and other expenditures.

Environmental Protection reflects the Government's environmental protection spending. It Specifically includes: the management of environmental protection spending, environmental monitoring and monitoring of expenditures, pollution control spending, the natural ecological protection spending, the natural forest protection project expenditure, expenditure returning farmland to forests, desertification control sandstorms expenditure, expenditure Tuimuhuancao, grassland has been cultivated farmland And grasslands, and other expenditures.

Urban and Rural Community Affairs reflect the Government's expenditure of urban and rural community affairs, Including urban and rural social services expenditure management, urban and rural planning and management of social expenditure, expenditure of public facilities in rural and urban communities, rural and urban communities domestic expenditure, expenditure of urban and rural communities sanitation, management and supervision of the construction market and other expenditures.

Agriculture, Forestry and Water Affairs reflect the Government's water affairs spending. It includes: agricultural expenditure, expenditure forestry, water conservancy expenses, such as the comprehensive agricultural development expenditure.

Transport reflects the Government's transport expenditure. It includes road transport expenditure, waterway transportation expenses, transport expenses, civil aviation and other transport expenses.

Expenditure on Power Information Mining and Other Affairs reflects the government expenditure on power information mining and other affairs, including expenditures on mining, manufacture, construction, supervision of power, industry and information, safety production, national assets and development and management of small and medium–sized enterprises

Expenditure on Management of Cereals, Oils, Material Reserves and Financial Supervision reflects the government expenditure on cereals,oils, material reserves and financial supervision, including expenditures on cereals and oils, commercial circulation affairs,material reserves,financial supervision, management and service of tourism, foreign developing service and so on.

Other Expenses reflect the division can not be subject to the above–mentioned functions of other government expenditures. It includes Yu Bei fei, the beginning of the year set aside, the housing reform expenditure and other expenses.

Disposable Financial Resources in the Year it refer budgetary funds which can be overall arranged and used in the budget year according to current regulation of financial system, including general budget revenue, return revenue of taxes, revenue turned over from below authorities, subside of transfer pavement, deducing funds turning over to high authorities and subside to below authorities. It excludes surplus last year and subsides from central special funds. According to regulation of budgetary law, budget expenditure should be small or equal disposable financial resources in the same year.

Deposit is form of credit by which enterprises, institutions, organizations or households can put money into banks and other credit institutions for sake keeping and interest earning under the principle of free withdrawal. According to different depositors, deposits are divided into enterprise deposits, treasury deposits. Deposits are major sources of the credit funds of banks.

Loan is form of credit by which banks and other credit institutions provide funds at certain interest rate to enterprises and individuals in the light of the principle of unconditional repayment. Loans from Chinese banks include circulating capital loans, fixed assets loans, loans to urban and rural individuals engaged in industrial and commercial business and agriculture loans.

The Saving Deposits of Urban and Rural Residents refers to the total value of savings deposits of urban and rural households in banks and rural credits cooperatives at a given point of time, including the savings deposits of urban residents and the savings deposits of rural residents. The deposits of organizations such as enterprises, military units, government agencies, institutions, are not included.

10

教育、文化、卫生

EDUCATION， CULTURE AND PUBLIC HEALTH

资料整理人员

王志铭　杨　雁　李　涛　高锦霞　王少卿

教育、文化、卫生
EDUCATION , CULTURE AND PUBLIC HEALTH

普通中学在校学生数	Students Enrollment of Regular Secondary School	20.45	万人	(10 000persons)
中等专业学校在校学生数	Students Enrollment of Specilized Secondary School	3.23	万人	(10 000persons)
卫生机构数	Heslth Institutions	3067	个	(unit)
卫生机构床位数	Beds of Health Intitutions	15917	张	(unit)

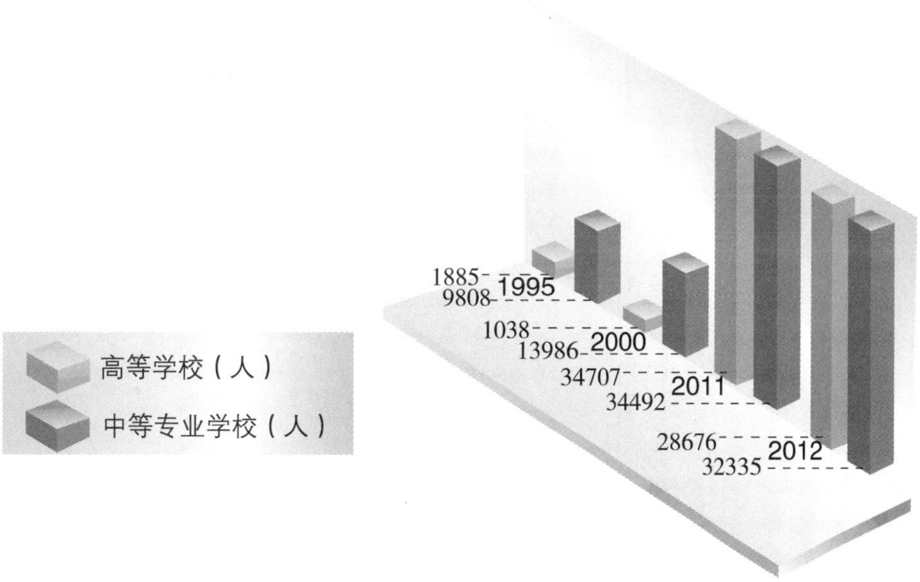

10-1 主要年份各类学校数
SCHOOLS BY LEVEL IN MAJOR YEARS

单位: 所 (unit)

年 份 Year	学校数 Number of Schools	# 高等学校 Regular Instiutions of Higher Education	# 中等职业技术学校 Vocational Skilled Secondary Schools	# 普通中学 Regular Secondary Schools	# 小 学 Primary Schools
1970	4824	1	6	200	4554
1975	4601	3	11	1190	3397
1980	2863	3	11	772	2077
1985	2898	4	14	461	2419
1990	2911	4	14	386	2507
1995	2770	4	12	293	2461
1996	3149	4	12	294	2442
1997	3244	5	12	287	2452
1998	3338	5	12	286	2426
1999	3227	5	12	289	2415
2000	3163	1	12	300	2460
2001	2756	1	11	296	2278
2002	2676	1	11	292	2222
2003	2671	1	26	295	2209
2004	2605	1	37	292	2133
2005	2465	1	40	290	2007
2006	2193	1	49	279	1735
2007	1988	1	54	277	1533
2008	1780	1	59	268	1421
2009	1669	1	51	263	1220
2010	1470	1	43	259	1050
2011	1283	1	42	248	868
2012	1460	1	42	234	756

10-2 主要年份各类学校专任教师数

NUMBER OF FULL-TIME TEACHERS BY LEVEL OF SCHOOL IN MAJOR YEARS

单位: 人 (person)

年 份 Year	专任教师数 Full-Time Teachers	# 高等学校 Regular Instiutions of Higher Education	# 中等职业技术学校 Vocational Skilled Secondary Schools	# 普通中学 Regular Secondary Schools	# 小 学 Primary Schools
1970	13363	251	680	3765	18665
1975	26864	279	812	8335	17038
1980	22615	234	490	9692	12199
1985	24179	265	690	9915	13309
1990	26481	372	885	11417	13807
1995	28158	423	956	10911	15868
1996	31887	432	901	11156	16132
1997	33492	406	1179	9722	16534
1998	33412	354	950	11483	16951
1999	34852	627	822	12040	17562
2000	34711	276	852	11993	17814
2001	34423	262	928	12722	18467
2002	35365	248	836	13085	19173
2003	36654	268	1218	17116	22565
2004	38382	1559	1353	13885	19899
2005	39327	1697	1592	14445	22215
2006	40446	1889	1971	14627	20288
2007	41009	2120	2028	14741	20413
2008	40181	2120	2449	15109	20386
2009	41351	1541	2092	15813	20567
2010	41852	2167	1801	16916	19595
2011	40985	2206	1783	16205	19324
2012	42152	2104	1907	17976	16585

10-3 主要年份各类学校在校学生数
NUMBER OF FULL-TIME TEACHERS BY LEVEL OF SCHOOL IN MAJOR YEARS

单位:万人 (10 000 persons)

年份 Year	在校学生数 Number of Student Enrollment	#高等学校(人) Regular Instiutions of Higher Education(person)	#中等职业技术学校(人) Vocational Skilled Secondary Schools (person)	#普通中学 Regular Secondary Schools	#小学 Primary Schools
1970	52.3	117	2202	6.10	46.20
1975	71.3	1318	3121	18.80	52.00
1980	53.1	2417	4635	17.60	34.80
1985	46.6	3243	5032	15.90	29.90
1990	42.3	1802	7206	18.80	27.60
1995	48.3	1885	9808	13.40	33.90
1996	57.2	1991	10051	13.30	34.90
1997	60.1	2633	11005	13.00	35.80
1998	60.6	3201	12718	15.70	35.90
1999	61.3	3729	13636	16.85	35.60
2000	61.5	1038	13986	17.98	35.22
2001	61.5	3164	13900	19.37	35.29
2002	63.3	3785	12945	20.78	35.21
2003	65.8	5365	13727	22.74	36.07
2004	66.4	23311	18187	23.06	35.11
2005	65.9	24657	22406	23.10	34.20
2006	65.2	27789	33634	22.48	32.27
2007	64.7	30034	39352	22.57	31.47
2008	64.0	33965	45489	22.67	30.34
2009	61.7	27423	42916	22.59	28.99
2010	60.3	34186	39442	22.79	27.76
2011	57.7	34707	34492	22.05	26.37
2012	58.4	28676	32335	20.45	24.38

10-4 主要年份各类学校毕业生数

NEW STUDENTS ENROLLMENT BY LEVEL OF SCHOOL IN MAJOR YEARS

单位: 万人 (10 000person)

年 份 Year	毕业生数 Number of Graduates	# 高等学校(人) Regular Instiutions of Higher Education(person)	# 中等职业技术学校(人) Vocational Skilled Secondary Schools (person)	# 普通中学 Regular Secondary Schools	# 小 学 Primary Schools
1970	8.7		631	3.50	5.20
1975	10.1	186	954	4.40	5.50
1980	9.7	532	1172	4.20	5.30
1985	9.7	521	1841	3.90	5.60
1990	9.6	1058	2795	4.80	4.40
1995	9.2	1088	3034	3.90	4.90
1996	10.0	1100	3178	4.00	5.20
1997	10.4	809	3317	3.60	5.50
1998	11.4	922	9551	4.60	5.40
1999	11.4	1085	3435	4.57	5.91
2000	12.0	379	4417	4.98	6.14
2001	12.0	832	3896	5.06	6.09
2002	12.6	926	3710	5.64	6.15
2003	13.0	860	4686	6.10	5.99
2004	15.7	3401	5167	7.10	5.74
2005	16.5	6126	5019	7.50	6.70
2006	17.0	7389	7019	7.55	5.99
2007	16.5	8621	8700	7.06	5.76
2008	16.0	8621	12817	7.33	5.68
2009	15.6	7700	14142	7.28	5.48
2010	15.2	10898	13019	7.13	5.04
2011	15.7	8370	12852	7.78	4.96
2012	17.1	5986	12129	7.75	5.74

10-5 主要年份广播、电视台(站)数

BROADCASTING STATIONS AND TELEVISION CENTERS IN MAJOR YEARS

单位: 个 (unit)

年 份 Year	无线、电视广播 Radio Tv Radio			人口覆盖率(%) Population Coverage Rate(%)	
	电视、广播电台 Television Broadcasting Stations	中、短波发射台和转播台 Transmission Stations and Relaying Stations for Medium-short	一千瓦以上发射台及转播台 Transmission Stations and Relaying Stations for1000W and Over	广 播 Radio	电 视 TV
2000	7	2	6	92.75	96.68
2001	7	2	6	92.75	96.68
2002	7	2	6	93.56	96.68
2003	7	2	6	93.56	96.68
2004	2	1	7	93.56	96.68
2005	2	1	5	93.01	96.72
2006	2	1	6	93.02	96.74
2007	2	1	7	93.18	96.91
2008	2	1	8	93.20	96.92
2009	9	1	8	93.20	96.94
2010	9	1	8	93.22	96.95
2011	10	1	8	93.52	97.07
2012	10	1	8	93.53	97.08

10-6 主要年份卫生事业情况

NUMBER OF BEDS IN HEAL TH CARE INSTITUTIONS IN MAJOR YEARS

年 份 Year	卫生机构 (个) Health Institutions (unit)	# 医 院 Hospital	床位 (张) Beds (unit)	# 医 院 Hospital	专业卫生技术人员 (人) Medical Technical per Sanmel(person)	# 医生 Doctons
1965	167	23	2597	2043	3511	1194
1970	173	23	2764	2207	4144	1327
1975	191	48	3622	3044	6036	1667
1980	218	67	4446	4303	6712	3030
1985	264	71	5462	5124	8839	3743
1990	300	81	6771	6331	9933	4333
1995	548	228	11287	9812	16017	9839
2000	290	59	11248	9312	14588	5811
2001	275	59	11307	9481	14973	5910
2002	299	83	11152	9674	15222	6213
2003	308	92	11538	9786	15519	7421
2004	313	95	11751	9873	15574	7017
2005	313	96	11432	9763	14685	6852
2006	310	98	11908	9878	15188	7074
2007	983	89	11485	9233	16349	7573
2008	1122	103	12289	9640	16188	7411
2009	1079	114	14561	10289	18771	8699
2010	1095	112	14828	10345	19143	8399
2011	3025	111	15639	10974	18624	8318
2012	3067	109	15917	11344	19192	8681

10-7 卫生机构、床位数、人员数(2012 年)

INSTITUTIONS, BEDS AND PERSONNEL IN HEALTH INSTITUTIONS (2012)

类别	Type	机构数(个) Health Institutions (unit)	床位数(张) Beds (unit)	人员合计(人) Personnel (person)	# 卫生技术人员 Medical Technical Personnel
总计	**Total**	**3067**	**15917**	**25739**	**19192**
一、医院合计	**Total Number of Hospitals**	**109**	**11344**	**15493**	**12675**
综合医院	General Hospitals	71	8928	12321	10085
中医医院	Hospitals of Chinese Medicine	9	790	1077	912
中西医结合医院	Hospitals for Chinese and Western Medicine				
专科医院	Specialized Hospitals	29	1626	2095	1678
口腔医院	Stomatological Hospitals	2	4	83	52
传染病院	Hospitals for Infections Diseases	1	370	635	544
精神病院	Mental Hospitals	2	328	270	211
皮肤病院	Dermatology Hospitals	1	20	11	11
妇产医院	Maternity Hospitals	3	58	132	98
儿童医院	Children Hospitals				
结核病院	Tuberculosis hospitals	1	303	283	216
职业病院	Hospitals for Occupational Diseases				
肿瘤医院	Tumor Hospitals				
康复医院	Recovered Hospitals				
眼科医院	Ophthalmology Hospitals	1	20	35	25
耳鼻喉科医院	Otolaryngology Hospitals	1	20	33	26
骨科医院	Orthopaedics Hospitals	4	142	110	86
其它专科医院	Other Specialized Hospitals	13	361	503	409
二、疗养院	**Sanatoriums**	**1**	**120**	**159**	**82**
三、社区卫生服务中心	**Community Medical service Center**	**108**	**935**	**2295**	**1965**
四、卫生院合计	**Total Number commune Hospitals**	**145**	**2840**	**1700**	**1401**
城市街道卫生院	Urban Areas Neighbour-hood Hospitals	46	550	250	194
乡镇卫生院	Villages Town Hospitals	99	2290	1450	1207
中心卫生院	Centre Hospitals	31	869	450	368
乡卫生院	Villages(Town) Hospitals	68	1421	1000	839
五、门诊部合计	**Total Number of Clinics**	**38**	**482**	**472**	**399**
综合门诊部	General Clinics	18	54	189	177
中医门诊部	Chinese Medicine Clinics	1		20	12
中西医结合门诊部	Chinese & Western Medicine Clinics	2		18	17
专科门诊部	Special Clinics	17	428	245	193
六、诊所、卫生所、医务室	General Clinics	**804**		**964**	**951**
七、村卫生室	**Village Clinics**	**1811**		**2829**	**213**

10-7 续表 continued

类别	Type	机构数(个) Health Institutions (unit)	床位数(张) Beds (unit)	人员合计(人) Personnel (person)	# 卫生技术人员 Medical Technical Personnel
八、急救中心	**First-add Stations**	**1**		**24**	**15**
九、采供血机构	Selection and Supplyment	2		118	97
十、妇幼保健机构	**Maternity and Child Care Centers**	**13**	**46**	**338**	**274**
1. 省辖市属	Belong to City of Province	1	1	63	54
地辖市属	Belong to City of Province	4		76	59
县属	Belong to County	7	45	182	144
其他	Other	1		17	17
2. 妇幼保健所	Maternity and Child Care Centers	1		34	21
妇幼保健院	Maternity and Child Care Hospitals	3	46	125	101
妇幼保健站	Maternity and Child Care Stations	9		179	152
十一、专科疾病防治院(所、站)	**Special Prevention Institutions**	**1**	**150**	**194**	**140**
结核病防治院	Tuberculosis Prevention Stations				
职业病防治所	Prevention Stations of Occubational Diseases	1	150	194	140
地方病防治所(站)	Endemic Disease Prevention Stations				
十二、疾病预防控制中心	**Diseases Prevention and Control Center**	**13**		**549**	**407**
疾病预防控制中心	Diseases Prevention and Control Center				
# 卫生防疫站	Sanitation and Anti-epidemic Stations				
预防保健中心	Prevention and Care Center				
十三、卫生监督所	**Sanitation Supervision stations**	**12**		**550**	**550**
省辖市地属	Belong to City (prefecture) of Province	1		98	98
地辖市属	Belong to City of Province	4		159	159
县属	Belong to county	7		293	293
其他	Other				
十四、医学科学研究机构	**Research Institutes of Medical Sciences**	**1**		**9**	
中医(药)研究院(所)	Research Stations of Chinese Medical				
十五、医学在职培训机构	**Medical in -sevrice Training Institutes**				
十六、健康教育所(站)	**Care Education Institutes**	**2**		**54**	**23**
十七、其他	**Other**	**5**		**113**	**56**

主要统计指标解释

普通高等学校 指按照国家规定的审批程序批准举办，通过全国统一招生考试招收高级中等学校毕业生和具有同等学历者，实施高等教育，培养高等专门人材的学校。包括大学、专门学院、专科学院和短期职业大学。

成人高等学校 指按照国家规定的审批程序批准举办，招收在职高中毕业或同等学历者，利用多种形式对成人实施高等教育，培训相当普通高等学校专科或本科毕业水平的专门人才的学校。包括广播电视大学、职工高等学校、农民高等学校、干部管理学院、教育学院、独立函授学院以及普通高等学校举办的函授、夜大等。

小学学龄儿童入学率 指调查范围内已入小学学习的学龄儿童数占全部小学学龄儿童总数（包括弱智儿童在内，但不包括盲聋哑儿童）的比重。计算公式是：

$$小学学龄儿童入学率=\frac{已入学的小学学龄儿童数}{校内外小学学龄儿童部数}\times 100\%$$

艺术表演团体 指从事戏曲、音乐、舞蹈、杂技等专业艺术表演，有独立帐户，实行单独核算的团体。不包括半工半艺、半农半艺的业余团体。

文化馆 指专门从事群众文化活动的群众文化场馆。不包括临时抽调人员组成、没有编制的农村和街道文化工作队、服务站等。

文化市场经营机构 指经文化市场行政部门审批或已申报登记并领取相关许可证的、从事文化经营和文化服务活动的机构。

图书馆 指各类图书馆的管理与服务（对文献和信息的搜集、整理、存储、利用和管理，向社会公众开放并提供科学、文化等各种知识普及教育）。包括公共图书馆和各类机构内部举办的或单独举办的图书馆的管理与服务。不包括部队系统以及文化馆（文化中心、群众艺术馆）、文化站内设的图书室。

文化艺术研究机构 指有明确的研究方向和任务，有一定水平的学术带头人和一定数量、质量的研究人员，有开展工作的基本条件，主要进行文化艺术研究（含科技）的机构。

博物馆 指为了研究、教育、欣赏的目的，收藏、保护、展示人类活动和自然环境的见证物，向公众开放，非营利性、永久性社会服务机构，包括以博物馆（院）、纪念馆（舍）、美术（艺术）馆、科技馆、陈列馆等专有名称开展活动的单位。

电影放映单位 指具有放映机器设备、固定或不固定的放映场所与专职或兼职的放映技术人员，经文化行政部门登记批准，经常为一定的观众对象映出电影的机构。包括经批准对外开放进行营业，并与电影发行放映管理机构分帐的专用放映单位或军委系统租片单位在内。

电影观众人数 指各类放映单位及军委系统租片单位映出的观众人数。一个观众连续看了一部长片和短片专场规定的短片，为二人次。

艺术表演观众人数 指售票、包场演出或民族地区免费演出艺术表演观众人次数。不包括彩排审查和内部观摩演出的观看人次数。

等级运动员人数 指经考核正式批准授予等级运动员称号的人数。运动员等级分为国际级运动健将、运动健将、一级运动员、二级运动员、三级运动员、少年级运动员。

等级裁判员人数 指经考核正式批准授予等级裁判员称号的人数。裁判员等级分为国际裁判、国家级裁判、一级裁判、二级裁判、三级裁判。

体育场 指有400米跑道（中心含足球场），有固定道牙，路道6条以上，并有固定看台的田径场。以看台容纳观众人数分：甲级25000人以上，乙级15000–25000人，丙级5000–15000人，丁级5000人以下。

体育馆 指有固定看台可供篮球、排球、羽毛球、乒乓球、体操等项目训练比赛活动用的室内场地。以看台容纳观众人数分：甲级6000人以上，乙级4000–6000人，丙级2000–4000人，丁级2000以下。

卫生技术人员 指在国民经济各行业从事卫生医务工作的自然科学技术的专业人员。包括：正副主任医师、主治医师、医师、医（护）士和未评定职称的技术人员。

Explanatory Notes on Main Statistical Indicators

Regular Institutions of Higher Education refer to educational establishments set up according to the government evaluation and approval procedures, enrolling graduates from senior secondary schools and providing higher education courses and training for senior professionals. They include full–time universities, colleges, institutions of higher professional education, institutions of higher vocational education and others.

Institutions of Higher Education for Adults refer to educational establishments, set up in line with relevant rules approved by the government, enrolling staff and workers with senior secondary school or equivalent education, and providing higher education courses in many forms of correspondence, spare time, or full time for adults. Professionals thus trained receive a qualification equivalent to graduates studying regular courses at regular universities, colleges and professional colleges. Institutions of higher learning for adults include schools of higher education for staff and workers, schools of higher education for peasants, colleges for management cadres, pedagogical colleges, independent correspondence colleges, Radio and TV universities and other educational establishments.

Enrolment Rate of Primary School Age Children refers to the proportion of school age children enrolled at schools to the total number of school age children both in and outside schools (including retarded children, but excluding blind, deaf and mute children). The formula is:

Enrolment Rate of Primary School Age Children=

$$\frac{\text{Total Primary School–age Children at school}}{\text{Total Primary School–age Children Both at and Outside}} \times 100\%$$

Art Performance Troupes refer to the troupes who are engaged in drama, opera, music, dance, acrobatics or other art performance, have independent accounts with banks and have self–supporting accounting system. Troupes who are engaged partly in industrial or agricultural activities, partly in art performance and the professional troupes organized by the mass are not included. The statistics reflect the scale and level of development of professional art troupes nationally.

Culture Centres refer to mass cultural centres which specialize in mass cultural activities. They do not include rural and street cultural teams or service stations that comprise of temporary transferred staff or personnel who do not have a personnel quota.

Cultural Market Operating Units refer to the units dealing in culture and cultural services, which registered and permitted with the relative certificate by cultural market administration.

Libraries refer to management and services of all kinds of libraries, that is, collect, collate, store and manage literature and information, supply various popular knowledge and education of science and culture openly. They include management and service that are carried out internally and singly by public libraries and all kinds of agencies, but don't include library rooms of army and culture centers or stations.

Culture and Art Research Institutions refer to institutions that mainly do research on culture and art. These institutions own academic leaders to some degree and research personnel to some quantity and quality, have the basic condition to carry out work under definite research direction and task.

Museums refer to social service agencies which collect, protect, exhibit the evidence of human's activities and natural environment in an open, non–profit and permanent way. They include museum, memorial hall, art gallery, science museum, exhibition hall and so on.

Film Projection Units refer to units with film projection equipment full or part–time projectionists permanent or non–permanent places approved by related administrative departments to show films regularly for certain groups of audience including those film projection units which have been approved to give commercial shows and run business with independent accounting system as well as those film–renting units of the military system.

Number of Spectators at Film refers to the number of spectator at all type of film projection units and at the film–renting units of the military system. It is counted two person–times when one spectator continuously watches one film and anther short film.

Number of Spectators at Art Performance refers to the number of attendants at commercial shows completely booked shows or free shows given in minority national areas and does not include the number of spectators at rehearsals for examination and internal shows for study.

Number of Athletes in Grades refers to the number of athletes who have been given titles through examination. The titles of athletes include international masters of sports masters of sports first–grade second–grade and third–grade sportsmen and young athletes.

Number of Referees in Grades refers to the number of referees who have been given titles after examination. They are classified as international refers national referees and referees of the first second and third grades.

Stadiums refer to stadiums for track and field events with six lane 400–meter tracks around soccer fields permanent track marks and permanent bleachers. Stadiums are classified according to seating capacity. They include: Class a stadiums seating 25000 people each, class b stadiums seating 15000 to 25000 people each, class c stadiums seating 5000 to 15000 people each and class d stadiums seating fewer than 5000 people.

Gymnasiums refer to indoor sports grounds with permanent seats in which basketball volleyball. Badminton table tennis and gymnastics competitions can be held. Gymnasiums are classified according to seating capacity. They include class a gymnasiums seating over 6000 people. Class b gymnasiums seat 4000 to 6000 people. Class c gymnasiums seating 2000 to 4000 people and class d gymnasiums seating fewer than 2000 people.

Public Health Personnel refer to those personnel engaged in medical and health work in different sectors of the national economy, including director doctors and their deputies, doctors in charge, doctors, paramedics, nurses and technical personnel without professional title.

11

城市篇

INFORMATION OF CITY

2013 大同统计年鉴
DA TONG STATISTICAL YEARBOOK

资料整理人员

翟寅升　孙　亮　赵宇超　张振兴

城市情况
INFORMATION OF CITY

总人口数	Number of Population	156.77	万人	(100 million yuan)
地区生产值	Gross Domestic Product	752.02	万人	(100 million yuan)
工业总产值（现价）	Gross Industrial Output Value	958.52	亿元	(100 million yuan)
社会消费品零售额	Total Valueofretal Sales of Consumer Good	324.64	亿元	(100 million yuan)

年末总人口（万人）

Population in the end of year（10 000 persons）

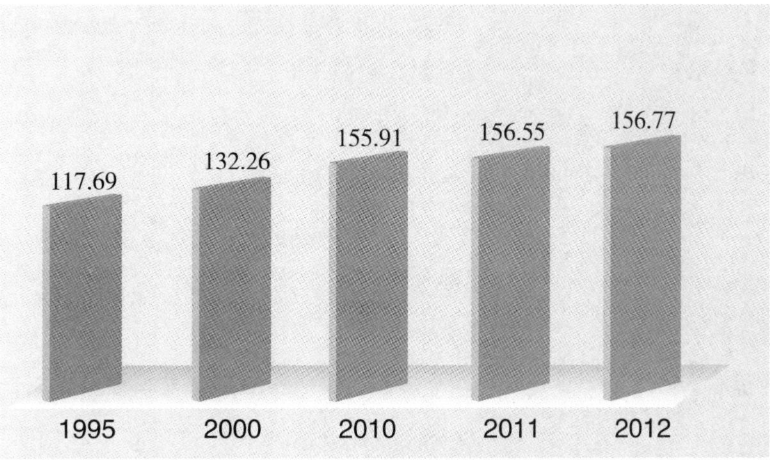

11-1 城市基本情况

指标名称	Item	2000
一、人口、劳动力及土地面积	**Population,Labour and Area of Land**	
年末总人口（万人）	Number of Population at the Year End (10000persons)	132.26
年平均人口 (万人)	Average Population of the Year (10000persons)	130.12
年出生人口 (人)	Birth Population(person)	37581
年死亡人口 (人)	Death Population(person)	9102
年末总户数（万户）	Number of Households(10000 households)	40.18
年末单位从业人员数 (万人)	Employee at the End of Year(10000 persons)	43.10
第一产业(农、林、牧渔业)	Primary industry	0.30
第二产业	Secondary industry	23.13
#采掘业	Mining and Quarying	12.01
制造业	Manufacturing Industry	1.28
电力、煤气及水的生产和供应业	Electric Power,Steam &Water Produteion and Supply	1.52
建筑业	Construction	1.32
第三产业	Tertiary Industry	19.67
#交通运输、仓储及邮电通信业	Transport,Storage,Post and Telecommunication	5.35
金融、保险业	Backing and Insurance	0.93
房地产业	Real Estate Trade	0.14
城镇私营和个体从业人员 (人)	Self-employed Individuals(person)	24459
年末城镇登记失业人员数 (人)	Number of Registered Unemployed Persons(person)	2027
行政区域土地面积 (平方公里)	Area of Land (sq.km)	2080
#建成区面积	Developmented Arreas	77
居住用地面积 (平方公里)	Area for Housing(sq.km)	
公共设施用地面积 (平方公里)	Area of Public Facilities(sq.km)	
工业用地面积 (平方公里)	Area for Industry(sq.km)	
二、综合经济	**Economy**	
(一)地区生产总值(当年价格) (万元)	Gross Domestic Product(at current price,10 00 yuan)	1372791
第一产业增加值	Primary Industry	43349
第二产业增加值	Secondary industry	741312

MAJOR INDICATORS OF CITY

2001	2002	2003	2005	2006	2007	2008	2009	2010	2011	2012
134.99	137.73	139.9	143.82	149.05	151.41	153.37	154.69	155.91	156.55	156.77
133.62	136.36	138.81	143.22	146.43	150.23	152.39	154.03	155.3	156.23	156.66
14294	13449	11030	13978	18253	17724	15853	16325	25981	13699	14606
4407	4207	4375	6741	4446	4856	5017	5740	11335	4985	9312
41.49	43.09	44.73	48.36	51.26	52.67	53.9	54.99	56.02	57.08	58.08
43.46	42.05	40.19	38.6	39.89	38.8	36.14	34.81	36.14	34.98	37.04
0.32	0.29	0.4	0.23	0.24	0.24	0.23	0.08	0.1	0.1	0.05
23.24	22.46	21.37	21.58	21.97	20.86	20.58	19.5	20.85	20.81	21.45
12.59	12.16	12.55	13.76	14.02	13.72	13.61	13.36	14.95	13.63	13.64
8.03	7.65	6.28	5.81	5.53	4.64	4.44	3.71	3.45	4.41	4.88
1.52	1.48	1.48	1.12	1.29	1.49	1.34	1.23	1.27	1.27	1.3
1.10	1.17	1.06	0.89	1.13	1.01	1.19	1.2	1.18	1.5	1.63
19.90	19.3	18.42	16.79	17.68	17.7	15.33	15.23	15.19	14.07	15.54
5.32	5.24	5.66	5.68	5.3	5.2	1.27	0.98	0.95	1.06	2.12
0.97	0.76	0.9	0.76	0.76	0.83	0.87	1.25	1.23	1.32	1.35
0.15	0.17	0.25	0.23	0.25	0.25	0.21	1.12	1.09	0.49	0.52
26057		55620	54454	69063	85697	104988	132478	191032	194127	187149
1384	5266	41250	44700	44100	43900	44000	26931	36003	35711	29395
2080	2080	2080	2080	2080	2080	2080	2080	2080	2080	2080
80	87	87	89	91	91	91	108	108	108	108
25	26	26	27	27	27	27	33	35	35	35
8	12	12	12	13	13	13	14	14	14	14
17	18	18	18	19	19	19	20	20	20	25
1540574	1775730	2028149	2992601	3297034	3913502	4493022	4881612	5638726	6783479	7520161
25346	37327	41951	60683	63599	92664	101303	86384	47835	97659	98994
873696	1012304	1232090	1679625	1801095	2117252	2420658	2467294	2926068	3648726	4051277

11-1 续表1

指标名称	Item	2000
第三产业增加值 (万人)	Tertiary Industry	588130
地区生产总值(不变价格) (万元)	Gross Domestic Product(at currstant price,10 000 yuan)	1070358
(二)财政、金融、保险	Public Finance & Banking and Insruance	
地方财政一般预算内收入 (万元)	Revenue of Local Government (10 000yuan)	71114
地方财政一般预算内支出 (万元)	Expenditures of Local Govement (10 000 yuan)	99771
#科学技术费支出	Science	549
教育事业费支出	Education	19057
年末金融机构存款余额 (万元)	Blance of Financial Instiutions Deposits at the Year End (10 000 yuan)	2281677
#城乡居民储蓄年末余额	Saving Deposits of Residents in Urban and Rural Areas	1594443
年末金融机构各项贷款余额 (万元)	Blance of Financial Instiutions Loans at the Year End(10 000 yuan)	1178244
三、工业	**Industry**	
主营业务收入2000万元	Major Indicators of State-owned and Non-state-owned Above	
工业企业主要经济指标	Designated size Industrial Enterprises	
工业企业数 (个)	Number of Enterprises (uint)	214
内资企业	Domestic Funded	204
港、澳、台商投资企业	Enterprises Funded by HongKong Macao and Taiwan	3
外商投资企业	Foreign Funded	7
工业总产值(当年价) (万元)	Gross Industrial Output Vaule (at current price ,10 000 yuan)	1107745
内资企业	Domestic Funded	1005777
港、澳、台商投资企业	Enterprises Funded by HongKong Macao and Taiwan	23176
外商投资企业	Foreign Funded	78792
从业人员年平均人数 (万人)	Average of Employees(10 000 persons)	22.51
流动资产合计 (万元)	Annual Average Balance of Circulating Fumds (10 000 yuan)	1184811
固定资产合计(万元)	Annual Average Balance of Net Value of Fixed Assets (10 000 yuan)	1634538
主营业务收入 (万元)	Sales Revenue (10 000 yuan)	1058225
主营业务税金及附加(万元)	Sales Tax and Extre Charges	17129
本年应交增值税 (万元)	Value Added Tax Payable (10 000 yuan)	71757
利润总额 (万元)	Total of Profits (10 000 yuan)	46979
四、交通运输、邮电通信、	**Transportation,Posts and Telecommunication,**	
能源电力	**Energy and Eletrical Power**	

continued

2001	2002	2003	2005	2006	2007	2008	2009	2010	2011	2012
641532	726099	754144	1252293	1432340	1703586	1971061	2327935	2664823	3037094	3369890
1504462	1790103	1998336	2741120	3256786	3714990	3968462	4431211	5000002	6361815	7002856
81794	97890	114916	176101	228314	290254	393608	402549	461208	552185	688129
140617	157998	200624	303869	361991	456484	655679	649999	808652	1064627	1157108
697	821		1215	1489	3742	5058	4207	4855	6563	5958
24673	28721		46922	57483	85261	127511	177311	206609	179300	242520
2529947	3049779	3641167	6402111	7684545	8730477	10594959	12396102	13304850	15174439	16061892
1823985	2103133	2463189	3817103	4473486	1973066	6145147	6630614	7451250	8296073	9451954
1163565	1363686	1571698	1883660	2221086	2861490	3248024	4092510	5288406	5655852	6564753
213	214	223	202	234	239	162	116	75	77	91
204	203	211	199	231	228	149	103	69	69	83
2	2	3			3	2				
7	9	9	3	3	8	11	11	6	8	8
1424784	1648340	2094272	2938612	3248484	4360987	5023450	4793017	6188236	8543203	9585172
1311993	1446096	1805887	2615901	3113615	3956970	4544243	4414308	6027871	7964624	8956376
4182	5454	9003			28306	25922				
108609	196790	279382	322711	134869	375711	453285	350831	160365	578579	628796
20.82	19.58	19.79	23.77	24.19	21.81	19.8	20.57	17.55	17.83	18.76
1182868	1213983	1350394	2136671	2323152	2912088	3448098	4838398	5993251	8632897	6830721
1479053	1566401	1812704	2180049	2367139	2600956	2906387	4022569	5674055	6869384	6907228
1386740	1767877	1973034	3532380	3584645	4695208	5303888	5049197	6977151	14229213	15276878
17766	21966	22418	43679	46845	65141	59339	62806	84665	126277	96114
87711	106456	122175	207277	261594	324150	368941	393400	490503	632440	618964
87832	109337	138356	138335	139012	224763	284994	163740	241730	391439	283378

11-1 续表2

指标名称	Item	2000
年末邮电局(所)数 (处)	Number of Post and Telecommunications Office	63
本地电话用户数(年末固定电话用户数) (万户)	Number of Subscriber of Local Telephone (10 000 subscnbers)	22.29
年末移动电话用户数 (万户)	Number of Subscriber of Mobile Telephone (10 000 subscribers)	14.21
国际互联网用户数 (户)	Number of Subscriber of Internet Service (Subscribers)	5395
综合能源消费量 (万吨/标准煤)	Total Energy Consumption(10 000 tons)	706
全社会用电量 (万千瓦时)	Total Electricity (10 000 kw)	406871
#工业用电	Industry	323708
城乡居民生活用电	Residential Consumption	22061
五、贸易、外经、旅游	**Domestic Trade,Foreign Trade and Tourism**	
批发零售贸易业商品销售总额(限额以上) (万元)	Total Sale of Wholesale and Retail Trade	710566
社会消费品零售额 (万元)	Total Retail Sale of Consumer Goods (10 000 yuan)	587012
限额以上批发零售	Number of Corporation Engaged in Wholesale and	105
企业数(法人数)(个)	Retail Trade Above Designated Sized (unit)	
六、固定资产投资	**Investment in Fixed Assets**	
固定资产投资完成额(总额(不含农户) (万元)	Total Immvestment in Fixed Assets (10 000 yuan)	299597
#住宅	Residential Buildings	87552
房地产开发投资完成额 (万元)	Real Estate Development (10 000 yuan)	78252
#住宅	Residemtial Buildings	63436
全年新增固定资产 (万元)	Newly Increased Fixed Assets(10 000 yuan)	379392
商品房屋销售面积 (万平方米)	Floor Space of Commercial Houses Selling (10 000 sq.m)	51.14
商品房屋空置面积(万平方米)	Floor Space of Commercial Houses Lying Idle (10 000 sq.m)	27.09
商品房屋销售额 (万元)	Floor Space of Commercial Houses (10 000 yuan)	55249
七、教育、科技、文化、卫生	**Education ,Science & Technology, Culture and Public Health**	
高等学校 (所)	Number of Regular Institutions of Higher Education (unit)	4
中等职业教育学校数(所)	Number of Specilized Secondary Schools (unit)	9

continued

2001	2002	2003	2005	2006	2007	2008	2009	2010	2011	2012
64	64	65	65	65	65	59	49	49	44	51
22.79	38.2	54.68	59.38	62.63	46.19	44.87	42.6	30.21	26.9	
26.44	25.45	47.96	70.09	73.13	99.80	101.00	66.42	166.25	153.18	
8600	52702	90000	142937	165291	171751	162412	182665	186195	223597	
600	660	914	951	1122	1229	1028	713	896	986	
407551	464842	499626	468318	541759	624883	598336	499331	619656	648592	704999
322134	378392	413904	363317	393895	492152	468853	358486	459594	473350	493913
21984	24592	25274	29486	32915	37765	46457	54197	63991	72442	76850
736442	752679	432508	467709	1018408	1150188	778301	1590744	2180640	4886896	
687999	757511	765234	955409	1069107	1264500	1841380	1734637	2374141	2798670	3246408
97	89	78	138	133	106	153	135	159	156	178
367842	517260	739749	1482906	1373464	1667773	2143521	3379336	4315613		4863755
76531	48241				194832	563273				
101646	87267	90711	145797	213933	271401	182368	826265	852266	1321795	1582089
64290			127024		98.02	83403	741108	674094	1021303	1060909
291241	364665	511853	687613	758056	1269563	993866	1359509	1269872	1626381	2386196
56.59	47.7	48.17	66.41	79.2	92.44	40.58	47.75	66.9	67.67	98.45
41.66	31.53	25.81	9.41	16.2	13.21	9.64	33.06	55.23	53.00	55.37
63287	63287	66729	125518	166231	200554	83946	146360	217032	243688	438472
4	4	1	1	1	1	1	1	1	1	1
31	31	31	32	32	33	28	33	28	23	24

11-1 续表3

指标名称	Item	2000
普通中学（学校数）(所)	Number of Regular Secondary Schools (unit)	105
小学（学校数）(所)	Number of Primary Schools (unit)	456
(专任教师数)普通 高等学校教师数 (人)	Number of Full-time Teachers in the Regular Instiutions of Higher Education (Person)	1061
(专任教师数)中等职业教育学校教师数(人)	Number of Full-time Teachers in the Specilized Secondary Schools(person)	712
(专任教师数)普通中学 教师数 (人)	Number of Full-time Teachers in the Regular Secondary Schools (Person)	6190
(专任教师数)小学 教师数(人)	Number of Full-time Teachers in the Primary Schools (person)	8857
(在校学生数)普通 高等学校学生数 (人)	Students Emrollment in the Regular Instiutions of Higher Education(person)	8725
高中阶段在校学生数（人）		
(在校学生数)中等职业教育学校学生数	Students Emrollment in the Specilized Secondary Schools (person)	11819
(在校学生数)普通中学 学生数 (万人)	Students Emrollment in the Regular Secondary Schools (10 000 persons)	9.31
(在校学生数)小学 学生数 (万人)	Student Emrollment in the Primary Schools (10 000 persons)	16.5
成人高等教育在校学生数 (人)	Student Emrollment of Adult Education (person)	2203
从事科技活动人员数 (人)	persons Emgaged in Sciemtific and Technological Activities (persons)	3915
剧场、影 剧院数 (个)	Theaters and Music Halls (unit)	5
公共图书馆图书藏量 (千册、件)	Total Collections of Public Libraries (1000 volume)	220
医院、卫生院数 (个)	Number of Hospitals (unit)	78
医院、卫生院床位数 (张)	Beds of Hospitals (bed)	7811
医生数(执业医师+执业助理医师)(人)	Number of Doctors (person)	3712
八、人民生活	People's Livelihood	
在岗职工平均人数 (万人)	Average Full Employed Staff and Workers (10 000 persons)	43.42
在岗职工工资总额 (万元)	Total Wages of Full E mployed Staff and Workers (10 000yuan)	297812
城镇居民人均可支配收入 (元)	Per Capita Annual Disposable Income of Urban Residents (yuan)	4606
城镇居民人均消费支出 (元)	Per Capita Annual Living Expenditure of Urban Residents (yuan)	3736
(1)食品	Food	1612
(2)衣着用品	Clothing	588
(3)家庭设备、用品及服务	Hosehold Facilities ,Aeticle and Services	239
(4)医疗保健	Medicine and Medical Services	205
(5)交通和通讯	Transportation and Telecomunication	197
(6)娱乐、教育、文化服务	Recreation, aeaducation and a Culture Service	329
(7)居住	Residence	272

continued

2001	2002	2003	2005	2006	2007	2008	2009	2010	2011	2012
117	117	116	107	109	104	102	102	101	103	104
446	446	441	437	403	380	376	362	319	315	300
969	1196	1326	1568	1889	2120	2120	1701	1690	1710	1942
780	690	1031	960	1100	1318		1509	1251	1284	1351
5832	7100	6880	7027	7108	7127	7363	7777	7990	7929	8733
9482	11825	10090	10150	10360	10350	10395	10318	9796	8898	8549
11848	11510	21967	26062	27789	30034	33965	30223	30629	30100	36172
									64699	60487
11831	12885	13819	15000	14540	18979	20125	21105	21069	21548	24438
9.99	11.14	11.39	10.98	10.77	10.86	10.91	10.96	10.93	10.42	10.12
16.72	22.9	17.68	16.77	16.05	15.65	15.56	14.54	14.03	13.22	12.73
7965	7486	8990	5460	7805	8546	8400	12458	10570	11346	20196
4215	7500				81390	82800	83250	86497		9483
5	5	5	5	5	5	5	5	5	5	5
317	300	303	303	308	282	322	330	378	385	387
73	99	99	114	114	114	122	133	109	109	102
7827	8157	8324	8667	9203	8536	8839	8966	8948	9059	9419
3656	5056	5324	3822	4700	12238	5386	6487	6309	6098	6398
44.46	42.07	39.96	38.15	38.8	37.77	38.66	34.1	33.45	33.59	34.89
343750	388780	434223	632929	794668	895398	1036168	988055	1208806	1565137	1800639
5054	6151	6796	8526	9765	11508	13758	14585	16103	18915	21482
4006	4695	5059	6389	6962	7849	7173	9381	10133	12243	13441
1518	1797	2020	2372	2442	2920	2993	3056	3571	4198	4746
551	717	683	921	1023	1153	1208	1351	1421	1710	1759
407	236	240	393	393	468	635	798	581	823	719
231	297	381	522	517	700	942	1021	857	694	721
235	341	379	505	619	633	655	666	960	1632	1866
443	799	846	732	914	962	1357	1180	1124	1568	1722
348	375	389	776	842	765	1060	1113	1250	1165	1374

11-1 续表4

指标名称	Item	2000
居民消费价格指数(上年为100)	General Residemt Consumer Price Index (last year=100)	107.3
年末离休、退休、退职人员数 (万人)	Number of Retired and Resgned Staff & Workers (10 000 person)	11.00
基本养老保险参保职工 (人)	Number of Staff and Workers Joining Basic Old-age Insurance (person)	
基本医疗保险参保人数 (人)	Number of Staff and Workers Joining Basic Medical Insurance (person)	
失业保险参保人数 (人)	Number of Staff and Workers Joining Losing-job Insurance (person)	
社会福利院数 (个)	Number of Social Welfare Homes (unit)	27
社会福利院床位数 (张)	Beds of Social Welfare Homes (bed)	599
社区服务设施数 (个)	Number of Urban Welfare Facilities (unit)	680
城镇居民最低生活保障人数 (人)	Number of Persons Receiving Lowest Cost-of-living in Urban (person)	3796
九、社会治安	**Public Security**	
交通事故死亡人数 (人)	Number of Deaths in the Traffic Accidents (person)	
刑事案件立案数 (件)	Number of Criminal Cases Registered (case)	5245
犯罪人数 (人)	Number of Criminal Persons (person)	1020
十、市政公用事业	**Urban Public Utilities**	
年末实有城市道路面积(万平方米)	Area of Paved Roads at the End of Year (10 000 sq.m)	757
排水管道总长度 (公里)	Length of Sewer Pipeline (km)	302
供水综合生产能力(包括自备水源)（万立方米/日）	Capacity of Water Supply (10 000 cu\day)	66
供水总量 (万吨)	Auunal Supply of Water (10 000 tons)	13065
#居民生活用水量	Water Consumption for Residential Use	4709
用水人口 (万人)	Population with Access to Tap Water (10 000 persons)	114.80
供气总量 (人工、天然气)(万立方米)	Supply of Gas (Narural Gas)(10 000 cu.m)	8227
#家庭用量 (万立方米)	Consumption for Residential Use	7596
用气人口 (人)	Population with Access to Gas (persons)	676500
液化石油气供气总量 (吨)	Supply of Liquefied Petroleum Gas (tons)	3910
#家庭用量 (吨)	Consumption for Residential Use	3910
用液化气人口 (人)	Population with Access to Liquefied Petuoleum Gas (person)	100700
年末实有公共汽(电)车营运车辆数 (辆)	Number of Public Transportation Vehiles (year end)	368
全年公共汽(电)车客运总量 (万人次)	Number of Passerjer of Public Transportation Vehiles (10 000 person)	6438
年末实有出租汽车数 (辆)	Number of Taxis (year-end)	4482
绿地面积 (公顷)	Public Green Areas (hectare)	184
建成区绿化覆盖面积 (公顷)	Area of Afforestation in the Dvveloped Area (hectare)	1939

continued

2001	2002	2003	2005	2006	2007	2008	2009	2010	2011	2012
98.7	99.8	101.3	101.1	101.5	104.2	107.1	99.4	102.9	104.9	102.3
11.61	12.88	12.43	12.87	13						
164449	160914	165496	231000	231600	231800	234472	245881	266710	318294	325561
243090	242827	242827	292000	292600	310000	354972	372076	388758	777424	851370
388300	385000	389230	388000	388000	379000	378339	326202	364889	365390	376866
27	19	20	29	33	34	36	29	37	41	41
620	680	779	2436	2819	3055	3378	2204	4328	5207	5216
688	290	290	290	280	280	165	170	168	161	139
79164	101379	143283	143932	142469	142469	142469	143724	146470	148315	148491
73		84	130	110	109	78	31	38	38	34
5159	5039	4784	6369	5812	7086	6374	6837	7035	611	602
1411	1514	1314	863	726	1009	1121	921	750	851	885
952	961	992	913	918	1230	1237	1484	1767	1896	2007
301	302	316	323	324	327	352	391	488	542	574
52	52	52	51.53	55.3	55.3	55.3	55.3	56.6	55.3	55.3
9611	12649	12258	11930	11532	11763	11115	12948	8060	8139	8716
4089	3609	4060	4155	4405	4435	4239	4069	3489	3536	3814
131.24	134.97	134.98	133.98	139	139	125	126.7	128.1	126.34	127.8
8203	8776	9337	9338	9350	9470	10018	7672	9212	9949	10706
7271	7692	8277	8277	7761	7781	7832	2487	2638	2900	3186
743900	668600	679100	679200	680300	700400	700400	910000	941800	1163400	1205000
3320	4320	4320	4500	4600	4800	4830	4980	5000	11012	10612
3200	3960	3960	4360	4426	4625	4725	4790	4800	3300	3250
86000	106000	106100	110000	112000	129000	132000	168000	170000	52500	47500
408	411	408	481	476	606	614	974	811	811	866
6003	5953	5450	8340	8611	9855	11907	14886	12434	17625	17735.71
5138	5182	5182	4605	4600	4625	4625	4625	4983	4954	4970
194	289	377	498	541	577	597	658	876	4158	4504
1921	2083	2275	2565	2655	2876	2919	3931	4046	4158	4504

主要统计指标解释

城乡居民生活用电　指市民住宅、集体宿舍、招待所、机关、商店、学校等照明用电。

供水总量　指自来水厂供出厂外的全部水量，包括有效供水量及损失水量。

实有公共汽（电）车运营车辆　是指城市公共交通企业可参加营运的全部车辆数。包括技术完好的、在修的、待修的、长期停驶的，以及拟报废尚未经上级主管部门批准报废的运营车辆数。不包括公交企业的油罐车、货车和其他专用车等非运营车，也不包括借入、租入的客运车辆。

公共汽（电）车客运总量　指运送乘客的总人数。包括普通票乘客人次，月票乘客人次和包车乘客人次。普通票乘客人次按上车付现金购票，一张票计算一个人次；月票日乘车次按5个人次计算；团体包车，一个乘客按一个人次计算，往返按二个人计算。

供气总量（人工煤气、天然气）　指城市煤气企业向城市生产用户、家庭用户和其他用户供应的全部煤气量，包括外购及损失量。

居民生活用水量　指城市范围内所有居民家庭的日常生活用水。包括城市居民、农民家庭、公共供水站用水。

Explanatory Notes on Main Statistical Indicators

Consumption of Electricity for Residential Use refers to lighting consumption being used in residence, collective dormitory, rest house, department, store and school.

Total Volume of Water Supply refers to total water volume supplied by waterworks including both the effective water supply and loss during water supply.

Number of Public Buses (Trolley Buses) refers to the total number of operational buses available, including the operational vehicles and vehicles in stock. Non–operational vehicles such as tank cars, machine shop cars, trucks and special vehicles and the borrowed passenger vehicles are excluded.

Number of Passengers Carried by Bus (Trolley Bus) refers to the total person–times of passengers carried by buses and trolley bus, including ordinary tickets passengers, monthly tickets passengers and group passengers. A ordinary ticket is calculated as one person–time; monthly tickets in a day are calculated as 5 person–times; a passenger in group is calculated as one person–time, while two person–times for a round trip.

Volume of (Manufactured and Natural Gas) Supply refers to the total volume of gas sold to city produce users, household users and other users by gas corporations, including volume purchased and loss.

Consumption of Water for Households refers to water consumption of total household for daily life in city, including water consumption of urban households, rural households and public water supply.

12

县区篇

PART OF COUNTY AND REGION

资料整理人员

王志铭　杨　雁　李　涛　高锦霞　王少卿

12-1 各县区主要经济指标(2012年)

MAJOR ECONOMIC INDICATOR OF SIX CITIES AT PREFECTURE LEVEL (2012)

指　　标	Item	全　市 Region
总户数(万户)	Number of Households (10 000 households)	126.89
总人口(万人)	Number of Population (10 000 persons)	335.71
#非农业人口	Urban	194.55
年末单位从业人员数(万人)	Employee (10000 persons)	44.58
土地面积(平方公里)	Area of Land (sq.km)	14112
地区生产总值(亿元)	Gross Domestic Product (100 million yuan)	931.39
第一产业	Primary Industry	49.78
第二产业	Secondary Industry	472.18
#工业	Industry	419.56
第三产业	Tertiary Industry	409.43
人均生产总值(元)	Gross Domestic Product (yuan)	27815
农林牧渔业总产值(万元)	Gross Output Value of Farming ,Forestry , Animal Husbandry and Fishery (10 000yuan)	923587
粮食总产量(吨)	Output of Grain (ton)	949000
肉类总产量(吨)	Output of Meat (ton)	128288
工业企业数(个)	Number of Enterprises (unit)	169
工业总产值(当年价,万元)	Gross Output Value of Industry (at current price, 10000 yuan)	10755513
本地电话用户数(万户)	Number of T elephone Subscribers (10 000 subscribers)	57.11
年末移动电话用户数(万户)	Number of Moble Telephone Subscribers (10 000 subscriber)	325.52
全年用电量(亿千瓦时)	Electricity Consumption (100 million kwh)	992649
#工业用电	Industry	703656
固定资产投资总额(万元)	Investment in Fixed Assets (10 000 yuan)	8317875
社会消费品零售总额(万元)	Total Retail Sales of Consumer Goods (10 000 yuan)	4136539
地方财政收入(万元)	Local Financial Revenue (10 000 yuan)	803046
地方财政支出(万元)	Local Financial Expenditure (10 000 yuan)	1865565
在校学生数	Student Enrollment	
高等学校(人)	Institutions of Highter Education(person)	28676
中等专业学校(人)	Specialized Secondary Schools (person)	32335
普通中学(万人)	Regular Secondary Schools (10 000 persons)	20.45
小　学(万人)	Primary Schools (10 000 Persons)	24.38
医院、卫生院数(个)	Number of Hospital (unit)	254
医院、卫生院床位数(张)	Number of Beds in Hospital (bed)	14184
医生数(人)	Number of Doctors (Person)	8681
农民人均纯收入(元)	Annual Percapita Net Income of Rural Residents (yuan)	5642
在岗职工平均工资(元)	Average Wage of staff and Workers (yuan)	47646
公路通车里程(公里)	Length of Highway (km)	12515

注：工业经济统计口径为主营业务收入2000万元以上工业企业。
Numbers of industry are state-owned enterprises,large & medium-sized enterprises and non-state-owned enterprises with sale over 500000 yuan.

12-1 续表1 continued

指　　标	Item	城 区 chengqu
总人口 (万人)	Number of Population (10 000 persons)	73.13
#城镇人口	Urban	73.13
城镇单位从业人员数 (万人)	Employee (10000 persons)	16.35
乡村劳动力 (人)	Number of Rural Laborers (Person)	
土地面积 (平方公里)	Area of Land (sq.km)	68
地区生产总值 (万元)	Gross Domestic Product (10 000 yuan)	131.77
第一产业	Primary Industry	
第二产业	Secondary Industry	54.94
#工业	Industry	22.26
第三产业	Tertiary Industry	76.83
人均生产总值 (元)	Gross Domestic Product (yuan)	
常用耕地面积 (公顷)	Cultivated Areas Changed Cardan(ha)	
农林牧渔业总产值(万元)	Gross Output Value of Farming ,Forestry ,Animal Husbandry and Fishery (10 000yuan)	
粮食总产量 (吨)	Output of Grain (ton)	
肉类总产量 (吨)	Output of Meat (ton)	
工业企业数 (个)	Number of Enterprises (unit)	21
工业总产值 (当年价，万元)	Gross Output Value of Industry (at current price， 10000 yuan)	1042658
固定资产投资总额 (万元)	Investment in Fixed Assets (10 000 yuan)	1920335
社会消费品零售总额 (万元)	Total Retail Sales of Consumer Goods (10 000 yuan)	1645720
地方财政收入 (万元)	Local Financial Revenue (10 000 yuan)	329417
地方财政支出 (万元)	Local Financial Expenditure (10 000 yuan)	100671
农民人均纯收入 (元)	Annual Percapita Net Income of Rural Residents (yuan)	
在岗职工平均工资 (元)	Average Wage of staff and Workers (yuan)	30483

12-1 续表2 continued

指标	Item	矿区 kuangqu
总人口 (万人)	Number of Population (10 000 persons)	50.52
#城镇人口	Urban	50.52
城镇单位从业人员数 (万人)	Employee (10000 persons)	1.25
乡村劳动力 (人)	Number of Rural Laborers (Person)	
土地面积 (平方公里)	Area of Land (sq.km)	
地区生产总值 (万元)	Gross Domestic Product (10 000 yuan)	18.52
第一产业	Primary Industry	
第二产业	Secondary Industry	2.45
#工业	Industry	1.61
第三产业	Tertiary Industry	16.07
人均生产总值 (元)	Gross Domestic Product (yuan)	
常用耕地面积 (公顷)	Cultivated Areas Changed Cardan(ha)	
农林牧渔业总产值 (万元)	Gross Output Value of Farming ,Forestry , Animal Husbandry and Fishery (10 000yuan)	
粮食总产量 (吨)	Output of Grain (ton)	
肉类总产量 (吨)	Output of Meat (ton)	
工业企业数 (个)	Number of Enterprises (unit)	7
工业总产值 (当年价,万元)	Gross Output Value of Industry (at current price, 10000 yuan)	21312
固定资产投资总额 (万元)	Investment in Fixed Assets (10 000 yuan)	44458
社会消费品零售总额 (万元)	Total Retail Sales of Consumer Goods (10 000 yuan)	639808
地方财政收入 (万元)	Local Financial Revenue (10 000 yuan)	114338
地方财政支出 (万元)	Local Financial Expenditure (10 000 yuan)	96248
农民人均纯收入 (元)	Annual Percapita Net Income of Rural Residents (yuan)	
在岗职工平均工资 (元)	Average Wage of staff and Workers (yuan)	38673

12-1 续表3 continued

指　　标	Item	南　郊 nanjiao
总人口 (万人)	Number of Population (10 000 persons)	41.11
#城镇人口	Urban	16.31
城镇单位从业人员数 (万人)	Employee (10000 persons)	3.24
乡村劳动力 (人)	Number of Rural Laborers (Person)	152443
土地面积 (平方公里)	Area of Land (sq.km)	1050
地区生产总值 (万元)	Gross Domestic Product (10 000 yuan)	416.31
第一产业	Primary Industry	6.72
第二产业	Secondary Industry	334.31
#工业	Industry	316.81
第三产业	Tertiary Industry	75.27
人均生产总值 (元)	Gross Domestic Product (yuan)	101750
常用耕地面积 (公顷)	Cultivated Areas Changed Cardan(ha)	
农林牧渔业总产值 (万元)	Gross Output Value of Farming ,Forestry , Animal Husbandry and Fishery (10 000yuan)	102106
粮食总产量 (吨)	Output of Grain (ton)	57006
肉类总产量 (吨)	Output of Meat (ton)	9232
工业企业数 (个)	Number of Enterprises (unit)	34
工业总产值 (当年价,万元)	Gross Output Value of Industry (at current price， 10000 yuan)	1717367
固定资产投资总额 (万元)	Investment in Fixed Assets (10 000 yuan)	1332086
社会消费品零售总额 (万元)	Total Retail Sales of Consumer Goods (10 000 yuan)	730620
地方财政收入 (万元)	Local Financial Revenue (10 000 yuan)	981418
地方财政支出 (万元)	Local Financial Expenditure (10 000 yuan)	129956
农民人均纯收入 (元)	Annual Percapita Net Income of Rural Residents (yuan)	9329
在岗职工平均工资 (元)	Average Wage of staff and Workers (yuan)	41654

12-1 续表4 continued

指　　标	Item	新　荣 xingrong
总人口 (万人)	Number of Population (10 000 persons)	10.96
#城镇人口	Urban	2.98
城镇单位从业人员数 (万人)	Employee (10000 persons)	0.96
乡村劳动力 (人)	Number of Rural Laborers (Person)	47968
土地面积 (平方公里)	Area of Land (sq.km)	1018
地区生产总值 (万元)	Gross Domestic Product (10 000 yuan)	19
第一产业	Primary Industry	3
第二产业	Secondary Industry	10
#工业	Industry	10
第三产业	Tertiary Industry	6
人均生产总值 (元)	Gross Domestic Product (yuan)	17597
常用耕地面积 (公顷)	Cultivated Areas Changed Cardan(ha)	
农林牧渔业总产值(万元)	Gross Output Value of Farming ,Forestry , Animal Husbandry and Fishery (10 000yuan)	57937
粮食总产量 (吨)	Output of Grain (ton)	46887
肉类总产量 (吨)	Output of Meat (ton)	5050
工业企业数 (个)	Number of Enterprises (unit)	15
工业总产值 (当年价,万元)	Gross Output Value of Industry (at current price， 10000 yuan)	203265
固定资产投资总额 (万元)	Investment in Fixed Assets (10 000 yuan)	315290
社会消费品零售总额 (万元)	Total Retail Sales of Consumer Goods (10 000 yuan)	68854
地方财政收入 (万元)	Local Financial Revenue (10 000 yuan)	51601
地方财政支出 (万元)	Local Financial Expenditure (10 000 yuan)	46007
农民人均纯收入 (元)	Annual Percapita Net Income of Rural Residents (yuan)	5664
在岗职工平均工资 (元)	Average Wage of staff and Workers (yuan)	35581

12-1 续表5 continued

指　　标	Item	阳　高 Yanggao
总人口 (万人)	Number of Population (10 000 persons)	27.57
#城镇人口	Urban	9.50
城镇单位从业人员数 (万人)	Employee (10000 persons)	0.88
乡村劳动力 (人)	Number of Rural Laborers (Person)	103673
土地面积 (平方公里)	Area of Land (sq.km)	1668
地区生产总值 (万元)	Gross Domestic Product (10 000 yuan)	23.17
第一产业	Primary Industry	9.40
第二产业	Secondary Industry	4.41
#工业	Industry	4.07
第三产业	Tertiary Industry	9.37
人均生产总值 (元)	Gross Domestic Product (yuan)	8425
常用耕地面积 (公顷)	Cultivated Areas Changed Cardan(ha)	192682
农林牧渔业总产值(万元)	Gross Output Value of Farming ,Forestry , Animal Husbandry and Fishery (10 000yuan)	
粮食总产量 (吨)	Output of Grain (ton)	236814
肉类总产量 (吨)	Output of Meat (ton)	42405
工业企业数 (个)	Number of Enterprises (unit)	6
工业总产值 (当年价,万元)	Gross Output Value of Industry (at current price， 10000 yuan)	137573
固定资产投资总额 (万元)	Investment in Fixed Assets (10 000 yuan)	392935
社会消费品零售总额 (万元)	Total Retail Sales of Consumer Goods (10 000 yuan)	76397
地方财政收入 (万元)	Local Financial Revenue (10 000 yuan)	20564
地方财政支出 (万元)	Local Financial Expenditure (10 000 yuan)	110923
农民人均纯收入 (元)	Annual Percapita Net Income of Rural Residents (yuan)	4589
在岗职工平均工资 (元)	Average Wage of staff and Workers (yuan)	29656

12-1 续表6 continued

指　　标	Item	天　镇 Tianzhen
总人口(万人)	Number of Population (10 000 persons)	20.86
#城镇人口	Urban	7.1
城镇单位从业人员数(万人)	Employee (10000 persons)	0.64
乡村劳动力(人)	Number of Rural Laborers (Person)	84067
土地面积(平方公里)	Area of Land (sq.km)	1283
地区生产总值(万元)	Gross Domestic Product (10 000 yuan)	16.97
第一产业	Primary Industry	5.16
第二产业	Secondary Industry	4.62
#工业	Industry	3.67
第三产业	Tertiary Industry	7.19
人均生产总值(元)	Gross Domestic Product (yuan)	8137
常用耕地面积(公顷)	Cultivated Areas Changed Cardan(ha)	
农林牧渔业总产值(万元)	Gross Output Value of Farming ,Forestry , Animal Husbandry and Fishery (10 000yuan)	95912
粮食总产量(吨)	Output of Grain (ton)	148985
肉类总产量(吨)	Output of Meat (ton)	17681
工业企业数(个)	Number of Enterprises (unit)	8
工业总产值(当年价,万元)	Gross Output Value of Industry (at current price, 10000 yuan)	68803
固定资产投资总额(万元)	Investment in Fixed Assets (10 000 yuan)	315521
社会消费品零售总额(万元)	Total Retail Sales of Consumer Goods (10 000 yuan)	65207
地方财政收入(万元)	Local Financial Revenue (10 000 yuan)	12000
地方财政支出(万元)	Local Financial Expenditure (10 000 yuan)	109888
农民人均纯收入(元)	Annual Percapita Net Income of Rural Residents (yuan)	4209
在岗职工平均工资(元)	Average Wage of staff and Workers (yuan)	31506

12-1 续表7 continued

指　　标	Item	广　灵 Guangling
总人口 (万人)	Number of Population (10 000 persons)	18.48
#城镇人口	Urban	4.04
城镇单位从业人员数 (万人)	Employee (10000 persons)	0.82
乡村劳动力 (人)	Number of Rural Laborers (Person)	61310
土地面积 (平方公里)	Area of Land (sq.km)	1283
地区生产总值 (万元)	Gross Domestic Product (10 000 yuan)	17.03
第一产业	Primary Industry	4.63
第二产业	Secondary Industry	6.14
#工业	Industry	5.67
第三产业	Tertiary Industry	6.26
人均生产总值 (元)	Gross Domestic Product (yuan)	9257
常用耕地面积 (公顷)	Cultivated Areas Changed Cardan(ha)	
农林牧渔业总产值(万元)	Gross Output Value of Farming ,Forestry , Animal Husbandry and Fishery (10 000yuan)	95420
粮食总产量 (吨)	Output of Grain (ton)	131304
肉类总产量 (吨)	Output of Meat (ton)	10121
工业企业数 (个)	Number of Enterprises (unit)	11
工业总产值 (当年价,万元)	Gross Output Value of Industry (at current price， 10000 yuan)	144291
固定资产投资总额 (万元)	Investment in Fixed Assets (10 000 yuan)	304298
社会消费品零售总额 (万元)	Total Retail Sales of Consumer Goods (10 000 yuan)	67108
地方财政收入 (万元)	Local Financial Revenue (10 000 yuan)	14658
地方财政支出 (万元)	Local Financial Expenditure (10 000 yuan)	95867
农民人均纯收入 (元)	Annual Percapita Net Income of Rural Residents (yuan)	4417
在岗职工平均工资 (元)	Average Wage of staff and Workers (yuan)	35436

12-1 续表8 continued

指　　标	Item	灵　丘 Lingqiu
总人口 (万人)	Number of Population (10 000 persons)	23.69
#城镇人口	Urban	5.74
城镇单位从业人员数 (万人)	Employee (10000 persons)	1.20
乡村劳动力 (人)	Number of Rural Laborers (Person)	98374
土地面积 (平方公里)	Area of Land (sq.km)	2730
地区生产总值 (万元)	Gross Domestic Product (10 000 yuan)	33.25
第一产业	Primary Industry	3.00
第二产业	Secondary Industry	18.96
#工业	Industry	18.58
第三产业	Tertiary Industry	11.29
人均生产总值 (元)	Gross Domestic Product (yuan)	14076
常用耕地面积 (公顷)	Cultivated Areas Changed Cardan(ha)	
农林牧渔业总产值 (万元)	Gross Output Value of Farming ,Forestry , Animal Husbandry and Fishery (10 000yuan)	64860
粮食总产量 (吨)	Output of Grain (ton)	74008
肉类总产量 (吨)	Output of Meat (ton)	9067
工业企业数 (个)	Number of Enterprises (unit)	26
工业总产值 (当年价,万元)	Gross Output Value of Industry (at current price， 10000 yuan)	353139
固定资产投资总额 (万元)	Investment in Fixed Assets (10 000 yuan)	492732
社会消费品零售总额 (万元)	Total Retail Sales of Consumer Goods (10 000 yuan)	201385
地方财政收入 (万元)	Local Financial Revenue (10 000 yuan)	55076
地方财政支出 (万元)	Local Financial Expenditure (10 000 yuan)	98681
农民人均纯收入 (元)	Annual Percapita Net Income of Rural Residents (yuan)	4597
在岗职工平均工资 (元)	Average Wage of staff and Workers (yuan)	29777

12-1 续表9 continued

指　　标	Item	浑　源 Hunyuan
总人口 (万人)	Number of Population (10 000 persons)	34.76
#城镇人口	Urban	11.86
城镇单位从业人员数 (万人)	Employee (10000 persons)	1.30
乡村劳动力 (人)	Number of Rural Laborers (Person)	142518
土地面积 (平方公里)	Area of Land (sq.km)	1966
地区生产总值 (万元)	Gross Domestic Product (10 000 yuan)	34.13
第一产业	Primary Industry	9.13
第二产业	Secondary Industry	12.14
#工业	Industry	11.72
第三产业	Tertiary Industry	12.86
人均生产总值 (元)	Gross Domestic Product (yuan)	9842
常用耕地面积 (公顷)	Cultivated Areas Changed Cardan(ha)	
农林牧渔业总产值 (万元)	Gross Output Value of Farming ,Forestry , Animal Husbandry and Fishery (10 000yuan)	149890
粮食总产量 (吨)	Output of Grain (ton)	143577
肉类总产量 (吨)	Output of Meat (ton)	20034
工业企业数 (个)	Number of Enterprises (unit)	9
工业总产值 (当年价,万元)	Gross Output Value of Industry (at current price, 10000 yuan)	238605
固定资产投资总额 (万元)	Investment in Fixed Assets (10 000 yuan)	467577
社会消费品零售总额 (万元)	Total Retail Sales of Consumer Goods (10 000 yuan)	212542
地方财政收入 (万元)	Local Financial Revenue (10 000 yuan)	45558
地方财政支出 (万元)	Local Financial Expenditure (10 000 yuan)	123590
农民人均纯收入 (元)	Annual Percapita Net Income of Rural Residents (yuan)	4547
在岗职工平均工资 (元)	Average Wage of staff and Workers (yuan)	38096

12-1 续表10 continued

指　　标	Item	左　云 Zuoyun
总人口 (万人)	Number of Population (10 000 persons)	15.81
#城镇人口	Urban	6.90
城镇单位从业人员数 (万人)	Employee (10000 persons)	1.84
乡村劳动力 (人)	Number of Rural Laborers (Person)	49169
土地面积 (平方公里)	Area of Land (sq.km)	1314
地区生产总值 (万元)	Gross Domestic Product (10 000 yuan)	34.78
第一产业	Primary Industry	2.30
第二产业	Secondary Industry	15.93
#工业	Industry	14.87
第三产业	Tertiary Industry	16.55
人均生产总值 (元)	Gross Domestic Product (yuan)	22057
常用耕地面积 (公顷)	Cultivated Areas Changed Cardan(ha)	
农林牧渔业总产值(万元)	Gross Output Value of Farming ,Forestry , Animal Husbandry and Fishery (10 000yuan)	46270
粮食总产量 (吨)	Output of Grain (ton)	32418
肉类总产量 (吨)	Output of Meat (ton)	4245
工业企业数 (个)	Number of Enterprises (unit)	4
工业总产值 (当年价,万元)	Gross Output Value of Industry (at current price， 10000 yuan)	118703
固定资产投资总额 (万元)	Investment in Fixed Assets (10 000 yuan)	984107
社会消费品零售总额 (万元)	Total Retail Sales of Consumer Goods (10 000 yuan)	157897
地方财政收入 (万元)	Local Financial Revenue (10 000 yuan)	87463
地方财政支出 (万元)	Local Financial Expenditure (10 000 yuan)	85236
农民人均纯收入 (元)	Annual Percapita Net Income of Rural Residents (yuan)	7432
在岗职工平均工资 (元)	Average Wage of staff and Workers (yuan)	28053

12-1 续表11 continued

指　　标	Item	大　同 Datong
总人口 (万人)	Number of Population (10 000 persons)	18.81
#城镇人口	Urban	6.46
城镇单位从业人员数 (万人)	Employee (10000 persons)	0.96
乡村劳动力 (人)	Number of Rural Laborers (Person)	62316
土地面积 (平方公里)	Area of Land (sq.km)	1498
地区生产总值 (万元)	Gross Domestic Product (10 000 yuan)	20.03
第一产业	Primary Industry	6.25
第二产业	Secondary Industry	4.86
#工业	Industry	4.33
第三产业	Tertiary Industry	8.92
人均生产总值 (元)	Gross Domestic Product (yuan)	11348
常用耕地面积 (公顷)	Cultivated Areas Changed Cardan(ha)	
农林牧渔业总产值(万元)	Gross Output Value of Farming ,Forestry , Animal Husbandry and Fishery (10 000yuan)	116267
粮食总产量 (吨)	Output of Grain (ton)	78001
肉类总产量 (吨)	Output of Meat (ton)	10453
工业企业数 (个)	Number of Enterprises (unit)	14
工业总产值 (当年价,万元)	Gross Output Value of Industry (at current price， 10000 yuan)	109227
固定资产投资总额 (万元)	Investment in Fixed Assets (10 000 yuan)	496950
社会消费品零售总额 (万元)	Total Retail Sales of Consumer Goods (10 000 yuan)	109595
地方财政收入 (万元)	Local Financial Revenue (10 000 yuan)	34076
地方财政支出 (万元)	Local Financial Expenditure (10 000 yuan)	84272
农民人均纯收入 (元)	Annual Percapita Net Income of Rural Residents (yuan)	5657
在岗职工平均工资 (元)	Average Wage of staff and Workers (yuan)	31655

12-2 经济技术开发区综合情况
KEY STATISTICS OF NEW AND HIGH-TECH DEVELOPMENT DISTRICTS

指　　标	Item	2011	2012
当年地区生产总值(万元)	Gross Domestic Product	302093	347009
当年工业总产值（万元）	Gross Industry Output Value	327512	420867
当年进出口总额 (万美元)	Total Value Imports and Exports (USD 10 000)	5028.6	8643.0
出口总额 (万美元)	Total Value of Exports (USD 10 000)	4631.0	8600.0
进口总额 (万美元)	Total Value of Imports (USD 10000)	397.6	43.0
税收收入（万元）	Income of Tax	52671	62389
当年财政收入（万元）	Financial Revenue	53898	64267
全区从业人员 (万人)	Employmees (10 000 persons)		
当年合同利用外资金额 (万美元)	Contract Utilization of Foreign Capital (USD 10 000)	588	
当年实际使用外资金额 (万美元)	Actural Utilization of Foreign Capital (USD 10 000)	584	252
当年入区企业数 (个)	Enterprises Registered in the Districts (unit)		
当年引进国内资金（万元）	Funds Introduced from Domestic	153000	220000
#引进省外资金（万元）	Funds Introduced from Outside of Province	43000	50000
科工贸总收入（万元）	Total Income of Technology, Industry and Trade	1748000	

12-3 总人口数 (2012 年)
POPULATION (2012)

单位: 人　　　　(person)

县　区	Region	总人口 Population	按性别分 By Sex		按城镇、乡村分 (人) By Agricultural or Non-agricultural (person)	
			男 性 Male	女 性 Famle	城镇人口 City	乡村人口 Country
全　市	**Total**	**3357112**	**1716425**	**1640687**	**1945459**	**1411653**
城　区	Chengqu	731267	365542	365725	731267	
矿　区	Kuangqu	505216	254388	250828	505216	
南 郊 区	Nanjiao	411137	212462	198675	163071	248066
新 荣 区	Xinrong	109580	57483	52097	29827	79753
阳 高 县	Yanggao	275683	142855	132828	95001	180682
天 镇 县	Tianzhen	208596	105105	103491	71006	137590
广 灵 县	Guanglin	184845	97645	87200	40429	144416
灵 丘 县	Lingqiu	236903	124204	112699	57425	179478
浑 源 县	Hunyuan	347634	178394	169240	118613	229021
左 云 县	Zuoyun	158148	79389	78759	69047	89101
大 同 县	Datong	188103	98958	89145	64557	123546

12-4 国民经济核算主要指标(2012年)
MAJOR INDICATORS OF THE NATIONAL COUNT (2012)

单位：万元 (10 000 yuan)

县 区 Region	总产出 Total Output	第一产业 Primary Industry	第二产业 Secondary Industry	#工 业 Industry	第三产业 Tertiary Industry	#交通运输仓储邮电业 Transportation Storage and Post	#批发和零售 Wholesale and Retai Trades	#住宿和餐饮 Lodging and Catering Trades
全 市 Total	**24917200**	**923587**	**14183818**	**12931877**	**9809795**	**3171883**	**1942205**	**567169**
城 区 Chengqu	4683326		1811484	1097994	2871842		1334397	308603
矿 区 Kuangqu	3316202		98513	69721	3217689		3095724	21879
南郊区 Nanjiao	12324111	112027	10343335	9970874	1868749	680852	394467	77785
新荣区 Xinrong	574410	58040	314586	313560	201784	50627	68854	12298
阳高县 Yanggao	535692	192682	186840	181827	156170	19901	16842	2765
天镇县 Tianzhen	415305	95912	128124	109288	191269	34214	86775	4151
广灵县 Guanglin	363605	95420	170235	152637	97950	10264	15632	3427
灵丘县 Lingqiu	738055	64859	509544	500655	163652	23291	44909	14908
浑源县 Hunyuan	741254	149888	281361	274771	310005	35549	64869	30958
左云县 Zuoyun	782940	44270	367920	336372	370750	105269	135832	13425
大同县 Datong	646419	116267	166331	157559	363821	57388	245067	3325

县 区 Region	地区生产总值 GrossDomestic Product	第一产业 Primary Industry	第二产业 Secondary Industry	#工 业 Industry	第三产业 Tertiary Industry	#交通运输仓储邮电业 Transportation Storage and Post	#批发和零售 Wholesale and Retai Trades	#住宿和餐饮 Lodging and Catering Trades
全 市 Total	**9313878**	**497792**	**4721786**	**4195610**	**4094300**	**1239081**	**656077**	**282216**
城 区 Chengqu	1317674		549382	222637	768292		324233	69723
矿 区 Kuangqu	185231		24501	16118	160730		100460	16921
南郊区 Nanjiao	4163085	67213	3343148	3168083	752724	290326	156350	34039
新荣区 Xinrong	193566	34624	97713	97013	61229	11985	15961	2760
阳高县 Yanggao	231693	93970	44059	40698	93664	5334	11895	1711
天镇县 Tianzhen	169740	51625	46166	36748	71949	12591	16163	1168
广灵县 Guanglin	170344	46346	61395	56695	62603	6307	9228	4243
灵丘县 Lingqiu	332478	29999	189598	185838	112881	12850	28841	8322
浑源县 Hunyuan	341316	91328	121390	117235	128598	12716	37949	20760
左云县 Zuoyun	347845	22997	159313	148656	165535	42585	37329	6382
大同县 Datong	200301	62533	48588	43325	89180	14376	30379	2746

12-4 续表 continued

单位:万元 (10 000 yuan)

县区 Region	人均地区生产总值(元/人) Per Capita Gap (yuan/person)	资本形成总额 Gross Capital Formation (10 000 yuan)	最终消费(万元) Final Consumption Expenditure (10 000 yuan)	居民总消费水平(元) Household Consumption Expenditure(yuan)	农村居民 Rural Households	城镇居民 Urban Household
全 市 Total	**27815**	**6954375**	**4338301**	**9494**	**4214**	**13441**
城 区 Chengqu						
矿 区 Kuangqu						
南郊区 Nanjiao	101750	1940260	2205600	50085	52775	44683
新荣区 Xinrong	17597	118324	105094	4998	4611	6739
阳高县 Yanggao	8425	51896	194310	5690	3905	9196
天镇县 Tianzhen	8137	64794	104946	3997	2636	8512
广灵县 Guanglin	9257	73978	96366	4386	3863	6611
灵丘县 Lingqiu	14076	158673	121449	4325	3721	6292
浑源县 Hunyuan	9842	208138	217957	5609	3711	9272
左云县 Zuoyun	22057	358987	182804	7421	4910	10758
大同县 Datong	11348	114248	89241	4301	3499	6159

12-5 国民经济核算主要指标发展速度(2012年)

THE RATE OF MAJOR INDICATORS OF THE NATIONAL ECONOMY (2012)

以上年为100 (preceding year=100)

县区 Region	总产出 Total Outputt	第一产业 Primary Industry	第二产业 Secondary Industry	#工业 Industry	第三产业 Tertiary Industry	#交通运输仓储邮电业 Transportation Storage and Telecommunication	#批发和零售 Wholesale and Retai Trades	#住宿和餐饮 Lodging and Catering Trades
全 市 Total	**114.6**	**126.6**	**115.2**	**115.8**	**112.7**	108.9	**120.3**	**112.7**
城 区 Chengqu	110.1		107.4	106.2	112.9		116.0	116.9
矿 区 Kuangqu	108.9		120.7	123.6	108.6		108.5	119.7
南郊区 Nanjiao	114.2	101.5	114.7	114.7	109.9	108.5	108.9	108.9
新荣区 Xinrong	113.3	111.0	102.6	102.6	136.1	136.1	136.1	136.0
阳高县 Yanggao	111.9	112.6	109.8	112.0	114.0	104.9	114.3	114.4
天镇县 Tianzhen	114.6	114.2	117.5	116.8	113.0	111.9	114.0	110.0
广灵县 Guanglin	111.9	118.3	108.5	108.2	112.1	113.5	112.1	110.8
灵丘县 Lingqiu	112.2	107.8	112.9	112.6	111.0	109.1	116.9	116.1
浑源县 Hunyuan	105.6	116.6	94.0	94.0	111.3	106.1	118.3	101.8
左云县 Zuoyun	112.2	107.2	113.9	115.1	111.1	108.4	116.9	110.7
大同县 Datong	117.1	113.2	126.0	126.5	114.6	114.1	117.1	108.0

12-5 续表 continued

以上年为100 (preceding year=100)

县 区 Region		地区生产总值 Gross Domestic Product	第一产业 Primary Industry	第二产业 Secondary Industry	#工 业 Industry	第三产业 Tertiay Industry	#交通运输仓储邮电业 Transportation Storage and Post	#批发和零售 Wholesale and Retai Trades	#住宿和餐饮 Lodging and Catering Trades
全 市	**Total**	**110.0**	**105.8**	**110.8**	**111.9**	**109.7**	**107.7**	**117.2**	**110.9**
城 区	Chengqu	110.4		110.8	104.0	109.9		113.3	112.0
矿 区	Kuangqu	112.5		116.7	119.0	111.9		117.1	109.6
南郊区	Nanjiao	112.8	101.5	113.9	114.4	109.0	108.6	108.9	108.7
新荣区	Xinrong	110.1	104.0	111.6	111.6	109.5	109.1	114.3	111.6
阳高县	Yanggao	109.6	109.2	111.9	113.7	109.0	108.5	115.6	112.0
天镇县	Tianzhen	110.6	106.7	118.3	117.5	109.8	108.6	115.8	109.6
广灵县	Guanglin	111.8	105.9	117.5	118.8	111.5	117.2	118.2	110.4
灵丘县	Lingqiu	110.2	112.1	110.5	110.5	109.1	109.0	114.9	114.3
浑源县	Hunyuan	101.4	103.4	90.3	90.4	110.7	106.1	108.7	105.0
左云县	Zuoyun	109.6	104.3	113.0	114.2	107.4	108.5	115.5	110.6
大同县	Datong	109.4	107.4	111.4	112.2	109.8	108.0	116.9	109.0

县 区 Region		资本形成总额 Gross Capital Formation	最终消费 Final Consumption Expenditure	居民总消费水平 Household Consumption Expenditure	农村居民 Rural Households	城镇居民 Urban Households
全 市	**Total**	**100.5**	**115.0**	**114.7**	**114.4**	**112.7**
城 区	Chengqu					
矿 区	Kuangqu					
南郊区	Nanjiao	116.4	109.1	108.3	107.7	110.0
新荣区	Xinrong	101.0	112.1	114.6	100.5	100.2
阳高县	Yanggao	105.8	108.0	107.7	104.7	108.6
天镇县	Tianzhen	110.6	110.6	108.9	108.4	109.5
广灵县	Guanglin	116.6	115.4	114.8	117.8	115.4
灵丘县	Lingqiu	134.0	110.3	109.4	108.1	109.1
浑源县	Hunyuan	107.3	104.9	104.5	106.5	99.7
左云县	Zuoyun	153.5	105.6	102.5	100.7	101.7
大同县	Datong	109.0	109.7	109.1	108.7	109.3

12-6 城镇单位从业人员 (2012 年)

NUMBER OF EMPLOYEES IN URBAN UNITS (2012)

单位: 人 (person)

县区 Region	总计 total	#女性 Female	#在岗职工 Fully Employed	劳务派遣人员 Labor Dispatch	#其他从业人员 Others	#国有单位 State-owned Units	#集体单位 Collect-iveowned Units	#外商投资经济 Enterprises with Foreign Investment
全 市 Total	**445841**	**111973**	**421255**	**9236**	**15350**	**205031**	**30424**	**7158**
城 区 Chengqu	163471	57264	147824	6496	9151	98167	8625	1678
矿 区 Kuangqu	12542	6519	11984	213	345	10119	1885	
南郊区 Nanjiao	32442	10427	28140	1713	2589	18819	4951	529
新荣区 Xinrong	9556	2657	9371	22	163	8696	56	181
阳高县 Yanggao	8798	3249	8798			8226	202	
天镇县 Tianzhen	6394	2301	6388		6	6325	18	
广灵县 Guanglin	8200	3348	7782		418	7555	587	
灵丘县 Lingqiu	11951	3481	11587		364	8700	44	
浑源县 Hunyuan	12950	4053	12815	54	81	12456	467	
左云县 Zuoyun	18399	4930	16129	427	1843	15368	1298	
大同县 Datong	9606	2935	9238	269	99	9450	30	
开发区 Developmentzone	9306	3655	8973	42	291	1150	929	4770
驻市单位 Others	142226	7154	142226				11332	

12-7 城镇单位从业人员劳动报酬 (2012 年)

REWARD OF EMPLOYEES IN URBAN UNITS(2012)

单位: 人、千元 (person)

县区 Region	从业人员平均人数 Average Employees	在岗职工 Fully Employed	劳务派遣人员 Labor Dispatch	其他从业人员 Others	从业人员劳动报酬(千元) Reward of Employees (1000 yuan)	在岗职工工资总额 Total Wages of Fully Employed	劳务派遣人员工资总额 Total Wages of Labor Dispatch	其他从业人员劳动报酬 Reward of Others	从业人员平均工资(元) Average Wage of Fully Employed	在岗职工平均工资(元) Average Wage of Fully Employed (yuan)
全 市 Total	**450439**	**421735**	**8752**	**19952**	**20843034**	**20330187**	**180583**	**332264**	**46273**	**47646**
城 区 Chengqu	168903	149515	5929	13459	4968216	4610512	127935	229769	29415	30483
矿 区 Kuangqu	12588	12037	212	339	486249	470125	3575	12549	38628	38673
南郊区 Nanjiao	32502	28189	1665	2648	1274227	1217903	25630	30694	39205	41654
新荣区 Xinrong	9593	9383	52	158	340138	334533	1178	4427	35457	35581
阳高县 Yanggao	8804	8804			261090	261090			29656	29656
天镇县 Tianzhen	6427	6421			202551	202303		248	31516	31506
广灵县 Guanglin	8183	7765		418	278418	275164		3254	34024	35436
灵丘县 Lingqiu	12048	11594	94	360	352675	345229	2803	4643	29272	29777
浑源县 Hunyuan	13008	12870	57	81	493424	491943	519	962	37932	38096
左云县 Zuoyun	18317	16071	419	1827	490611	453332	9256	28023	26784	28053
大同县 Datong	9691	9308	273	110	304561	294741	8541	1279	31427	31655
开发区 Developmentzone	9069	8472	51	546	289767	272205	1146	16416	31951	32072
驻市单位 Others	141306	141306			11101107	11101107			78561	78561

12-8 国有单位从业人员 (2012 年)
NUMBERS OF EMPLOYMEES IN STATE-OWNED UNITIS (2012)

单位: 人 (person)

县 区 Region	从业人员 Employmees	#女 性 Famele	在岗职工 Fully Employed	劳务派遣人员 Labor Dispatch	其他从业人员 Others
全 市 Total	**205031**	**76969**	**187549**	**6597**	**10885**
城 区 Chengqu	98167	38892	87635	4936	5596
矿 区 Kuangqu	10119	5639	9561	213	345
南郊区 Nanjiao	18819	6430	15614	1044	2161
新荣区 Xinrong	8696	2512	8561	2	133
阳高县 Yanggao	8226	3184	8226		
天镇县 Tianzhen	6325	2289	6319		6
广灵县 Guanglin	7555	3084	7137		418
灵丘县 Lingqiu	8700	3038	8494		206
浑源县 Hunyuan	12456	3885	12321	54	81
左云县 Zuoyun	15368	4447	13505	79	1784
大同县 Datong	9450	2891	9082	269	99
开发区 Development zone	1150	678	1094		56

12-9 国有单位从业人员劳动报酬 (2012 年)
WAGES OF EMPLOYMEES IN STATE-OWNED UNITIS (2012)

单位: 人、千元 (person)

县 区 Region	从业人员平均人数 Average Employees	在岗职工 Fully Employed	劳务派遣人员 Labor Dispatch	其他从业人员 Others	从业人员劳动报酬(千元) Reward of Employees (1000 yuan)	在岗职工工资总额 Total Wages of Fully Employed	劳务派遣人员工资总额 Total Wages of Labor Dispatch	其他从业人员劳动报酬 Reward of Others	从业人员平均工资(元) Average Wage of Fully Employed	在岗职工平均工资(元) Average Wage of Fully Employed (yuan)
全 市 Total	**204674**	**187540**	**6014**	**11120**	**6826434**	**6547145**	**108453**	**170836**	**33353**	**34386**
城 区 Chengqu	98082	87967	4347	5768	3227303	3038755	84014	104534	32904	33828
矿 区 Kuangqu	10117	9566	212	339	427716	411592	3575	12549	42277	42459
南郊区 Nanjiao	18772	15505	1045	2222	650098	622152	11003	16943	34631	38257
新荣区 Xinrong	8705	8570	2	133	311865	309998	100	1767	35826	36176
阳高县 Yanggao	8232	8232			248024	248024			30129	30129
天镇县 Tianzhen	6358	6352		6	199025	198777		248	31303	31294
广灵县 Guanglin	7538	7120		418	261032	257778		3254	34629	36205
灵丘县 Lingqiu	8698	8492		206	271824	269823		2001	31251	31774
浑源县 Hunyuan	1228	12090	57	81	472234	470753	519	962	38619	38797
左云县 Zuoyun	15285	13426	78	1781	412691	385297	701	26693	27000	28584
大同县 Datong	9508	9125	273	110	300864	291044	8541	1279	31643	31878
开发区 Development zone	1151	1095		56	43758	43152		606	38017	39408

12-10 城镇集体单位从业人员(2012年)

NUMBERS OF EMPLOYMEES IN URBAN COLLECTIVE-OWNED UNITIS (2012)

单位: 人 (person)

县区 Region	从业人员 Employmees	#女性 Famele	在岗职工 Fully Employed	劳务派遣人员 Labor Dispatch	其他从业人员 Others
全市 Total	**30424**	**14431**	**28350**	**475**	**1599**
城区 Chengqu	8625	3726	7302		1323
矿区 Kuangqu	1885	609	1885		
南郊区 Nanjiao	4951	1855	4303	474	174
新荣区 Xinrong	56	28	56		
阳高县 Yanggao	202	29	202		
天镇县 Tianzhen	18	7	18		
广灵县 Guanglin	587	224	587		
灵丘县 Lingqiu	44	10	44		
浑源县 Hunyuan	467	164	467		
左云县 Zuoyun	1298	317	1286	1	11
大同县 Datong	30	9	30		
开发区 Development zone	929	299	838		91
驻市单位 Others	11332	7154	11332		

12-11 城镇集体单位从业人员劳动报酬(2012年)

WAGES OF EMPLOYMEES IN URBAN COLLECTIVE-OWNED UNITES (2012)

单位: 人、千元 (person)

县区 Region	从业人员平均人数 Average Employees	在岗职工 Fully Employed	劳务派遣人员 Labor Dispatch	其他从业人员 Others	从业人员劳动报酬(千元) Reward of Employees (1000 yuan)	在岗职工工资总额 Total Wages of Fully Employed	劳务派遣人员工资总额 Total Wages of Labor Dispatch	其他从业人员劳动报酬 Reward of Others	从业人员平均工资(元) Average Wage of Fully Employed	在岗职工平均工资(元) Average Wage of Fully Employed (yuan)
全市 Total	**30827**	**29063**	**475**	**1289**	**794265**	**765103**	**5495**	**23667**	**25765**	**26088**
城区 Chengqu	8728	7713		1015	157993	146221		11772	18102	18958
矿区 Kuangqu	1933	1933			47608	47608			24629	24629
南郊区 Nanjiao	4993	4345	474	174	219702	205587	5490	8625	44002	43801
新荣区 Xinrong	55	55			1398	1398			25418	25418
阳高县 Yanggao	202	202			1245	1245			6163	6163
天镇县 Tianzhen	18	18			438	438			24333	24333
广灵县 Guanglin	587	587			16940	16940			28859	28859
灵丘县 Lingqiu	44	44			1172	1172			26636	26636
浑源县 Hunyuan	753	753			20411	20411			27106	27106
左云县 Zuoyun	1298	1286	1	11	16359	16173	5	181	12603	12570
大同县 Datong	30	30			696	696			23200	23200
开发区 Developmentzone	927	838		89	34718	31629		3089	37452	37743
驻市单位 Others	11259				275585	275585			24477	24477

12-12 全社会固定资产投资主要指标 (2012 年)

MAJOR INDICATOR OF INVESTMENT IN FIXED ASSETS IN URBAN AREA (2012)

单位：万元 (10 000 yuan)

县 区 Region		施工项目个数(个) Projects Under Construction	#本年新开工 Newly Started This Year	本年投产项目个数 (个) Number of Projects Completed and Put into Use This Year(unit)	本年新增固定资产 Newly Increased Fixed Assets This Year
全 市	**Total**	**686**	**467**	**449**	**4089699**
城 区	Chengqu	79	68	46	683378
矿 区	Kuangqu	16	12	13	32961
南郊区	Nanjiao	86	47	54	841057
新荣区	Xinrong	51	45	42	269013
阳高县	Yanggao	67	46	57	251195
天镇县	Tianzhen	36	31	28	217149
广灵县	Guanglin	48	36	18	269854
灵丘县	Lingqiu	80	65	54	311822
浑源县	Hunyuan	89	66	59	288178
左云县	Zuoyun	43	20	20	208248
大同县	Datong	63	28	49	430783
开发区	Development zone	13	2	4	79549
不分地区	Others	15	1	5	206512

县 区 Region		本年完成投资 Investment Completed This Year	#住 宅 Residential	#建筑工程 Construction	#安装工程 Installation
全 市	**Total**	**8317875**	**1689930**	**5229274**	**1060079**
城 区	Chengqu	1920335	1030111	1387353	232333
矿 区	Kuangqu	44458		37734	926
南郊区	Nanjiao	1332086	165476	771352	214381
新荣区	Xinrong	315290	787	107005	47846
阳高县	Yanggao	392935	40290	164862	68531
天镇县	Tianzhen	315521	17212	132167	24252
广灵县	Guanglin	304298	16115	168506	49497
灵丘县	Lingqiu	492732	36400	285964	80230
浑源县	Hunyuan	467577	54373	287201	49632
左云县	Zuoyun	984107	14224	537217	160398
大同县	Datong	496950	23306	198370	85174
开发区	Development zone	410430	155093	388340	14557
不分地区	Others	841156	136543	763203	32322

12-12 续表 continued

单位: 万元 (10 000 yuan)

县区 Region	#设备工器具购置 Purchase of Equipment and Instruments	其他 Others	新建 New Construction	扩建 Expansion	改建和技术改造 Reconstruction	其他 Others
全市 Total	**1417551**	**610971**	**3522643**	**1435613**	**1190473**	**463050**
城区 Chengqu	29877	270772	219892	240002	125924	11269
矿区 Kuangqu	2133	3665	27831		16627	
南郊区 Nanjiao	180741	165612	787396	197918	214171	53449
新荣区 Xinrong	131073	29366	128159	5936	167574	12406
阳高县 Yanggao	156223	3319	172707	66737	95571	1200
天镇县 Tianzhen	156461	2641	164883	106538	44100	
广灵县 Guanglin	85575	720	272550	6015	25733	
灵丘县 Lingqiu	113794	12744	84936	155871	209125	37300
浑源县 Hunyuan	90484	40260	283431	40975	116697	4300
左云县 Zuoyun	245648	40844	562871	359837	54432	1330
大同县 Datong	181260	32146	320738	99863	27473	14900
开发区 Development zone	3342	4191	39052	88900		104004
不分地区 Others	40940	4691	458197	67021	93046	222892

12-13 全社会固定资产投资房屋面积及价值(2012年)

MAIN INDICATORS OF INVESTMENT OF NON-AGTICULTURAL HOUSEHOLDS IN RURAL AREA(2012)

单位：平方米 (sq.m)

县区 Region	本年施工房屋面积 Floor Space of Houses under Construction	#住宅 Residential	本年竣工房屋面积 Floor Space of Buildings Completed	#住宅 Residential	本年竣工房屋价值(万元) Value of uildings Completed (10 000 yuan)	#住宅 Residential
全市 Total	**23822302**	**17405846**	**5830524**	**3666458**	**1351941**	**930920**
城区 Chengqu	14517756	11995403	2241029	1991026	543366	506810
矿区 Kuangqu	130566		48680		13862	
南郊区 Nanjiao	4151567	2252190	2036913	1210976	499584	252494
新荣区 Xinrong	21737	21422				
阳高县 Yanggao	862237	455071	162200	82900	14065	6700
天镇县 Tianzhen	307757	64498	304384	64378	63347	20449
广灵县 Guanglin	332488	315000	4400		745	
灵丘县 Lingqiu	150000	138000	100000	88000	44600	43800
浑源县 Hunyuan	727276	472547	182448	91290	37744	18190
左云县 Zuoyun	772051	95100	579072	45100	52657	8587
大同县 Datong	151150	69000	103150	29000	51680	50000
开发区 Development zone	1234514	1064412	68248	63788	30291	23890

12-14 房地产开发投资 (2012 年)
INVESTMENT IN REAL ESTATE (2012)

单位: 万元 (10 000 yuan)

县　区 Region		本年完成投资 Investment Completed This Yesr	#住宅 Residential Buildings	建筑工程 Construction	安装工程 Installation	设备工器具购置 Purchase of Equipment and Instruments	其他费用 Others Expenses
全　市	**Total**	**1706096**	**1150657**	**1145889**	**201184**	**23348**	**335675**
城　区	Chengqu	1323248	873958	876581	173592	9205	263870
矿　区	Kuangqu						
南郊区	Nanjiao	79152	31071	18474	4619	920	55139
新荣区	Xinrong	1215	787	789			426
阳高县	Yanggao	56720	37690	37931	8180	8200	2409
天镇县	Tianzhen						
广灵县	Guanglin						
灵丘县	Lingqiu	5500	5500	5500			
浑源县	Hunyuan	22174	17615	16260	4597		1317
左云县	Zuoyun	5637	5637	3300	1800		537
大同县	Datong	33976	23306	20193	4316	1681	7786
开发区	Development zone	178474	155093	166861	4080	3342	4191

12-15 房地产开发施工、竣工面积及价值 (2012 年)
FLOOR SPACE AND VALUE OF BUILDINGS UNDER CONSTRUCTION AND COMPLETED IN REAL ESTATE DEVELOPMENT (2012)

单位:平方米 (sq.m)

县　区 Region		本年施工房屋面积 Floor Space of Houses under Construction This Year	#住宅 Residential Buildings	本年竣工房屋面积 Floor Space of Buildings Completed This Year	#住宅 Residential Buildings	本年竣工房屋价值 (万元) Value of uildings Completed (10 000 yuan)	#住宅 Residential Buildings
全　市	**Total**	**15898554**	**13291685**	**1970137**	**1671672**	**425012**	**370301**
城　区	Chengqu	12689291	10630008	1519429	1269426	271487	234931
矿　区	Kuangqu						
南郊区	Nanjiao	1004299	794902	174430	145688	44394	37080
新荣区	Xinrong	21737	21422				
阳高县	Yanggao	556383	447071	77900	74900	7340	6500
天镇县	Tianzhen						
广灵县	Guanglin						
灵丘县	Lingqiu	50000	50000				
浑源县	Hunyuan	215330	164870	101130	88870	21500	17900
左云县	Zuoyun	50000	50000				
大同县	Datong	77000	69000	29000	29000	50000	50000
开发区	Development zone	1234514	1064412	68248	63788	30291	23890

12-16 房地产开发房屋销售额 (2012 年)
SALES OF HOUSES IN REAL ESTATE DEVELOPMENT (2012)

单位：万元 (10 000 yuan)

县区 Region		商品房销售额 Sales of Commercial Houses	住宅 Residential Buildings	#90平方米以下住房 Below 90 sq.m	#经济适用房 Economic Buildings
全　　市	**Total**	**472174**	**385353**	**168646**	
城　　区	Chengqu	326375	269352	155170	
矿　　区	Kuangqu				
南 郊 区	Nanjiao	66597	48198	257	
新 荣 区	Xinrong	704	704	704	
阳 高 县	Yanggao	112			
天 镇 县	Tianzhen				
广 灵 县	Guanglin				
灵 丘 县	Lingqiu				
浑 源 县	Hunyuan	29740	25054	800	
左 云 县	Zuoyun				
大 同 县	Datong	3850	3850		
开 发 区	Development zone	44796	38195	11715	

县区 Region		#别墅、高档公寓 Villas and High-grade Apartment Buildings	办公楼 Office Buildings	商业营业用房 Buildings for Business Operation	其他 Other Buildings
全　　市	**Total**	8698	7093	79084	644
城　　区	Chengqu		7093	49930	
矿　　区	Kuangqu				
南 郊 区	Nanjiao	4848		18381	18
新 荣 区	Xinrong				
阳 高 县	Yanggao			112	
天 镇 县	Tianzhen				
广 灵 县	Guanglin				
灵 丘 县	Lingqiu				
浑 源 县	Hunyuan			4060	626
左 云 县	Zuoyun				
大 同 县	Datong	3850			
开 发 区	Development zone			6601	

12-17 房地产开发房屋销售面积 (2012 年)
FLOOR SPACE OF HOUSES SOLD IN REAL ESTATE DEVELOPMENT (2012)

单位: 平方米 (sp.m)

县区 Region	商品房销售面积 Floor Space of Connercial Houses Sold	住宅 Residential Buildings	#90平方米以下住房 Below 90 sq.m	#经济适用房 Economic Buildings
全市 Total	**1101692**	**992809**	**413959**	
城区 Chengqu	747188	663988	378443	
矿区 Kuangqu				
南郊区 Nanjiao	133181	124618	1066	
新荣区 Xinrong	3478	3478	3478	
阳高县 Yanggao	400			
天镇县 Tianzhen				
广灵县 Guanglin				
灵丘县 Lingqiu				
浑源县 Hunyuan	114502	102242	4000	
左云县 Zuoyun				
大同县 Datong	2300	2300		
开发区 Development zone	100643	96183	26972	

县区 Region	#别墅、高档公寓 Villas and High-grade Apartment Buildings	办公楼 Office Buildings	商业营业用房 Buildings for Business Operation	其他 Other Buildings
全市 Total	**7650**	**15159**	**91523**	**2201**
城区 Chengqu		15159	68041	
矿区 Kuangqu				
南郊区 Nanjiao	5350		8450	113
新荣区 Xinrong				
阳高县 Yanggao			400	
天镇县 Tianzhen				
广灵县 Guanglin				
灵丘县 Lingqiu				
浑源县 Hunyuan			10172	2088
左云县 Zuoyun				
大同县 Datong	2300			
开发区 Development zone			4460	

12-18 煤炭销售量(2012年)
SALES OF COAL (2012)

单位: 万吨 (10 000 tons)

县区 Region		收入量 Reception	销售量 Sale	# 售给省内工业市场 Industrial Market Inner Province	售给煤炭集运站 Sates of Coal in coal	# 通过铁路售予外省市 Sale to Outside by Hailway	# 通过公路售予外省市 Sale to Outside by highway	# 供应出口 Export
全　市	**Total**	**15433**	**13264**	**3584**	**94**	**9269**	**318**	**136**
城　区	Chengqu							
矿　区	Kuangqu							
南郊区	Nanjiao	348	323	323				
新荣区	Xinrong	289	289				289	
阳高县	Yanggao							
天镇县	Tianzhen							
广灵县	Guanglin							
灵丘县	Lingqiu							
浑源县	Hunyuan	256	178	62	94		22	
左云县	Zuoyun	227	227			227		
大同县	Datong	7	7				7	

12-19 煤炭集运站煤炭销售量(2012年)
SALES OF COAL IN COAL-COLLECT STATION (2012)

单位: 万吨 (10 000 tons)

县区 Region		收入量 Reception	销售量 Sale	# 通过铁路售予外省市 Sale to Outside by Hailway	# 通过公路售予外省市 Sale to Outside by highway	# 供应出口 Export
全　市	**Total**	**15433**	**13264**	**9269**	**318**	**136**
城　区	Chengqu					
矿　区	Kuangqu					
南郊区	Nanjiao	348	323			
新荣区	Xinrong	289	289		289	
阳高县	Yanggao					
天镇县	Tianzhen					
广灵县	Guanglin					
灵丘县	Lingqiu					
浑源县	Hunyuan	256	178		22	
左云县	Zuoyun	227	227	227		
大同县	Datong	7	7		7	

12-20 乡村人口和劳动力 (2012 年)
RURAL POPULATION AND LABOUR FORCE (2012)

单位: 人 (person)

县 区 Region		乡村人口 Rural Population	乡村从业人口 Rural Labour Force	#农林牧渔业 Farming, Forestry, Animal Husbandry and Fishery	# 林牧渔业 Forestry, Animal Husbandry and Fishery	工 业 Industry
全 市	**Total**	**1708864**	**723170**	**420709**		**59394**
城 区	Chengqu					
矿 区	Kuangqu					
南郊区	Nanjiao	273059	132310	48724		13639
新荣区	Xinrong	89873	41932	22405		7467
阳高县	Yanggao	244922	93546	63927		4814
天镇县	Tianzhen	181722	69303	51482		2449
广灵县	Guanglin	153439	56175	41035		2232
灵丘县	Lingqiu	206645	92929	57670		8163
浑源县	Hunyuan	299116	134238	71839		10284
左云县	Zuoyun	108092	45037	28391		6077
大同县	Datong	151996	57700	35236		4269

县 区 Region		建筑业 Construction	交通运输仓储邮电通讯业 Transportation Storage and Telecommunication	批发零售贸易业餐饮业 Wholesale and Retailsale Trade and Catering	其他非农行业 Other Non-agriculture	附：县外从业人员 Attach: Employees Outside County
全 市	**Total**	**58516**	**57215**	**39280**	**88056**	
城 区	Chengqu					
矿 区	Kuangqu					
南郊区	Nanjiao	8174	21742	14344	25687	
新荣区	Xinrong	795	4646	1797	4822	
阳高县	Yanggao	9267	4609	3224	7705	
天镇县	Tianzhen	4776	2467	1938	6191	
广灵县	Guanglin	4378	1852	2057	4621	
灵丘县	Lingqiu	9794	4510	4268	8524	
浑源县	Hunyuan	13918	8425	6622	23150	
左云县	Zuoyun	1935	3861	1836	2937	
大同县	Datong	5479	5103	3194	4419	

12-21 农林牧渔业总产值 (2012 年)

GROSS OUTPUT VALUE OF FARMING，FORESTRY，ANIMAL HUSBANDRY AND FISHERY (2012)

按当年价格计算 (at current price)

县区 Region		农林牧渔业总产值(万元) Total (10 000 yuan)	农业产值 Farming	林业产值 Forestry	牧业产值 Animal Husbandry	渔业产值 Fishery	农林牧渔服务业 Farming,Forestry, Animal Husbandry and Fishery Service
全　市	**Total**	**923587**	**417353**	**51342**	**428282**	**854**	**25756**
城　区	Chengqu						
矿　区	Kuangqu						
南郊区	Nanjiao	102106	43213	1658	53555	30	3650
新荣区	Xinrong	57937	22425	6167	26663	59	2624
阳高县	Yanggao	192682	100051	2672	84875	85	5000
天镇县	Tianzhen	95912	48555	1566	45517	25	250
广灵县	Guanglin	95420	49438	5552	35769	102	4558
灵丘县	Lingqiu	64860	26880	4867	31403	156	1554
浑源县	Hunyuan	149890	59903	9448	77511	28	3000
左云县	Zuoyun	46270	17973	8672	18625		1000
大同县	Datong	116267	48846	8569	54364	369	4120
辖　区	Xiaqu	2174		2174			

12-22 农林牧渔业中间消耗 (2012 年)

INTERMEDIA TE CONSUMPTION OF FARMING,FORESTRY,ANINAL HUSBANDRY AND FISHERY (2012)

按当年价格计算 (at current price)

县区 Region		农林牧渔业中间消耗(万元) Total (10 000 yuan)	农业 Farming	林业 Forestry	牧业 Animal Husbandry	渔业 Fishery	农林牧渔服务业 Farming,Forestry, Animal Husbandry and Fishery Service
全　市	**Total**	**425794**	**187290**	**28531**	**194003**	**391**	**15579**
城　区	Chengqu						
矿　区	Kuangqu						
南郊区	Nanjiao	34594	19476	443	12568	8	2100
新荣区	Xinrong	23901	7326	2405	11973	47	2150
阳高县	Yanggao	98712	49895	1491	44273	44	3010
天镇县	Tianzhen	44288	22674	1101	20422	8	84
广灵县	Guanglin	49073	17366	4183	25679	80	1765
灵丘县	Lingqiu	34860	14775	3565	15536	35	950
浑源县	Hunyuan	58561	24985	4439	28118	20	1000
左云县	Zuoyun	23049	8417	5187	9075		370
大同县	Datong	53735	20262	4810	26363	150	2150
辖　区	Xiaqu	933		933			

12-23 畜牧业生产情况 (2012 年)

NUMBER OF LIVESTOCK AND LIVESTOCK PRODUCTS (2012)

县　区 Region		大牲畜年末头数(头) Large Animals (head)	#牛 Cattle	猪年末头数(头) Hogs (head)	羊年末只数(只) Sheep and Goats (head)
全　市	**Total**	**251932**	**143409**	**547056**	**1315590**
城　区	Chengqu				
矿　区	Kuangqu				
南郊区	Nanjiao	16838	15833	49606	62747
新荣区	Xinrong	14067	10453	12186	69414
阳高县	Yanggao	41110	27325	191252	153549
天镇县	Tianzhen	36142	15251	89545	108631
广灵县	Guanglin	31907	12307	51098	265001
灵丘县	Lingqiu	31900	14759	38686	209769
浑源县	Hunyuan	28780	19562	68542	240543
左云县	Zuoyun	31343	14041	12051	102865
大同县	Datong	19845	13878	34090	103071

县　区 Region		肉类总产量 Output of Meat	#猪肉 Pork	奶类总产量 Output of Milk	羊毛总产量 Output of Wool	禽蛋产量 Poultry Eggs
全　市	**Total**	**128288**	**91744**	**217494**	**1447**	**39258**
城　区	Chengqu					
矿　区	Kuangqu					
南郊区	Nanjiao	9232	6996	62254	91	8330
新荣区	Xinrong	5050	1955	11134	173	1469
阳高县	Yanggao	42405	38360	50261	180	2401
天镇县	Tianzhen	17681	13963	14575	147	3414
广灵县	Guanglin	10121	6468	13652	118	2343
灵丘县	Lingqiu	9067	4141	4990	91	3429
浑源县	Hunyuan	20034	13102	21936	206	3905
左云县	Zuoyun	4245	1531	7958	148	1210
大同县	Datong	10453	5229	30735	293	12757

12-24 粮食、油料产量
OUTPUT OF GRAIN, OIL-BEARING CROPS

单位: 吨 (ton)

县 区 Region	粮食产量 Output of Grain		油料产量 Output of Oil-bearing Crops	
	2011	2012	2011	2012
全 市 Total	**859000**	**94900**	**13572**	**15077**
城 区 Chengqu				
矿 区 Kuangqu				
南郊区 Nanjiao	56734	57006	485	519
新荣区 Xinrong	40862	46887	1610	2169
阳高县 Yanggao	191051	236814	1532	1574
天镇县 Tianzhen	141147	148985	1774	1429
广灵县 Guanglin	127912	131304	1688	1859
灵丘县 Lingqiu	73603	74008	1335	1589
浑源县 Hunyuan	134351	143577	1933	2304
左云县 Zuoyun	30299	32418	2950	3389
大同县 Datong	63042	78001	265	245

12-25 主要农业机械拥有量 (2012 年)
MAJOR AGRICULTURAL MACHINERY (2012)

县 区 Region	农业机械总动力 (千瓦特) Total Power of Agricultural Machinery (kw)	农用大中型拖拉机(混合台) Large and Medium Agricultural Tractors (unit)	农用小型及手扶拖拉机(混合台) Small Agricultural Tractors (unit)	拖拉机配套农具(部) Nnumber of Tractor Towing Farm Machinery (unit)
全 市 Total	**1760522**	**10632**	**11364**	**32777**
城 区 Chengqu				
矿 区 Kuangqu				
南郊区 Nanjiao	335200	1209	919	1805
新荣区 Xinrong	190744	3344	29	4393
阳高县 Yanggao	235900	986	2168	6861
天镇县 Tianzhen	166651	738	1217	2410
广灵县 Guanglin	133116	598	1181	3359
灵丘县 Lingqiu	212830	348	513	1550
浑源县 Hunyuan	174917	627	1493	3107
左云县 Zuoyun	116433	896	1990	3961
大同县 Datong	194731	1886	1854	5331
辖 区 Xiaqu				

12-26 主要工业产品产量 (2012 年)
OUTPUT OF MAJOR INDUSTRIAL PRODUCTS (2012)

县 区 Region		原 煤 (万吨) Coal (10 000 tons)	发 电 量 (万千瓦小时) Electricity (10 000 kwh)	钢 (吨) Steel (ton)	成品钢材 (吨) Steel Products (ton)	生 铁 (吨) Pig Iron (ton)	焦 炭 (吨) Coke (ton)	#机焦 Machine Coke
全 市	**Total**	**10563**	**3708165**	**526925**	**14954**	**584592**	**149827**	**149827**
城 区	Chengqu							
矿 区	Kuangqu							
南 郊 区	Nanjiao	347	2816266		14954			
新 荣 区	Xinrong	289						
阳 高 县	Yanggao							
天 镇 县	Tianzhen		23744			43213		
广 灵 县	Guanglin		25860	892				
灵 丘 县	Lingqiu					533		
浑 源 县	Hunyuan	256						
左 云 县	Zuoyun	227	27194					
大 同 县	Datong	7						

县 区 Region		水 泥 (万吨) Cement (10 000 tons)	化学原料药 (吨) Medicines with Chemical Materials (ton)	合成橡胶 (吨) Synghetic Rubber (ton)	铁合金 (吨) Iron Alloy, Electric Furance (ton)	矿山设备 Mining Equipment (ton)	机车 Locomotive (unit)	电 石 (吨) Calcium Carbide (ton)
全 市	**Total**	659	10409	26296	170016	61559	227	
城 区	Chengqu	7	3300	17209			227	
矿 区	Kuangqu							
南 郊 区	Nanjiao	548			50031	28799		
新 荣 区	Xinrong	22	124					
阳 高 县	Yanggao			9087	74057			
天 镇 县	Tianzhen							
广 灵 县	Guanglin	41						
灵 丘 县	Lingqiu	19			45928			
浑 源 县	Hunyuan	3						
左 云 县	Zuoyun							
大 同 县	Datong							

12-27 工业企业主要经济指标(2012年)

MAIN INDICATORS ON ECONOMIC OF INDUSTRIAL ENTERPRISES (2012)

单位:万元 (10 000 yuan)

县区 Region		单位数(个) Number of Enterprises (unit)	#亏损企业 Lossmaking Enterprises	工业总产值 Gross Industrial Output Value	工业增加值(生产法) Value Added of Industry (production way)	工业销售产值 Industrial Sales Output Value	实收资本 Realized Asset Income	年末资产合计 Total Assets At the End of the Year
全市	**Total**	**169**	**57**	**10755513**	**4187423**	**8997813**	**2639747**	**16423077**
城区	Chengqu	21	3	1042658	202379	1050317	211875	1430031
矿区	Kuangqu	7	1	21312	4962	18885	5841	47024
南郊区	Nanjiao	34	11	1717367	3298083	1644839	556881	2287993
新荣区	Xinrong	15	6	203265	89013	185840	56358	263597
阳高县	Yanggao	6	2	137573	32290	135923	40983	318787
天镇县	Tianzhen	8	3	68803	27236	65959	29262	143835
广灵县	Guanglin	11	5	144291	49149	67033	44969	239742
灵丘县	Lingqiu	26	15	353139	135237	300950	92953	725007
浑源县	Hunyuan	9	3	238605	99836	237877	51990	202162
左云县	Zuoyun	4	1	118703	107341	121621	51736	248668
大同县	Datong	14	3	109227	30622	99276	29078	107259

县区 Region		流动资产合计 Circulating Funds	固定资产合计 Value of Fixed Assets	固定资产原价 Original Value of Fixed Assets	累计折旧 Grand Total Fixed Assets Depreciation	流动负债 Liquid Liabilities
全市	Total	7548735	7935829	9146763	3689920	6610783
城区	Chengqu	852014	421270	636425	258504	845262
矿区	Kuangqu	40415	2860	6354	3507	14790
南郊区	Nanjiao	547129	1632798	2384484	874829	990160
新荣区	Xinrong	99196	118681	176694	58037	122355
阳高县	Yanggao	41164	246526	263666	17455	258515
天镇县	Tianzhen	28181	105715	110483	5129	44470
广灵县	Guanglin	56921	136839	163567	34464	108701
灵丘县	Lingqiu	425572	248981	321589	108903	423629
浑源县	Hunyuan	60627	78236	85443	8906	87519
左云县	Zuoyun	39344	177890	225279	50585	113935
大同县	Datong	66204	34415	44494	11630	59441

12-28 国有控股工业企业主要经济指标(2012年)
MAIN INDICATORS ON ECONOMIC OF STATE-OWNED CONTROLLING ENTERPRISES (2012)

单位: 万元 (10 000 yuan)

县区 Region	单位数(个) Number of Enterprises (unit)	#亏损企业 Lossmaking Enterprises	工业总产值 Gross Industrial Output Value	工业销售产值 Industrial Sales Output Value	实收资本 Realized Asset Income	年末资产合计 Total Assets At the End of the Year
全市 Total	**43**	**11**	**8990911**	**7380937**	**2170562**	**14301244**
城区 Chengqu	12	2	904276	906267	193828	1270149
矿区 Kuangqu						
南郊区 Nanjiao	7	1	1091525	1028099	372104	1641464
新荣区 Xinrong	2		119377	110902	13646	142859
阳高县 Yanggao	1	1	24465	26490	21748	245706
天镇县 Tianzhen	1		8654	8654	9531	79001
广灵县 Guanglin	2		15325	15325	21620	123033
灵丘县 Lingqiu	4	2	90197	56633	52690	283946
浑源县 Hunyuan	5	3	193914	193914	45871	176884
左云县 Zuoyun	3	1	115451	118401	50736	243634
大同县 Datong	3	1	14582	13159	5663	22126

县区 Region	流动资产合计 Circulating Funds	固定资产合计 Value of Fixed Assets	固定资产原价 Original Value of Fixed Assets	累计折旧 Grand Total Fixed Assets Depreciation	流动负债 Liquid Liabilities
全市 Total	**6418321**	**7188491**	**8176662**	**3342526**	**5442889**
城区 Chengqu	734950	387253	579777	228043	733751
矿区 Kuangqu					
南郊区 Nanjiao	253917	1319141	2026165	763338	670814
新荣区 Xinrong	43136	75375	110990	35615	66020
阳高县 Yanggao	16976	214278	219685	5407	222324
天镇县 Tianzhen	9012	67247	68661	1414	28710
广灵县 Guanglin	9422	86631	90509	3934	30616
灵丘县 Lingqiu	146523	120843	127252	18413	129765
浑源县 Hunyuan	39788	74043	81296	8526	71986
左云县 Zuoyun	36590	176042	223473	50208	110641
大同县 Datong	12636	7029	9945	2916	12162

12-29 “三资”工业企业主要经济指标(2012年)

MAIN INDICATORS OF INDUSTRIAL JOINT VENTURES, COOPERATIVES ENTERPRISES AND ENTERPRISES EXCLUSIVELY FUNDED FROM ABROAD,HONGKONG,MACAD AND TAIWAN (2012)

单位: 万元 (10 000 yuan)

县区 Region		单位数(个) Number of Enterprises (unit)	#亏损企业 Lossmaking Enterprises	工业总产值 Gross Industrial Output Value	工业销售产值 Industrial Sales Output Value	实收资本 Realized Asset Income	年末资产合计 Total Assets At the End of the Year
全市	**Total**	**9**	**3**	**633674**	**590921**	**197299**	**928413**
城区	Chengqu	2		119923	128720	27650	135118
矿区	Kuangqu	1	1	4384	4032	2075	3741
南郊区	Nanjiao	2		218207	218207	24856	59494
新荣区	Xinrong	1	1	39765	33511	16100	17089
阳高县	Yanggao						
天镇县	Tianzhen	1		4878	4878	17576	46757
广灵县	Guanglin						
灵丘县	Lingqiu						
浑源县	Hunyuan						
左云县	Zuoyun						
大同县	Datong						

县区 Region		流动资产合计 Circulating Funds	固定资产合计 Value of Fixed Assets	固定资产原价 Original Value of Fixed Assets	累计折旧 Grand Total Fixed Assets Depreciation	流动负债 Liquid Liabilities
全市	**Total**	**309169**	**303777**	**373015**	**79490**	**416007**
城区	Chengqu	100914	23779	53889	30110	82827
矿区	Kuangqu	2716	1025	2635	1625	4196
南郊区	Nanjiao	19862	38175	53440	15265	6806
新荣区	Xinrong	8642	8446	21135	12689	8753
阳高县	Yanggao					
天镇县	Tianzhen	6990	32570	32570		5008
广灵县	Guanglin					
灵丘县	Lingqiu					
浑源县	Hunyuan					
左云县	Zuoyun					
大同县	Datong					

12-30 农村居民人均纯收入
NET INCOME PER CAPITA OF PEASANTS

单位: 元 (yuan)

县区 Region		1985	1990	1995	2000	2005	2007	2008	2009	2010	2011	2012
全市	**Total**	**434**	**515**	**1039**	**1539**	**2463.6**	**3004**	**3340**	**3623**	**4063**	**4936**	**5642**
城区	Chengqu											
矿区	Kuangqu											
南郊区	Nanjiao	894	993	1746	2432	4060	5053	5569	5960	6774	8133	9329
新荣区	Xinrong	411	586	1420	1634	2860	3486	3838	4110	4174	5008	5664
阳高县	Yanggao	369	391	654	959	1980.8	2423	2715	3022	3417	4061	4589
天镇县	Tianzhen	341	426	344	958	1780	2178	2469	2646	3059	3673	4209
广灵县	Guanglin	238	285	600	1366	1955.9	2371	2667	2857	3299	3854	4417
灵丘县	Lingqiu	247	299	626	1179	1995	2492	2801	3016	3505	4015	4597
浑源县	Hunyuan	364	391	785	1537	1986	2403	2686	2992	3063	3940	4547
左云县	Zuoyun	762	1008	1386	1918	3301.3	3890	4359	4690	5425	6507	7432
大同县	Datong	358	467	1304	2086	2635.7	3135	3330	3579	4361	4907	5657

12-31 建筑业企业总产值和竣工产值 (2012年)
GROSS OUTPUT VALUE AND COMPLETED VALUE OF CONSTRUCTION (2012)

单位: 元 (yuan)

县区 Region		总产值 Total Output Value	建筑工程 Construction	安装工程 Installation	其它产值 Other	竣工产值 Output Value of Construction Completed
全市	**Total**	**1270675**	**1059223**	**188333**	**23119**	**554589**
城区	Chengqu	719908	578198	131880	9830	381939
矿区	Kuangqu	4230	4230			3950
南郊区	Nanjiao	389527	347546	35721	6260	78870
新荣区	Xinrong	1026	1026			1026
阳高县	Yanggao	3748	2747	128	873	2948
天镇县	Tianzhen	1512	725		787	1512
广灵县	Guanglin	5440	2029		3411	1772
灵丘县	Lingqiu	8889	7947	942		7367
浑源县	Hunyuan	3637	3637			2099
左云县	Zuoyun	1380	1380			1380
大同县	Datong	8772	6444	1339	989	6804
开发区	Development zone	122606	103314	18323	969	64922

12-32 建筑业企业房屋建筑面积 (2012 年)
FLOOR SPACE OF BUILDING CONSTRUCTION (2012)

单位:平方米 (sp.m)

县区 Region		房屋建筑施工面积 Floor Space of Buildings Under Construction	#本年新开工面积 Floor Space of Started This Year	#投标承包的面积 Floor Space of Enter a Bid Contract	房屋建筑竣工面积 Floor Spac of Building Completed
全　　市	**Total**	**7213655**	**2894566**	**5890145**	**2275623**
城　　区	Chengqu	3490834	1524887	3002989	1567955
矿　　区	Kuangqu	35500	27150	7000	30763
南 郊 区	Nanjiao	2436430	622253	2377465	213412
新 荣 区	Xinrong				
阳 高 县	Yanggao	41648	41648	41648	19648
天 镇 县	Tianzhen	29444	29444		29095
广 灵 县	Guanglin	23045	23045	10717	15697
灵 丘 县	Lingqiu	74022	61863		61172
浑 源 县	Hunyuan	31576	22476	31576	12335
左 云 县	Zuoyun	9466			9466
大 同 县	Datong	35310	18870	11400	25630
开 发 区	Development zone	1006380	522930	407350	290450

12-33 建筑业企业增加值 (2012 年)
ADDITIONAL VALUE OF CONSTRUCTION ENTERPRISES (2012)

单位: 万元 (10 000 yuan)

县区 Region		合计 Total	本年折旧 Depre-ciation	主营工资总额 Wages Payable in Major Business	工程结算税金及附加 Taxes and Extra Charges on Project Settlement Accounts	营业利润 Profits of Business	管理费用中的税金 Taxes in Management Expenses
全　　市	**Total**	**209118**	**7111**	**149793**	**37842**	**12167**	**2205**
城　　区	Chengqu	119495	3905	83281	19800	11472	1037
矿　　区	Kuangqu	667	33	469	120	41	4
南 郊 区	Nanjiao	56928	1436	42764	12701	-780	807
新 荣 区	Xinrong	375		336	24	9	6
阳 高 县	Yanggao	1197	9	981	162	35	10
天 镇 县	Tianzhen	604	93	514	64	-77	10
广 灵 县	Guanglin	601	79	142	295	82	3
灵 丘 县	Lingqiu	1188	148	894	246	-102	2
浑 源 县	Hunyuan	1437		1090	206	138	3
左 云 县	Zuoyun	516	43	267	47	150	9
大 同 县	Datong	1647	165	1388	204	-119	9
开 发 区	Development zone	24463	1200	17667	3973	1318	305

12-34 建筑业企业劳动生产率 (2012 年)
LABOUR PRODUCTIVITY OF CONSTRUCTION ENTERPRISES (2012)

县 区 Region		企业个数 (个) Number of Enterprises (unit)	计算劳动生产率的平均人数 (人) Staff and Workers (Annual Average) (person)	按总产值计算的劳动生产率(元/人) Overall Labor Productivity in Terms of Total Output Value (yuan/person)	按增加值计算的劳动生产率(元/人) Overall Labor Productivity in Terms of Added value (yuan/person)	人均竣工产值(元/人) Per Capita Output Value of Buildings Completed (yuan/person)
全 市	**Total**	**215**	**58242**	**218172**	**35905**	**95221**
城 区	Chengqu	142	38911	185014	30710	98157
矿 区	Kuangqu	2	242	174793	27562	163223
南郊区	Nanjiao	35	11024	353344	51640	71543
新荣区	Xinrong	1	110	93272	34091	93272
阳高县	Yanggao	1	445	84213	26899	66247
天镇县	Tianzhen	3	205	73770	29463	73756
广灵县	Guanglin	2	245	222024	24531	72326
灵丘县	Lingqiu	2	360	246919	33000	204638
浑源县	Hunyuan	1	336	108244	42768	62470
左云县	Zuoyun	3	202	68317	25545	68316
大同县	Datong	6	449	195637	36682	151536
开发区	Development zone	17	5713	214609	42820	113639

12-35 建筑业企业资本金及资产 (2012 年)
CAPITAL AND ASSETS OF CONSTRUCTION ENTERPRISES (2012)

单位: 万元 (10 000 yuan)

县 区 Region		实收资本 Capitals Hold	资产总计 Total Assets	流动资产合计 Total Circulating Funds	固定资产合计 Total Fixed Assets
全 市	**Total**	**368379**	**1369395**	**1198356**	**118522**
城 区	Chengqu	183010	761236	675129	63691
矿 区	Kuangqu	1448	3975	3163	511
南郊区	Nanjiao	61993	386600	348150	28883
新荣区	Xinrong	1047	1182	924	258
阳高县	Yanggao	645	2997	1323	1375
天镇县	Tianzhen	1840	3635	2128	1448
广灵县	Guanglin	3588	4576	3043	1533
浑源县	Lingqiu	2800	3276	1811	1428
灵丘县	Hunyuan	604	3152	2783	370
左云县	Zuoyun	1235	2529	1327	439
大同县	Datong	3167	21103	18498	2283
开发区	Development zone	107002	175134	140077	16303

12-35 续表 comtinued

单位: 万元 (10 000 yuan)

县 区 Region		固定资产原价合计 Original Value of Fixed Assets	#生产经营用 Production and Management	固定资产折旧 Depreciation of Fixed Assets	#本年折旧 Depreciation This Year	无形及递延资产合计 Intangible and Deferre Assets
全 市	**Total**	163891		69141	7111	
城 区	Chengqu	88810		33075	3905	
矿 区	Kuangqu	926		415	33	
南郊区	Nanjiao	42184		25258	1436	
新荣区	Xinrong	420		163		
阳高县	Yanggao	1590		216	9	
天镇县	Tianzhen	1722		319	93	
广灵县	Guanglin	1547		213	79	
灵丘县	Lingqiu	2722		1293	147	
浑源县	Hunyuan	395		25		
左云县	Zuoyun	647		208	43	
大同县	Datong	2882		616	166	
开发区	Development zone	20046		7340	1200	

12-36 建筑业企业负债及所有者权益 (2012 年)

LIABILITIES AND CREDITORS'EQUITY OF CONSTRUCTION ENTERPRISES (2012)

单位: 万元 (10 000 yuan)

县 区 Region		负债合计 Total Liabilities	流动负债合计 Liquid Liabilities	长期负债合计 Long-term Liabilities	所有者权益合计 Total Creditors' Equity
全 市	**Total**	**1070759**	**990488**	**68237**	**298636**
城 区	Chengqu	548863	533354	9424	212373
矿 区	Kuangqu	2527	2467		1448
南郊区	Nanjiao	363568	304837	58332	23033
新荣区	Xinrong	33	33		1149
阳高县	Yanggao	2109	766	177	887
天镇县	Tianzhen	1566	1566		2069
广灵县	Guanglin	952	952		3624
灵丘县	Lingqiu	369	369		2906
浑源县	Hunyuan	2386	2386		767
左云县	Zuoyun	1166	1113	52	1363
大同县	Datong	18442	16312	130	2662
开发区	Development zone	128778	126333	122	46355

12-37 建筑企业利税及利润总额 (2012 年)
PRE-TAX AND PROFITS OF CONSTRUCTION ENTERPRISES (2012)

单位: 万元 (10 000 yuan)

县区 Region		利税总额 Total pretax profits	#利润总额 Total profits	#应交所得税 Income Taxes Payable	主营税及附加 Taxes and Extra Charges on Project Settlement Accounts	管理税 Taxes in Costs of Administration
全　市	**Total**	**56008**	**11627**	**4334**	**37842**	**2205**
城　区	Chengqu	35436	11086	3513	19800	1037
矿　区	Kuangqu	174	40	10	120	4
南郊区	Nanjiao	13757	-35	284	12701	807
新荣区	Xinrong	46	9	7	24	6
阳高县	Yanggao	217	35	9	162	11
天镇县	Tianzhen	-3	-77	1	64	9
广灵县	Guanglin	381	80	3	295	3
灵丘县	Lingqiu	148	-101	1	246	2
浑源县	Hunyuan	409	138	62	206	3
左云县	Zuoyun	226	136	34	47	9
大同县	Datong	112	-119	18	204	9
开发区	Development zone	5105	435	392	3973	305

12-38 建筑业企业工程结算收入及营业利润 (2012 年)
REVENUE OF PROJECT SETTLED ACCOUNTS AND PROFITS OF CONSTRUCTION ENTERPRISES (2012)

单位: 万元 (10 000 yuan)

县区 Region		主营业务收入 Revenue of Project Settlement Accounts	主营业务成本 Costs of Project Settlement Accounts	主营业务税金及附加 Taxes and Extra Charges on Project Settlement Accounts	销售费用 Profits of Project Settlement Accounts	营业利润 Profits of Business	其他业务利润 Other Profit from Business	管理费用 Costs of Administration	财务费用 Financial Cost
全　市	**Total**	**1073604**	**969293**	**37842**	**2786**	**12167**	**1203**	**51051**	**5890**
城　区	Chengqu	537059	475388	19800	1848	11472	605	25595	1595
矿　区	Kuangqu	3040	2612	120	5	41		261	3
南郊区	Nanjiao	372654	345416	12701	3	-780	405	19147	2646
新荣区	Xinrong	805	760	24	50	9		46	
阳高县	Yanggao	3352	2667	162	1	35	84	472	16
天镇县	Tianzhen	1104	1018	64		-77		97	1
广灵县	Guanglin	5439	4940	295	13	82		108	1
灵丘县	Lingqiu	7367	6671	246	70	-102		474	8
浑源县	Hunyuan	6168	5747	206		138	9	88	-1
左云县	Zuoyun	1380	986	47	6	150		187	4
大同县	Datong	7422	5828	204	603	-119		448	453
开发区	Development zone	127814	117260	3973	187	1318	100	4128	1164

12-39 财政一般预算收支总额(2012 年)

GENERAL BUDGET OF FINANCIAL REVENUE AND EXPENDITURE (2012)

单位: 万元 (10 000 yuan)

县 区 Region	财政总收入 Overall Revenue	一般预算收入 General Budget of Revenue	# 企业所得税 Total Revenue	# 增值税 Value-added Taxes
全 市 Total	**1907386**	**803046**	**91446**	**148302**
城 区 Chengqu	329417	33199	2478	3803
矿 区 Kuangqu	114338	10003	376	2260
南郊区 Nanjiao	981418	82538	11896	18386
新荣区 Xinrong	51601	15485	3742	2972
阳高县 Yanggao	20564	8662	661	1105
天镇县 Tianzhen	12000	5508	526	426
广灵县 Guanglin	14658	6197	333	855
灵丘县 Lingqiu	55076	21471	2119	3127
浑源县 Hunyuan	45558	24722	926	2047
左云县 Zuoyun	87463	34484	2376	5424
大同县 Datong	34076	13873	718	2072
开发区 Development zone	64267	29055	2504	2466

县 区 City	一般预算支出 General Budget of Expenditure	# 一般公共服务 Expenditure for public services	# 教 育 Expenditure on Education	# 社会保障和就业 Expenditure for Social security and employment
全 市 Total	**1865565**	**161574**	**442750**	**220415**
城 区 Chengqu	100671	11039	34599	23890
矿 区 Kuangqu	96248	11166	54567	17078
南郊区 Nanjiao	129956	13681	49633	8052
新荣区 Xinrong	46007	7504	15280	5768
阳高县 Yanggao	110923	10903	22181	6474
天镇县 Tianzhen	109888	8882	31329	15045
广灵县 Guanglin	95867	9807	31078	11374
灵丘县 Lingqiu	98681	9796	27076	10207
浑源县 Hunyuan	123590	10318	30950	10769
左云县 Zuoyun	85236	11519	33091	23248
大同县 Datong	84272	9206	24525	8763
开发区 Development zone	28415	4894	2115	739

13

地市篇

PART OF PREFECTURE AND CITY

资 料 整 理 人 员

王志铭　　杨　雁　　李　涛　　高锦霞　　王少卿

13-1 国民经济核算主要指标(2012 年)

MAJOR INDICATORS OF NATIONAL ECONOMIC ACCOUNTING(2012)

单位:万元 (10 000 yuan)

市名 City	总产出 Total Output	第一产业 Primary Industry	第二产业 Secondary Industry	#工业 Industry	第三产业 Tertiary Industry	#交通运输、仓储和邮政业 Transportation, Storage and Post	#批发和零售业 Wholesale and Retail Trade
全省 Total	**314093100**	**13042600**	**221007400**	**187292500**	**80043100**	**18071600**	**13372800**
太原市 Taiyuan	69941915	674967	45368757	29260154	23898191	3914489	5250398
大同市 Datong	24917200	923587	14183818	12931877	9809795	3171883	1942205
阳泉市 Yangquan	12970417	177853	8730328	7344851	4062236	1063321	1150270
长治市 Changzhi	34237554	938114	26404428	24621885	6895012	1345728	1461111
晋城市 Jincheng	18857441	745728	13617526	12369986	4494187	1000672	753978
朔州市 Shuozhou	26617556	1047458	13808064	13227684	11762034	3451734	4927057
晋中市 Jinzhong	25708272	1445237	18965434	15083842	5297601	1423359	888825
运城市 Yuncheng	31439448	3316019	19035414	17523708	9088015	2143313	2464618
忻州市 Xinzhou	17530951	1023202	8590534	7800164	7917215	1558994	1833669
临汾市 Linfen	32205669	1517671	22229883	19941278	8458115	2009818	2493187
吕梁市 Luliang	29105531	996935	22110935	21001345	5997661	1336667	763710

市名 City	地区生产总值 Gross Domestic Product	第一产业 Primary Industry	第二产业 Secondary Industry	#工业 Industry	第三产业 Tertiary Industry	#交通运输、仓储和邮政业 Transportation, Storage and Post	#批发和零售业 Wholesale and Retail Trade
全省 Total	**121128300**	**6983200**	**67315600**	**60235500**	**46829500**	**8474400**	**9910800**
太原市 Taiyuan	23114326	360209	10355731	7842789	12398386	1684398	3207468
大同市 Datong	9313878	497792	4721786	4195610	4094300	1239081	656077
阳泉市 Yangquan	6019519	91850	3544619	3184622	2383050	491331	467551
长治市 Changzhi	13286097	534575	8949384	8611424	3802138	805523	857359
晋城市 Jincheng	10128134	427681	6537622	6184887	3162831	735766	594444
朔州市 Shuozhou	10071198	509272	5960522	5728086	3601404	1032052	812364
晋中市 Jinzhong	9865596	837701	5384159	4891159	3643736	976933	740000
运城市 Yuncheng	10686498	1769858	4923225	4242957	3993415	960025	849061
忻州市 Xinzhou	6209439	572241	3204704	2927992	2432494	494155	347324
临汾市 Linfen	12210801	810355	7587766	7012333	3812680	917544	695487
吕梁市 Luliang	12304159	549704	9010311	8792879	2744144	678210	385303

13-1 续表 continued

单位:万元 (10 000 yuan)

市名 City	人均地区生产总值(元/人) Per Capita GDP (yuan/person)	资本形成总额 Gross Capita Formation	最终消费 Final Consumption Expenditure	居民总消费水平(元/人) Household Consumption Expenditure (yuan/person)	农村居民 Rural Households	城镇居民 Urban Household
全省 Total	**33628**	**82238500**	**55060900**	**10829**	**6485**	**15091**
太原市 Taiyuan	54440	12812796	10342528	17738	7592	19735
大同市 Datong	27815	6954375	4338301	9494	4214	13441
阳泉市 Yangquan	43702	4310210	2194650	11062	6730	13679
长治市 Changzhi	39523	8902967	6175038	13323	7627	20472
晋城市 Jincheng	44257	6327842	3967118	12585	6684	17690
朔州市 Shuozhou	58205	5750119	3566877	13606	7349	20134
晋中市 Jinzhong	30093	5985919	4707333	10221	7124	13773
运城市 Yuncheng	20628	7969367	5315506	7964	5038	12270
忻州市 Xinzhou	20081	5050584	3029318	7093	4289	11055
临汾市 Linfen	28031	7187408	5262151	8503	5220	12813
吕梁市 Luliang	32709	7793149	3965786	7018	4665	10441

13-2 国民经济核算主要指标发展速度(2012年)

RATE OF MAJOR INDICATORS OF NATIONAL ECONOMIC ACCOUNTING(2012)

上年=100 (last year=100)

市名 City	总产出 Total Output	第一产业 Primary Industry	第二产业 Secondary Industry	#工业 Industry	第三产业 Tertiary Industry	#交通运输、仓储和邮政业 Transportation, Storage and Post	#批发和零售业 Wholesale and Retail Trade
全省 Total	**109.9**	**105.6**	**110.3**	**110.4**	**109.5**	**107.3**	**114.0**
太原市 Taiyuan	112.9	106.2	113.6	118.2	111.6	104.4	118.1
大同市 Datong	114.6	126.6	115.2	115.8	112.7	108.9	120.3
阳泉市 Yangquan	110.4	105.1	114.7	115.0	102.2	103.1	100.7
长治市 Changzhi	111.7	109.4	112.5	111.7	109.4	104.1	115.3
晋城市 Jincheng	111.2	111.2	111.0	111.1	111.8	108.1	115.9
朔州市 Shuozhou	113.1	111.1	112.5	113.1	114.1	109.0	119.9
晋中市 Jinzhong	110.2	106.5	110.6	112.8	109.7	108.9	108.6
运城市 Yuncheng	100.4	113.1	94.2	93.1	110.8	106.5	112.3
忻州市 Xinzhou	114.8	110.5	117.4	116.6	113.3	112.1	115.5
临汾市 Linfen	110.6	107.1	111.3	112.2	109.4	110.3	107.1
吕梁市 Luliang	111.3	104.9	112.1	112.4	109.7	107.4	112.8

13-2 续表 continued

上年 =100 (last year=100)

市 名 City	地区生产总值 Gross Domestic Product	第一产业 Primary Industry	第二产业 Secondary Industry	#工业 Industry	第三产业 Tertiary Industry	#交通运输、仓储和邮政业 Transportation, Storage and Post	#批发和零售业 Wholesale and Retail Trade
全 省 Total	**110.1**	**106.3**	**110.8**	**111.8**	**109.7**	**107.0**	**113.8**
太原市 Taiyuan	110.5	105.5	109.7	112.2	111.3	107.6	117.4
大同市 Datong	110.0	105.8	110.8	111.9	109.7	107.7	117.2
阳泉市 Yangquan	109.6	106.0	109.7	110.7	109.7	106.6	115.4
长治市 Changzhi	110.6	105.5	111.5	111.8	109.2	107.7	113.9
晋城市 Jincheng	111.1	109.1	112.1	112.5	109.4	108.4	113.9
朔州市 Shuozhou	111.1	105.5	112.6	112.8	109.5	108.1	115.6
晋中市 Jinzhong	110.2	106.5	111.5	112.5	109.3	108.0	108.6
运城市 Yuncheng	107.8	106.5	107.5	106.8	108.6	105.0	111.3
忻州市 Xinzhou	111.5	104.3	115.0	115.2	109.1	109.6	112.9
临汾市 Linfen	110.1	105.8	111.2	111.9	109.1	109.5	106.8
吕梁市 Luliang	110.8	105.2	111.9	112.1	108.6	106.9	112.1

市 名 City	资本形成总额 Gross Capita Formation	最终消费 Final Consumption Expenditure	居民总消费水平 Household Consumption Expenditure	农村居民 Rural Households	城镇居民 Urban Household
全 省 Total	**118.8**	**115.0**	**112.6**	**116.6**	**108.8**
太原市 Taiyuan	111.1	109.7	112.0	121.6	110.8
大同市 Datong	100.5	115.0	114.7	114.4	112.7
阳泉市 Yangquan	116.3	108.3	102.6	109.4	99.5
长治市 Changzhi	118.1	108.7	111.5	116.7	106.5
晋城市 Jincheng	113.1	109.7	113.0	108.1	112.5
朔州市 Shuozhou	113.9	115.4	118.7	127.2	114.1
晋中市 Jinzhong	110.5	109.6	107.7	109.3	104.9
运城市 Yuncheng	115.8	110.2	108.3	109.7	104.4
忻州市 Xinzhou	110.2	108.4	108.3	109.5	103.5
临汾市 Linfen	115.6	105.3	104.6	104.1	102.5
吕梁市 Luliang	127.5	104.7	103.6	104.9	100.1

13-3 基本单位数(2012 年)
NUMBER OF BASIC UNITS (2012)

单位:个 (unit)

市名 City	法人单位数 Corporation Units			产业活动单位数 Active Units	
	合计 Total	单产业法人 Single Industry	多产业法人 Multi-industry	合计 Total	# 多产业法人所属产业活动单位 Units Belong to Multi-industry Corporation
全省 Total	**244874**	**224921**	**19953**	**323296**	**98375**
太原市 Taiyuan	45976	43939	2037	53997	10058
大同市 Datong	20082	19056	1026	26089	7033
阳泉市 Yangquan	10991	9855	1136	14571	4716
长治市 Changzhi	25761	23155	2606	34850	11695
晋城市 Jincheng	20399	17803	2596	27883	10080
朔州市 Shuozhou	11847	11464	383	14593	3129
晋中市 Jinzhong	25848	23529	2319	34777	11248
运城市 Yuncheng	18855	16761	2094	29053	12292
忻州市 Xinzhou	20863	19779	1084	27006	7227
临汾市 Linfen	26882	23297	3585	37853	14556
吕梁市 Luliang	17370	16283	1087	22624	6341

13-4 按投资类型分基本单位数(2012 年)
NUMBER OF BASIC UNITS BY TYPE OF INVESTMENT(2012)

单位:个 (unit)

市名 City	法人单位数 Corporation Units				产业活动单位数 Active Units			
	合计 Total	内资单位 Civil Funded Enterprises	港澳台商投资单位 Enterprises Funded by HongKong,Macao and Taiwan	外商投资单位 Foreign Funded Enterprises	合计 Total	内资单位 Civil Funded Enterprises	港澳台商投资单位 Enterprises Funded by HongKong,Macao and Taiwan	外商投资单位 Foreign Funded Enterprises
全省 Total	**244874**	**244395**	**191**	**288**	**323296**	**322107**	**412**	**777**
太原市 Taiyuan	45976	45784	70	122	53997	53616	129	252
大同市 Datong	20082	20048	13	21	26089	26020	32	37
阳泉市 Yangquan	10991	10977	5	9	14571	14540	10	21
长治市 Changzhi	25761	25720	20	21	34850	34741	53	56
晋城市 Jincheng	20399	20374	6	19	27883	27809	37	37
朔州市 Shuozhou	11847	11837	3	7	14593	14556	21	16
晋中市 Jinzhong	25848	25794	27	27	34777	34645	44	88
运城市 Yuncheng	18855	18810	12	33	29053	28938	15	100
忻州市 Xinzhou	20863	20856	4	3	27006	26980	20	6
临汾市 Linfen	26882	26847	21	14	37853	37692	24	137
吕梁市 Luliang	17370	17348	10	12	22624	22570	27	27

13-5 按产业分基本单位数及从业人数(2012 年)

NUMBER OF BASIC UNITS AND EMPLOYEES BY INDUSTRY(2012)

市名 City	法人单位 Corporation Units							
	单位数(个) Number of Units (unit)	第一产业 Primary Industry	第二产业 Secondary Industry	第三产业 Tertiary Industry	从业人数(人) Employees (person)	第一产业 Primary Industry	第二产业 Secondary Industry	第三产业 Tertiary Industry
全省 Total	**244874**	**30437**	**42113**	**172324**	**7983926**	**315624**	**3965673**	**3702629**
太原市 Taiyuan	45976	2633	7833	35510	1760958	22457	943399	795102
大同市 Datong	20082	2577	2765	14740	748101	18522	378485	351094
阳泉市 Yangquan	10991	1111	2143	7737	442135	11380	271674	159081
长治市 Changzhi	25761	4844	3811	17106	689639	43616	317494	328529
晋城市 Jincheng	20399	3091	3138	14170	619332	33231	311048	275053
朔州市 Shuozhou	11847	1699	1399	8749	351696	17949	149956	183791
晋中市 Jinzhong	25848	4374	4837	16637	722018	37077	376725	308216
运城市 Yuncheng	18855	1501	4194	13160	756843	47630	355203	354010
忻州市 Xinzhou	20863	2455	3611	14797	532188	21130	202148	308910
临汾市 Linfen	26882	4238	4307	18337	713646	35353	310624	367669
吕梁市 Luliang	17370	1914	4075	11381	647370	27279	348917	271174

市名 City	产业活动单位 Active Units							
	单位数(个) Number of Units (unit)	第一产业 Primary Industry	第二产业 Secondary Industry	第三产业 Tertiary Industry	从业人数(人) Employees (person)	第一产业 Primary Industry	第二产业 Secondary Industry	第三产业 Tertiary Industry
全省 Total	**323296**	**30782**	**45751**	**246763**	**8530805**	**321332**	**4183825**	**4025648**
太原市 Taiyuan	53997	2653	8639	42705	1947429	22615	1027139	897675
大同市 Datong	26089	2589	3095	20405	765831	18625	361452	385754
阳泉市 Yangquan	14571	1134	2453	10984	476689	11718	284241	180730
长治市 Changzhi	34850	4863	4201	25786	747350	43897	351500	351953
晋城市 Jincheng	27883	3112	3458	21313	675559	33450	340819	301290
朔州市 Shuozhou	14593	1718	1533	11342	360358	18017	153638	188703
晋中市 Jinzhong	34777	4425	5331	25021	759935	37606	391877	330452
运城市 Yuncheng	29053	1533	4423	23097	807955	49670	376142	382143
忻州市 Xinzhou	27006	2488	3711	20807	562475	21558	212720	328197
临汾市 Linfen	37853	4336	4752	28765	757703	36325	327008	394370
吕梁市 Luliang	22624	1931	4155	16538	669521	27851	357289	284381

13-6 按行业分法人单位数(2012 年)
NUMBER OF CORPORATION UNITS BY SECTOR(2012)

单位:个 (unit)

市名 City	合计 Total	农、林、牧、渔业 Farming,Forestry , Animal Husbandry and Fishery	采矿业 Ming Industry	制造业 Manufacturing	电力、热力、燃气及水的生产和供应业 Production and Supply of Electricity, Heat, Gas and Water
全省 Total	**244874**	**33885**	**7716**	**25964**	**1251**
太原市 Taiyuan	45976	2841	731	4529	90
大同市 Datong	20082	2747	566	1577	114
阳泉市 Yangquan	10991	1297	308	1437	70
长治市 Changzhi	25761	5132	777	2269	144
晋城市 Jincheng	20399	3605	570	1891	155
朔州市 Shuozhou	11847	1858	227	769	82
晋中市 Jinzhong	25848	5032	816	3173	138
运城市 Yuncheng	18855	1736	368	3310	98
忻州市 Xinzhou	20863	2718	977	2193	135
临汾市 Linfen	26882	4792	1189	2418	118
吕梁市 Luliang	17370	2127	1187	2398	107

市名 City	建筑业 Construction	批发和零售业 Wholesale and Retail Trade	交通运输、仓储和邮政业 Transport , Storage and Post	住宿和餐饮业 Hotels and Catering Services	信息传输、软件和信息技术服务业 Information Trans-mission, Software and Information Technology Services
全省 Total	**7433**	**53267**	**5407**	**3678**	**2036**
太原市 Taiyuan	2538	15909	784	1001	1016
大同市 Datong	549	4665	466	347	185
阳泉市 Yangquan	346	2692	214	204	55
长治市 Changzhi	645	4932	478	330	133
晋城市 Jincheng	549	4860	319	293	107
朔州市 Shuozhou	327	2465	382	195	63
晋中市 Jinzhong	740	4727	704	317	153
运城市 Yuncheng	429	2973	529	244	61
忻州市 Xinzhou	323	2762	468	223	70
临汾市 Linfen	596	4879	641	332	92
吕梁市 Luliang	391	2403	422	192	101

13-6 续表 continued

单位:个 (unit)

市 名 City	金融业 Banking and Insurance	房地产业 Real Estate Trade	租赁和商务服务业 Lease and Business Affairs Services	科学研究和技术服务业 Scientific Reseach, and Technical Services	水利、环境和公共设施管理业 Water,Environmental Protection and Public Facility Management
全 省 Total	**1875**	**6363**	**10997**	**5925**	**2413**
太原市 Taiyuan	376	1920	3333	1763	363
大同市 Datong	179	557	960	468	201
阳泉市 Yangquan	101	273	511	259	80
长治市 Changzhi	138	620	1044	571	310
晋城市 Jincheng	134	380	886	421	225
朔州市 Shuozhou	118	269	341	234	108
晋中市 Jinzhong	230	588	1048	558	254
运城市 Yuncheng	96	525	636	401	212
忻州市 Xinzhou	190	328	516	341	229
临汾市 Linfen	143	539	1331	612	259
吕梁市 Luliang	170	364	391	297	172

市 名 City	居民服务、修理和其他服务业 Resident Services, Repair and Other Services	教 育 Education	卫生和社会工作 Health Care and Social Work	文化、体育和娱乐业 Culture, Sports and Recreation	公共管理、社会保障和社会组织 Public Management, Social Security and Social Organization
全 省 Total	**5016**	**8982**	**4716**	**5145**	**52805**
太原市 Taiyuan	1483	1368	710	1005	4216
大同市 Datong	347	727	529	397	4501
阳泉市 Yangquan	245	349	153	291	2106
长治市 Changzhi	280	901	504	554	5999
晋城市 Jincheng	605	693	301	426	3979
朔州市 Shuozhou	291	331	219	299	3269
晋中市 Jinzhong	471	928	401	470	5100
运城市 Yuncheng	315	947	464	563	4948
忻州市 Xinzhou	252	725	535	453	7425
临汾市 Linfen	519	1292	599	435	6096
吕梁市 Luliang	208	721	301	252	5166

13-7 总户数、常住人口数(2012年)

NUMBER OF HOUSEHOLDS AND RESIDENT POPULATION(2012)

单位:人 (person)

市 名 City	总户数 (户) Number of Households (household)	常住人口 Resident Population	按性别分 By Sex		按城镇乡村分 By Urban and Rural	
			男 性 Male	女 性 Famle	城镇人口 Urban	乡村人口 Rural
全 省 Total	**12823971**	**36108300**	**18509571**	**17598729**	**18510823**	**17597477**
太原市 Taiyuan	1099048	4256326	2151834	2104492	3565094	691232
大同市 Datong	1268949	3357112	1716425	1640687	1945459	1411653
阳泉市 Yangquan	517887	1379261	705096	674165	869486	509775
长治市 Changzhi	1154689	3369666	1728817	1640849	1526899	1842767
晋城市 Jincheng	818338	2291431	1152079	1139352	1248389	1043042
朔州市 Shuozhou	672590	1734966	897626	837340	867830	867136
晋中市 Jinzhong	1288234	3286793	1692310	1594483	1558157	1728636
运城市 Yuncheng	1675644	5194592	2656374	2538218	2151157	3043435
忻州市 Xinzhou	1313290	3099318	1606319	1492999	1284127	1815191
临汾市 Linfen	1551685	4367259	2252407	2114852	1924856	2442403
吕梁市 Luliang	1463617	3771576	1950284	1821292	1569369	2202207

注：本表总户数为公安年报数。

Note：Number of households in the table are obtained from public security department.

13-8 非农业人口增加来源(2012年)

INCREASE OF NON-AGRICULTURAL POPULATION(2012)

单位:人 (person)

市 名 City	合 计 Total	出 生 Birth	非农业人口迁入 Movement Non-agricultural Population	农业人口转非农人口 Transfering from Agricultural Population	港、澳、台和国外迁入 Movement from Hongkong, Macao, Taiwan and Abroad	复员转业 Demobilized From the Army	其 他 Others
全 省 Total	**500824**	**132585**	**228953**	**104459**	**134**	**4500**	**30193**
太原市 Taiyuan	106279	28033	40029	28963	66	1160	8028
大同市 Datong	41452	15809	17723	5355	5	1614	946
阳泉市 Yangquan	28978	6171	10542	5843		66	6356
长治市 Changzhi	61033	12062	23867	22873	3	236	1992
晋城市 Jincheng	30316	6819	20399	3011		80	7
朔州市 Shuozhou	18895	5985	11015	1045	1	317	532
晋中市 Jinzhong	44446	9142	23422	10144	3	392	1343
运城市 Yuncheng	51310	11706	26925	11250	12	266	1151
忻州市 Xinzhou	32711	9611	18189	3985	4	142	780
临汾市 Linfen	46059	13506	19004	5767	23	174	7585
吕梁市 Luliang	39345	13741	17838	6223	17	53	1473

注：本表为公安年报数。

Note：Data of the table are obtained from public security department.

13-9 城镇单位从业人员(2012年)

NUMBER OF EMPLOYEES IN URBAN UNITS(2012)

单位:个 (unit)

市 名 City	总 计 Total	#女 性 Female	在岗职工 Fully Employed	其他从业人员 Others
全 省 Total	**4360001**	**1405826**	**4184755**	**175246**
太原市 Taiyuan	984872	314273	930044	54828
大同市 Datong	445841	111973	430491	15350
阳泉市 Yangquan	275676	83268	269734	5942
长治市 Changzhi	395176	136676	384182	10994
晋城市 Jincheng	289046	93086	283543	5503
朔州市 Shuozhou	204363	60115	196675	7688
晋中市 Jinzhong	346223	119439	332698	13525
运城市 Yuncheng	324168	136781	309948	14220
忻州市 Xinzhou	253020	85783	245855	7165
临汾市 Linfen	374634	138116	348445	26189
吕梁市 Luliang	359270	109930	345867	13403
其他单位 Others	107712	16386	107273	439

市 名 City	#国有单位 State-owned Units	#集体单位 Collective-owned Units	#港澳台投资经济 Enterprises with Investment From Hong Kong, Macao and Taiwan	#外商投资经济 Enterprises with Foreign Investment
全 省 Total	**2398219**	**248399**	**22418**	**140390**
太原市 Taiyuan	400205	43204	4520	94352
大同市 Datong	205031	30424	19	7158
阳泉市 Yangquan	214149	28520	389	1179
长治市 Changzhi	216953	17683	929	5387
晋城市 Jincheng	119139	15688	216	7048
朔州市 Shuozhou	110548	11278	200	3694
晋中市 Jinzhong	164902	17400	9025	8367
运城市 Yuncheng	233136	20204	625	2936
忻州市 Xinzhou	200105	17643	286	100
临汾市 Linfen	223345	17257	1824	2510
吕梁市 Luliang	205948	29098	4385	7659
其他单位 Others	104758			

13-10 城镇单位从业人员劳动报酬 (2012 年)

REWARD OF EMPLOYEES IN URBAN UNITS(2012)

单位:万元 (10 000 yuan)

市名 City		从业人员平均人数(人) Average Employees (person)	在岗职工 Fully Employed	其他从业人员 Others	从业人员劳动报酬 Reward of Employees	在岗职工工资总额 Total Wages of Fully Employed	其他从业人员劳动报酬 Reward of Others	在岗职工平均工资(元) Average Wage of Fully Employed (yuan)
全　省	**Total**	**4346517**	**4164718**	**181799**	**19227146**	**18717374**	**509772**	**44943**
太原市	Taiyuan	996665	939026	57639	4636592	4397584	239008	46831
大同市	Datong	450439	430487	19952	2084303	2051077	33226	47646
阳泉市	Yangquan	270997	265235	5762	1443209	1431522	11687	53972
长治市	Changzhi	390404	379740	10664	1699430	1682394	17035	44304
晋城市	Jincheng	284035	278640	5395	1520290	1509185	11105	54163
朔州市	Shuozhou	203173	195627	7546	893235	875956	17279	44777
晋中市	Jinzhong	341756	328360	13396	1411177	1382366	28811	42099
运城市	Yuncheng	319598	306808	12790	1008551	979086	29465	31912
忻州市	Xinzhou	253285	245949	7336	862136	847125	15011	34443
临汾市	Linfen	376193	348003	28190	1286341	1202522	83819	34555
吕梁市	Luliang	353283	340608	12675	1606553	1585893	20660	46561
其他单位	Others	106689	106235	454	775329	772664	2666	72732

13-11 国有单位从业人员(2012 年)

NUMBER OF EMPLOYEES IN STATE-OWNED UNITS(2012)

单位:人 (person)

市名 City		从业人员 Employees	#女性 Female	在岗职工 Fully Employed	其他从业人员 Others
全　省	**Total**	**2398219**	**921694**	**2324396**	**73823**
太原市	Taiyuan	400205	167920	389129	11076
大同市	Datong	205031	76969	194146	10885
阳泉市	Yangquan	214149	61641	210299	3850
长治市	Changzhi	216953	86518	212515	4438
晋城市	Jincheng	119139	47155	115639	3500
朔州市	Shuozhou	110548	35456	105985	4563
晋中市	Jinzhong	164902	73714	161818	3084
运城市	Yuncheng	233136	105741	221013	12123
忻州市	Xinzhou	200105	70760	195529	4576
临汾市	Linfen	223345	98900	217790	5555
吕梁市	Luliang	205948	81461	196207	9741
其他单位	Others	104758	15459	104326	432

13-12 国有单位从业人员劳动报酬(2012年)
REWARD OF EMPLOYEES IN STATE-OWNED UNITS(2012)

单位:万元 (10 000 yuan)

市名 City	从业人员平均人数(人) Average Employees (person)	在岗职工 Fully Employed	其他从业人员 Others	从业人员劳动报酬 Reward of Employees	在岗职工工资总额 Total Wages of Fully Employed	其他从业人员劳动报酬 Reward of Others	在岗职工平均工资(元) Average Wage of Fully Employed (yuan)
全省 Total	**2380075**	**2307967**	**72108**	**9730005**	**9592100**	**137905**	**41561**
太原市 Taiyuan	398755	387216	11539	1806173	1779228	26945	45949
大同市 Datong	204674	193554	11120	682643	665560	17084	34386
阳泉市 Yangquan	211397	207828	3569	1209729	1202494	7235	57860
长治市 Changzhi	216252	211793	4459	840507	833920	6588	39374
晋城市 Jincheng	117966	114545	3421	433154	427491	5663	37321
朔州市 Shuozhou	109936	105772	4164	424504	417552	6952	39477
晋中市 Jinzhong	163843	160738	3105	614622	609158	5464	37898
运城市 Yuncheng	228639	217901	10738	725694	700000	25694	32125
忻州市 Xinzhou	199561	194978	4583	699350	689335	10015	35354
临汾市 Linfen	222200	216713	5487	712424	702812	9613	32431
吕梁市 Luliang	203087	193612	9475	819502	805504	13999	41604
其他单位 Others	103765	103317	448	761701	759048	2654	73468

13-13 集体单位从业人员(2012年)
NUMBER OF EMPLOYEES IN COLLECTIVE-OWNED UNITS(2012)

单位:人 (person)

市名 City	从业人员 Employees	#女性 Female	在岗职工 Fully Employed	其他从业人员 Others
全省 Total	**248399**	**96609**	**237490**	**10909**
太原市 Taiyuan	43204	16562	40841	2363
大同市 Datong	30424	14431	28825	1599
阳泉市 Yangquan	28520	12577	27407	1113
长治市 Changzhi	17683	5637	16989	694
晋城市 Jincheng	15688	6366	15413	275
朔州市 Shuozhou	11278	3064	11216	62
晋中市 Jinzhong	17400	7350	16640	760
运城市 Yuncheng	20204	8782	19098	1106
忻州市 Xinzhou	17643	6113	16556	1087
临汾市 Linfen	17257	8164	16475	782
吕梁市 Luliang	29098	7563	28030	1068

13-14 集体单位从业人员劳动报酬(2012年)

REWARD OF EMPLOYEES IN COLLECTIVE-OWNED UNITS(2012)

单位:万元 (10 000 yuan)

市名 City	从业人员平均人数(人) Average Employees (person)	在岗职工 Fully Employed	其他从业人员 Others	从业人员劳动报酬 Reward of Employees	在岗职工工资总额 Total Wages of Fully Employed	其他从业人员劳动报酬 Reward of Others	在岗职工平均工资(元) Average Wage of Fully Employed (yuan)
全省 Total	**247060**	**236677**	**10383**	**809875**	**789426**	**20449**	**33355**
太原市 Taiyuan	43193	41048	2145	112643	108251	4392	26372
大同市 Datong	30827	29538	1289	79427	77060	2367	26088
阳泉市 Yangquan	27009	25790	1219	107574	104258	3316	40426
长治市 Changzhi	16976	16301	675	55699	54849	850	33648
晋城市 Jincheng	15607	15322	285	47970	47360	610	30910
朔州市 Shuozhou	11436	11370	66	34037	33887	150	29804
晋中市 Jinzhong	17526	16776	750	65109	63970	1139	38132
运城市 Yuncheng	19959	18844	1115	58006	55628	2378	29520
忻州市 Xinzhou	18345	17331	1014	40143	38425	1719	22171
临汾市 Linfen	17221	16423	798	68637	66842	1795	40700
吕梁市 Luliang	28961	27934	1027	140630	138897	1733	49723

13-15 其他单位从业人员(2012年)

NUMBER OF EMPLOYEES IN OTHER-OWNED UNITS(2012)

单位:人 (person)

市名 City	从业人员 Employees	#女性 Female	在岗职工 Fully Employed	其他从业人员 Others
全省 Total	**1713383**	**387523**	**1622869**	**90514**
太原市 Taiyuan	541463	129791	500074	41389
大同市 Datong	210386	20573	207520	2866
阳泉市 Yangquan	33007	9050	32028	979
长治市 Changzhi	160540	44521	154678	5862
晋城市 Jincheng	154219	39565	152491	1728
朔州市 Shuozhou	82537	21595	79474	3063
晋中市 Jinzhong	163921	38375	154240	9681
运城市 Yuncheng	70828	22258	69837	991
忻州市 Xinzhou	35272	8910	33770	1502
临汾市 Linfen	134032	31052	114180	19852
吕梁市 Luliang	124224	20906	121630	2594
其他单位 Others	2954	927	2947	7

13-16 其他单位从业人员劳动报酬(2012 年)

REWARD OF EMPLOYEES IN OTHER-OWNED UNITS(2012)

单位:万元 (10 000 yuan)

市名 City		从业人员平均人数(人) Average Employees (person)	在岗职工 Fully Employed	其他从业人员 Others	从业人员劳动报酬 Reward of Employees	在岗职工工资总额 Total Wages of Fully Employed	其他从业人员劳动报酬 Reward of Others	在岗职工平均工资(元) Average Wage of Fully Employed (yuan)
全 省	**Total**	**1719382**	**1620074**	**99308**	**8687267**	**8335847**	**351419**	**51453**
太原市	Taiyuan	554717	510762	43955	2717776	2510105	207671	49144
大同市	Datong	214938	207395	7543	1322234	1308457	13776	63090
阳泉市	Yangquan	32591	31617	974	125906	124770	1137	39463
长治市	Changzhi	157176	151646	5530	803223	793625	9598	52334
晋城市	Jincheng	150462	148773	1689	1039165	1034334	4832	69524
朔州市	Shuozhou	81801	78485	3316	434694	424517	10177	5408
晋中市	Jinzhong	160387	150846	9541	731446	709239	22207	47017
运城市	Yuncheng	71000	70063	937	224851	223458	1393	31894
忻州市	Xinzhou	35379	33640	1739	122643	119365	3278	35483
临汾市	Linfen	136772	114867	21905	505280	432869	72411	37684
吕梁市	Luliang	121235	119062	2173	646421	641493	4928	53879
其他单位	Others	2924	2918	6	13628	13616	12	46662

13-17 城镇私营单位从业人员和劳动报酬(2012 年)

NUMBER AND REWARD OF EMPLOYEES IN URBAN PRIVATE UNITS(2012)

单位:人 (person)

市名 City		从业人员 Number of Employees	劳动报酬总额(万元) Total Reward of Employees (10 000 yuan)	平均劳动报酬(元) Average Reward of Employees (yuan)
全 省	**Total**	**1714491**	**4013613**	**23452**
太原市	Taiyuan	365357	958050	26015
大同市	Datong	103669	263033	23374
阳泉市	Yangquan	59143	116370	19720
长治市	Changzhi	163007	330927	20285
晋城市	Jincheng	110608	210145	19071
朔州市	Shuozhou	106098	314164	28869
晋中市	Jinzhong	171507	425869	27008
运城市	Yuncheng	188961	421592	22766
忻州市	Xinzhou	148543	311073	20695
临汾市	Linfen	150197	328064	21975
吕梁市	Luliang	147401	334326	22750

13-18 固定资产投资主要指标(2012 年)

MAJOR INDICATORS OF INVESTMENT IN FIXED ASSETS(2012)

单位:万元 (10 000 yuan)

市 名 City	施工项目(个) Projects Under Construction(unit)	#本年新开工 Newly Started This Year	本年投产项目(个) Number of Projects Completed and Put into Use This Year(unit)	本年新增固定资产 Newly Increased Fixed Assets This Year
全 省 Total	**10777**	**7285**	**6593**	**52523892**
太原市 Taiyuan	1193	636	530	5370337
大同市 Datong	686	467	449	4540854
阳泉市 Yangquan	543	436	341	2513267
长治市 Changzhi	1380	923	954	7478272
晋城市 Jincheng	1172	832	774	4047719
朔州市 Shuozhou	653	426	349	2242944
晋中市 Jinzhong	1001	600	415	3343461
运城市 Yuncheng	1385	1105	1084	6400277
忻州市 Xinzhou	941	661	590	4014637
临汾市 Linfen	1196	924	851	7323676
吕梁市 Luliang	616	275	254	3268704

市 名 City	本年完成投资 Investment Completed This Year	#住 宅 Residential	建筑工程 Construction	安装工程 Installation
全 省 Total	**88979033**	**12810088**	**54575909**	**7227412**
太原市 Taiyuan	13206257	4337241	7623579	1260810
大同市 Datong	8317875	1689930	5229724	1075591
阳泉市 Yangquan	3912879	734110	2342575	483240
长治市 Changzhi	8669585	951768	5736540	402293
晋城市 Jincheng	6549537	771597	3734914	622769
朔州市 Shuozhou	6106161	743222	3717509	561420
晋中市 Jinzhong	7441063	943272	4976114	498054
运城市 Yuncheng	8268454	589795	3781839	973170
忻州市 Xinzhou	6533260	379918	3830910	330658
临汾市 Linfen	8224503	1058419	5457822	438738
吕梁市 Luliang	6903834	610816	4280073	572707

13-18 续表 continued

单位:万元 (10 000 yuan)

市 名 City	设备工器具购置 Purchase of Equipment and Instruments	其 他 Others	新 建 New Construction	扩 建 Expansion	改建和技术改造 Recons-truction	其 他 Others
全 省 Total	**16508257**	**10667455**	**43180240**	**15014344**	**15219965**	**5459971**
太原市 Taiyuan	2092760	2229108	5183145	700792	2027386	1647720
大同市 Datong	1401589	610971	3522643	1435613	1190473	463050
阳泉市 Yangquan	710624	376440	1660804	816217	806794	59397
长治市 Changzhi	1750029	780723	4199878	2013802	1257178	439567
晋城市 Jincheng	1340968	850886	3332223	1412486	799151	553858
朔州市 Shuozhou	1178207	649025	3844322	637245	636440	524147
晋中市 Jinzhong	993013	973882	3697413	1329847	1437726	272950
运城市 Yuncheng	2836502	676943	4259050	1388415	1828757	114490
忻州市 Xinzhou	1336291	1035401	4570554	849070	703547	133812
临汾市 Linfen	1493997	833946	2128253	2082610	2611356	846638
吕梁市 Luliang	1338535	712519	1936330	2348247	1921157	404342

注：本表新建项目投资中不含房地产投资。
Note: New construction investment in this table does not include real estate investment.

13-19 固定资产投资房屋面积及价值(2012年)

FLOOR SPACE AND VALUE OF HOUSES UNDER INVESTMENT IN FIXED ASSETS(2012)

单位:平方米 (sq.m)

市 名 City	本年施工房屋面积 Floor Space of Houses under Construction	#住 宅 Residential Buildings	本年竣工房屋面积 Floor Space of Buildings Completed	#住 宅 Residential Buildings	本年竣工房屋价值(万元) Value of Buildings Completed (10 000 yuan)	#住 宅 Residential Buildings
全 省 Total	**228796253**	**144013644**	**50180012**	**29058162**	**10603466**	**6523704**
太原市 Taiyuan	58006497	42350241	7531608	5414019	2259766	1765422
大同市 Datong	23822302	17405846	5801024	3666458	1343376	930920
阳泉市 Yangquan	12216873	8449660	2147483	1892099	372394	300431
长治市 Changzhi	26676684	13198215	6887945	2888822	1139195	546319
晋城市 Jincheng	13583251	7896366	3850751	1819825	1139827	473910
朔州市 Shuozhou	13588853	9177472	1595917	994876	293838	185924
晋中市 Jinzhong	19032520	10582678	1745949	977342	310106	173181
运城市 Yuncheng	19711892	9390161	7553757	3182634	1108038	461794
忻州市 Xinzhou	10023853	6578830	4070420	2537654	843465	523484
临汾市 Linfen	16068723	11251195	5409481	3725358	1076254	750117
吕梁市 Luliang	16064805	7732980	3585677	1959075	717207	412202

13-20 房地产开发投资(2012 年)
INVESTMENT IN REAL ESTATE(2012)

单位:万元 (10 000 yuan)

市名 City	本年完成投资 Investment Completed This Yesr	#住宅 Residential Buildings	建筑工程 Construction	安装工程 Installation	设备工器具购置 Purchase of Equipment and Instruments	其他费用 Others Expenses
全省 Total	**10104513**	**7356137**	**7073575**	**1015994**	**123489**	**1891455**
太原市 Taiyuan	3647214	2601905	2347235	437582	45020	817377
大同市 Datong	1706096	1150657	1145889	201184	23348	335675
阳泉市 Yangquan	569667	449536	456621	55299		57747
长治市 Changzhi	759160	598957	639777	26721	11955	80707
晋城市 Jincheng	451819	348606	270885	46596	5510	128828
朔州市 Shuozhou	464007	303242	360836	37381	3370	62420
晋中市 Jinzhong	703127	554222	544766	48471	7475	102415
运城市 Yuncheng	677742	522581	495735	74352	6123	101532
忻州市 Xinzhou	276277	187880	195081	24055	1116	56025
临汾市 Linfen	555646	418718	397967	42490	14396	100793
吕梁市 Luliang	293758	219833	218783	21863	5176	47936

13-21 房地产开发施工、竣工面积及价值(2012 年)
FLOOR SPACE AND VALUE OF BUILDINGS UNDER CONSTRUCTION AND COMPLETED IN REAL ESTATE DEVELOPMENT(2012)

单位:平方米 (sq.m)

市名 City	本年施工房屋面积 Floor Space of Houses under Construction	#住宅 Residential Buildings	本年竣工房屋面积 Floor Space of Buildings Completed	#住宅 Residential Buildings	本年竣工房屋价值(万元) Value of Buildings Completed (10 000 yuan)	#住宅 Residential Buildings
全省 Total	**117142849**	**92996204**	**17329943**	**14356940**	**3992377**	**3302475**
太原市 Taiyuan	37160112	29000428	2309382	2012962	1009764	929444
大同市 Datong	15898554	13291685	1970137	1671672	425012	370301
阳泉市 Yangquan	7298768	5616553	1179085	1062377	206584	180850
长治市 Changzhi	9212146	7416928	1771977	1519231	357155	299723
晋城市 Jincheng	5592482	4364008	1216852	962410	402218	288024
朔州市 Shuozhou	5765413	4213665	929723	669615	151983	104812
晋中市 Jinzhong	7712318	6403377	714921	569369	140677	110185
运城市 Yuncheng	11109399	8775180	3550792	2848662	531444	407664
忻州市 Xinzhou	5477601	4539796	1656336	1395558	337956	268190
临汾市 Linfen	7041808	5475803	1658343	1330769	360485	285807
吕梁市 Luliang	4874248	3898781	372395	314315	69099	57475

13-22 房地产开发房屋销售额(2012 年)

SALES OF HOUSES IN REAL ESTATE DEVELOPMENT(2012)

单位:万元 （10 000 yuan）

市 名 City		商品房销售额 Sales of Commercial Houses	住 宅 Residential Buildings	#90 平方米及以下住房 90 sq.m and Below	#144 平方米以上住房 Above 144 sq.m
全 省	**Total**	**5798872**	**5131950**	**727360**	**1359969**
太原市	Taiyuan	2214828	1977818	187508	809830
大同市	Datong	472174	385353	168646	45232
阳泉市	Yangquan	349037	328832	21861	69930
长治市	Changzhi	557208	463318	68037	113126
晋城市	Jincheng	265905	249270	25000	53844
朔州市	Shuozhou	212328	171633	36172	30559
晋中市	Jinzhong	427894	417712	25305	37773
运城市	Yuncheng	668932	577861	112785	86383
忻州市	Xinzhou	176641	155075	11105	14801
临汾市	Linfen	321275	285996	51123	65256
吕梁市	Luliang	132650	119082	19818	33235

市 名 City		#别墅、高档公寓 Villas and High-grade Apartment Buildings	办公楼 Office Buildings	商业营业用房 Buildings for Business Operation	其 他 Other Buildings
全 省	**Total**	**29378**	**74705**	**545762**	**46455**
太原市	Taiyuan	1588	52556	174539	9915
大同市	Datong	8698	7093	79084	644
阳泉市	Yangquan	8654	400	18443	1362
长治市	Changzhi	195	9860	63394	20636
晋城市	Jincheng	5209	301	15485	849
朔州市	Shuozhou			37962	2733
晋中市	Jinzhong		620	9319	243
运城市	Yuncheng	1503	3875	84146	3050
忻州市	Xinzhou			17928	363
临汾市	Linfen	3531		32808	2471
吕梁市	Luliang			12654	914

13-23 房地产开发房屋销售面积(2012年)

FLOOR SPACE OF HOUSES SOLD IN REAL ESTATE DEVELOPMENT(2012)

单位:平方米 (sq.m)

市名 City	商品房销售面积 Floor Space of Commercial Houses Sold	住宅 Residential Buildings	#90平方米及以下住房 90 sq.m and Below	#144平方米以上住房 Above 144 sq.m
全省 Total	**14978843**	**13904422**	**2270064**	**2769452**
太原市 Taiyuan	3260605	3093738	377279	1107285
大同市 Datong	1101692	992809	413959	90197
阳泉市 Yangquan	1247889	1215039	87729	217372
长治市 Changzhi	1675480	1508550	204832	369138
晋城市 Jincheng	715196	684584	61275	117419
朔州市 Shuozhou	951818	776475	180107	126967
晋中市 Jinzhong	1087197	1071667	87447	81061
运城市 Yuncheng	2645781	2404251	519899	290561
忻州市 Xinzhou	690499	638806	49199	56660
临汾市 Linfen	1085558	1028854	201118	199283
吕梁市 Luliang	517128	489649	87220	113509

市名 City	#别墅、高档公寓 Villas and High-grade Apartment Buildings	办公楼 Office Buildings	商业营业用房 Buildings for Business Operation	其他 Other Buildings
全省 Total	**53834**	**95353**	**794999**	**184069**
太原市 Taiyuan	1227	50195	86891	29781
大同市 Datong	7650	15159	91523	2201
阳泉市 Yangquan	25647	1000	26055	5795
长治市 Changzhi	586	17000	79817	70113
晋城市 Jincheng	5073	549	25669	4394
朔州市 Shuozhou			158042	17301
晋中市 Jinzhong		1540	13421	569
运城市 Yuncheng	2429	9910	201241	30379
忻州市 Xinzhou			37678	14015
临汾市 Linfen	11222		50323	6381
吕梁市 Luliang			24339	3140

13-24 海关进出口情况
IMPORTS AND EXPORTS OF CUSTOMS

单位:万美元 (USD 10 000)

市 名 City	2011			2012		
	进出口总额 Total	出口 Exports	进口 Imports	进出口总额 Total	出口 Exports	进口 Imports
全 省 Total	**1475981**	**542823**	**933158**	**1504325**	**701620**	**802705**
太原市 Taiyuan	853438	350524	502914	847422	424212	423210
大同市 Datong	43123	9791	33332	50395	23401	26994
阳泉市 Yangquan	33345	17122	16224	24350	15610	8740
长治市 Changzhi	77881	4809	73073	114890	87636	27254
晋城市 Jincheng	113516	28177	85340	123497	24543	98954
朔州市 Shuozhou	13942	1481	12461	25687	1545	24142
晋中市 Jinzhong	23316	23069	247	49466	24930	24536
运城市 Yuncheng	125466	38964	86502	106405	38847	67558
忻州市 Xinzhou	19158	19140	18	21800	21727	73
临汾市 Linfen	79597	21003	58593	82554	27725	54829
吕梁市 Luliang	93199	28743	64456	57859	11444	46415

13-25 利用外商直接投资额
UTILIZATION OF FOREIGN DIRECT INVESTMENT

单位:万美元 (USD 10 000)

市 名 City	2011		2012	
	合同金额 Contract Value	实际使用金额 Actual Value	合同金额 Contract Value	实际使用金额 Actual Value
全 省 Total	**155636**	**207278**	**35605**	**250379**
太原市 Taiyuan	94066	67914	-4008	78232
大同市 Datong	11321	10635	12202	21015
阳泉市 Yangquan	16570	18134	10394	23576
长治市 Changzhi	2032	20717	1347	27929
晋城市 Jincheng	11100	21799	11612	25775
朔州市 Shuozhou	1005	11589	68	13400
晋中市 Jinzhong	12411	6507	1577	12004
运城市 Yuncheng	1189	20089	1015	897
忻州市 Xinzhou	466	1678	-595	1963
临汾市 Linfen	1255	9033	1431	13611
吕梁市 Luliang	4221	19185	562	31977

13-26 煤炭集运站煤炭收入量与销售量

RECEPTION AND SALES OF COAL IN COAL-COLLECT STATION

单位:万吨 （10 000 tons）

市名 City	收入量 Reception		销售量 Sales	
	2011	2012	2011	2012
全省 Total	**11521.75**	**20025.42**	**11498.92**	**19923.28**
太原市 Taiyuan	1026.91	921.73	1026.91	921.73
大同市 Datong	73.90	199.98	53.60	199.98
阳泉市 Yangquan	163.32	646.68	173.46	646.29
长治市 Changzhi	793.77	976.51	763.73	980.84
晋城市 Jincheng	211.42	684.19	211.67	691.57
朔州市 Shuozhou	3145.30	7750.39	3166.87	7720.92
晋中市 Jinzhong	2466.64	2603.05	2463.43	2589.09
运城市 Yuncheng				
忻州市 Xinzhou	953.32	707.40	953.35	679.08
临汾市 Linfen	85.46	27.76	86.09	27.75
吕梁市 Luliang	2601.71	5507.73	2599.81	5466.03

13-27 单位地区生产总值能源消耗(等价值)情况

ENERGY CONSUMPTION PER UNIT OF GDP(EQUIVALENT VALUE)

单位:吨标准煤 / 万元 （ton of SCE/10 000 yuan）

市名 City	2005	2009	2011	2012	2012 年比上年增长(%) Increase by Percent over Last Year(%)
全省 Total	**2.89**	**2.24**	**1.76**	**1.69**	**-4.15**
太原市 Taiyuan	2.35	1.71	1.35	1.28	-5.01
大同市 Datong	2.29	1.67	1.42	1.35	-4.83
阳泉市 Yangquan	2.70	2.02	1.53	1.46	-4.31
长治市 Changzhi	3.42	2.50	1.85	1.78	-3.96
晋城市 Jincheng	2.55	1.90	1.45	1.40	-3.50
朔州市 Shuozhou	2.49	1.87	1.19	1.15	-3.51
晋中市 Jinzhong	3.35	2.49	1.93	1.86	-3.53
运城市 Yuncheng	3.64	2.72	2.48	2.36	-4.76
忻州市 Xinzhou	3.45	2.56	1.78	1.71	-3.70
临汾市 Linfen	4.18	3.13	2.89	2.78	-3.79
吕梁市 Luliang	3.73	2.89	2.09	1.99	-4.70

注:2005 年数据为 2008 年经济普查后调整数据。

Note:Data of 2005 is adjusted according to 2008 Economic Census.

13-28 乡村基本情况(2012 年)
BASIC CONDITIONS OF RURAL AREAS (2012)

市 名 City	乡镇政府(个) Number of Township and Town Governments (unit)	#镇政府 Number of Town Governments	村民委员会(个) Number of Villager's Committees (unit)	乡村户数(户) Number of Rural Households (household)	乡村人口(人) Rural Population (persons)
全 省 Total	**1115**	**478**	**28222**	**7918934**	**24150028**
太原市 Taiyuan	49	18	954	360395	1046913
大同市 Datong	91	25	1964	638520	1708864
阳泉市 Yangquan	29	17	960	294519	727906
长治市 Changzhi	127	58	3454	767637	2444368
晋城市 Jincheng	71	45	2280	559640	1640360
朔州市 Shuozhou	64	14	1688	382768	1151681
晋中市 Jinzhong	110	51	2748	904418	2353379
运城市 Yuncheng	126	71	3198	1128504	4206073
忻州市 Xinzhou	173	47	4888	908193	2428353
临汾市 Linfen	137	61	2960	939181	3315505
吕梁市 Luliang	138	71	3128	1035159	3126626

市 名 City	乡村从业人员(人) Number of Rural Laborers (person)	农、林、牧、渔业 Farming,Forestry, Animal Husbandry and Fishery	工 业 Industry	建筑业 Construction	其他行业 Others
全 省 Total	**11377075**	**6406777**	**1511395**	**960078**	**2498825**
太原市 Taiyuan	493922	236413	82265	24515	150729
大同市 Datong	723170	420709	59394	58516	184551
阳泉市 Yangquan	334106	143638	79889	20293	90286
长治市 Changzhi	1167074	634358	174972	117727	240017
晋城市 Jincheng	837612	440946	128858	73940	193868
朔州市 Shuozhou	516234	321889	45423	38879	110043
晋中市 Jinzhong	1135986	616219	193024	92914	233829
运城市 Yuncheng	2189560	1379044	249455	159076	401985
忻州市 Xinzhou	1037953	618763	97220	118471	203499
临汾市 Linfen	1574165	867903	206264	129107	370891
吕梁市 Luliang	1367293	726895	194631	126640	319127

注：本表指标口径同 8-1。
Note: Coverage of data in this table is same with table 8-1.

13-29 农林牧渔业总产值(2012年)

GROSS OUTPUT VALUE OF FARMING, FORESTRY, ANIMAL HUSBANDRY AND FISHERY(2012)

按现行价格计算 (at current price)

市名 City	农林牧渔业总产值(万元) Total (10 000 yuan)	农业 Farming	林业 Forestry	牧业 Animal Husbandry	渔业 Fishery	农林牧渔服务业 Farming,Forestry, Animal Husbandry and Fishery Service
全　省 Total	**13042557**	**8474140**	**790686**	**2988314**	**84168**	**705250**
太原市 Taiyuan	674966	404721	60684	178324	4113	27125
大同市 Datong	923587	417353	51342	428282	854	25756
阳泉市 Yangquan	177853	105054	12047	55056	2006	3689
长治市 Changzhi	938115	597959	30919	272360	3990	32886
晋城市 Jincheng	745728	348330	24128	353389	4180	15702
朔州市 Shuozhou	1047457	568163	75666	377760	1809	24060
晋中市 Jinzhong	1445237	861970	60466	493223	2549	27029
运城市 Yuncheng	3316018	2556338	39799	479652	20230	220000
忻州市 Xinzhou	1023202	563410	57717	368761	3330	29984
临汾市 Linfen	1517671	1036212	78573	364238	11115	27533
吕梁市 Luliang	996935	581009	47220	353806	2400	12500

13-30 农林牧渔业中间消耗(2012年)

INTERMEDIATE CONSUMPTION OF FARMING, FORESTRY, ANIMAL HUSBANDRY AND FISHERY(2012)

按现行价格计算 (at current price)

市名 City	农林牧渔业中间消耗(万元) Total (10 000 yuan)	农业 Farming	林业 Forestry	牧业 Animal Husbandry	渔业 Fishery	农林牧渔服务业 Farming,Forestry, Animal Husbandry and Fishery Service
全　省 Total	**6059270**	**3681594**	**469000**	**1492806**	**37856**	**378014**
太原市 Taiyuan	314758	157212	30021	111068	1888	14568
大同市 Datong	425794	187290	28531	194003	391	15579
阳泉市 Yangquan	86003	50740	6554	25753	1040	1916
长治市 Changzhi	403540	230204	15835	140073	1992	15437
晋城市 Jincheng	328730	133728	16283	168973	1877	7869
朔州市 Shuozhou	538184	288830	41538	196398	1172	10247
晋中市 Jinzhong	607537	275930	36628	279005	1178	14795
运城市 Yuncheng	1546160	1150313	23810	256743	12295	103000
忻州市 Xinzhou	450961	232584	26022	176048	1505	14803
临汾市 Linfen	707316	478543	39457	169987	5348	13981
吕梁市 Luliang	447231	239743	21860	178061	1068	6500

13-31 农业生产条件 (2012 年)

CONDITIONS OF AGRICULTURAL PRODUCTION (2012)

市　名 City	农业机械总动力(千瓦) Total Power of Agricultural Machinery (kw)	大中型农用拖拉机(台) Large and Medium Tractors for Agriculture (unit)	小型农用拖拉机(台) Mini-tractors for Agriculture (unit)	农用排灌动力机械(台) Drainage and Irrigation Machinery (unit)
全　省　Total	**30560934**	**97832**	**333772**	**170244**
太原市　Taiyuan	1284007	3628	5264	5003
大同市　Datong	1760522	10632	11364	9225
阳泉市　Yangquan	1304251	1259	7369	14002
长治市　Changzhi	1985221	9298	22623	11829
晋城市　Jincheng	2401700	2924	46848	5608
朔州市　Shuozhou	2231217	11640	18089	16563
晋中市　Jinzhong	3499195	8961	50429	21487
运城市　Yuncheng	6584975	20108	90284	39753
忻州市　Xinzhou	2367092	10738	31901	11879
临汾市　Linfen	4399038	12690	40079	20632
吕梁市　Luliang	2743716	5954	9522	14263

市　名 City	农用运输车(台) Conveyance Vehicle for Agriculture (unit)	配套机电井(眼) Number of Complete set of Motorelectric pumped Well (unit)	农村用电量(万千瓦小时) Electricity Consumed (10 000 kwh)	农用化肥施用量(折纯量,吨) Agricultural Consumption of Chemical Fertilizers (ton)
全　省 Total	**980797**	**86599**	**949517**	**1182795**
太原市 Taiyuan	25873	2805	52576	29054
大同市 Datong	44005	8004	32391	88358
阳泉市 Yangquan	22160	149	66394	12825
长治市 Changzhi	55810	8718	81274	118897
晋城市 Jincheng	72375	571	72877	71375
朔州市 Shuozhou	56845	8030	21499	74440
晋中市 Jinzhong	106119	11005	133872	112202
运城市 Yuncheng	291931	24856	263906	294058
忻州市 Xinzhou	48417	6332	57751	130237
临汾市 Linfen	174090	10024	78321	170013
吕梁市 Luliang	83172	6105	88656	81336

13-32 粮食、油料和棉花播种面积
SOWN AREAS OF GRAIN, OIL-BEARING CROPS AND COTTON

单位:公顷 (ha)

市名 City	粮食播种面积 Sown areas of Grain		油料播种面积 Sown areas of Oil-bearing Crops		棉花播种面积 Sown areas of Cotton	
	2011	2012	2011	2012	2011	2012
全 省 Total	**3287850**	**3291500**	**149970**	**145862**	**53320**	**37365**
太原市 Taiyuan	82237	81768	2830	2588	96	74
大同市 Datong	276817	278935	16214	15872		
阳泉市 Yangquan	56064	56669	357	180		
长治市 Changzhi	257010	253886	1797	1479	81	56
晋城市 Jincheng	205815	199616	3436	2974	358	291
朔州市 Shuozhou	269776	268386	29099	29135		
晋中市 Jinzhong	283635	277769	3860	3631	262	273
运城市 Yuncheng	660237	667400	11297	10915	50092	33080
忻州市 Xinzhou	422532	426432	34677	32752	117	127
临汾市 Linfen	511526	509409	12782	11888	3843	3091
吕梁市 Luliang	357416	353927	38347	34448	196	373

13-33 粮食、油料和棉花产量
OUTPUT OF GRAIN, OIL-BEARING CROPS AND COTTON

单位:吨 (ton)

市名 City	粮食产量 Output of Grain		油料产量 Output of Oil-bearing Crops		棉花产量 Output of Cotton	
	2011	2012	2011	2012	2011	2012
全 省 Total	**11930000**	**12741000**	**187044**	**195672**	**63364**	**46981**
太原市 Taiyuan	316043	319481	2682	2905	139	111
大同市 Datong	859000	949000	13572	15077		
阳泉市 Yangquan	254556	280419	598	338		
长治市 Changzhi	1484985	1590172	2903	2892	90	53
晋城市 Jincheng	920386	974459	6189	6097	351	299
朔州市 Shuozhou	971210	1070049	33878	37162		
晋中市 Jinzhong	1583306	1695002	7758	6954	213	254
运城市 Yuncheng	2665022	3042493	18627	20959	57983	41770
忻州市 Xinzhou	1485389	1634204	43693	47368	104	113
临汾市 Linfen	2146040	2222488	18872	21131	4395	4054
吕梁市 Luliang	1061039	1105487	38272	34792	89	329

13-34 畜牧业生产情况(2012 年)

NUMBER OF LIVESTOCK AND LIVESTOCK PRODUCTS(2012)

市　　名 City	大牲畜年末头数(头) Large Animals (head)	#牛 Cattle	猪年末头数(头) Hogs (head)	羊年末只数(只) Sheep and Goats (head)	禽年末只数(只) Poultry (head)	奶类总产量(吨) Output of Milk (ton)	#牛奶 Cow Milk
全　省 Total	**1227147**	**919548**	**4737582**	**8339877**	**72957800**	**809892**	**799712**
太原市 Taiyuan	42046	34457	286006	328296	3279700	102477	102418
大同市 Datong	251932	143409	547056	1315590	3206300	217494	216624
阳泉市 Yangquan	10487	5924	151013	82977	2091300	4909	4909
长治市 Changzhi	63975	47368	617433	567374	10554800	17186	17178
晋城市 Jincheng	21265	20757	921706	502234	6417500	1732	1732
朔州市 Shuozhou	216932	167646	235932	1633618	1125300	471566	471520
晋中市 Jinzhong	109771	97936	984182	854256	14266500	111851	111054
运城市 Yuncheng	49499	48391	1064988	733389	22202300	48667	48188
忻州市 Xinzhou	175284	98141	483430	2233304	4858900	50597	50597
临汾市 Linfen	95992	80754	838352	805906	11486600	43887	36312
吕梁市 Luliang	154312	139113	510020	709486	14418500	24323	23976

市　　名 City	肉类总产量(吨) Output of Meat (ton)	#猪肉 Pork	#牛肉 Beef	#羊肉 Mutton	#禽肉 Poultry	羊毛总产量(吨) Output of Wool (ton)	禽蛋产量(吨) Output of Poultry Eggs (ton)
全　省 Total	**774000**	**563200**	**48900**	**59300**	**87000**	**9265**	**747338**
太原市 Taiyuan	49769	35826	2357	4324	6958	269	25823
大同市 Datong	128288	91744	10326	17969	4721	1446	39259
阳泉市 Yangquan	17581	13407	1693	551	1794	46	24920
长治市 Changzhi	83840	61748	3519	4866	12467	688	122115
晋城市 Jincheng	131704	118647	1950	4716	5620	624	68877
朔州市 Shuozhou	55590	22489	8623	22275	1267	2128	16424
晋中市 Jinzhong	170793	113159	12958	12858	30493	533	141919
运城市 Yuncheng	150000	104568	3635	7026	33603	745	198772
忻州市 Xinzhou	100023	57988	7163	28781	4373	1838	50734
临汾市 Linfen	115808	86413	5931	6362	13276	518	107924
吕梁市 Luliang	110553	56492	16956	6222	30355	429	92701

13-35 水果、林业及渔业生产情况(2012 年)
OUTPUT OF FRUITS, FORESTRY AND FISHERY(2012)

市名 City	全年水果产量(吨) Annual Output of Fruits (ton)	#苹果 Apples	年末果园面积(公顷) Area of Orchards (ha)	当年造林面积(公顷) Afforestation Area (ha)	全年水产品总产量(吨) Annual Aquatic Products (ton)	淡水养殖面积(公顷) Fishery Breeding Area (ha)
全省 Total	**6068467**	**3752442**	**342364**	**307219**	**41243**	**15046**
太原市 Taiyuan	70713	9710	10475	23894	3768	1509
大同市 Datong	23752	3602	8116	35514	1020	1134
阳泉市 Yangquan	13076	10628	1865	8200	681	44
长治市 Changzhi	31811	18570	4950	23390	4404	4319
晋城市 Jincheng	69305	31390	4353	9973	1639	549
朔州市 Shuozhou	7170	2319	2103	14912	805	476
晋中市 Jinzhong	394495	170810	31015	25879	2637	1312
运城市 Yuncheng	4490934	3044936	148214	24228	16848	2379
忻州市 Xinzhou	139440	30485	18630	51919	2281	1165
临汾市 Linfen	518739	402451	49040	40152	5660	931
吕梁市 Luliang	309031	27543	63603	49158	1500	1228

13-36 城镇居民家庭生活基本情况(2012 年)
BASIC LIVING CONDITIONS OF URBAN HOUSEHOLDS (2012)

单位：人 (person)

市名 City	调查户数(户) Households Surveyed (household)	平均每户家庭人口 Average Persons Per Household	平均每户就业人口数 Average Employees Per Household	平均每一就业者负担系数 Coefficient Support By Each Employee	平均每人可支配收入(元) Per Capita Disposable Income (yuan)	平均每人消费支出(元) Annual Expenditure Per Capita (yuan)
全省 Total	**1810**	**2.78**	**1.31**	**2.12**	**20411.71**	**12211.53**
太原市 Taiyuan	300	2.55	1.02	2.50	22586.87	13970.43
大同市 Datong	200	2.60	1.24	2.10	21622.21	13440.60
阳泉市 Yangquan	160	2.71	1.29	2.10	21748.56	12504.17
长治市 Changzhi	100	2.94	1.30	2.26	22544.87	14051.83
晋城市 Jincheng	100	2.90	1.52	1.91	22538.89	16472.80
朔州市 Shuozhou	150	3.06	1.50	2.04	23340.52	15295.69
晋中市 Jinzhong	100	2.69	1.34	2.01	22877.63	14034.35
运城市 Yuncheng	100	2.83	1.37	2.07	19661.38	11777.46
忻州市 Xinzhou	100	2.92	1.41	2.07	19493.09	11045.42
临汾市 Linfen	100	2.93	1.49	1.97	21464.15	12493.92
吕梁市 Luliang	100	3.04	1.27	2.39	20006.06	9425.24

13-37 农村居民家庭生活基本情况(2012 年)
BASIC LIVING CONDITIONS OF RURAL HOUSEHOLDS(2012)

单位:元 (yuan)

市 名 City	调查户数 (户) Households Surveyed (household)	家庭常住人口 (人) Number of Permanent Residents in the Household (person)	家庭劳动力人数 (人) Labours (person)	人均耕地面积 (亩) Per Capita Cultivated Land (mu)	人均住房面积 (平方米) Per Capita Housing Floor Space (sq.m)	农民人均纯收入 Per Capita Net Income of Rural Households	农民人均生活消费支出 Per Capita Living Expenditure of Rural Households
全 省 Total	**2100**	**7329**	**5335**	**2.50**	**32.39**	**6356.6**	**5566.2**
太原市 Taiyuan	796	2723	1837	1.10	37.47	10079.0	6550.3
大同市 Datong	400	1254	934	4.09	23.12	5642.3	4213.8
阳泉市 Yangquan	240	803	461	0.80	27.90	8683.0	5969.0
长治市 Changzhi	480	1734	1084	2.00	39.00	8120.0	4720.0
晋城市 Jincheng	480	1756	1247	1.27	36.74	8037.0	6044.0
朔州市 Shuozhou	480	1687	1220	6.80	26.00	8000.0	5416.0
晋中市 Jinzhong	880	3006	2187	1.95	28.50	7936.0	5970.6
运城市 Yuncheng	560	2130	1564	1.77	40.21	6381.3	4739.6
忻州市 Xinzhou	480	1599	1198	2.25	24.86	4776.0	3993.8
临汾市 Linfen	560	2079	1497	2.80	33.04	6899.3	4428.7
吕梁市 Luliang	1030	3546	2233	2.00	24.00	5364.0	4305.0

13-38 建筑业企业总产值和竣工产值(2012 年)
GROSS OUTPUT VALUE AND COMPLETED VALUE OF CONSTRUCTION ENTERPRISES(2012)

单位:万元 (10 000 yuan)

市 名 City	总产值 Total Output Value	#建筑工程 Construction	#安装工程 Installation	竣工产值 Output Value of Construction Completed
全 省 Total	**26681679**	**23350004**	**2524274**	**11290236**
太原市 Taiyuan	16013840	13996153	1579047	5555597
大同市 Datong	1270675	1059223	188332	554589
阳泉市 Yangquan	1450613	1294562	104914	510326
长治市 Changzhi	1179764	1057694	57994	779774
晋城市 Jincheng	574046	500883	41617	449531
朔州市 Shuozhou	580380	419649	109081	416563
晋中市 Jinzhong	1549385	1433244	96520	396562
运城市 Yuncheng	1273041	1029417	182319	635081
忻州市 Xinzhou	556236	490410	33683	387186
临汾市 Linfen	1645095	1559132	70918	1269950
吕梁市 Luliang	588604	509638	59849	335077

13-39 按主要用途分的房屋建筑竣工面积(2012 年)

TOTAL FLOOR SPACE OF COMPLETED BUILDINGS BY USE(2012)

单位:平方米 (sq.m)

市 名 City	总 计 Total	#住宅房屋 Residential Buildings	#商业及服务用房屋 Commercial and Service Buildings	#办公用房 Oiffice	#科研、教育、医疗用房屋 Scientific Research Education and Healthcare Buildings
全 省 Total	**31617202**	**21054825**	**1808642**	**1552865**	**2312829**
太原市 Taiyuan	12706806	8088408	587062	643409	1310371
大同市 Datong	2275623	1827076	21424	60202	60367
阳泉市 Yangquan	1544852	1033442	89383	26375	
长治市 Changzhi	3178768	2020241	477458	170400	82980
晋城市 Jincheng	1186141	801956	51275	68325	62965
朔州市 Shuozhou	930842	627209	32679	78361	129387
晋中市 Jinzhong	1875550	1200127	189163	50422	174632
运城市 Yuncheng	2865872	1708099	104208	184660	255333
忻州市 Xinzhou	1815947	1541516	78925	62581	91463
临汾市 Linfen	1969677	1323393	124558	117148	110079
吕梁市 Luliang	1267124	883358	52507	90982	35252

13-40 按主要用途分的房屋建筑竣工价值(2012 年)

VALUE OF HOUSES COMPLETED BY MAJOR USE(2012)

单位:万元 (10 000 yuan)

市 名 City	总 计 Total	#住宅房屋 Residential Buildings	#商业及服务用房屋 Commercial and Service Buildings	#办公用房 Oiffice	#科研、教育、医疗用房屋 Scientific Research Education and Healthcare Buildings
全 省 Total	**4510429**	**2784206**	**284722**	**266418**	**378415**
太原市 Taiyuan	2133359	1224081	104685	140884	247460
大同市 Datong	275816	214725	3471	8312	9065
阳泉市 Yangquan	245486	148071	17914	6672	
长治市 Changzhi	441394	266412	79611	27335	9475
晋城市 Jincheng	139261	97918	6292	8463	8662
朔州市 Shuozhou	130399	86799	6500	10992	18179
晋中市 Jinzhong	215053	120741	23016	4558	23405
运城市 Yuncheng	325323	196792	9878	19429	28150
忻州市 Xinzhou	212209	174563	9696	8347	13913
临汾市 Linfen	227457	151797	16542	17903	14675
吕梁市 Luliang	164672	102309	7117	13524	5433

13-41 建筑业企业房屋建筑面积(2012年)

FLOOR SPACE OF BUILDINGS CONSTRUCTED BY CONSTRUCTION ENTERPRISES(2012)

单位:平方米 (sq.m)

市名 City	房屋建筑施工面积 Floor Space of Buildings Under Construction	#本年新开工面积 Floor Space Started This Year	#投标承包的面积 Floor Space of Enter a Bid Contract
全省 Total	**109910535**	**46657161**	**91421793**
太原市 Taiyuan	59009567	21543059	52551164
大同市 Datong	7213655	2894566	5890145
阳泉市 Yangquan	5873417	2975950	2679847
长治市 Changzhi	7882162	3676207	7525903
晋城市 Jincheng	2881940	1471476	1730380
朔州市 Shuozhou	1428319	1140936	1186572
晋中市 Jinzhong	4848003	2320715	3118180
运城市 Yuncheng	8446908	4323049	6989954
忻州市 Xinzhou	2862049	1917551	2193430
临汾市 Linfen	6060328	2706812	5203359
吕梁市 Luliang	3404187	1686840	2352859

13-42 建筑业企业机械设备情况(2012年)

MACHINARY AND EQUIPMENT OF CONSTRUCTION ENTERPRISES(2012)

市名 City	自有机械设备年末总台数(台) Number of Machinery and Equipment Owned (unit)	自有机械设备年末总功率(千瓦) Total Power of Machinery and Equipment Owned (kw)	自有机械设备净值(万元) Net Value of Machinery and Equipment Owned (10 000 yuan)
全省 Total	**208493**	**6579275**	**1211129**
太原市 Taiyuan	78389	3393607	610233
大同市 Datong	8909	161410	27847
阳泉市 Yangquan	7500	713235	53231
长治市 Changzhi	7711	155007	31406
晋城市 Jincheng	8465	154900	33209
朔州市 Shuozhou	9764	236573	56692
晋中市 Jinzhong	18623	532226	106867
运城市 Yuncheng	18688	228802	69657
忻州市 Xinzhou	13665	209864	44799
临汾市 Linfen	18566	426928	105759
吕梁市 Luliang	18213	366723	71429

13-43 建筑业企业劳动生产率(2012 年)
LABOUR PRODUCTIVITY OF CONSTRUCTION ENTERPRISES(2012)

单位:元 / 人 (yuan/person)

市名 City	企业个数(个) Number of Enterprises (unit)	直接从事生产经营活动的平均人数(人) The average number of people directly engaged in production and operating activities(person)	按总产值计算的劳动生产率 Overall Labor Productivity in Terms of Total Output Value	人均竣工产值 Per Capita Output Value of Completed
全 省 Total	**2016**	**809690**	**329530**	**139439**
太原市 Taiyuan	840	428871	373395	129540
大同市 Datong	171	57684	220282	96143
阳泉市 Yangquan	69	55272	262450	92330
长治市 Changzhi	142	26300	448580	296492
晋城市 Jincheng	77	25645	223843	175290
朔州市 Shuozhou	104	28446	204029	146440
晋中市 Jinzhong	145	41340	374791	95927
运城市 Yuncheng	131	45916	277254	138314
忻州市 Xinzhou	109	30242	183928	128029
临汾市 Linfen	133	48513	339104	261775
吕梁市 Luliang	95	21461	274267	156133

13-44 建筑业企业负债及所有者权益(2012 年)
LIABILITIES AND CREDITORS' EQUITY OF CONSTRUCTION ENTERPRISES(2012)

单位:万元 (10 000 yuan)

市名 City	负债合计 Total Liabilities	#流动负债 Liquid Liabilities	#非流动负债合计 Illiquid Liabilities	所有者权益合计 Total Creditors' Equity
全 省 Total	**22955850**	**21903552**	**810291**	**6804943**
太原市 Taiyuan	14703283	14245788	359821	3612758
大同市 Datong	1059558	979925	68027	287611
阳泉市 Yangquan	1480362	1271111	208758	563898
长治市 Changzhi	753534	724311	23275	334291
晋城市 Jincheng	688842	672906	11290	239158
朔州市 Shuozhou	433721	411689	17723	148606
晋中市 Jinzhong	1089411	1064287	18879	438583
运城市 Yuncheng	797225	710223	45718	333775
忻州市 Xinzhou	236300	197258	1045	232374
临汾市 Linfen	1195115	1155105	38020	368796
吕梁市 Luliang	518499	470948	17735	245094

13-45 建筑业企业资产(2012 年)

ASSETS OF CONSTRUCTION ENTERPRISES(2012)

单位:万元 (10 000 yuan)

市名 City	资产总计 Total Assets	#流动资产合计 Total Circulating Assets	#固定资产合计 Total Fixed Assets
全省 Total	**29761637**	**23780917**	**2677869**
太原市 Taiyuan	18316281	14519679	1206482
大同市 Datong	1347168	1182096	115774
阳泉市 Yangquan	2044260	1644328	148883
长治市 Changzhi	1087825	926557	133003
晋城市 Jincheng	928000	752800	117299
朔州市 Shuozhou	582507	469713	90148
晋中市 Jinzhong	1527994	1263499	215428
运城市 Yuncheng	1131057	844435	167698
忻州市 Xinzhou	468674	333276	113641
临汾市 Linfen	1564278	1314921	205146
吕梁市 Luliang	763592	529614	164366

市名 City	固定资产原价 Original Value of Fixed Assets	本年折旧 Depreciation This Year	实收资本 Capitals Hold
全省 Total	**3894305**	**290756**	**4794315**
太原市 Taiyuan	1894897	171793	2541449
大同市 Datong	160159	6988	357093
阳泉市 Yangquan	220558	9508	192301
长治市 Changzhi	179189	7781	242486
晋城市 Jincheng	144107	9904	180773
朔州市 Shuozhou	124683	6154	118724
晋中市 Jinzhong	314993	22035	308404
运城市 Yuncheng	211816	9925	243903
忻州市 Xinzhou	156389	7453	157122
临汾市 Linfen	303948	28467	279751
吕梁市 Luliang	183566	10747	172311

13-46 建筑业企业收入及成本情况(2012 年)
REVENUE AND COST OF CONSTRUCTION ENTERPRISES(2012)

单位:万元 (10 000 yuan)

市 名 City	营业收入 Revenue of Business	#主营业务收入 Revenue of Major Business	主营业务成本 Cost of Major Business
全 省 Total	**25953230**	**25424826**	**22650904**
太原市 Taiyuan	15714832	15589408	13942305
大同市 Datong	1086552	1069936	965839
阳泉市 Yangquan	1265472	1248838	1072280
长治市 Changzhi	1022964	1010791	890888
晋城市 Jincheng	799948	545090	477044
朔州市 Shuozhou	591839	586191	521538
晋中市 Jinzhong	1512853	1464184	1328757
运城市 Yuncheng	1206256	1188556	1047617
忻州市 Xinzhou	541603	539724	463366
临汾市 Linfen	1642208	1615715	1458417
吕梁市 Luliang	568703	566393	482855

13-47 建筑业企业费用情况(2012 年)
EXPENSES OF CONSTRUCTION ENTERPRISES(2012)

单位:万元 (10 000 yuan)

市 名 City	销售费用 Sales Expenses	管理费用 Administrative Expenses	#差旅费 Travelling Expenses	#工会经费 Labour Union Expenditure	财务费用 Financial Expenses
全 省 Total	**88452**	**1206571**	**53292**	**11055**	**152071**
太原市 Taiyuan	35063	745664	34002	5369	53424
大同市 Datong	2784	50809	2142	387	5890
阳泉市 Yangquan	2155	51576	725	308	52088
长治市 Changzhi	6512	45684	2434	448	6082
晋城市 Jincheng	8638	47080	993	631	3571
朔州市 Shuozhou	8680	24423	1775	800	2268
晋中市 Jinzhong	2209	77745	2426	435	6876
运城市 Yuncheng	7285	50815	2883	771	10345
忻州市 Xinzhou	6419	23412	973	287	2444
临汾市 Linfen	5469	68133	3719	1391	4995
吕梁市 Luliang	3239	21230	1222	228	4088

13-48 建筑业企业薪酬及利润情况(2012年)
REMUNERTION AND PROFITS OF CONSTRUCTION ENTERPRISES(2012)

单位:万元 (10 000 yuan)

市名 City	应付职工薪酬 Remuneration Payable	营业利润 Business Profits	其他业务利润 Profits of Other Business
全省 Total	**2053883**	**680726**	**49007**
太原市 Taiyuan	951511	446851	17988
大同市 Datong	148835	12324	1203
阳泉市 Yangquan	158970	35739	535
长治市 Changzhi	96648	26160	675
晋城市 Jincheng	119299	18750	22930
朔州市 Shuozhou	81610	13298	568
晋中市 Jinzhong	118470	23376	1291
运城市 Yuncheng	108933	34007	283
忻州市 Xinzhou	73594	16111	652
临汾市 Linfen	143014	27410	2978
吕梁市 Luliang	53000	26700	-97

13-49 建筑业企业利润及税金情况(2012年)
PROFITS AND TAXES OF CONSTRUCTION ENTERPRISES(2012)

单位:万元 (10 000 yuan)

市名 City	利润总额 Total Profits	税金总额 Total Taxes	主营业务税金及附加 Taxes and Extra Charges on Project Settlement Accounts	管理费用中的税金 Taxes in Costs of Administration
全省 Total	**693319**	**815456**	**787796**	**27660**
太原市 Taiyuan	458016	489739	479539	10201
大同市 Datong	11792	39914	37716	2198
阳泉市 Yangquan	37661	35140	33325	1815
长治市 Changzhi	26072	38488	37169	1319
晋城市 Jincheng	19045	15226	13993	1233
朔州市 Shuozhou	13674	21638	19641	1997
晋中市 Jinzhong	22885	37529	36223	1307
运城市 Yuncheng	33346	40463	36605	3858
忻州市 Xinzhou	15862	20733	19823	911
临汾市 Linfen	28522	55735	54040	1695
吕梁市 Luliang	26443	20850	19723	1127

13-50 规模以上主要工业产品产量(2012 年)

OUTPUT OF MAJOR INDUSTRIAL PRODUCTS ABOVE DESIGNATED SIZE (2012)

市 名 City	原 煤 (万吨) Coal (10 000 tons)	发电量 (亿千瓦小时) Electricity (100 million kwh)	粗 钢 (万吨) Crude Steel (10 000 tons)	钢 材 (万吨) Steel Products (10 000 tons)	生 铁 (万吨) Pig Iron (10 000 tons)	焦 炭 (万吨) Coke (10 000 tons)	#机 焦 Machine Coke
全 省 Total	**89710.5**	**2454.8**	**3950.1**	**3797.6**	**3996.5**	**8612.7**	**8589.8**
太原市 Taiyuan	3626.3	289.7	936.2	883.6	698.4	1128.9	1128.9
大同市 Datong	10491.5	370.8	52.7	1.5	58.5	15.0	15.0
阳泉市 Yangquan	6833.2	121.0				46.7	46.7
长治市 Changzhi	10511.2	348.4	463.6	553.7	603.5	1322.2	1322.2
晋城市 Jincheng	8360.6	218.3	274.3	269.1	334.1	90.5	90.5
朔州市 Shuozhou	20691.2	264.3		0.3			
晋中市 Jinzhong	7975.4	197.9	171.8	147.1	119.1	1127.4	1127.4
运城市 Yuncheng		196.3	536.3	364.1	603.9	1064.3	1064.3
忻州市 Xinzhou	5513.9	212.8		76.6	17.4	190.3	171.7
临汾市 Linfen	4569.9	141.6	1197.4	1195.7	1260.7	1873.0	1873.0
吕梁市 Luliang	11137.3	93.9	317.8	306.1	300.9	1754.5	1750.3

市 名 City	水 泥 (万吨) Cement (10 000 tons)	平板玻璃 (万重量箱) Plate Glass (10 000-weightcases)	硫 酸 (万吨) Sulfuric Acid (10 000 tons)	化学肥料 (万吨) Chemical Fertilizer (10 000 tons)	#氮 肥 Nitrogenous	#磷 肥 Phosphate
全 省 Total	**4720.4**	**1975.8**	**18.1**	**389.1**	**379.2**	**9.8**
太原市 Taiyuan	646.6			0.1	0.1	
大同市 Datong	658.8					
阳泉市 Yangquan	175.1					
长治市 Changzhi	417.8	810.3		44.6	34.7	9.8
晋城市 Jincheng	232.8			235.9	235.9	
朔州市 Shuozhou	397.1			5.1	5.1	
晋中市 Jinzhong	369.3		5.2	4.3	4.3	
运城市 Yuncheng	694.7		0.4	76.2	76.2	
忻州市 Xinzhou	101.3			5.2	5.2	
临汾市 Linfen	384.8		12.5	12.3	12.3	
吕梁市 Luliang	642.2	1165.5		5.3	5.3	

13-50 续表 continued

市　名 City	电 石 (万吨) Calcium Carbide (10 000 tons)	工业锅炉 (蒸发量吨) Industrial Boiler (Evaporate Capacity tons)	交流电动机 (万千瓦) Alternating Current Motors (10 000 kw)	变压器 (万千伏安) Transformer (10 000 kva)	泵(台) Pump (unit)	纱(吨) Yarn(ton)
全　省 Total	**42.7**	**11487.0**	**770.7**	**281.0**	**448555**	**48089.0**
太原市 Taiyuan		357.0	94.9	39.7	12242	
大同市 Datong				0.1		
阳泉市 Yangquan	6.7	162.0		68.7	2067	
长治市 Changzhi	31.1		20.1		321311	
晋城市 Jincheng						3394.0
朔州市 Shuozhou	3.7	306.0				
晋中市 Jinzhong	1.2		0.3		13324	4415.0
运城市 Yuncheng			655.5	150.4	99611	35664.6
忻州市 Xinzhou		10662.0		22.2		271.3
临汾市 Linfen						4344.1
吕梁市 Luliang						

市　名 City	布(万米) Cloth (10 000 m)	白　酒(吨) Alcoholic Drink (ton)	啤　酒(吨) Beer (ton)	机制纸及纸板 (外购原纸加工除外) (吨) Machine-made Paper and Paperboard(ton)
全　省 Total	**4707**	**130691**	**408537**	**312279**
太原市 Taiyuan		11355	74692	105425
大同市 Datong				
阳泉市 Yangquan				
长治市 Changzhi		182		19150
晋城市 Jincheng	669		726	
朔州市 Shuozhou		13114	56665	
晋中市 Jinzhong	324	26954	132717	91627
运城市 Yuncheng	2772	2253	124544	89627
忻州市 Xinzhou	74			6450
临汾市 Linfen	868	362		
吕梁市 Luliang		76471	19193	

13-51 工业企业主要经济指标(2012 年)
MAIN ECONOMIC INDICATORS OF INDUSTRIAL ENTERPRISES(2012)

单位:亿元 (100 million yuan)

市 名 City	单位数(个) Number of Enterprises (unit)	#亏损企业 Loss-making Enterprises	工业销售产值 Industrial Sales Output Value	出口交货值 Value of Export Delivery	年末资产合计 Total Assets at Year-end
全 省 Total	**3905**	**1253**	**16594.75**	**487.80**	**25342.08**
省直报 Direct Report	2		802.08		557.59
太原市 Taiyuan	458	150	2561.71	349.10	3811.73
大同市 Datong	169	57	899.78	9.15	1642.31
阳泉市 Yangquan	160	73	714.63	21.06	1216.06
长治市 Changzhi	354	135	1954.90	1.16	2885.77
晋城市 Jincheng	241	75	1110.76	51.78	2598.58
朔州市 Shuozhou	261	39	1299.11	0.54	1894.34
晋中市 Jinzhong	512	173	1288.74	16.37	2132.63
运城市 Yuncheng	462	118	1352.10	18.84	1734.83
忻州市 Xinzhou	330	69	940.55	7.88	1222.54
临汾市 Linfen	374	140	1856.95	5.99	2051.72
吕梁市 Luliang	582	224	1813.45	5.94	3593.98

市 名 City	流动资产合计 Total Circulating Funds	固定资产合计 Total Fixed Assets	固定资产原价 Original Value of Fixed Assets	累计折旧 Total Depreciation	流动负债 Liquid Liabilites
全 省 Total	**10956.40**	**9693.35**	**13576.61**	**5408.14**	**12511.95**
省直报 Direct Report	58.64	397.91	739.58	341.67	311.68
太原市 Taiyuan	1782.66	1319.37	1994.88	909.26	1832.09
大同市 Datong	754.87	793.58	914.68	368.99	661.08
阳泉市 Yangquan	463.65	448.07	688.46	319.18	510.71
长治市 Changzhi	1333.15	981.80	1488.72	636.57	1406.13
晋城市 Jincheng	1088.98	799.87	1184.76	481.10	1057.05
朔州市 Shuozhou	619.23	936.61	1095.23	337.37	790.23
晋中市 Jinzhong	906.84	820.16	972.01	258.99	1322.81
运城市 Yuncheng	829.51	725.09	1395.51	736.41	944.14
忻州市 Xinzhou	453.46	562.18	695.56	188.84	447.27
临汾市 Linfen	919.18	821.29	1140.91	441.15	1143.12
吕梁市 Luliang	1746.23	1087.41	1266.30	388.61	2085.63

13-51 续表 1 continued

单位:亿元 (100 million yuan)

市名 City	负债合计 Total Liabilities	年末所有者权益 Creditors Equity	主营业务收入 Revenue of Major Business	主营业务成本 Cost of Major Business	主营业务税金及附加 Tax and Extra Charges of Major Business
全省 Total	**17639.40**	**7643.12**	**18118.94**	**15087.48**	**162.49**
省直报 Direct Report	439.62	117.97	802.01	773.21	2.81
太原市 Taiyuan	2639.66	1176.17	3374.36	2957.73	29.54
大同市 Datong	1126.17	515.44	1617.44	1404.33	10.56
阳泉市 Yangquan	771.10	444.11	816.55	682.25	11.05
长治市 Changzhi	2036.88	844.22	1853.87	1491.59	13.29
晋城市 Jincheng	1585.23	1011.93	1332.10	1005.93	11.05
朔州市 Shuozhou	1213.59	659.97	1164.60	742.57	19.21
晋中市 Jinzhong	1677.69	453.83	1347.34	1134.12	10.88
运城市 Yuncheng	1201.69	531.27	1407.12	1271.91	3.46
忻州市 Xinzhou	727.33	472.11	628.87	468.97	7.46
临汾市 Linfen	1556.42	490.84	1959.11	1756.92	11.62
吕梁市 Luliang	2664.01	925.27	1815.57	1397.95	31.57

市名 City	营业费用 Costs of Business	管理费用 Costs of Administration	财务费用 Costs of Finance	#利息支出 Interest Expenditure	利润总额 Total Profits
全省 Total	**497.85**	**1035.56**	**466.83**	**452.98**	**1010.91**
省直报 Direct Report	3.74	12.48	20.25	9.44	15.69
太原市 Taiyuan	59.93	189.63	58.10	62.95	103.26
大同市 Datong	53.67	92.49	25.95	27.54	28.92
阳泉市 Yangquan	17.76	67.25	19.95	28.58	27.81
长治市 Changzhi	29.67	138.22	48.71	51.72	155.26
晋城市 Jincheng	17.51	120.09	46.66	48.24	179.51
朔州市 Shuozhou	115.74	64.80	22.65	22.38	177.17
晋中市 Jinzhong	42.54	71.72	41.49	40.74	56.62
运城市 Yuncheng	29.81	42.68	42.81	40.44	41.87
忻州市 Xinzhou	12.22	37.72	20.53	22.51	68.70
临汾市 Linfen	30.63	75.62	41.62	39.90	37.38
吕梁市 Luliang	84.61	122.85	78.12	58.56	118.72

13-51 续表 2 continued

单位:亿元 (100 million yuan)

市 名 City		亏损企业亏损额 Loss of Loss-making Enterprises	利税总额 Total Pretax and Profits	本年应付薪酬总额 Tatal Wages Payable This Year	本年应交增值税 Value Added Tax Payable This Year	全部从业人员年平均人数(人) Employmees (person)
全 省	**Total**	**298.34**	**2007.61**	**1446.96**	**829.51**	**2223689**
省直报	Direct Report		43.93	64.80	25.26	34174
太原市	Taiyuan	39.44	208.36	268.69	74.82	355021
大同市	Datong	8.54	108.85	202.46	67.39	209372
阳泉市	Yangquan	15.71	82.54	104.84	43.67	171691
长治市	Changzhi	42.06	259.06	137.31	90.32	245750
晋城市	Jincheng	15.60	275.34	161.80	84.47	209425
朔州市	Shuozhou	9.87	301.68	57.84	105.07	91814
晋中市	Jinzhong	31.70	136.60	113.61	68.92	202978
运城市	Yuncheng	32.97	78.76	71.64	33.40	200858
忻州市	Xinzhou	4.42	119.45	49.88	43.12	89691
临汾市	Linfen	45.20	126.95	88.32	77.94	185569
吕梁市	Luliang	52.82	266.10	125.78	115.13	227346

市 名 City		总资产贡献率(%) Ratio of Profits, Taxes and Interests to Average Assets (%)	资产负债率(%) Ratio of Debts to Assets (%)	成本费用利润率(%) Ratio of Profits to Total Costs (%)	人均实现利税(元) Per Capita Pre-tax Profits(yuan)	产品销售率 (%) Ratio of Sales to Gross Output Value (%)
全 省	**Total**	**9.54**	**69.61**	**5.71**	**90283**	**97.34**
省直报	Direct Report	9.54	78.84	1.93	128541	100.00
太原市	Taiyuan	6.92	69.25	3.13	58690	98.96
大同市	Datong	8.16	68.57	1.57	51988	83.66
阳泉市	Yangquan	8.35	63.41	3.30	48073	96.16
长治市	Changzhi	10.58	70.58	8.86	105417	94.32
晋城市	Jincheng	12.32	61.00	14.74	131475	99.39
朔州市	Shuozhou	17.05	64.06	18.53	328578	98.21
晋中市	Jinzhong	8.18	78.67	4.33	67298	94.58
运城市	Yuncheng	6.79	69.27	2.93	39210	95.85
忻州市	Xinzhou	11.45	59.49	12.35	133181	89.76
临汾市	Linfen	8.05	75.86	1.90	68409	96.93
吕梁市	Luliang	8.93	74.12	6.90	117048	94.77

13-52 国有控股工业企业主要经济指标(2012年)

MAIN ECONOMIC INDICATORS OF STATE-HOLDING INDUSTRIAL ENTERPRISES(2012)

单位:亿元　　　　(100 million yuan)

市名 City	单位数(个) Number of Enterprises (unit)	#亏损企业 Loss-making Enterprises	工业销售产值 Industrial Sales Output Value	出口交货值 Value of Export Delivery	年末资产合计 Total Assets at Year-end
全省 Total	**738**	**275**	**8786.67**	**136.04**	**15476.96**
省直报 Direct Report	2		802.08		557.59
太原市 Taiyuan	90	31	1690.31	103.52	2862.15
大同市 Datong	43	11	738.09	8.16	1430.12
阳泉市 Yangquan	38	22	507.33	13.28	1002.82
长治市 Changzhi	82	32	954.49		1783.60
晋城市 Jincheng	112	37	706.63		2009.18
朔州市 Shuozhou	71	17	880.17		1477.79
晋中市 Jinzhong	90	41	396.13	1.61	882.01
运城市 Yuncheng	45	23	356.19	5.41	619.47
忻州市 Xinzhou	46	10	599.63	0.62	842.06
临汾市 Linfen	66	30	672.52	2.25	1111.32
吕梁市 Luliang	53	21	483.09	0.60	898.85

市名 City	流动资产合计 Total Circulating Funds	固定资产合计 Total Fixed Assets	固定资产原价 Original Value of Fixed Assets	累计折旧 Total Depreciation	流动负债 Liquid Liabilites
全省 Total	**5676.65**	**6611.31**	**9327.45**	**3854.65**	**6767.48**
省直报 Direct Report	58.64	397.91	739.58	341.67	311.68
太原市 Taiyuan	1189.44	1054.27	1618.73	787.46	1242.44
大同市 Datong	641.83	718.85	817.67	334.25	544.29
阳泉市 Yangquan	333.13	384.18	609.72	293.12	379.93
长治市 Changzhi	721.20	691.66	1009.21	417.02	794.55
晋城市 Jincheng	785.25	609.71	943.88	413.32	759.83
朔州市 Shuozhou	454.58	749.47	888.84	290.39	634.40
晋中市 Jinzhong	228.10	446.66	526.87	137.38	549.57
运城市 Yuncheng	221.81	334.93	543.33	235.66	318.46
忻州市 Xinzhou	289.50	413.87	531.77	148.07	271.80
临汾市 Linfen	440.61	454.32	669.36	279.88	523.98
吕梁市 Luliang	312.56	355.46	428.50	176.43	436.56

13-52 续表 1 continued

单位:亿元 (100 million yuan)

市名 City	负债合计 Total Liabilities	年末所有者权益 Creditors Equity	主营业务收入 Revenue of Major Business	主营业务成本 Cost of Major Business	主营业务税金及附加 Tax and Extra Charges of Major Business
全省 Total	**10616.94**	**4821.74**	**10419.54**	**8565.46**	**115.99**
省直报 Direct Report	439.62	117.97	802.01	773.21	2.81
太原市 Taiyuan	1953.14	914.10	2514.79	2246.76	25.64
大同市 Datong	982.11	447.75	1451.92	1264.82	9.41
阳泉市 Yangquan	611.44	391.24	618.80	515.49	7.11
长治市 Changzhi	1272.64	509.68	927.82	700.94	8.89
晋城市 Jincheng	1253.37	754.42	925.70	678.01	9.42
朔州市 Shuozhou	976.35	485.12	746.29	426.75	15.65
晋中市 Jinzhong	697.54	184.31	441.69	360.65	5.08
运城市 Yuncheng	471.21	148.26	404.21	381.20	1.18
忻州市 Xinzhou	515.83	304.36	294.57	199.76	4.22
临汾市 Linfen	827.48	280.72	778.25	681.19	6.22
吕梁市 Luliang	616.21	283.81	513.48	336.68	20.34

市名 City	营业费用 Costs of Business	管理费用 Costs of Administration	财务费用 Costs of Finance	#利息支出 Interest Expenditure	利润总额 Total Profits
全省 Total	**308.16**	**726.34**	**275.98**	**291.57**	**554.31**
省直报 Direct Report	3.74	12.48	20.25	9.44	15.69
太原市 Taiyuan	38.37	153.67	44.82	51.02	19.79
大同市 Datong	45.24	81.79	22.46	24.12	25.72
阳泉市 Yangquan	11.70	57.06	15.41	24.34	21.45
长治市 Changzhi	9.70	95.97	31.16	34.40	101.31
晋城市 Jincheng	11.70	95.45	39.31	41.16	130.01
朔州市 Shuozhou	105.75	50.79	15.91	15.90	135.21
晋中市 Jinzhong	11.66	38.15	17.15	17.01	12.60
运城市 Yuncheng	7.01	16.94	17.91	18.49	-9.75
忻州市 Xinzhou	5.26	23.80	15.88	18.69	45.12
临汾市 Linfen	11.04	50.39	23.62	24.60	8.64
吕梁市 Luliang	46.99	49.84	12.12	12.39	48.52

13-52 续表 2 continued

单位:亿元 (100 million yuan)

市 名 City	亏损企业亏损额 Loss of Loss-making Enterprises	利税总额 Total Pretax and Profits	本年应付薪酬总额 Tatal Wages Payable This Year	本年应交增值税 Value Added Tax Payable This Year	全部从业人员年平均人数(人) Employmees (person)
全 省 Total	**166.22**	**1208.90**	**1091.23**	**534.03**	**1264735**
省直报 Direct Report		43.93	64.80	25.26	34174
太原市 Taiyuan	20.14	104.00	210.89	57.87	221314
大同市 Datong	2.59	98.02	192.53	60.91	169381
阳泉市 Yangquan	10.79	64.54	95.75	35.97	136737
长治市 Changzhi	29.00	173.58	105.77	63.19	148986
晋城市 Jincheng	12.82	203.26	131.57	63.53	132211
朔州市 Shuozhou	8.46	223.66	41.48	72.57	53473
晋中市 Jinzhong	19.59	46.91	72.40	29.07	90133
运城市 Yuncheng	20.19	1.60	30.27	10.16	68925
忻州市 Xinzhou	1.46	78.46	32.43	28.95	41165
临汾市 Linfen	30.45	51.02	56.00	36.15	96401
吕梁市 Luliang	10.73	119.91	57.35	50.40	71835

市 名 City	总资产贡献率(%) Ratio of Profits, Taxes and Interests to Average Assets (%)	资产负债率(%) Ratio of Debts to Assets (%)	成本费用利润率(%) Ratio of Profits to Total Costs (%)	人均实现利税(元) Per Capita Pre-tax Profits(yuan)	产品销售率 (%) Ratio of Sales to Gross Output Value (%)
全 省 Total	**9.50**	**68.60**	**5.33**	**95585**	**99.87**
省直报 Direct Report	9.54	78.84	1.93	128541	100.00
太原市 Taiyuan	5.17	68.24	0.79	46993	99.25
大同市 Datong	8.39	68.67	1.54	57867	82.09
阳泉市 Yangquan	7.92	60.97	3.29	47201	97.78
长治市 Changzhi	11.46	71.35	11.69	116510	95.88
晋城市 Jincheng	12.08	62.38	15.26	153739	99.67
朔州市 Shuozhou	16.13	66.07	22.34	418261	98.62
晋中市 Jinzhong	7.22	79.08	2.88	52041	95.78
运城市 Yuncheng	3.14	76.07	-2.20	2326	96.73
忻州市 Xinzhou	11.33	61.26	17.32	190609	172.94
临汾市 Linfen	6.69	74.46	1.04	52927	97.93
吕梁市 Luliang	14.61	68.56	10.60	166931	104.47

13-53 外商投资和港澳台投资工业企业主要经济指标(2012年)

MAIN INDICATORS OF INDUSTRIAL ENTERPRISES WITH HONGKONG, MACAO, TAIWAN AND FOREIGN FUNDS(2012)

单位:亿元 (100 million yuan)

市名 City	单位数(个) Number of Enterprises (unit)	#亏损企业 Loss-making Enterprises	工业销售产值 Industrial Sales Output Value	出口交货值 Value of Export Delivery	年末资产合计 Total Assets at Year-end
全省 Total	**138**	**45**	**1162.56**	**306.07**	**1755.77**
太原市 Taiyuan	25	9	412.85	242.63	368.58
大同市 Datong	9	3	59.09	6.48	92.84
阳泉市 Yangquan	8	4	16.54	1.39	20.33
长治市 Changzhi	7	2	81.02		132.43
晋城市 Jincheng	16	5	212.18	47.39	389.59
朔州市 Shuozhou	5		24.86		47.31
晋中市 Jinzhong	27	7	100.62	2.73	180.06
运城市 Yuncheng	14	2	30.89	1.88	39.44
忻州市 Xinzhou					
临汾市 Linfen	15	8	52.88	2.31	101.48
吕梁市 Luliang	12	5	171.63	1.25	383.69

市名 City	流动资产合计 Total Circulating Funds	固定资产合计 Total Fixed Assets	固定资产原价 Original Value of Fixed Assets	累计折旧 Total Depreciation	流动负债 Liquid Liabilites
全省 Total	**823.75**	**707.05**	**1126.84**	**442.07**	**956.90**
太原市 Taiyuan	238.93	108.48	164.72	54.53	255.19
大同市 Datong	30.92	30.38	37.30	7.95	41.60
阳泉市 Yangquan	6.80	11.06	19.48	8.82	8.49
长治市 Changzhi	48.70	58.86	149.43	91.59	67.77
晋城市 Jincheng	177.10	146.97	279.20	141.53	168.81
朔州市 Shuozhou	7.51	38.14	52.12	16.33	12.89
晋中市 Jinzhong	59.45	107.61	146.74	39.94	111.95
运城市 Yuncheng	20.13	16.69	26.35	11.15	18.19
忻州市 Xinzhou					
临汾市 Linfen	27.98	68.30	100.37	33.97	48.94
吕梁市 Luliang	206.24	120.57	151.13	36.25	223.06

13-53 续表 1 continued

单位:亿元 (100 million yuan)

市名 City	负债合计 Total Liabilities	年末所有者权益 Creditors Equity	主营业务收入 Revenue of Major Business	主营业务成本 Cost of Major Business	主营业务税金及附加 Tax and Extra Charges of Major Business
全省 Total	**1199.92**	**554.77**	**1168.53**	**912.41**	**6.22**
太原市 Taiyuan	261.45	106.73	409.16	308.43	1.20
大同市 Datong	66.32	26.52	58.06	47.78	0.26
阳泉市 Yangquan	9.29	10.86	15.93	14.15	0.39
长治市 Changzhi	84.79	47.40	87.13	74.00	0.41
晋城市 Jincheng	202.63	186.96	213.11	161.27	1.17
朔州市 Shuozhou	32.17	15.09	22.68	19.91	0.27
晋中市 Jinzhong	151.88	28.00	107.12	89.70	0.85
运城市 Yuncheng	20.86	18.58	30.67	25.22	0.06
忻州市 Xinzhou					
临汾市 Linfen	93.77	7.69	53.98	47.90	0.44
吕梁市 Luliang	276.74	106.94	170.68	124.05	1.16

市名 City	营业费用 Costs of Business	管理费用 Costs of Administration	财务费用 Costs of Finance	#利息支出 Interest Expenditure	利润总额 Total Profits
全省 Total	**25.78**	**51.21**	**31.87**	**29.78**	**172.58**
太原市 Taiyuan	5.28	15.64	3.31	2.68	87.60
大同市 Datong	4.82	2.82	1.23	1.16	2.36
阳泉市 Yangquan	0.60	0.94	0.38	0.40	-0.30
长治市 Changzhi	1.47	3.86	3.00	2.23	5.09
晋城市 Jincheng	1.68	12.82	3.92	3.86	43.39
朔州市 Shuozhou	0.11	0.32	1.62	1.63	2.35
晋中市 Jinzhong	3.97	5.15	5.91	5.87	4.02
运城市 Yuncheng	0.92	1.45	0.72	0.68	2.46
忻州市 Xinzhou					
临汾市 Linfen	1.06	1.65	5.00	4.92	-1.93
吕梁市 Luliang	5.86	6.57	6.76	6.36	27.54

13-53 续表 2 continued

单位:亿元 (100 million yuan)

市　名 City	亏损企业亏损额 Loss of Loss-making Enterprises	利税总额 Total Pretax and Profits	本年应付薪酬总额 Tatal Wages Payable This Year	本年应交增值税 Value Added Tax Payable This Year	全部从业人员年平均人数(人) Employmees (person)
全　省 Total	**20.03**	**223.49**	**88.01**	**44.68**	**189297**
太原市 Taiyuan	2.58	95.27	39.59	6.47	84869
大同市 Datong	0.81	4.18	2.68	1.56	6350
阳泉市 Yangquan	0.90	0.63	1.57	0.54	3133
长治市 Changzhi	0.35	9.49	5.17	3.99	8018
晋城市 Jincheng	0.88	55.88	20.68	11.32	47478
朔州市 Shuozhou		4.56	1.61	1.94	1677
晋中市 Jinzhong	2.99	10.21	7.04	5.34	14073
运城市 Yuncheng	0.31	3.23	1.67	0.71	4632
忻州市 Xinzhou					
临汾市 Linfen	2.83	1.43	1.60	2.91	4759
吕梁市 Luliang	8.36	38.61	6.40	9.90	14308

市　名 City	总资产贡献率(%) Ratio of Profits, Taxes and Interests to Average Assets (%)	资产负债率(%) Ratio of Debts to Assets (%)	成本费用利润率(%) Ratio of Profits to Total Costs (%)	人均实现利税(元) Per Capita Pre-tax Profits(yuan)	产品销售率 (%) Ratio of Sales to Gross Output Value (%)
全　省 Total	**14.28**	**68.34**	**16.62**	**128032**	**97.56**
太原市 Taiyuan	26.46	70.94	26.06	125641	103.79
大同市 Datong	5.71	71.43	4.12	70050	93.25
阳泉市 Yangquan	5.00	45.69	-1.88	20945	88.73
长治市 Changzhi	8.81	64.02	6.18	121281	96.04
晋城市 Jincheng	15.00	52.01	24.13	130462	100.50
朔州市 Shuozhou	13.05	68.01	10.46	271945	96.37
晋中市 Jinzhong	8.89	84.35	3.76	73170	95.18
运城市 Yuncheng	9.87	52.89	8.47	71375	91.59
忻州市 Xinzhou					
临汾市 Linfen	6.13	92.40	-3.22	30577	97.91
吕梁市 Luliang	11.61	72.13	18.55	270373	87.07

13-54 大中型工业企业主要经济指标(2012 年)

MAIN ECONOMIC INDICATORS OF LARGE AND MEDIUM-SIZE INDUSTRIAL ENTERPRISES(2012)

单位:亿元 (100 million yuan)

市名 City		单位数(个) Number of Enterprises (unit)	#亏损企业 Loss-making Enterprises	工业销售产值 Industrial Sales Output Value	出口交货值 Value of Export Delivery	年末资产合计 Total Assets at Year-end
全省	**Total**	**1184**	**392**	**13261.46**	**456.21**	**21603.8**
省直报	Direct Report	2		802.08		557.59
太原市	Taiyuan	110	36	2238.14	345.42	3448.34
大同市	Datong	58	17	803.10	8.87	1504.20
阳泉市	Yangquan	47	24	570.83	13.78	1100.29
长治市	Changzhi	142	54	1589.92	0.60	2628.08
晋城市	Jincheng	118	29	1018.92	51.03	2336.95
朔州市	Shuozhou	75	11	928.39		1486.22
晋中市	Jinzhong	148	52	858.66	11.13	1536.54
运城市	Yuncheng	132	37	1022.69	16.09	1401.20
忻州市	Xinzhou	61	12	709.90	0.98	834.36
临汾市	Linfen	131	51	1371.49	4.73	1763.31
吕梁市	Luliang	160	69	1347.34	3.45	3006.72

市名 City		流动资产合计 Total Circulating Funds	固定资产合计 Total Fixed Assets	固定资产原价 Original Value of Fixed Assets	累计折旧 Total Depreciation	流动负债 Liquid Liabilites
全省	**Total**	**9300.44**	**8178.74**	**11800.76**	**4993.83**	**10520.14**
省直报	Direct Report	58.64	397.91	739.58	341.67	311.68
太原市	Taiyuan	1567.27	1222.07	1864.44	870.69	1615.31
大同市	Datong	694.32	728.59	840.56	354.32	598.25
阳泉市	Yangquan	409.31	409.88	637.03	304.73	428.64
长治市	Changzhi	1198.59	888.03	1346.59	581.27	1259.32
晋城市	Jincheng	1008.27	710.30	1093.74	466.48	910.96
朔州市	Shuozhou	491.60	708.54	861.50	298.51	634.12
晋中市	Jinzhong	622.58	588.38	732.19	218.91	948.70
运城市	Yuncheng	677.32	570.67	1175.05	656.81	789.50
忻州市	Xinzhou	330.52	347.28	454.02	152.48	289.79
临汾市	Linfen	803.75	697.38	990.53	403.51	969.09
吕梁市	Luliang	1438.26	909.70	1065.53	344.46	1764.79

13-54 续表 1 continued

单位:亿元 (100 million yuan)

市名 City	负债合计 Total Liabilities	年末所有者权益 Creditors Equity	主营业务收入 Revenue of Major Business	主营业务成本 Cost of Major Business	主营业务税金及附加 Tax and Extra Charges of Major Business
全省 Total	**14930.19**	**6628.29**	**14826.00**	**12236.02**	**142.95**
省直报 Direct Report	439.62	117.97	802.01	773.21	2.81
太原市 Taiyuan	2402.58	1050.27	3059.01	2682.86	27.64
大同市 Datong	1029.00	474.93	1522.32	1323.49	10.04
阳泉市 Yangquan	674.19	425.56	674.83	552.86	9.78
长治市 Changzhi	1825.83	799.21	1505.24	1183.62	12.02
晋城市 Jincheng	1399.57	936.24	1240.99	925.85	10.77
朔州市 Shuozhou	933.42	536.58	811.10	481.19	16.31
晋中市 Jinzhong	1207.87	328.64	889.04	731.58	9.21
运城市 Yuncheng	975.26	425.13	1080.66	980.60	2.56
忻州市 Xinzhou	459.98	351.91	411.60	288.13	5.33
临汾市 Linfen	1331.43	428.30	1475.93	1325.57	9.04
吕梁市 Luliang	2251.44	753.55	1353.26	987.07	27.44

市名 City	营业费用 Costs of Business	管理费用 Costs of Administration	财务费用 Costs of Finance	#利息支出 Interest Expenditure	利润总额 Total Profits
全省 Total	**402.86**	**931.05**	**392.15**	**385.84**	**894.42**
省直报 Direct Report	3.74	12.48	20.25	9.44	15.69
太原市 Taiyuan	49.45	174.36	53.26	59.33	98.52
大同市 Datong	47.98	88.39	24.12	25.87	26.38
阳泉市 Yangquan	14.40	63.21	17.54	26.39	27.28
长治市 Changzhi	21.89	129.34	42.36	45.79	135.60
晋城市 Jincheng	15.09	112.75	43.16	44.76	180.53
朔州市 Shuozhou	99.73	54.13	14.43	14.89	142.02
晋中市 Jinzhong	26.78	57.75	28.93	28.77	42.18
运城市 Yuncheng	22.27	35.09	33.40	31.43	31.77
忻州市 Xinzhou	9.20	28.56	14.01	15.23	57.41
临汾市 Linfen	21.44	66.55	35.25	34.40	26.19
吕梁市 Luliang	70.89	108.45	65.45	49.53	110.85

13-54 续表 2 continued

单位:亿元 (100 million yuan)

市名 City	亏损企业亏损额 Loss of Loss-making Enterprises	利税总额 Total Pretax and Profits	本年应付薪酬总额 Tatal Wages Payable This Year	本年应交增值税 Value Added Tax Payable This Year	全部从业人员年平均人数(人) Employmees (person)
全省 Total	**232.13**	**1753.34**	**1351.36**	**711.46**	**1935746**
省直报 Direct Report		43.93	64.80	25.26	34174
太原市 Taiyuan	31.84	194.75	256.22	67.88	319113
大同市 Datong	6.43	102.63	198.52	64.24	196519
阳泉市 Yangquan	11.77	75.21	100.68	38.15	158289
长治市 Changzhi	35.47	233.32	131.38	85.49	224885
晋城市 Jincheng	9.32	273.66	156.01	82.07	193472
朔州市 Shuozhou	7.92	233.77	49.11	75.30	69904
晋中市 Jinzhong	22.66	108.46	98.94	56.91	161404
运城市 Yuncheng	25.62	62.48	61.72	28.14	163644
忻州市 Xinzhou	2.28	96.24	40.07	33.33	64942
临汾市 Linfen	36.52	91.38	79.06	56.13	157784
吕梁市 Luliang	42.30	237.52	114.86	98.55	191616

市名 City	总资产贡献率(%) Ratio of Profits, Taxes and Interests to Average Assets (%)	资产负债率(%) Ratio of Debts to Assets (%)	成本费用利润率(%) Ratio of Profits to Total Costs (%)	人均实现利税(元) Per Capita Pre-tax Profits(yuan)	产品销售率 (%) Ratio of Sales to Gross Output Value (%)
全省 Total	**9.72**	**69.11**	**6.15**	**90577**	**97.82**
省直报 Direct Report	9.54	78.84	1.93	128541	100.00
太原市 Taiyuan	7.15	69.67	3.29	61028	98.58
大同市 Datong	8.39	68.41	1.51	52226	82.70
阳泉市 Yangquan	8.37	61.27	3.89	47513	96.76
长治市 Changzhi	10.41	69.47	9.58	103749	95.04
晋城市 Jincheng	13.48	59.89	16.08	141448	99.51
朔州市 Shuozhou	16.67	62.81	21.64	334413	98.71
晋中市 Jinzhong	8.76	78.61	4.91	67198	95.35
运城市 Yuncheng	6.61	69.60	2.86	38183	95.99
忻州市 Xinzhou	13.13	55.13	16.30	148197	151.30
临汾市 Linfen	7.04	75.51	1.73	57913	96.44
吕梁市 Luliang	9.43	74.88	8.75	123955	94.26

13-55 公路通车里程(2012 年)
LENGTH OF HIGHWAYS(2012)

单位:公里 (km)

市名 City	公路通车里程 Length of Highways	在通车里程中 In Length of Highways 国道 State Class	省道 Province Class	县公路 County Class	乡公路 Township Class	专用公路 Special Purpose	村道 Village Class
全省 Total	**137771**	**5215**	**11888**	**20068**	**48259**	**522**	**51819**
太原市 Taiyuan	7009	361	472	1001	1765	31	3380
大同市 Datong	12515	413	1120	1996	5382	4	3600
阳泉市 Yangquan	5600	289	399	799	874	4	3235
长治市 Changzhi	11184	556	981	1745	3726	40	4135
晋城市 Jincheng	8757	223	734	1185	3393	28	3195
朔州市 Shuozhou	10057	426	778	1321	4216	36	3279
晋中市 Jinzhong	15331	687	1196	2188	6363	63	4833
运城市 Yuncheng	15509	291	1452	2706	6177	84	4799
忻州市 Xinzhou	17280	525	2064	2129	6489	125	5949
临汾市 Linfen	17816	811	1221	2459	5431	79	7815
吕梁市 Luliang	16713	633	1472	2539	4442	28	7599

13-56 公路等级里程(2012 年)
LENGTH OF HIGHWAYS BY CLASS(2012)

单位:公里 (km)

市名 City	等级里程 Expressway and Class I to IV Expressways	高速 Express-way	一级 First Class	二级 Second Class	三级 Third Class	四级 Fourth Class	等外里程 Highway Below class IV	等级里程占总里程的百分比 Percentage to Total Length of Highways (%)
全省 Total	**134242**	**5011**	**2137**	**14799**	**17871**	**94424**	**3529**	**97.4**
太原市 Taiyuan	6882	290	186	923	1204	4279	128	98.2
大同市 Datong	12432	550	75	1115	1965	8727	83	99.3
阳泉市 Yangquan	5600	275	96	427	579	4222		100.0
长治市 Changzhi	10644	295	137	1271	1200	7741	540	95.2
晋城市 Jincheng	8519	319	114	633	1491	5962	238	97.3
朔州市 Shuozhou	9945	388	186	954	1369	7049	111	98.9
晋中市 Jinzhong	15249	572	434	2181	1429	10634	81	99.5
运城市 Yuncheng	15483	597	269	1691	1962	10964	26	99.8
忻州市 Xinzhou	16661	731	22	1750	1748	12411	620	96.4
临汾市 Linfen	17137	462	335	1849	2865	11627	679	96.2
吕梁市 Luliang	15691	533	284	2006	2058	10809	1022	93.9

13-57 公路路面里程(2012 年)
LENGTH OF PAVED HIGHWAYS(2012)

单位:公里 (km)

市 名 City	有铺装路面里程 Length of Paved Highways	占总里程(%) Percentage to Total Length of Highways (%)	简易铺装路面里程 Length of Simply Paved Highways	占总里程(%) Percentage to Total Length of Highways (%)	未铺装路面里程 Length of Non-paved Highways
全 省 Total	**92540**	**67.2**	**25405**	**18.4**	**19826**
太原市 Taiyuan	5283	75.4	777	11.1	949
大同市 Datong	10173	81.3	525	4.2	1817
阳泉市 Yangquan	5127	91.6	226	4.0	247
长治市 Changzhi	7383	66.0	2771	24.8	1029
晋城市 Jincheng	7735	88.3	715	8.2	307
朔州市 Shuozhou	6728	66.9	1168	11.6	2161
晋中市 Jinzhong	9216	60.1	2486	16.2	3628
运城市 Yuncheng	8155	52.6	7183	46.3	172
忻州市 Xinzhou	12624	73.1	1933	11.2	2724
临汾市 Linfen	8595	48.2	5102	28.6	4119
吕梁市 Luliang	11522	68.9	2518	15.1	2673

13-58 公路绿化里程(2012 年)
LENGTH OF AFFOREST HIGHWAYS(2012)

单位:公里 (km)

市 名 City	绿化里程 Length of Afforest Highways	占总里程(%) Percentage (%)	在绿化里程中 In Length of Afforest Highways					
			国道 State Class	省道 Province Class	县公路 County Class	乡公路 Township Class	专用公路 Special Purpose	村道 Village Class
全 省 Total	**56196**	**40.8**	**4161**	**8261**	**13569**	**19298**	**219**	**10689**
太原市 Taiyuan	2208	31.5	271	363	670	659	29	216
大同市 Datong	3628	29.0	333	643	1156	1233		264
阳泉市 Yangquan	1349	24.1	138	299	564	233	4	112
长治市 Changzhi	4732	42.3	499	815	1119	1528	10	761
晋城市 Jincheng	2718	31.0	204	590	523	806	18	577
朔州市 Shuozhou	3980	39.6	288	509	880	1743	21	540
晋中市 Jinzhong	6907	45.1	649	905	1741	2426	35	1151
运城市 Yuncheng	14585	94.0	267	1280	2604	5925	21	4489
忻州市 Xinzhou	4698	27.2	445	1292	1236	1587	39	99
临汾市 Linfen	7533	42.3	585	898	2048	2588	17	1397
吕梁市 Luliang	3859	23.1	483	669	1027	571	26	1082

13-59 公路客货运输量(2012 年)

HIGHWAY PASSENGER AND FREIGHT TRAFFIC(2012)

市名 City	客运量 (万人) Passenger Traffic (10 000 persons)	旅客周转量 (万人公里) Passenger-kilometers (10 000 Persons-km)	货运量 (万吨) Freight Traffic (10 000 tons)	货物周转量 (万吨公里) Freight Ton-kilometers (10 000 tons-km)
全省 Total	**33662**	**2306121**	**73150**	**12022480**
太原市 Taiyuan	2141	564860	9637	1136943
大同市 Datong	2833	236820	7841	920531
阳泉市 Yangquan	2785	63570	3935	275240
长治市 Changzhi	3478	230782	6450	925737
晋城市 Jincheng	2730	182456	3910	320955
朔州市 Shuozhou	3151	124554	2008	384449
晋中市 Jinzhong	3335	145905	8430	1722292
运城市 Yuncheng	5102	221169	6842	1766839
忻州市 Xinzhou	1649	125385	6355	1521835
临汾市 Linfen	4570	271970	11486	1863810
吕梁市 Luliang	1888	138650	6256	1183849

13-60 邮电业务总量及电话数(2012 年)

VOLUME OF POST AND TELECOMMUNICATION SERVICES AND NUMBER OF TELEPHONE SUBSCRIBERS(2012)

单位:万元 (10 000 yuan)

市名 City	邮电业务总量 Business Volume of Post and Telecommunications Services	邮政 Post	电信 Telecommunications Services	电话数(万户) Number of Telephone Subscribers (10 000 households)	固定 Fixed Telephone	移动 Mobile Telephone
全省 Total	**3394277**	**304500**	**3089777**	**3449.78**	**685.22**	**2764.56**
太原市 Taiyuan	792960	51135	741825	7299.26	148.92	581.00
大同市 Datong	292334	22503	269832	317.32	54.11	263.22
阳泉市 Yangquan	146099	11930	134169	157.47	31.41	126.06
长治市 Changzhi	253863	16920	236943	303.33	63.26	240.07
晋城市 Jincheng	184431	12230	172201	215.39	45.73	169.66
朔州市 Shuozhou	143895	9941	133954	146.76	27.29	119.47
晋中市 Jinzhong	292578	19633	272944	310.61	69.79	240.82
运城市 Yuncheng	336087	23739	312348	388.10	81.70	306.39
忻州市 Xinzhou	234552	20671	213882	243.67	45.32	198.36
临汾市 Linfen	347245	24159	323086	351.58	63.53	288.05
吕梁市 Luliang	296464	20580	275884	285.64	54.17	231.46

13-61 镇(乡)村通公路、通油路情况(2012 年)

TRAFFIC CONNECTION OF TOWNS, TOWNSHIPS AND VILLAGES(2012)

单位:个 (unit)

市名 City	乡、镇总数 Number of Townships and Towns	#通油路数 Connect With Asphalt Highways	镇总数 Number of Towns	#通油路数 Connect With Asphalt Highways	#占镇总数的比例(%) Percentage (%)	乡总数 Number of Townships	#通油路数 Connect With Asphalt Highways	#占乡总数的比例(%) Percentage (%)
全省 Total	**1195**	**1195**	**564**	**564**	**100.0**	**631**	**631**	**100.0**
太原市 Taiyuan	52	52	21	21	100.0	31	31	100.0
大同市 Datong	98	98	33	33	100.0	65	65	100.0
阳泉市 Yangquan	32	32	20	20	100.0	12	12	100.0
长治市 Changzhi	132	132	68	68	100.0	64	64	100.0
晋城市 Jincheng	74	74	48	48	100.0	26	26	100.0
朔州市 Shuozhou	69	69	18	18	100.0	51	51	100.0
晋中市 Jinzhong	118	118	59	59	100.0	59	59	100.0
运城市 Yuncheng	136	136	81	81	100.0	55	55	100.0
忻州市 Xinzhou	185	185	59	59	100.0	126	126	100.0
临汾市 Linfen	151	151	75	75	100.0	76	76	100.0
吕梁市 Luliang	148	148	82	82	100.0	66	66	100.0

市名 City	行政村 Administration Villages					
	总数 Total	通公路 Connect with Highways	#通油路 Connect with Asphalt Highways	通公路村比重(%) Percentage of Connect with Highways(%)	通油路村比重(%) Percentage of Connect with Asphalt Highways(%)	不通公路 Non-connect with Highways
全省 Total	**28132**	**28110**	**27954**	**99.92**	**99.37**	**22**
太原市 Taiyuan	951	951	949	100.00	99.79	
大同市 Datong	1961	1961	1952	100.00	99.54	
阳泉市 Yangquan	960	960	956	100.00	99.58	
长治市 Changzhi	3454	3452	3452	99.94	99.94	2
晋城市 Jincheng	2213	2212	2212	99.95	99.95	1
朔州市 Shuozhou	1688	1688	1683	100.00	99.70	
晋中市 Jinzhong	2747	2747	2742	100.00	99.82	
运城市 Yuncheng	3194	3194	3194	100.00	100.00	
忻州市 Xinzhou	4888	4869	4738	99.61	96.93	19
临汾市 Linfen	2968	2968	2968	100.00	100.00	
吕梁市 Luliang	3108	3108	3108	100.00	100.00	

13-62 社会消费品零售总额(2012 年)
TOTAL RETAIL SALES OF CONSUMER GOODS(2012)

单位:万元 (10 000 yuan)

市名 City	社会消费品零售总额 Total Retail Sales of Consumer Goods	城镇 Town	乡村 Village
全省 Total	**45068327**	**36825267**	**8243060**
太原市 Taiyuan	11391568	11165864	225704
大同市 Datong	4279580	3589971	689609
阳泉市 Yangquan	2255790	2047521	208269
长治市 Changzhi	3861914	3347168	514746
晋城市 Jincheng	2686360	2528166	158193
朔州市 Shuozhou	2011809	1572162	439647
晋中市 Jinzhong	3872702	2832956	1039746
运城市 Yuncheng	4938487	3945453	993034
忻州市 Xinzhou	2328828	1855004	473824
临汾市 Linfen	4317021	3658446	658575
吕梁市 Luliang	3124268	2474900	649368

13-63 旅游事业发展情况(2012 年)
DEVELOPMENT OF TOURISM (2012)

市名 City	海外旅游人数(人次) Number of International Tourists (person-time)	旅游外汇收入(万美元) Foreign Exchange Earnings (USD 10 000)	国内旅游接待人次 Domestic Tourists (万人次)	国内旅游接待收入(亿元) Revenue from Domestic Tourists (100 million yuan)
全省 Total	**1891758**	**72023.9**	**19434.0**	**1766.3**
太原市 Taiyuan	422451	24413.0	2941.6	339.7
大同市 Datong	277453	10224.3	1890.3	156.2
阳泉市 Yangquan	37515	1009.7	1178.9	94.9
长治市 Changzhi	124595	3042.6	1640.1	164.5
晋城市 Jincheng	95725	4564.0	1686.9	149.9
朔州市 Shuozhou	62481	2211.1	675.0	63.4
晋中市 Jinzhong	305321	10216.5	2450.1	209.6
运城市 Yuncheng	159126	4035.4	2378.9	163.4
忻州市 Xinzhou	208798	7475.6	1518.3	157.9
临汾市 Linfen	145408	3100.0	1739.8	158.0
吕梁市 Luliang	52885	1731.7	1334.0	108.9

13-64 财政收支总额(2012年)

FINANCIAL REVENUE AND EXPENDITURE (2012)

单位:万元 (10 000 yuan)

市名 City	财政总收入 Overall Revenue	一般预算收入 General Budget of Revenue	#企业所得税 Enterprises Income Taxes	#增值税 Value-added Taxes
地区合计 Total	**24896882**	**11121591**	**1390299**	**1700084**
太原市 Taiyuan	4544872	2156654	250274	233271
大同市 Datong	1907386	803046	91446	148302
阳泉市 Yangquan	1410123	568786	86929	111652
长治市 Changzhi	3020532	1334931	216431	202335
晋城市 Jincheng	2134753	829056	176241	154221
朔州市 Shuozhou	2100000	842500	136575	165647
晋中市 Jinzhong	2103809	992297	94078	141472
运城市 Yuncheng	800889	415406	16753	54616
忻州市 Xinzhou	1441885	651651	64113	104279
临汾市 Linfen	2016045	1107773	74103	121555
吕梁市 Luliang	3416588	1419491	183356	262734

市名 City	一般预算支出 General Budget of Expenditure	#一般公共服务 Public Services	#教育事业费 Education Expenses	#社会保障和就业 Social Security and Employment
地区合计 Total	**20454564**	**2139054**	**4616886**	**2382578**
太原市 Taiyuan	2777613	224998	550372	334333
大同市 Datong	1865565	161574	442750	220415
阳泉市 Yangquan	884080	102379	218560	88108
长治市 Changzhi	2018665	227448	444784	221016
晋城市 Jincheng	1298261	145836	301484	162574
朔州市 Shuozhou	1388666	166662	297409	106053
晋中市 Jinzhong	1786407	182956	394859	256273
运城市 Yuncheng	1927056	201642	454469	253351
忻州市 Xinzhou	1815286	210513	435735	240409
临汾市 Linfen	2228232	243223	468120	295605
吕梁市 Luliang	2464733	271823	608344	204441

13-65 金融机构本外币各项存款和贷款余额(2012年)

FINANCIAL REVENUE AND EXPENDITURE (2012)

单位:亿元 (100 million yuan)

市名 City	各项存款 Balance of Deposits	#单位存款 Instition Deposits	#个人存款 Personal Depostis	#储蓄存款 Saving Deposits
全　省 Total	**24156.95**	**10844.83**	**12141.03**	**12039.23**
太原市 Taiyuan	8976.90	5379.26	3125.08	3048.19
大同市 Datong	2017.92	674.37	1227.43	1223.26
阳泉市 Yangquan	1098.37	474.96	606.18	601.60
长治市 Changzhi	1724.05	659.28	981.95	981.33
晋城市 Jincheng	1729.58	877.13	761.06	756.54
朔州市 Shuozhou	1052.10	407.26	597.05	594.07
晋中市 Jinzhong	1681.80	524.30	1088.44	1087.03
运城市 Yuncheng	1320.56	378.91	879.90	879.49
忻州市 Xinzhou	1311.32	389.67	878.84	878.54
临汾市 Linfen	1656.88	512.19	1072.07	1068.67
吕梁市 Luliang	1587.46	567.49	923.02	920.52

市名 City	各项贷款 Balance of Loans	#短期贷款 Short term	#中长期贷款 Medium and Long Term	#个人消费贷款 Personal Comsumption
全　省 Total	**13211.30**	**5275.26**	**7170.93**	**513.88**
太原市 Taiyuan	6452.21	2081.08	4063.99	267.56
大同市 Datong	770.58	237.46	458.82	25.45
阳泉市 Yangquan	530.30	254.39	254.48	12.46
长治市 Changzhi	841.48	367.12	397.60	21.72
晋城市 Jincheng	776.95	358.84	402.66	17.63
朔州市 Shuozhou	381.33	173.70	173.31	10.37
晋中市 Jinzhong	753.60	426.81	293.56	33.56
运城市 Yuncheng	713.40	400.02	253.08	41.82
忻州市 Xinzhou	479.82	222.01	254.87	13.31
临汾市 Linfen	749.57	358.09	310.56	40.98
吕梁市 Luliang	762.07	395.73	307.90	29.02

13-66 原保险保费收入(2012 年)

INCOME OF PREMIUMS (2012)

单位:万元 (10 000 yuan)

市 名 City	合 计 Total	财产险 Property Insurance	寿 险 Life Insurance	意外险 Accident Insurance	健康险 Health Insurace
全 省 Total	**3846491**	**1277868**	**2341089**	**65532**	**162002**
本 级 Provincial	1			1	
太原市 Taiyuan	915280	317764	526998	20299	50219
大同市 Datong	342665	126716	196594	4611	14744
阳泉市 Yangquan	196591	65314	122702	2621	5954
长治市 Changzhi	309616	103093	187204	3425	15893
晋城市 Jincheng	309518	96610	198111	4581	10216
朔州市 Shuozhou	120286	56348	58381	2266	3291
晋中市 Jinzhong	388647	112223	258453	5469	12502
运城市 Yuncheng	409582	119078	265670	6203	18632
忻州市 Xinzhou	208695	88076	110088	4943	5588
临汾市 Linfen	357542	104284	230344	5807	17107
吕梁市 Luliang	288067	88361	186544	5306	7855

13-67 小学基本情况(2012 年)

BASIC STATISTICS ON PRIMARY SCHOOLS(2012)

单位:人 (person)

市 名 City	学校数 (所) Number of Schools (unit)	毕业生数 Number of Graduates	招生数 Number of New Students Enrollment	在校学生数 Number of Students Enrollment	专任教师数 Number of Full-time Teachers
全 省 Total	**10042**	**547270**	**440460**	**2617602**	**170923**
太原市 Taiyuan	581	47519	44418	258900	15946
大同市 Datong	756	54912	39024	243844	16585
阳泉市 Yangquan	335	15066	15096	84840	5569
长治市 Changzhi	1158	46449	41084	230743	15550
晋城市 Jincheng	713	32120	23071	150535	10512
朔州市 Shuozhou	354	32942	24989	173266	9795
晋中市 Jinzhong	718	41546	42189	230418	14415
运城市 Yuncheng	1078	80648	55394	360523	25016
忻州市 Xinzhou	1652	64419	40688	234853	15989
临汾市 Linfen	1296	63192	55967	310326	21132
吕梁市 Luliang	1401	68457	58540	339354	20414

注：本表专任教师数不包括九年一贯制学制学校和十二年一贯制学校。

Note：Primary full-time teachers in the table don't include teachers who work in 9-year system or 12-year system school

13-68 普通中学基本情况(2012年)
BASIC STATISTICS ON REGULAR SECONDARY SCHOOLS(2012)

单位:人 (person)

市名 City	学校数(所) Number of Schools (unit)				毕业生数 Number of Graduates			招生数 New Students Enrollment		
	合计 Total	#初级中学 Junior	#高级中学 Senior	完全中学 Junior and Senior	合计 Total	初中 Junior	高中 Senior	合计 Total	初中 Junior	高中 Senior
全省 Total	**2534**	**1546**	**244**	**234**	**863939**	**578684**	**285255**	**755080**	**462450**	**292630**
太原市 Taiyuan	229	118	19	66	82754	53639	29115	74501	45562	28939
大同市 Datong	234	110	14	33	78143	55170	22973	66097	40299	25798
阳泉市 Yangquan	87	57	7	7	30471	21764	8707	25038	14986	10052
长治市 Changzhi	225	132	16	29	80326	53191	27135	71327	43590	27737
晋城市 Jincheng	159	117	20	14	60884	42163	18721	54290	31125	23165
朔州市 Shuozhou	100	56	14	8	50520	31898	18622	53438	32436	21002
晋中市 Jinzhong	225	164	20	9	66440	47317	19123	55354	35901	19453
运城市 Yuncheng	353	210	52	11	140371	87485	52886	117277	67657	49620
忻州市 Xinzhou	311	176	25	10	78323	51750	26573	59472	38972	20500
临汾市 Linfen	295	186	24	31	96127	65359	30768	89137	55902	33235
吕梁市 Luliang	316	220	33	16	99580	68948	30632	89149	56020	33129

市名 City	在校学生数 Number of Students Enrollment			专任教师数 Number of Full-time Teachers		
	合计 Total	初中 Junior	高中 Senior	合计 Total	初中 Junior	高中 Senior
全省 Total	**2357419**	**1502433**	**854986**	**176319**	**118231**	**58088**
太原市 Taiyuan	230938	143221	87717	17845	11390	6455
大同市 Datong	204481	130322	74159	15795	11221	4574
阳泉市 Yangquan	81674	52367	29307	5953	4113	1840
长治市 Changzhi	221158	140142	81016	15555	10243	5312
晋城市 Jincheng	169192	103123	66069	10928	7165	3763
朔州市 Shuozhou	164355	100688	63667	10411	6555	3856
晋中市 Jinzhong	172084	114961	57123	15248	10546	4702
运城市 Yuncheng	368817	226288	142529	27952	18171	9781
忻州市 Xinzhou	190640	127941	62699	15127	10690	4437
临汾市 Linfen	274302	178665	95637	21967	14581	7386
吕梁市 Luliang	279778	184715	95063	19538	13556	5982

13-69 特殊教育学校基本情况(2012 年)
BASIC STATISTICS ON SPECIAL EDUCATION SCHOOLS(2012)

单位:人 (person)

市 名 City	学校数(所) Number of Schools (unit)	毕业生数 Number of Graduates	招生数 Number of New Students Enrollment	在校学生数 Number of Students Enrollment	专任教师数 Number of Full-time Teachers
全 省 Total	**53**	**882**	**1215**	**7873**	**1316**
太原市 Taiyuan	5	125	152	970	188
大同市 Datong	4	47	102	505	103
阳泉市 Yangquan	2	27	38	379	48
长治市 Changzhi	4	93	143	819	139
晋城市 Jincheng	4	30	35	550	90
朔州市 Shuozhou	2	21	101	343	41
晋中市 Jinzhong	3	137	126	737	111
运城市 Yuncheng	14	112	120	1054	212
忻州市 Xinzhou	4	87	66	354	52
临汾市 Linfen	5	76	147	894	135
吕梁市 Luliang	6	127	185	1268	197

13-70 村卫生室情况(2012 年)
MAIN INDICATORS OF RURAL CLINICS (2012)

单位:人 (person)

市 名 City	机构数(个) Institutions (unit)	执业(助理)医师 Licensed (Assistant) Doctors	注册护士 Registered Nurses	乡村医生 Rural Doctors	卫生员 Health Workers
全 省 Total	**28285**	**3525**	**307**	**38998**	**2628**
太原市 Taiyuan	952	154	8	1468	35
大同市 Datong	1811	181	4	2484	112
阳泉市 Yangquan	928	119	15	1405	143
长治市 Changzhi	3879	378	28	4269	422
晋城市 Jincheng	2250	471	13	2932	171
朔州市 Shuozhou	1682	30	1	1784	54
晋中市 Jinzhong	2624	262	34	4202	105
运城市 Yuncheng	3569	560	42	5697	533
忻州市 Xinzhou	4325	561	32	5557	429
临汾市 Linfen	3154	477	43	4634	271
吕梁市 Luliang	3111	332	87	4566	353

13-71 卫生机构数(2012年)
HEALTH CARE INSTITUTIONS(2012)

单位:个 (unit)

市名 City	总计 Total	#医院 Hospitals	#疾病预防控制中心 Diseases Prevention and Control Centre	#妇幼保健院(所、站) Maternity and Child Care Centres
全省 Total	**11908**	**1215**	**135**	**132**
太原市 Taiyuan	2518	188	15	12
大同市 Datong	1257	109	13	13
阳泉市 Yangquan	454	46	6	6
长治市 Changzhi	919	96	14	14
晋城市 Jincheng	762	70	7	7
朔州市 Shuozhou	365	62	7	7
晋中市 Jinzhong	1037	92	12	12
运城市 Yuncheng	1864	223	14	14
忻州市 Xinzhou	824	93	15	15
临汾市 Linfen	1153	170	18	18
吕梁市 Luliang	755	66	14	14

13-72 卫生机构床位数和人员情况(2012年)
BEDS AND PERSONNELS IN HEALTH CARE INSTITUTIONS(2012)

单位:人 (person)

市名 City	卫生机构床位数(张) Beds (unit)	卫生技术人员 Medical Technical Personnels	#执业(助理)医师 Licensed (Assistant) Doctors	#注册护士 Registered Nurses
全省 Total	**165294**	**199601**	**87319**	**70337**
太原市 Taiyuan	33763	45074	18036	19402
大同市 Datong	15559	19164	8651	6668
阳泉市 Yangquan	7584	9048	3835	3581
长治市 Changzhi	14488	17065	7261	6378
晋城市 Jincheng	8881	12380	5637	3975
朔州市 Shuozhou	6649	6299	3004	1744
晋中市 Jinzhong	12833	15697	6654	5466
运城市 Yuncheng	25652	25160	11728	7518
忻州市 Xinzhou	12177	14198	6503	4176
临汾市 Linfen	17245	21542	9438	7117
吕梁市 Luliang	10463	13974	6572	4312